HEW STRACHAN
Der Erste Weltkrieg

GOLDMANN
Lesen erleben

Buch

Als am 28. Juni 1914 der Serbe Gavrilo Princip in Sarajevo das Attentat auf Erzherzog Ferdinand verübte, glaubte man noch an einen regional eingrenzbaren Konflikt, allenfalls an einen »Dritten Balkankrieg«. Doch bereits wenige Wochen später marschierte die ganze Welt in den Abgrund – anfangs geradezu voller Euphorie. Hew Strachan schildert minutiös den Weg in den globalen Krieg. Er analysiert die machtpolitischen Beweggründe der Kriegsparteien und widerlegt gängige Meinungen zur Frage nach den Verantwortlichen für diese Katastrophe.
Gestützt auf unzählige Augenzeugenberichte und umfassende Recherchen liefert Strachan, international renommierter Experte zum Thema »Erster Weltkrieg«, ein bedrückendes Bild der Schützengräben Europas, beschreibt die Kämpfe, die Entbehrungen und das Leid der Soldaten wie der Zivilbevölkerung. Zugleich verlässt Strachan aber auch die eurozentrische Perspektive und zeigt, dass sich tatsächlich die ganze Welt im Krieg befand. Er beschreibt, wie durch die Interessen der Kolonialmächte – vorrangig Englands, Frankreichs, Belgiens und Deutschlands – der Krieg nach Afrika, in den Nahen Osten, nach Asien getragen wurde. Intensiv widmet sich der Autor dem Osmanischen Reich und dessen Zusammenbruch infolge der kriegerischen Auseinandersetzungen. So erschließen sich dem Leser globale historische Zusammenhänge, die bislang zu wenig Beachtung gefunden haben.
Hew Strachans Buch ist gleichermaßen präzise Dokumentation wie erzählende Geschichtsschreibung. Zugrunde liegen die neuesten wissenschaftlichen Erkenntnisse, bereichert durch erst in den letzten Jahren zugänglich gewordenes Archivmaterial. Der Erste Weltkrieg prägte das 20. Jahrhundert, seine Ideale, sein Politikverständnis, seine nationalen Grenzen, seine Gesellschaften; der Zweite Weltkrieg und zahlreiche folgende Konflikte werden durch ihn erst begreifbar. Hew Strachan ist mit diesem herausragenden Buch ein wichtiger Beitrag zum Verständnis unserer jüngsten Geschichte gelungen.

Autor

Hew Strachan, geboren in Edinburgh, war Dozent für Kriegswissenschaften an der Royal Academy Sandhurst, Direktor des Scottish Centre for War Studies und Professor für Neuere Geschichte an der Universität Glasgow. Heute ist er Professor für Kriegsgeschichte und Fellow des All Souls College an der Universität Oxford.

Hew Strachan

Der Erste Weltkrieg

Eine neue illustrierte Geschichte

Aus dem Englischen
von Helmut Ettinger

GOLDMANN

Die Originalausgabe erschien 2003
unter dem Titel »The First World War«
bei Simon & Schuster, London.

Verlagsgruppe Random House FSC® N001967
Das FSC®-zertifizierte Papier *Lux Cream* für dieses Buch
liefert Stora Enso, Finnland.

1. Auflage
Taschenbuchausgabe April 2014
Wilhelm Goldmann Verlag, München,
in der Verlagsgruppe Random House GmbH
Copyright © 2003 der Originalausgabe by Hew Strachan
Copyright © 2004 der deutschsprachigen Erstausgabe
by C. Bertelsmann Verlag, München
Umschlaggestaltung: UNO Werbeagentur, München,
in Anlehnung an die Gestaltung der Pantheon-Ausgabe
(Büro Jorge Schmidt, München)
Umschlagfoto: Corbis
KF · Herstellung: Str.
Druck und Bindung: GGP Media GmbH, Pößneck
Printed in Germany
ISBN: 978-3-442-15397-8
www.goldmann-verlag.de

Besuchen Sie den Goldmann Verlag im Netz

Für Pamela und Mungo,
die den Ersten Weltkrieg nicht erlebt haben,
aber mit ihm leben mussten

Inhalt

Westfront
Winter 1914/15

NIEDERLANDE

Nordsee

Maas (Meuse)

Antwerpen

Passchendaele
Roulers
Ypern
Menin

Brüssel

BELGIEN

Lüttich

Yser
Schelde

Neuve Chapelle
Loos
Vimy
Arras

Lille

Namur
Stavelot

Sambre
Maas

ARTOIS

Doullens
Mailly
Flers
Cambrai
Albert
Longueval
Fricourt
Amiens

St. Quentin

ARDENNEN

DEUTSCHES REICH

FRANKREICH

Luxemburg

Somme
Oise
Aisne

Soissons
Reims

Verdun

ARGONNEN

Fort Douaumont
Fort Vaux
Metz

Seine
Marne

La Ferté-
sous-Jouarre

St. Mihiel

CHAMPAGNE

LOTHRINGEN

Paris

Seine

Toul
Nancy

VOGESEN

Belfort

ELSASS

SCHWEIZ

FRONTAUSBUCHTUNG BEI YPERN Frühjahr 1915

Bixschoote
Langemarck
Pilckern
Passchendaele

YSER-KANAL

Zonnebeke

Ypern
Polygon
Wood

STRASSE VON MENIN

Gheluvelt

Zillebeke
Sanctuary
Wood

Hügel 60

Hügelkette von Messines

Messines

0 1 2 3 4 5 KM

········· *Front, Winter 1914/15*

—·—·— *Landesgrenzen*

0   50   100   150 KM

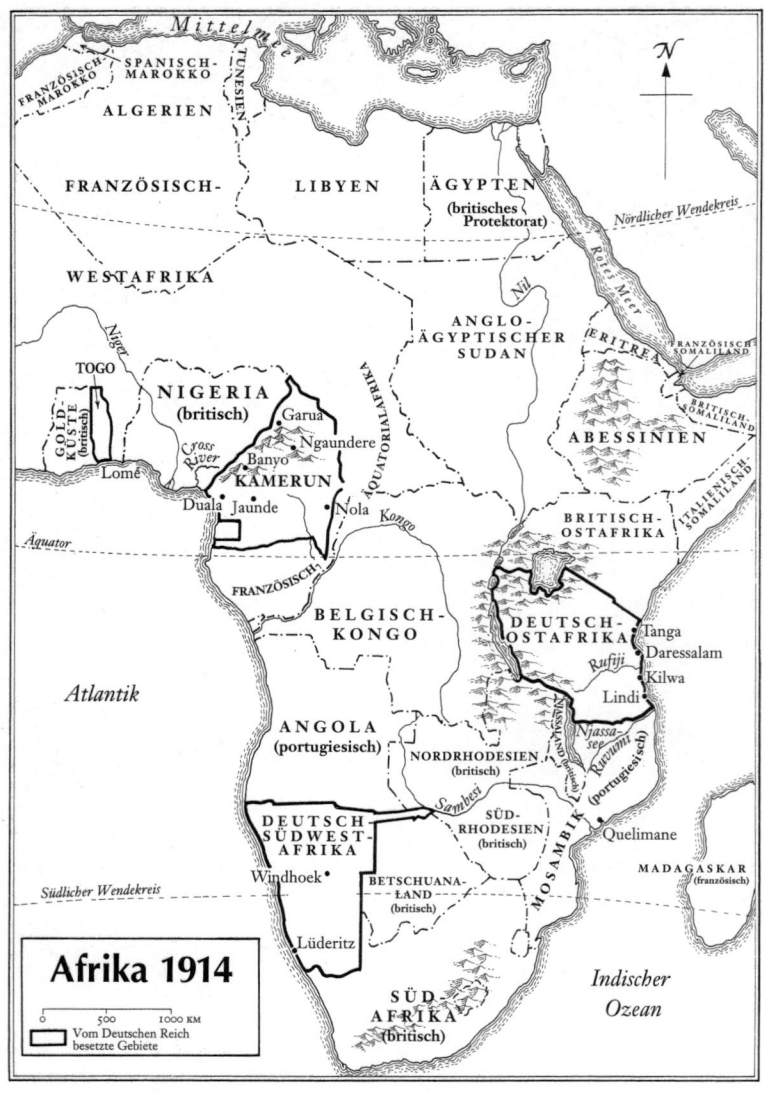

Afrika 1914

0   500   1000 KM

Vom Deutschen Reich
besetzte Gebiete

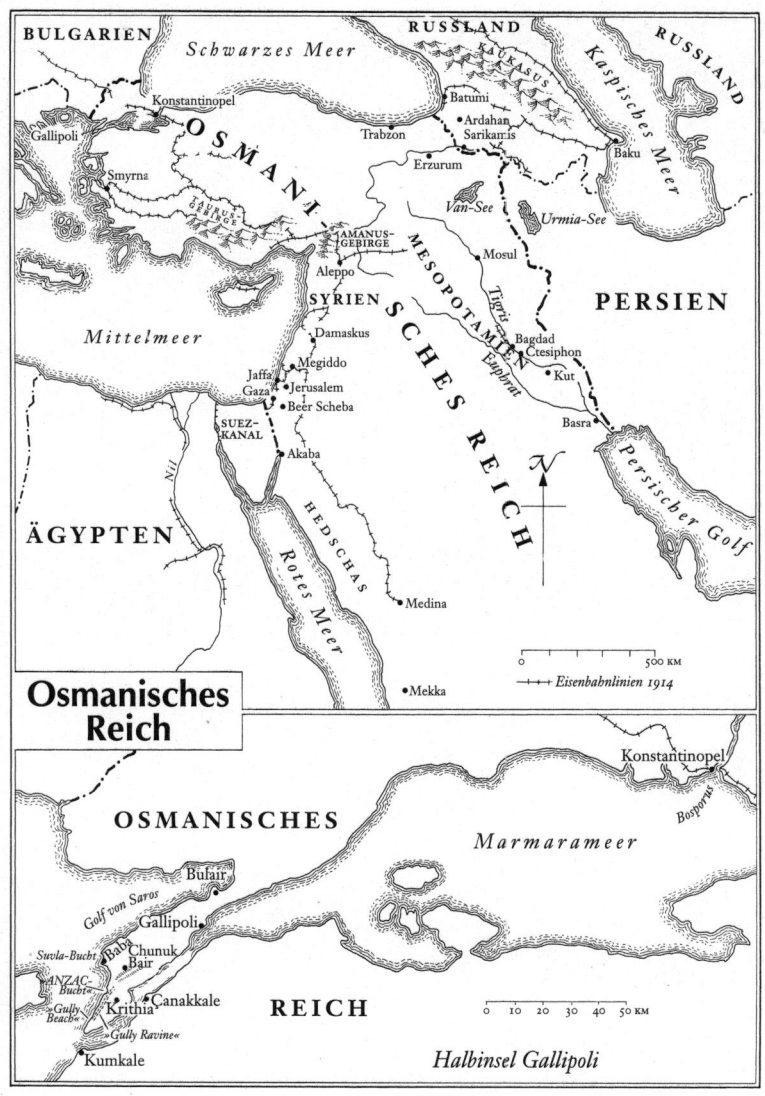

Osmanisches Reich

BULGARIEN

Schwarzes Meer

RUSSLAND

RUSSLAND

Kaspisches Meer

Konstantinopel

KAUKASUS

Batumi

Gallipoli

O S M A N I

Ardahan
Sarikamis

Smyrna

Trabzon

Baku

TAURUS-GEBIRGE

Erzurum

Van-See

Urmia-See

PERSIEN

AMANUS-GEBIRGE

Mosul

Aleppo

SYRIEN

M E S O P O T A M I E N

Mittelmeer

Damaskus

S C H E S   R E I C H

Tigris

Euphrat

Bagdad
Ctesiphon

Megiddo

Kut

Jaffa
Gaza

Jerusalem

Beer Scheba

Basra

SUEZ-KANAL

Akaba

NIL

ÄGYPTEN

HEDSCHAS

Rotes Meer

Persischer Golf

Medina

0   500 KM

Eisenbahnlinien 1914

Mekka

Konstantinopel

OSMANISCHES

Marmarameer

Bosporus

Bulair

Golf von Saros

Gallipoli

Suvla-Bucht
ANZAC-Bucht

Baby

Chunuk
Bair

Gully
Beach

Krithia

Çanakkale

REICH

0 10 20 30 40 50 KM

»Gully Ravine«

Kumkale

Halbinsel Gallipoli

13

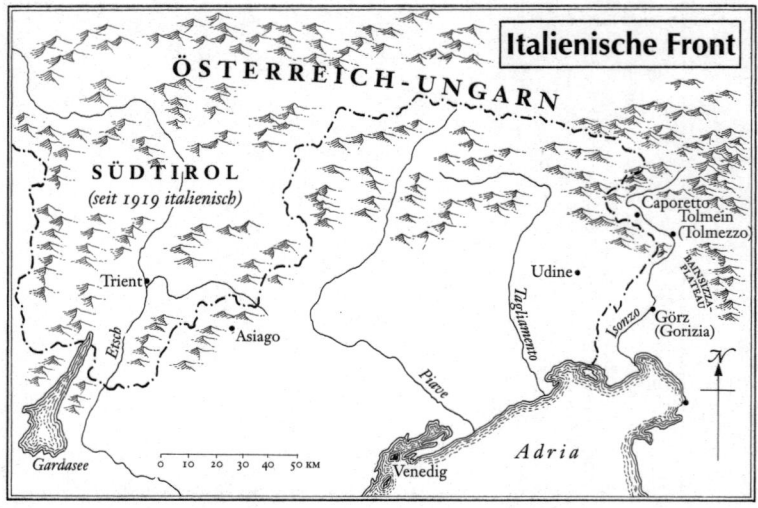

Einführung

Dieses Buch verdankt seine Entstehung zuallererst einem Mann, dem ich nie begegnet bin – dem Vater von Alan Clements. Er hatte die Idee, seinem Sohn zum vierzigsten Geburtstag den damals gerade erschienenen ersten Band meiner Trilogie über den Ersten Weltkrieg zu schenken. Oxford University Press brachte *To Arms* im Jahre 2001 heraus. Alan fragte mich daraufhin, ob ich mir den Ersten Weltkrieg als Thema einer neuen Dokumentarserie im Fernsehen vorstellen könnte. Dieses Buch ist in Glasgow entstanden. Alans Produktionsfirma, Wark Clements, hat ihren Sitz in Glasgow. Alan selbst hat als Historiker ein Studium an der Universität der Stadt absolviert, an der damals moderne Geschichte lehren zu dürfen ich das Glück hatte.

Alan war nicht der erste Fernsehproduzent, der mir diese Frage stellte. Aber er war der erste, der meine Vorstellungen dazu akzeptierte. Bei einem Dokumentarfilm über den Ersten Weltkrieg stößt man unweigerlich auf das Problem, dass die Echtheit des Filmmaterials nicht gesichert ist und vor allem aus der ersten Kriegshälfte nur wenige Aufnahmen vorhanden sind. Die BBC hat diese beiden Probleme in ihrer bahnbrechenden Serie von 1964, *The Great War*, meist dadurch umgangen, dass sie sie kurzerhand ignorierte. Vierzig Jahre später legen wir mehr Wert auf eine exakte Beweisführung.

Ich schlug drei Lösungen vor: Erstens sollte man das Problem nicht übertreiben, denn inzwischen waren neue Quellen für Filmmaterial zu erschließen. Vor allem sollte man die Archive in Osteuropa und Russland, die nach dem Ende des Kalten Krieges geöffnet wurden, intensiv nutzen. Zweitens war ich durchaus bereit, vorhandene Lücken mit Aufnahmen aus Spielfilmen zu füllen, die unmittelbar nach dem Krieg entstanden waren – vorausgesetzt, wir teilten das den Zuschauern mit. Damit konnten etwa die Landungen auf Gallipoli in bewegten Bildern gezeigt werden. Drittens hielt ich es für möglich, heute mit der Kamera auf die Schlachtfelder von damals zu gehen und aktuelle Aufnahmen von den Schauplätzen mit Fotos der Ereignisse von 1914 bis 1918 zu kombinieren. Diese Idee ist nicht neu: Ken Burns hat sie in seiner Serie über den Amerikanischen Bürgerkrieg sehr wirkungsvoll eingesetzt. Bewegung und Action vermittelt der Soundtrack, indem Aussagen von Beteiligten mit Musik und Kampfgeräuschen unterlegt werden.

Diese Methode hatte eine Konsequenz: Soweit dies möglich war, sollte die Serie die Realität des Krieges durch weitgehend zeitgenössische Aussagen von Betroffenen vermitteln, nicht durch die späteren Erinnerungen von Veteranen, wie eindrucksvoll diese auch sein mochten. Da Letztere zwangsläufig von den nachfolgenden Ereignissen des 20. Jahrhunderts beeinflusst sind, bewirken sie eher eine Distanz zum Ersten Weltkrieg, als dass sie ihn uns nahe bringen. Ein Mann, der an den Kämpfen 1914 bis 1918 beteiligt war und 2001 noch lebte, konnte die Welt nicht mehr so sehen wie in seiner frühen Jugend. Auf eine andere Art von Interviews wollte ich ebenfalls verzichten. Im Fernsehen gerät Geschichte heute oft zum Kult um den Historiker. In dieser Serie sollte es weder Moderatoren noch Streitgespräche um kontroverse Interpretationen geben. Zwar wird auch hier die Meinung eines Autors präsentiert, dies aber ausschließlich durch den Text selbst.

Alan stellte mir die Frage, wie eine zehnteilige Serie zu gliedern sei. Ich schlug vor, dass die militärische und politische Geschichte des Krieges als Rahmen dienen sollte, nicht die sozialen und kulturellen Aspekte. Wer also alle zehn Teile sah, sollte eine Vorstellung von den Dimensionen und dem Verlauf des gesamten Krieges erhalten. Die zehn Teile entsprechen insgesamt – mit gewissen Modifikationen – den Themen, die ich damals vorgeschlagen habe. Sie liegen auch den zehn Kapiteln dieses Buches zugrunde. Die Titel stimmen überein, der Inhalt nicht immer. In manchen Fällen sind Ideen aus einem Kapitel des Buches in einen anderen Teil der Serie gewandert. Verschiebungen gab es auch bei Themen, die mit Worten eindrucksvoll zu beschreiben, aber schwer in Bilder zu fassen sind, und umgekehrt.

Buch und Serie werden von zwei Grundgedanken durchzogen: Erstens haben wir es hier mit einem globalen Krieg zu tun, der allerdings als lokaler Konflikt auf dem Balkan begann. Vor allem wollten wir die in der Englisch sprechenden Welt gängige Betonung der Westfront und der Rolle Großbritanniens überwinden, die auch in der Sicht der Öffentlichkeit dieser Länder dominierend ist. Zweitens galt es das Bild des Krieges wiederherzustellen, wie es verbreitet war, als sich die Historiker und Literaten der späten Zwanzigerjahre noch nicht des Themas bemächtigt hatten. Dieser Krieg war weitgehend ein sinnloses Unterfangen, das materielle Schätze und Menschenleben in riesigem Ausmaß verschlang. Aber er wurde geführt um großer Fragen willen, die unsere Werte und unsere Weltsicht zum Teil heute noch prägen. Wenn andere Ideen und Ideologien uns jetzt fremd erscheinen, mindert das nicht ihre Bedeutung für die Menschen, die damals in den Krieg zogen. Die Dinge nur aus heutiger Sicht zu sehen führt eher zu Arroganz als zu tieferem Verständnis.

Leser des Bandes *Zu den Waffen* werden dessen Inhalt im ersten Drittel des vorliegenden Werkes wiedererkennen. Für die übrigen musste ich kurz umreißen, was in den beiden folgenden Bänden im Einzelnen ausgeführt ist. Angesichts des Umfangs an Literatur, die der gesamten Arbeit zugrunde liegt, hielt ich es für unsinnig, eine Bibliografie beizufügen. Die Anmerkungen enthalten daher nicht nur Quellenangaben, sondern auch Hinweise auf wichtige Sekundärliteratur.

Alan und Janice Hadlow von Channel 4 haben mich darauf hingewiesen, dass der Schlüssel zum Erfolg des ganzen Unternehmens in meinem Verhältnis zum Produzenten der Serie liege. Sie hatten Recht. Zweifellos ist die Serie mehr Jonathan Lewis' Werk als meines, aber ich bin stolz darauf, dass sie auch meinen Namen trägt. Das kann nicht jeder Historiker von sich sagen. Jonathan erklärte mir von Anfang an, ich solle keine Abstriche am wissenschaftlichen Niveau machen, weil ich etwa meinte, das Fernsehen erfordere das. Diese Gefahr hat nie bestanden. Das liegt vor allem an Jonathans eigenem Anspruch, der auch den des gewissenhaftesten Historikers in den Schatten stellt. Drehbuch und Filmmaterial wurden unzählige Male geprüft. Am meisten beeindruckte mich jedoch, wie Jonathan es verstand, komplizierte Zusammenhänge klar und prägnant zu formulieren, wo der Wissenschaftler in seinem Drang nach abgewogener Einschätzung oft auf Verständlichkeit der Darlegung verzichtet. Er brachte die Menschen ins Bild und achtete darauf, dass das Endprodukt keine Kriegsgeschichte für Militärhistoriker war. Wenn ich in diesem Buch anders schreibe als in meinen sonstigen Werken, dann liegt das an den langen Abenden, an denen ich mit Jonathan um einen Stil rang, der unserer Beschreibung Schwung verlieh, dabei aber immer wahrhaftig blieb. Ich habe es als enormes Glück empfunden, mit einem Mann von solcher Intelligenz, Aufrichtigkeit, Weisheit und Heiterkeit arbeiten zu dürfen.

Die einzelnen Teile der Serie wurden von einem Team aus fünf Produzenten erstellt, wobei jeweils einer für zwei Teile verantwortlich war. Marcus Kiggell, Simon Rockell, Emma Wallace, Ben Steele und Corinna Sturmer sowie deren Produktionsassistenten Milan Grba, Gregor Murbach, Andrea Laux, Martina Cavicchioli und Ross Harper haben mich dazu gebracht, viele meiner Aussagen zu überdenken. Außerdem taten sie zusätzliche Quellen auf. Ebenso Sarah Wallis und Svetlana Palmer, deren Suche nach »Leckerbissen«, wie das Produktionsteam die Aussagen von Beteiligten nannte, schließlich in einem eigenen Buch mündete – *A War of Words*. Alison McAllan leitete das Team der Filmarchivare, die halfen, die eingangs genannten Probleme des Filmmaterials zu lösen.

Die Fotos in diesem Buch tauchen nur gelegentlich in der Fernsehserie auf. Hier hat sich anfangs Isobel Hinshelwood sehr verdient gemacht, deren schwere Krankheit und unerwarteter Tod eine große Lücke hinterließen. Gregor Murbach half sie zu schließen. Er hat zu diesem Buch sehr viel beigetragen. Er fand zahlreiche neue Aufnahmen und hat mit seinem ästhetischen und historischen Urteilsvermögen die Endauswahl wesentlich geprägt.

Gregor hat auch den Text gelesen und mit zahlreichen Bemerkungen versehen. Ebenso meine Lektoren Andrew Gordon von Simon and Schuster, Anthony Goff von David Higham Associates und natürlich Jonathan Lewis. Evan Mawdsley, Jürgen Förster, Donald Bloxham, Roy Foster, Michael Hochedlinger und John Gooch sind spezifischen Problemen nachgegangen. Kath Steedman, Kate Cotter und Susanna Posnett von Wark Clements waren uns in den achtzehn hektischen Monaten der Produktion unentbehrliche Helfer.

Hauptopfer dieses Krieges ist wieder einmal meine Familie geworden. Meine Frau Pamela hat in unbeirrbarer Liebe einen besseren Überblick über meine Aktionen und Papiere behalten als ich selbst. Sie und Mungo, unser einziges Kind, das das Haus noch nicht verlassen hat, mussten nicht einmal, sondern zweimal auf den Familienurlaub verzichten, damit die Termine der Serie und des Buches gehalten werden konnten. Nur mit Liebe und Dankbarkeit kann ich ihnen das vergelten.

1

Zu den Waffen

Österreich-Ungarn: Ein Imperium in Gefahr

Das Wochenende vom 12. bis 14. Juni 1914 verbrachte Erzherzog Franz Ferdinand auf seinem Jagdschloss Konopischt (heute: Konopiště), wo er sich am liebsten aufhielt. Hier konnte er seiner Leidenschaft, der Leichtathletik, frönen, hierher flüchteten er und seine Frau Sophie vor dem stumpfsinnigen Zeremoniell des Habsburger-Hofes in Wien. Zwar war der Erzherzog der rechtmäßige Thronerbe seines betagten Onkels Franz Joseph, Kaiser von Österreich-Ungarn, aber seine Frau behandelte man nach ihrer Herkunft aus einem verarmten tschechischen Adelsgeschlecht. Als Franz Ferdinand sie ehelichte, hatte man ihn gezwungen, für sie und ihre Kinder auf das Recht der Thronfolge zu verzichten. Gab es ein Dinner bei Hofe, dann war ihr Platz am Ende der Tafel nach allen Erzherzoginnen jeglichen Alters. Von einem Ball im Jahre 1909 berichtete die österreichische *Reichspost*: »Wir erinnern uns noch der fatalen Szene, die sich … auf dem Hofball ergab, als die Mitglieder des kaiserlichen Hauses im Saale erschienen, jeder kaiserliche Prinz eine der nach dem Range gereihten Damen am Arme führend, während die Gemahlin des Thronfolgers als Letzte allein, ohne Begleiter, den Saal betreten musste.«[1]

An diesem Wochenende erwarteten Franz Ferdinand und seine Gemahlin zwei unterschiedliche Gäste, denen sie gleichermaßen zugetan waren. Der erste, Kaiser Wilhelm II. von Deutschland, behandelte Sophie mit einer

Herzlichkeit, die sich vom förmlichen Umgang bei Hofe erfrischend abhob. Als er 1888 den Thron bestieg, war er noch keine dreißig Jahre alt gewesen und hatte damals mit seiner Kraft und Jugend eine ganze Nation inspiriert, die sich im Besitz eben dieser Eigenschaften wähnte. Immerhin war das Deutsche Reich, das erst 1871 unter preußischer Führung vereinigt wurde, noch jünger an Jahren als sein Herrscher. 1914 schienen die Widersprüche in Wilhelms Charakter, der als konservativ und radikal zugleich galt, eher auf Unbeständigkeit als auf Erneuerungswillen hinzudeuten. Mit einem ver-krüppelten Arm geboren und mit einem unsicheren Verhältnis zu seiner eng-lischen Mutter, einer Tochter von Queen Victoria, belastet, galt der Kaiser als ein Mann von stark ausgeprägten Launen und geringer Beharrlichkeit. Offiziell kam er nach Konopischt, um Franz Ferdinands herrlichen Garten zu bewundern, tatsächlich aber wollten er und sein Gastgeber die Lage auf dem Balkan besprechen.

Von diesem rückständigsten Winkel Europas sollte bald der Erste Welt-krieg seinen Ausgang nehmen. Die damit zu erwartenden Probleme, die so-wohl Wilhelm als auch Franz Ferdinand so besorgt stimmten, berührten nicht in erster Linie Deutschland, sondern vor allem Österreich-Ungarn. Wien, nicht Berlin würde die Krise auslösen, die zum Krieg führte, und das mit voller Absicht. Aber es wollte einen Krieg auf dem Balkan, keinen Welt-krieg.

Im Jahre 1914 glaubte Österreich-Ungarn nicht mehr an die auf dem Wiener Kongress von 1815 errichtete internationale Ordnung, deren Dau-erhaftigkeit ein Jahrhundert lang größere Kriege auf dem Kontinent ver-hindert hatte. In den zwanzig Jahren zuvor – von 1792 bis 1815 – war Europa von Kriegen heimgesucht worden, die von Frankreich ausgingen. Sie hat-ten die alte Ordnung infrage gestellt, Nationalismus und Liberalismus ge-stärkt oder gar erst auf den Plan gerufen. Für das Reich der Habsburger, das sich von Österreich bis nach Italien im Süden, nach Ungarn und Polen im Osten erstreckte, das auf Suzeränität über die deutschen Staaten und Fürs-tentümer im Norden beharrte, bedeutete die Selbstbestimmung der Natio-nen drohenden Zerfall. Daher hatte es 1815 eine Lösung unterstützt, die auf konservativen Grundsätzen beruhte – der Wiederherstellung der Grenzen, um Frankreich in die Schranken zu weisen, und der Errichtung einer inter-nationalen Ordnung, die Nationalismus und Liberalismus unterdrückte. Um nicht wieder einen verheerenden Krieg zu riskieren, vereinbarten die Großmächte, sich künftig regelmäßig zu treffen. Zwar kam es nur gelegent-

Die gekrönten Häupter Europas versammeln sich 1910 zum Begräbnis Edwards VII. von Großbritannien. Sein Sohn und Thronfolger Georg V., sitzend in der Mitte, wendet dem deutschen Kaiser den Rücken zu. Links von Wilhelm hält König Albert von Belgien den Kopf leicht nach rechts gewendet, während Ferdinand von Bulgarien, genannt »Foxy«, zweiter von links, ungerührt geradeaus blickt.

lich zu weiteren offiziellen Kongressen, aber der Geist des so genannten europäischen Mächtekonzerts blieb erhalten, auch wenn allmählich klar wurde, dass die Kräfte des Nationalismus und Liberalismus nur noch zu dämpfen, nicht mehr auszumerzen waren.

Nach den Revolutionen des Jahres 1848 in vielen Teilen Europas kam es wieder häufiger zu Kriegen. Die Konservativen erkannten, dass die Liberalen kein Monopol auf den Nationalismus besaßen. Für das multinationale österreichische Imperium blieb der Nationalismus allerdings ein Sprengsatz. 1859 büßte es bei der Einigung Italiens die Lombardei ein. Sieben Jahre später verlor es nach der Niederlage von Königgrätz die Vorherrschaft über Deutschland an Preußen. In der Folgezeit kam es zu einer Vereinbarung mit Ungarn, bei der dieses Autonomie durchsetzte. Der Kaiser von Österreich war nun auch König von Ungarn. Ungeachtet aller dieser Herausforderungen blieben die Ideale des europäischen Konzerts jedoch erhalten. Kriege waren kurz und lokal begrenzt. Selbst als Preußen 1870 in Frankreich einfiel und sich danach an die Spitze eines deutschen Bundesstaates setzte, griffen die anderen Mächte nicht ein.

Der Südosten Europas blieb allerdings von dem 1815 etablierten System ausgespart. Am Anfang des 19. Jahrhunderts war die gesamte Balkanhalbinsel vom heutigen Albanien und Bosnien im Westen bis nach Rumänien im Norden Teil des Osmanischen Reiches. Von ihrer Hauptstadt Konstantinopel aus beherrschten die Türken den neuzeitlichen Nahen Osten, dazu weite Gebiete in Nordafrika, Arabien und dem Kaukasus. Daher waren große Teile der Bevölkerung des Balkans Muslime und standen außerhalb der christlichen Allianz, wie insbesondere der Zar von Russland sie sah. Russland selbst drang mehrfach auf den Balkan vor. Beim dritten Mal trafen die Vertreter der Großmächte 1878 in Berlin zusammen, wo sie mit Serbien, Montenegro und Rumänien drei unabhängige Balkanstaaten anerkannten und das Territorium zweier weiterer – Bulgarien und Griechenland – ausdehnten. Damit besiegelte das europäische Mächtekonzert den Niedergang der osmanischen Herrschaft auf dem Balkan. Zugleich entstand eine Situation, in der die internationale Ordnung in der Region von der Zurückhaltung und Zusammenarbeit zweier Großmächte – Russlands und Österreich-Ungarns – abhing.

Für Österreich-Ungarn war die Lage auf dem Balkan Gegenstand der Innen- wie der Außenpolitik. Das Reich bestand aus elf verschiedenen Nationalitäten, von denen viele ethnisch mit Völkern unabhängiger Staaten jenseits seiner Grenzen verwandt waren. Österreich selbst hatte eine weitgehend deutsche Bevölkerung, aber es gab Italiener in Tirol, Slowenen in der Steiermark, Tschechen in Böhmen und Mähren, Polen und Ruthenen in Galizien. Im ungarischen Teil der so genannten Doppelmonarchie dominierten die Magyaren politisch, waren aber numerisch in der Minderheit und von Slowaken im Norden, Rumänen im Osten sowie Kroaten im Süden umgeben. 1908 hatte der österreichische Außenminister Alois Lexa von Aerenthal Bosnien-Herzegowina am nördlichen Rand der Balkanhalbinsel annektiert, das formal noch Teil des Osmanischen Reiches war. Er hatte gehofft, dies ohne Störung der österreichisch-russischen Zusammenarbeit zu erreichen, verschärfte aber damit Österreich-Ungarns Probleme in zweifacher Weise. Zum ersten erkannte Russland die Annexion nicht an. Übereinstimmung der Interessen der beiden Mächte in der Region wurde nun von Rivalität abgelöst, was die Balkanstaaten nur zu gern für sich ausnutzen sollten. Zum zweiten war Bosnien-Herzegowina nicht nur von Bosniern, sondern auch von Kroaten und Serben besiedelt. Ein Bosnien, über das nicht mehr die Türken herrschten, musste nach Serbiens Meinung aber von Belgrad aus regiert werden.

Serbien war die Herausforderung für Franz Ferdinand, sollte er schließlich den Thron besteigen. Generell bedeutete dies, dass Nationalismus außerhalb des Reichs dessen Überleben von innen bedrohen konnte. Aus regionaler Sicht musste Serbien aufgehalten werden. In zwei Balkankriegen, die 1912 und 1913 rasch aufeinander folgten, hatte Serbien sein Staatsgebiet verdoppelt. Seine Bevölkerung war von 2,9 auf 4,4 Millionen angestiegen. Seine Siege flößten nicht nur den Serben, sondern auch einem Teil der Bosnier und Kroaten die Hoffnung ein, es könnte gelingen, auf dem Balkan einen neuen Staat der Südslawen zu errichten. Wer die unangenehmen Seiten der Serbenherrschaft bereits kennen gelernt hatte, wusste allerdings, dass ein solcher Staat nicht Befreiung, sondern eher Unterwerfung unter ein Großserbien bedeuten konnte. Fraglos brachten sowohl ein Staat der Südslawen als auch ein Großserbien beträchtliche Nachteile für Österreich-Ungarn, ob nun in seiner Eigenschaft als Balkanmacht oder als Herrscher über andere ethnische Gruppen, die ebenfalls nationalistische Ambitionen hegten.

In die beiden Balkankriege hatte Wien nicht eingegriffen und dafür bezahlen müssen. Bei den nachfolgenden Vereinbarungen wurden seine Interessen ignoriert und die Balkanstaaten für die Missachtung internationaler Vereinbarungen nicht bestraft, sondern belohnt. Seit 1815 hatten die europäischen Großmächte den Frieden erhalten können, weil sie bereit waren, Übereinkünfte miteinander auszuhandeln. 1914 gewannen die Österreicher den Eindruck, dass sie sich bezüglich der Wahrung der Interessen Österreich-Ungarns nicht mehr auf das europäische Mächtekonzert verlassen konnten.

Bei den Gesprächen Franz Ferdinands mit Wilhelm II. in Konopischt ging es nicht nur um Außenpolitik. Wie so viele Probleme Österreich-Ungarns hing auch die Balkanpolitik eng mit der Innenpolitik zusammen. Wien brauchte einen Verbündeten in der Region, und als Kandidat bot sich Rumänien an. Zu Kriegszeiten konnte es bis zu 600 000 Mann mobilisieren – ein mächtiges Potenzial, wenn man bedenkt, dass Österreich-Ungarns Heer zu Friedenszeiten ganze 415 000 Mann zählte. Der rumänische König Carol entstammte dem Geschlecht der Hohenzollern, das in Preußen regierte. Und Rumänien war heimliches Mitglied des Dreibunds, dem nicht

1912: Ausländische Beobachter im ersten Balkankrieg überzeugen sich von der tödlichen Wirkung indirekten Artilleriebeschusses – selbst gegen Truppen, die von Gräben geschützt sind. Die hier triumphierenden Bulgaren lassen den falschen Eindruck aufkommen, dass die Türken kein ernst zu nehmender Gegner gewesen seien.

nur Deutschland und Österreich-Ungarn angehörten, sondern auch Italien. Allerdings hatte Österreich-Ungarns Zuneigung zu Rumänien wenig Aussicht, erwidert zu werden. Das Hindernis war Transsilvanien, das von Rumänen besiedelt war, aber zu Ungarn gehörte. Die Magyaren, die auf ihrer Macht beharrten, verweigerten Nichtmagyaren alle konstitutionellen Reformen. Auch in anderer Hinsicht waren sie für Franz Ferdinand ein Pfahl im Fleisch. Der Ausgleich zwischen Österreich und Ungarn musste alle zehn Jahre erneuert werden. Seit langem grübelte der Erzherzog darüber nach, welche Optionen es für die künftige Regierungsform des Reiches gab. Dabei erwog er sowohl Föderalismus als auch Trialismus – Letzterer eine Dreifachkombination, die aus Österreich, Ungarn und einer südslawischen Entität bestehen sollte. Damit hätte er zwar die Bosnier, Kroaten und sogar die Serben zufrieden stellen können, aber für die Magyaren hätten beide Lösungen Machtverlust bedeutet. 1914 neigte er daher wieder mehr einem zentralistischen Modell unter deutsch-österreichischer Vorherrschaft zu.

Der deutsche Kaiser sah die Ungarn weniger kritisch. Im März hatte er sich mit deren Premierminister István Tisza getroffen und war so beeindruckt, dass er die Magyaren zu Teutonen ehrenhalber erklärte. Die Gespräche in Konopischt mündeten schließlich in der Frage, ob Tisza davon zu überzeugen war, sich gegenüber den Rumänen verständnisvoller zu zeigen, was diese dann vielleicht dazu bewegen konnte, sich einer österreichisch-ungarischen Balkanliga anzuschließen.

In Konopischt wurde aber kein Kriegsrat gehalten, obwohl dem Gefolge des Kaisers der Chef des Reichsmarineamts, Alfred von Tirpitz, angehörte. Franz Ferdinand glaubte nicht, dass Österreich-Ungarn auf dem Balkan Krieg führen könne, ohne dass Russland eingriff. Und Kaiser Wilhelm war trotz des Erzherzogs Drängen nicht bereit, ihm bedingungslose Unterstützung zuzusagen. Zudem war dieser selber nicht auf Krieg erpicht. Er wusste, dass Österreich mit einem Feldzug gegen Serbien die ohnehin unsichere Loyalität der Südslawen seines Reiches überfordern konnte.

Der Kaiser verließ Konopischt am Samstag, dem 13. Juni 1914. Am Sonntagmorgen trafen Leopold Berchtold, Aerenthals Nachfolger als Außenminister, und dessen Frau Nandine für einen Tag dort ein. Sophie und Nandine waren Freundinnen seit ihrer Kindheit. Sie lustwandelten im Garten und genossen die Kunstsammlung des Erzherzogs. Inzwischen erörterten die Männer Franz Ferdinands Gespräche mit dem Kaiser. Beide kamen überein, dass es an der Zeit sei, auf dem Balkan eine neue Initiative zu starten, die zu einem für Österreich-Ungarn günstigen Bündnis führen und Serbien isolieren sollte.

Berchtold fuhr nach Wien zurück und beauftragte mit der Ausarbeitung dieser Politik Franz von Matscheko, der einer Gruppe militanter, ehrgeiziger Beamter im Außenministerium angehörte. Minister Aerenthal hatte diese Männer im Zaum gehalten, unter Berchtolds milderem Regiment gewannen sie mehr Bewegungsfreiheit. Matscheko stimmte zu, dass Rumänien Wiens logischer Verbündeter wäre, sah jedoch wenig Aussicht auf einen Erfolg dieses Vorhabens. Daher setzte er auf Bulgarien als wahrscheinlichsten Partner. Tisza und die Magyaren neigten ebenfalls zu dieser Auffassung. Bulgarien hatte zwar keine gemeinsame Grenze mit der Doppelmonarchie, lag aber im Osten von Serbien. Außerdem konnte es Russland den Landweg nach Konstantinopel und zu den Dardanellen verlegen. Matscheko wies darauf hin, wie aggressiv sich Russland verhielt, dass es den Panslawismus propagierte und enge Beziehungen zu Serbien unterhielt. Matschekos Denkschrift war in schrillen Tönen abgefasst, aber er hob auf diplomatische Mittel ab, nicht auf Krieg. Das Dokument war vor allem für Deutschland geschrieben. Es sollte den Kaiser überzeugen, Bulgarien an Stelle von Rumänien als Verbündeten zu akzeptieren. Und da es Österreich-Ungarn an Kapital fehlte, sollte der deutsche Geldmarkt die finanziellen Anreize liefern, mit denen man die bulgarische Regierung gewinnen wollte.

Die Juli-Krise

Der zweite potenzielle Empfänger von Matschekos Denkschrift war Franz Ferdinand selbst. Er sollte sie nie erhalten. Matscheko vollendete die Arbeit daran am 24. Juni 1914. Da war der Erzherzog bereits auf dem Weg nach Bosnien, wo er Manövern des 15. und 16. Armeekorps beiwohnen wollte. Seine Frau begleitete ihn. Am Sonntag, dem 28. Juni, einem wunderschönen Sommertag, stattete das Paar Sarajevo einen offiziellen Besuch ab. Es war beider Hochzeitstag. Das Datum galt auch den Serben als Gedenktag: Es war der Jahrestag der Schlacht auf dem Amselfeld von 1389, einer furchtbaren Niederlage, die ein einzelner Serbe dadurch zu tilgen versuchte, dass er sich durch die türkischen Linien schlug und den Sultan ermordete. Damals wie 1914 wurde wenig auf Sicherheit geachtet. Zwei Tage zuvor hatte der Erzherzog bereits ohne Zwischenfälle eine private Einkaufstour absolviert. Überall hatten ihn freundlich gesinnte Menschen umringt. Daher war sein Aufenthalt in Bosnien für niemanden mehr ein Geheimnis.

Eine Gruppe Studenten und Lehrlinge, die einer revolutionären Organisation namens *Junges Bosnien* angehörten, war aus Serbien herübergekommen, um den Thronfolger zu ermorden. Zwar hatte sie die serbische Militäraufklärung mit Waffen ausgerüstet, aber es waren Amateure ohne jede Ausbildung. Einer von ihnen, Nedeljko Cabrinović, warf eine Bombe auf den Wagen des Erzherzogs. Sie rollte daran vorbei und verletzte jene, die dem Wagen folgten, sowie einige Passanten. Franz Ferdinand und Sophie setzten zunächst ihre Fahrt zum Rathaus fort, entschlossen sich dann aber, die verletzten Offiziere aufzusuchen. Daher wurde die vorher festgelegte Fahrtroute verändert. Der Fahrer bog an der Kreuzung Apfelkai – Franz-Joseph-Straße falsch ab. Der spätere Mörder, der neunzehnjährige, an Schwindsucht leidende Gavrilo Princip, stand unentschlossen an einer Straßenecke, weil er der Meinung war, das Attentat sei fehlgeschlagen. Völlig entgeistert wurde er plötzlich des Wagens des Erzherzogs ansichtig, der in seiner Nähe bremste. Er trat vor und feuerte aus kürzester Entfernung auf den Erzherzog und dessen Frau. Minuten später waren beide tot.

Im Juni 1914 begibt sich Franz Ferdinand nach Bosnien, um an einem Manöver zweier Korps der Armee Österreich-Ungarns teilzunehmen. Beim Kartenstudium scheint er darüber nachzudenken, wie er seinen kriegslüsternen Stabschef Conrad von Hötzendorf loswerden könnte.

Matschekos Denkschrift nahm nun einen völlig anderen Charakter an als ursprünglich vorgesehen. In Wien wie auch in den anderen Hauptstädten der Welt ging man selbstverständlich davon aus, dass Serbien hinter dem Anschlag steckte. Berchtold informierte den deutschen Botschafter, »die Sache sei so wohl durchdacht worden, dass man absichtlich ganz jugendliche Leute zur Ausführung des Verbrechens ausgesucht habe, gegen die nur mildere Strafe verhängt werden könne«.[2]

Damit übertrieb Berchtold. In Serbien fanden gerade Wahlen statt, und Premierminister Nikola Pašić hatte genügend innenpolitische Probleme. Das schwierigste war das Verhältnis zum Militär. Der Chef der serbischen Militäraufklärung, Oberst Dragutin Dimitrijević, Deckname Apis, gehörte einer Gruppe von Offizieren an, die 1903 den damaligen König ermordet hatten. Der glühende Verfechter eines Großserbiens und Mitglied der geheimen Terrororganisation »Schwarze Hand« galt als »unfähig, zwischen

27

dem Möglichen und dem Unmöglichen zu unterscheiden, die Grenzen von Verantwortung und Macht zu erkennen«.[3] Er widersetzte sich den Versuchen von Pašić, die Armee unter die Kontrolle der Politik zu stellen. Dass er Gavrilo Princip und dessen Freunde unterstützt hatte, beweist zumindest sein erfolgreiches Agieren in dieser Hinsicht. Da der Ministerpräsident, gefangen zwischen dem inneren und äußeren Feind, mit seiner Reaktion auf den Zwischenfall von Sarajevo zögerte, blieb der Vorwurf einer aktiven Beteiligung Serbiens an ihm hängen.

Franz Ferdinand, der in Österreich-Ungarn am eindringlichsten für Zurückhaltung plädiert hatte, war nun tot. Am 30. Juni forderte Berchtold eine »endgültige und grundsätzliche Abrechnung mit Serbien«. Kaiser Franz Joseph, inzwischen fast vierundachtzig Jahre alt, stimmte zu. Dabei hatte er feuchte Augen – wohl weniger, weil er um Franz Ferdinand trauerte, den er wie andere auch immer als schwierig empfunden hatte, sondern weil er sah, was dieser Mordanschlag für das Überleben seines Imperiums bedeuten konnte. Dessen künftige Glaubwürdigkeit stand auf dem Spiel – nicht nur als regionaler Akteur auf dem Balkan, sondern auch als multinationaler Staat und europäische Großmacht. Wenn sich Österreich-Ungarn nicht einmal in der Region durchzusetzen vermochte, dann konnte es wohl kaum Respekt auf dem Kontinent erwarten.

Zum ersten Mal seit seinem Amtsantritt 1906 sah sich Generalstabschef Franz Conrad von Hötzendorf in voller Übereinstimmung mit dem Außenministerium. Er hatte noch nie in einem Krieg gekämpft, aber intensiv Kriege studiert. Für ihn als Sozialdarwinist war der Kampf ums Dasein »das Grundprinzip allen irdischen Geschehens«.[4] Österreich-Ungarn musste also irgendwann einen Krieg führen, um seinen Status zu sichern. »In der Anwendung des Mittels ›Krieg‹ liegt eben die Politik«, erklärte er.[5] Mit anderen Worten: Die Politik des Staates musste darauf gerichtet sein, den richtigen Zeitpunkt und die günstigsten Bedingungen für einen Krieg zu bestimmen. Eine solche Gelegenheit war die Bosnienkrise von 1908/09 gewesen. Bereits damals hatte Conrad von Hötzendorf einen Präventivkrieg gegen Serbien gefordert. Diesen Standpunkt erklärte er immer wieder, allein 1913 fünfundzwanzigmal. Aerenthal und Franz Ferdinand hatten ihn bislang in Schach gehalten, seine Militanz benutzt, wenn sie ein diplomatisches Signal aussenden wollten, und sie gedämpft, wenn sie es für richtig hielten.

Im Sommer 1914 kam Conrad von Hötzendorf zu dem Schluss, dass seine Tage im Amt wegen der wachsenden Spannungen mit dem Erzherzog wohl

Die Ermordung von Erzherzog Franz Ferdinand führt in Sarajevo zu antiserbischen Ausschreitungen. Geschäfte werden geplündert, Schulen und Kirchen verwüstet, Verdächtige erschlagen.

gezählt waren. Das ärgerte ihn aus persönlichen und beruflichen Gründen. Er war in tiefer Liebe zu Gina von Reininghaus entbrannt, einer verheirateten Frau und Mutter von sechs Kindern. In einem so katholischen Land wie Österreich schien Scheidung undenkbar, es sei denn, Conrad von Hötzendorf kehrte als Sieger aus einem großen Krieg zurück. Auf die Ermordung Franz Ferdinands reagierte er daher eher emotional als rational. Er war für den Krieg, glaubte allerdings, dass »es ein aussichtsloser Kampf wird«. »Dennoch muss er geführt werden«, schrieb er an Gina, »da eine so alte Monarchie und eine so glorreiche Armee nicht ruhmlos untergehen können.«[6]

Dass Conrad von Hötzendorf 1909 voller Zuversicht einen Präventivkrieg gegen Serbien gefordert hatte, diesen 1914 aber eher als ein Hasardspiel ansah, ging auf zwei Entwicklungen zurück. Die erste war der schlechte Zustand der Armee, an deren Spitze Conrad von Hötzendorf stand. Dafür machten er und sein bisheriger Mentor Franz Ferdinand die Magyaren verantwortlich. 1889 war die Zahl jährlich einzuberufender Rekruten auf

135 670 festgesetzt worden. Das bedeutete, dass die vereinigte Armee Österreich-Ungarns nicht entsprechend dem Bevölkerungswachstum oder der Entwicklung anderer Armeen aufgestockt werden konnte. Erst 1912 wurde in Ungarn ein neues Armeegesetz erlassen, das weitere 42 000 Mann gestattete. Das war zu wenig und zu spät: Die verlorenen Jahre konnten nicht mehr aufgeholt werden. Ausgebildete Reservisten im Alter von zwanzig bis vierzig Jahren, die anderen Mächten 1914 zur Verfügung standen, gab es in Österreich-Ungarn einfach nicht. Seine Feldarmee war nur halb so stark wie die Frankreichs oder Deutschlands. Auch mit erhöhter Feuerkraft konnte sie diesen Mangel an Personal nicht wettmachen. Eine österreichische Division war mit zweiundvierzig Feldgeschützen ausgestattet, eine deutsche dagegen mit vierundfünfzig. Einige hoch entwickelte Modelle schwerer Artillerie waren bisher nicht in die Massenproduktion überführt. Die beiden Territorialarmeen – die österreichische Landwehr und die ungarische Honvéd – besaßen gar nur vierundzwanzig Feldgeschütze pro Division. Da es aber dem regulären Heer an Personal fehlte, mussten diese Einheiten bereits bei Kriegsbeginn als Teil des Feldheeres eingesetzt werden. Sollte sich der Krieg räumlich ausdehnen oder lange hinziehen, hatte Österreich-Ungarn keinerlei Reserven parat.

Militärisch war die Donaumonarchie also bereits im Juli 1914 eher eine regionale als eine europäische Macht. Ihre Armee reichte für einen Krieg auf dem Balkan aus, war aber nicht in der Lage, den Angriffen mehr als eines Gegners standzuhalten. Daher stellte Russlands Haltung einen entscheidenden Posten in Österreich-Ungarns Kalkulation dar. 1909 war es noch kein Hauptakteur, wie seine Hinnahme der Annexion Bosnien-Herzegowinas durch Österreich-Ungarn zeigte. Es war 1904 von Japan geschlagen worden, worauf die Revolution von 1905 folgte. Aber die Bosnienkrise war das Ereignis, das eine Wiederbelebung der russischen Armee auslöste. 1914 war sie bereits doppelt so stark wie das Heer Österreich-Ungarns.

Wenn die Doppelmonarchie einen Balkankrieg führen wollte, dann musste ihr Deutschland den Rücken gegen Russland freihalten. Von der deutschen Unterstützung erwartete man zweierlei: Sie konnte Russland davon abhalten, an der Seite Serbiens in den Krieg einzutreten, und sie konnte Wien dabei helfen, Bulgarien als Verbündeten auf dem Balkan zu gewinnen. Matschekos Denkschrift wurde also überarbeitet und auf Deutschland zugeschnitten. Die neue Version hob Russlands Aggressivität noch stärker hervor, benutzte die Tatsache, dass Rumäniens Haltung unklar war, und betonte, dass unverzüglich gehandelt werden müsse. Aber von Krieg war noch keine Rede – auch nicht in Franz Josephs Begleitbrief an den Kaiser.

Am Abend des 4. Juli 1914 bestieg der Chef des Kabinetts des Außenministers, Alexander Graf von Hoyos, den Zug nach Berlin. Bei sich führte er die letzte Version der Matscheko-Denkschrift und Kaiser Franz Josephs Brief an Wilhelm II. Hoyos gehörte zu den jungen Falken im Außenministerium, die überzeugt waren, dass Österreich-Ungarn den Balkan beherrschen müsse. Er hatte sich bereits im ersten Balkankrieg dafür eingesetzt, gegen Serbien loszuschlagen. In der deutschen Hauptstadt angekommen, gab er den persönlichen Brief des Kaisers und das Memorandum an den österreichischen Botschafter Graf Szögyény weiter, der beide Papiere dem Kaiser bei einem Mittagessen am 5. Juli in Potsdam überreichte. Parallel dazu informierte Hoyos den stellvertretenden Staatssekretär im Auswärtigen Amt, Arthur Zimmermann.

Die Morde von Sarajevo hatten Wilhelm aufs Äußerste empört. Er empfand sie auch als ganz persönlichen Verlust. Das machte ihn ungewöhnlich entschlossen. Natürlich, erklärte er, müsse Österreich-Ungarn rasch und energisch gegen Serbien vorgehen, und gewiss werde Deutschland es dabei unterstützen. Er musste nur noch seinen Kanzler Theobald von Bethmann Hollweg konsultieren, einen siebenundfünfzigjährigen preußischen Bürokraten, den dessen Sekretär als Kind der ersten Hälfte des 19. Jahrhunderts und höchst kultiviert beschrieb.[7] Dieser erschien dann auch prompt am selben Nachmittag zu dem vom Kaiser einberufenen Kronrat, wo außerdem Zimmermann und der preußische Kriegsminister Erich von Falkenhayn anwesend waren. Endlich sagte Berlin seine Unterstützung für Wiens Absicht zu, eine Balkanliga mit Bulgarien als Mittelpunkt aufzubauen. Was Österreich-Ungarn gegen Serbien unternahm, sei seine eigene Angelegenheit, aber es könne Deutschlands Unterstützung sicher sein, sollte Russland sich einmischen. Am Morgen des 6. Juli übermittelte Bethmann Hollweg diese Beschlüsse des Kronrates den österreichischen Vertretern, und Hoyos fuhr nach Wien zurück.

Deutschlands Unterstützung für Österreich-Ungarn ist als der »Blankoscheck« bekannt geworden. Zweifellos war das ein entscheidender Schritt, der die Eskalation des dritten Balkankrieges zu einem europäischen Krieg vorantrieb. Aber der Kronrat des Kaisers hatte nicht den Schluss gezogen, dass dies das unweigerliche Ergebnis einer Krise sein müsse, an deren Zuspitzung Deutschland beteiligt war, die es aber – zumindest im Augenblick –

in keiner Weise zu lenken oder zu kontrollieren suchte. Bethmann Hollweg, in den folgenden Wochen der deutsche Hauptakteur, war von einem Fatalismus beherrscht, der drei Gründe zu haben schien: den kurz zurückliegenden Tod seiner Frau, die wachsende Stärke Russlands und den Zusammenhalt der Tripelentente. Dazu hatte sich Russland 1892 mit Frankreich verbündet – eine unmöglich erscheinende Kombination von Autokratie und Republik. Deutschlands Frustration und Unverständnis wuchsen, als sich auch noch Großbritannien mit beiden Mächten einigte – mit Frankreich 1904 und mit Russland 1907. Die Feindschaft zwischen England und Frankreich war im ganzen 18. und einem großen Teil des 19. Jahrhunderts eine der Konstanten der internationalen Beziehungen in Europa gewesen. Die Aversionen zwischen England und Russland wurden immer wieder geschürt durch die Rivalität beider Mächte in Zentralasien und die Sorge der Briten um ihre Stellung in Indien. Daher musste die Tripelentente Bethmann Hollweg als morsches, brüchiges Gebilde erscheinen. Wenn er im Juli 1914 ein klares Ziel verfolgte, dann war es die Zerschlagung der Entente.

Die Möglichkeit eines großen Krieges kalkulierte er durchaus ein. Alles hing davon ab, wie Russland reagierte. Im Gespräch mit Botschafter Szögyény hatte Wilhelm II. erklärt, »Russland sei … noch keineswegs kriegsbereit und werde es sich gewiss noch sehr überlegen, an die Waffen zu appellieren«.[8] Der deutsche Botschafter in St. Petersburg förderte solchen Optimismus. Russland werde sich aus einem Krieg zwischen Österreich-Ungarn und Serbien heraushalten, da es sich von den Ereignissen der Jahre 1904/05 noch nicht erholt habe und keine weitere Revolution riskieren könne. Russische Konservative argumentierten ähnlich. Dabei ließen sie allerdings außer Acht, dass die Bosnienkrise in Russland nach wie vor als offene Wunde empfunden wurde und liberale Nationalisten das Land als Schutzmacht aller Slawen sahen. Eine zweite Argumentationslinie ging davon aus, dass Russland Serbien zwar unterstützen könnte, aber weder Frankreich noch England es ihm gleichtun würden, was eine Untergrabung der Solidarität der Tripelentente bedeutete. Das wäre ein großer diplomatischer Erfolg und konnte früher oder später einen russisch-deutschen Präventivkrieg auslösen, der ähnliche Ziele verfolgte, wie sie Conrad von Hötzendorf gegenüber Serbien entwickelt hatte.

Russland galt 1914 allgemein als schlafender Riese, der allmählich erwachte. Als Reaktion auf die Revolution von 1905 war sein Herrschaftssystem liberalisiert worden. Seitdem wuchs seine Wirtschaft jährlich um

3,25 Prozent. Von 1908 bis 1913 stieg seine Industrieproduktion um fünfzig Prozent an, woran die Rüstungsindustrie großen Anteil hatte. Russlands Armee war bereits die größte in Europa. 1917 sollte ihre Stärke das Dreifache der deutschen betragen.

Es ist eine Ironie der Geschichte, dass der deutsche Hauptverfechter eines Präventivkrieges, Generalstabschef Helmuth von Moltke der Jüngere, am Kronrat vom 5. Juli nicht teilnahm. Er weilte gerade zur Kur in Baden-Baden. Moltke war der Neffe des Architekten der militärischen Siege von 1866 und 1870. Als Theosoph mit künstlerischen Neigungen hatte er allerdings nicht den entschlossenen Charakter seines Vorfahren geerbt. Viele Beobachter glaubten, man werde ihn ablösen, sobald es zum Krieg komme. Als seinen Nachfolger sahen viele Kriegsminister Erich von Falkenhayn, der als höchster Militär beim Kronrat anwesend war. Falkenhayn schrieb Moltke, mit seiner Rückkehr habe es keine Eile, da er »die Überzeugung von einem festen Entschluss der Wiener Regierung nicht gewonnen« habe. Diese denke offenbar nicht an Krieg, sondern eher an »energische politische Schritte, z. B. den Abschluss eines Vertrages mit Bulgarien. ... Sicherlich werden in keinem Fall die nächsten Wochen eine Entscheidung bringen.«[9] Auch Falkenhayn verabschiedete sich in den Urlaub. Moltke kehrte erst am 25. Juli und Falkenhayn am 27. Juli zurück.

Falkenhayns Urteil und Bethmann Hollwegs Risikobereitschaft beruhten mehr auf ihrer Kenntnis der jüngsten Vergangenheit als der Ahnung von Wiens neuer Entschlussfreude. Denn die unmittelbare Bedeutung des »Blankoschecks« lag nicht darin, was er über Deutschlands Annahmen besagte, sondern wie ihn Hoyos bei seiner Rückkehr in die österreichische Hauptstadt benutzte. Er spielte beide Seiten gegeneinander aus. Als er am 7. Juli wieder in Wien eintraf, stellte er, was er in Potsdam gehört hatte, vor dem Ministerrat so dar, als dränge Deutschland zum Handeln. 1913 hatte man Österreich-Ungarn ignorieren können, weil es nicht die Unterstützung Deutschlands gehabt hatte. Nun sollte es handeln, solange es dazu in der Lage war. Zweifel kamen vor allem von Tisza. Der führende Mann der Ungarn war gegen einen Angriff auf Serbien, weil er befürchtete, Russland könnte eingreifen. Vor allem aber war ein Sieg über Serbien dazu angetan, das innere Gleichgewicht Österreich-Ungarns zu stören: Der Drang nach einer Dreierlösung, die auch ein südslawisches Gebilde einschloss, könnte dann nicht mehr einzudämmen sein. Andererseits war die südslawische Herausforderung gegenüber der Dominanz der Magyaren ohnehin eine Tat-

sache – ob nun mit oder ohne Krieg gegen Serbien. Der Doppelmord von
Sarajevo hatte in Budapest nicht weniger Empörung ausgelöst als in Wien.
Am 14. Juli hatte der magyarische Politiker Stephan Graf Burián Ministerpräsident Tisza überzeugt, dass ein Schlag Österreichs gegen Serbien notwendig sei.

Aber Wien handelte nicht. Der größte Teil der österreichischen Armee
war im Urlaub. Die Soldaten, zumeist Bauern, halfen noch bei der Einbrin-
gung der Ernte. Das war wichtig, um die Versorgung von Mann und Ross zu
sichern, wenn die Mobilmachung kam. Conrad von Hötzendorf schlug dafür den 12. August vor, aber man überzeugte ihn, dem 23. Juli zuzustimmen.
Der französische Präsident Raymond Poincaré und sein Ministerpräsident
René Viviani weilten zu einem Staatsbesuch in Russland, der an diesem Tag
enden sollte. Die Dritte Republik, das Ergebnis des Sieges der Preußen über
Napoleon III. von 1870, war berüchtigt für die Instabilität ihrer Ministerien
und die Inkonsequenz ihrer Politik. Aber Poincaré, ein Lothringer, der vor
seiner siebenjährigen Amtszeit als Präsident Ministerpräsident und Außenminister gewesen war, steuerte die Außenpolitik Frankreichs persönlich. Er
glaubte fest daran, dass die Stabilität des Bündnissystems Europas eine Balance herzustellen vermochte, die den Krieg verhindern konnte. In dem diplomatischen Spiel, von dem der erste Balkankrieg im Herbst 1912 begleitet war, hatte er die Unterstützung Frankreichs für Russlands Vorgehen auf
dem Balkan mehrfach bekräftigt. Aber was von ihm als Schritte zur Festi-
gung der Entente gedacht war, konnte von den Russen als Beistandsver-
sprechen interpretiert werden, sollten sie wegen Serbien in einen Krieg mit
Österreich-Ungarn geraten.

Berchtold hielt es für das Beste, eine Krise nicht voranzutreiben, solange
die Führer beider Staaten die Möglichkeit hatten, ihr Vorgehen im direkten
Gespräch miteinander abzustimmen. Als Poincaré die Nachricht vom österreichischen Ultimatum an Serbien erhielt, befand er sich bereits an Bord der
France in der Ostsee auf der Rückreise.

Zu diesem Zeitpunkt ebbte die Empörung über die Morde von Sarajevo
in Europa bereits wieder ab. Es war Sommer, Falkenhayn und Moltke waren
nicht die Einzigen, die in Urlaub gingen. In Frankreich und England beherrschten wieder innenpolitische Themen die Schlagzeilen. Der Prozess
gegen Madame Caillaux, die Frau des früheren Ministerpräsidenten von den
Radikalen, Joseph Caillaux, wurde am 20. Juli eröffnet. Sie hatte den Chef-
redakteur des *Figaro* erschossen, weil dieser die zwischen ihr und ihrem Gat-

ten hin- und hergesandten Liebesbriefe veröffentlicht hatte. Am 28. Juli wurde sie von einem verständnisvollen französischen Gericht freigesprochen, weil sie im Affekt gehandelt hatte.

In England war das Kabinett mit befürchteter, nicht wirklicher Gewalt beschäftigt: Da die Regierung der Liberalen Irland von London aus verwalten wollte, drohte eine Rebellion der *Ulster Loyalists*. Im Vergleich dazu wirkte die internationale Lage friedlicher als in den Jahren zuvor. Am 18. Mai 1914 schrieb Sir Arthur Nicolson, ständiger Untersekretär im Außenministerium und ehemaliger Botschafter in St. Petersburg: »Ich selbst glaube nicht, dass ein offener Konflikt zwischen Russland und Deutschland zu erwarten ist.«[10] Jene, die über die Folgen einer möglichen Reaktion Österreich-Ungarns auf den Mord an ihrem Thronfolger nachdachten, waren allgemein der Meinung, dass die Serben ein blutrünstiges, gefährliches Volk seien. Noch am 31. Juli erklärte der britische Premierminister Herbert Henry Asquith gegenüber dem Erzbischof von Canterbury, die Serben verdienten »eine ordentliche Tracht Prügel«.

Da waren Österreich-Ungarn und Serbien bereits im Krieg. Am 23. Juli um 18 Uhr überbrachte der österreichisch-ungarische Botschafter in Serbien ein Ultimatum, in dem von der serbischen Regierung gefordert wurde, sie solle Maßnahmen treffen, um zu verhindern, dass weiterhin Terrororganisationen von ihrem Gebiet aus operierten, sie müsse ferner alle gegen Österreich gerichtete Propaganda einstellen und zustimmen, dass Vertreter Österreich-Ungarns an der Untersuchung des Mordanschlags teilnähmen. Die Wiener Regierung gab Serbien achtundvierzig Stunden für eine Antwort, aber der Botschafter packte bereits seine Koffer.

Deutschland sah seine Rolle am 24. Juli darin, die Wirkung des Ultimatums einzudämmen. Da allenthalben die Meinung vorherrschte, dass Österreich-Ungarn im Recht und Serbien im Unrecht war, sollte das keine zu schwierige Aufgabe sein. Aber diese Annahme beruhte auf einem grundsätzlichen Irrtum. Niemand in der Tripelentente konnte Österreich-Ungarn als selbstständigen Akteur sehen. Wien gab sich so entschlossen, weil es die Unterstützung Deutschlands nutzen wollte, solange es sie hatte. Die Gegenseite sah diese Schwäche und stufte die österreichisch-deutsche Solidarität etwas höher ein, als Wien selbst es tat. Wenn Österreich-Ungarn wollte, dass Deutschland ihm den Rücken freihielt, konnte es kaum den Eindruck vermeiden, es werde von diesem gesteuert. Der Konflikt mit Serbien war nicht lokal einzugrenzen, weil die betroffenen Staatsmänner aufgrund ihrer

Ein Drittel der serbischen Armee kann nicht per Eisenbahn zum Gestellungsort gebracht werden, sondern muss zu Fuß gehen. Dieser Soldat hat vorsorglich Proviant und seine Frau mitgenommen. Zumindest ist er mit einem Gewehr bewaffnet. Viele haben dieses Glück nicht.

Erfahrungen aus früheren Krisen im Juli 1914 dazu neigten, diese Entwicklung im größeren Zusammenhang der internationalen Beziehungen in Europa zu sehen.

Zudem spielte Serbien seinen Part mit beträchtlichem Geschick. Es entwaffnete seine Kritiker dadurch, dass es sich bereit zeigte, so weit auf die Forderungen Österreich-Ungarns einzugehen, wie es einem souveränen Staat nur möglich war. Eine Beteiligung der Vertreter Österreich-Ungarns an der eigenen Untersuchung des Mordanschlags konnte es allerdings nicht hinnehmen, da dies eine »Verletzung seiner Verfassung und seiner Strafprozessordnung« bedeutet hätte. Da Pašić alle Bedingungen außer dieser einen akzeptierte, brachte er die öffentliche Meinung Europas auf seine Seite. Er brauchte allerdings auch jede Unterstützung, die er bekommen konnte.

Aus den beiden Balkankriegen war Serbien militärisch geschwächt hervorgegangen. Seine Munitionsvorräte waren arg zusammengeschmolzen, und es hatte 91 000 Mann verloren. Zwar konnte es auf einen Schlag 350 000 Mann mobilisieren, aber die modernen Gewehre (ironischerweise deutsche Mauser) reichten gerade aus, um 180 000 Mann – die Stärke seiner Armee zu Friedenszeiten – damit auszustatten. In einigen Infanterieeinheiten hatte ein Drittel der Soldaten überhaupt keine Waffen. Am 31. Mai 1914 hatte der Kriegsminister mit eine Restrukturierung der Armee begonnen, die auf zehn Jahre ausgelegt war. Der Militärattaché Österreich-Ungarns in Belgrad kam zu dem Schluss, dass die serbische Armee mindestens vier Jahre brauchen werde, um sich wieder zu regenerieren. Aber Pašić musste handeln. Zeigte er nach außen Schwäche, so konnte das schwere Folgen für seine Position im Lande, darunter für den Wahlkampf, haben. Ihm persönlich war klar, dass Österreich-Ungarn Krieg wollte. Am Nachmittag des 25. Juli ordnete er die Mobilmachung an.

Serbien reagierte also militärisch, bevor alle Mittel der Diplomatie erschöpft waren. Aber es war nicht die erste Macht, die sich in der Juli-Krise so verhielt. Als das Ultimatum eintraf, wandte sich Kronprinz Alexander von Serbien sofort an den russischen Zaren. Der russische Ministerrat trat am folgenden Tag, dem 24. Juli, zusammen. Der russische Außenminister Sergej Sasonow, ein Karrierediplomat »von einfacher Denkungsart«, dazu ein Anglophiler[11], erklärte, Deutschland nutze die Krise als Vorwand, um einen Präventivkrieg zu beginnen. Der Innenminister strafte alle in Berlin und Wien Lügen, die geglaubt hatten, Russland werde sich zurückhalten, weil es eine Revolution befürchtete. Er zeigte sich, im Gegenteil, überzeugt, dass der Krieg die Nation einen werde. Und die Minister für Heer und Flotte, die in den zurückliegenden fünf Jahren so riesige Haushaltsmittel verschlungen hatten, konnten wohl kaum die Wahrheit bekennen, dass nämlich ihre Truppen nach wie vor nicht kampfbereit waren. Der Ministerrat bestätigte die Weisung, dass vier Militärbezirke die Mobilmachung vorbereiten sollten.

Die Mobilmachung

Mobilmachung war noch kein Krieg. In früheren Krisen hatte sie zur Unterstützung der Diplomatie gedient, war eher Spiel mit dem Risiko als Stufe einer unaufhaltsamen Eskalation gewesen. Damals hatte sich die Konfrontation allerdings über Monate aufgebaut. 1914 dagegen fielen die Schlüsselentscheidungen binnen einer Woche. Die Dinge entwickelten sich so rasch, dass keine Zeit blieb, zwischen Warnung und ernsthafter Absicht zu differenzieren. Serbien wusste, dass es Österreich-Ungarn nicht allein gegenüberstand. Aber Conrad von Hötzendorf schien diese Tatsache nicht zur Kenntnis nehmen zu wollen. Er hatte keine Armee, die es mit Russland und Serbien zugleich aufnehmen konnte, wenn Ersteres entschied, Letzterem Beistand zu leisten. In der Bosnienkrise von 1909 hatte er herauszufinden versucht, wie sich das deutsche Heer in diesem Falle verhalten werde. Moltke hatte ihm damals gesagt, sollte Deutschland einen Zweifrontenkrieg gegen Russland und Frankreich zugleich führen müssen, werde es das Gros seiner Streitkräfte zunächst gegen Frankreich konzentrieren. Was jedoch Conrad von Hötzendorfs Hauptsorge betraf, so konnte er diesen beruhigen: Er erklärte, die deutsche 8. Armee in Ostpreußen werde die Russen in Kampfhandlungen verwickeln, da diese aufgrund ihres Bündnisses mit Frankreich verpflichtet seien, Deutschland anzugreifen.

Dabei verschwieg Moltke wohlweislich seine eigenen Bedenken, was die Sicherheit Ostpreußens betraf. Der deutsche Generalstab plante, die Masurische Seenplatte als Schutzschild für Offensive und Defensive gegen die Russen zu benutzen, die dadurch gezwungen gewesen wären, in zwei Richtungen vorzurücken. Damit verlagerten sich die Kampfhandlungen allerdings auf deutsches Staatsgebiet. Wenn die 8. Armee nicht rasch aus dem Westen Verstärkung erhielt, hätte sie sich bis zur Weichsel oder gar bis zur Oder zurückziehen müssen. Damit hätte das deutsche Heer seine wichtigste Pflicht, das Vaterland zu verteidigen, nicht erfüllt. Daher forderte Moltke von Conrad von Hötzendorf eine Gegenleistung für seine Zusage: Österreich sollte von Galizien aus einen Angriff gegen Polen starten, der auf das Gebiet zwischen Bug und Weichsel zielte. Als Anreiz hierfür stellte er in Aussicht, dass seine Truppen, sobald die Deutschen Verstärkung erhielten, von Norden und vom Narew aus in Polen einrücken würden. Die Vorstellung, Russisch-Polen einschließen zu können, war eine große strategische Verlockung für Generäle, die mit der Geschichte der Feldzüge Napoleons und der Kriege um die Vereinigung Deutschlands groß geworden waren. Ein solches Umfassungsmanöver musste kurzfristig den entscheidenden Erfolg bringen. Für den Theoretiker Conrad von Hötzendorf war dies eine sehr reizvolle Idee. Bei Siedlitz (heute: Siedlce), östlich von Warschau, wollten die beiden Armeen sich vereinigen.

Das Ganze war jedoch kein exakt ausgearbeiteter Plan gewesen. Und sollte er 1909 eine gewisse Berechtigung gehabt haben, so war er 1914 lange überholt. Erstens ging er davon aus, dass die Deutschen bei ihrem Feldzug in Frankreich über genügend Reserven verfügten, um binnen weniger Wochen Verstärkung nach Osten zu werfen. Um Conrad von Hötzendorf zu beruhigen, erklärte Moltke, Frankreich werde in drei bis vier Wochen besiegt sein. Die Umgruppierung nach Osten könnte dann binnen zehn Tagen erfolgen. Das waren allerdings keine Planzahlen des deutschen Generalstabes. Zweitens führten die beiden Armeen keine gemeinsame Felderkundung durch, bevor sie die Kampfhandlungen begannen. 1913 und 1914 war Moltke mit seinen Versprechen gegenüber Conrad von Hötzendorf vorsichtiger gewesen, aber dieser hatte das nicht zur Kenntnis genommen. Jeder verließ sich darauf, dass der andere die Hauptlast des Kampfes gegen Russland tragen werde. Und drittens hatte man nicht berücksichtigt, wie stark sich Potenzial und Absichten der russischen Armee in den zurückliegenden fünf Jahren verändert hatten.

Conrad von Hötzendorf ging davon aus, dass Russland für die Mobilmachung dreißig Tage benötige. Aber im Februar 1914 hatte ihn Moltke gewarnt (und sollte damit Recht behalten), dass zwei Drittel der russischen Armee bereits am achtzehnten Tag mobilisiert sein könnten. Österreicher und Deutsche konnten damit nicht Schritt halten. Sie verloren nicht nur Zeit, sondern auch Raum. Da Russland in Europa und Asien agieren musste, hatte es ein System der territorialen Mobilmachung eingeführt. Die größeren Armeeeinheiten – die Korps – verblieben in ihrem Rekrutierungsraum und wurden vor Ort mit Reservisten aufgefüllt. Dieses Modell galt auch im Deutschen Reich und in Frankreich. Aber aufgrund der geografischen Struktur Russlands im Westen schloss es die Verteidigung Polens nicht ein. Damit wurde der österreichisch-deutsche Einkreisungsplan gegenstandslos.

Im Grunde genommen hatte Conrad von Hötzendorf den Siedlitz-Plan 1914 bereits aufgegeben. Das hinderte ihn allerdings nicht daran, diesen später gegen die deutschen Verbündeten zu wenden, als er Sündenböcke für seine eigenen Fehler suchte. Als Erstes musste er sich mit Serbien befassen. Nach seinen Berechnungen brauchte er acht Divisionen, um die österreichisch-serbische Grenze zu sichern, aber zwanzig Divisionen, wenn er in Serbien einmarschieren und dieses besiegen wollte. Es blieben also achtundzwanzig Divisionen, die er in Galizien gegen die Russen einsetzen wollte. Darüber hinaus schuf er eine Reserve von zwölf Divisionen. Diese konnten entweder die acht Divisionen unterstützen, die bereits an der

Grenze zu Serbien standen, oder nach Galizien abkommandiert werden, sollte Russland Serbien zu Hilfe eilen. Die dortige Streitmacht wäre dann auf vierzig Divisionen aufgestockt worden. Diese Reserve, die 2. Armee, sollte erst zwischen dem einundzwanzigsten und fünfundzwanzigsten Tag der Mobilmachung aufgestellt und nach Galizien in Marsch gesetzt werden. Da die russische Mobilmachung jedoch rascher vorankam und eingehende Nachrichten zunehmend darauf hinwiesen, dass die Russen zunächst das Deutsche Reich angreifen würden, um für Frankreich Entlastung zu schaffen, entschied sich Conrad von Hötzendorf, der Konzentration der Russen nicht zuvorzukommen, sondern seine Truppen in Galizien zurückzuhalten, das Schwergewicht an der russischen Front mehr nach Norden und Westen zu verlagern und die Russen vor einer Berührung zunächst weiter vorrücken zu lassen. Das hätte eine Abschwächung des österreichischen Vorstoßes von Galizien aus bedeutet. Die Schwierigkeit an diesem Plan war jedoch, dass Österreich das Eisenbahnnetz in den zurückliegenden dreißig Jahren im Wesentlichen nach Osten und Süden ausgebaut hatte. Wenn man die 2. Armee von Serbien nach Galizien verlegen wollte, konnte man sie über die vorhandenen Bahnstrecken nur an die rechte, nicht an die linke Flanke der österreichischen Verbände bringen.

Diese Schwierigkeit für Truppenverlegungen von Serbien nach Galizien hatte sich bereits 1909 gezeigt. Aber seitdem war nichts geschehen, um das Problem zu lösen, denn weder Österreich noch Ungarn wollten die Kosten für eine neue Bahnstrecke tragen. 1912/13 hatte das Eisenbahnbüro des Generalstabs Conrad von Hötzendorf versichert, statt gegen Serbien mobil zu machen, könne er das gegen Russland tun. Beides gleichzeitig war allerdings nicht möglich.

Am 25. Juli erließ Franz Joseph Weisung, mit der Mobilmachung lediglich gegen Serbien am 28. Juli zu beginnen. An diesem Tag erklärte Österreich-Ungarn Serbien den Krieg. Die Kanonen der Festung Semlin (heute: Zemun) feuerten über die Donau, und vom Fluss her beschossen Panzerschiffe der Marine Österreich-Ungarns die serbische Hauptstadt. Das Krankenhaus wurde getroffen. »Fensterscheiben gingen zu Bruch«, berichtete Dr. Slavka Mihajlović, »und überall lagen Glassplitter herum. Die Patienten schrien vor Angst. Einige sprangen, bleich vor Entsetzen, aus ihren Betten. Die nächste Explosion folgte und dann noch eine. Danach Grabesstille. Es war also wahr! Der Krieg hatte begonnen.«[12]

Den Abend zuvor hatte der Rechtsprofessor Josef Redlich, der später in

Viele Wiener befürchten, Deutschland könnte sich Österreich-Ungarn einverleiben. Im Juli 1914 aber bringen begeisterte Menschenmengen, häufig junge Studenten, ihre Unterstützung für das Bündnis durch das Zeigen der Porträts beider Monarchen zum Ausdruck. Nur wenige Straßen weiter herrscht unter den Arbeitern jedoch gedrückte Stimmung.

die Regierung eintrat, in einem Wiener Restaurant verbracht. »Wir hörten die Musik, die leider ohne rechtes Feuer patriotische Lieder und Märsche spielte. Das Publikum war nicht zahlreich und gar nicht enthusiastisch gestimmt; dagegen tönten durch die warme Sommernacht die Hochrufe und die Klänge der Volkshymne von der Ringstraße und der Burg her, wo große Volksmassen demonstrierten.«[13] Das war nicht die Euphorie, an die sich viele später erinnerten. Es war aber auch keine Ablehnung des Krieges zu spüren. Die Aussicht auf einen raschen Sieg über Serbien konnte die Menschenmengen in Wien durchaus begeistern, zugleich fürchteten sie aber einen großen Krieg in Europa. Das Wunschdenken teilte auch Conrad von Hötzendorf: Er nahm Kurs auf den dritten Balkankrieg, nicht auf den Ersten Weltkrieg.

Alle diese Hoffnungen sollten sich jedoch als falsch erweisen. Am 28. Juli reagierte der Zar auf diese Balkankrise, wie Russland auf frühere reagiert hatte – mit der Mobilmachung der vier Militärbezirke an der Grenze zu Galizien. Das machte allerdings weder für die Militärs Sinn, da nach der Umstrukturierung der Armee jeder Bezirk die Ressourcen des anderen beanspruchte, noch für Sasonow, der nach wie vor überzeugt war, die wirkliche Gefahr gehe nicht von Österreich-Ungarn, sondern von Deutschland aus. In den folgenden zwei Tagen setzte sich konsequenterweise auch seine Sichtweise durch, nicht das, was der deutsche Kaiser und der Zar als Cousins einander in Telegrammen schrieben. Am 30. Juli wurde für die gesamte russische Armee Generalmobilmachung angeordnet.

Deutschland sah sich nun mit der Aussicht auf einen europaweiten Krieg konfrontiert. Bis zum 28. Juli glaubte Bethmann Hollweg allerdings noch daran, mit seiner Politik der Eingrenzung und Regionalisierung Erfolg zu haben. Der findige britische Außenminister Sir Edward Grey suchte am 26. Juli das europäische Mächtekonzert zu aktivieren, indem er eine Konferenz vorschlug. Da er aber in Deutschland den Hauptakteur sah, richtete er diesen Vorschlag nicht an Wien, sondern an Berlin. Als Österreich-Ungarn schließlich davon erfuhr, hatte es bereits mit den Feindseligkeiten begonnen. Allerdings waren die Deutschen so wenig überzeugt wie die Österreicher, dass ein Kongress jetzt noch etwas bewirken konnte. Am 29. Juli warnte Grey den deutschen Botschafter in London, »vollkommen ruhig, aber sehr ernst«, sollte ein Krieg zwischen Österreich und Serbien nicht lokal beschränkt bleiben, »würde es« für die britische Regierung »nicht angehen, lange abseits zu stehen. Wenn der Krieg ausbricht, wäre das die größte Katastrophe, die die Welt je gesehen hat.«[14] Der Kaiser und Bethmann Hollweg waren entsetzt. Am 30. Juli um 2.55 Uhr morgens sandte Letzterer ein Telegramm nach Wien, in dem er Vermittlung anbot, wenn die österreichischen Truppen in Belgrad Halt machten. Aber die Österreicher befürchteten eine weitere diplomatische Niederlage. Conrad von Hötzendorf bestand darauf, dass mit Serbien ein für alle Mal abgerechnet werden müsse.

Von Berlin aus gingen nun unterschiedliche Botschaften an Wien. Am 25. Juli kehrte Moltke in sein Amt zurück. Kriegsminister Falkenhayn folgte ihm am 27. Juli. Letzteren beunruhigte Moltkes mangelnde Entschlusskraft. Am 29. Juli hielt er den Punkt für erreicht, da militärische Überlegungen vor politischen Vorrang haben mussten. Da die Zeichen inzwischen überall in Europa auf Mobilmachung standen und er wusste, wie entscheidend wegen der Gefahr eines Zweifrontenkrieges der Zeitfaktor werden konnte, wollte er unverzüglich mit den Vorstufen der Mobilmachung beginnen. Moltke wiederum war klar, dass Mobilmachung für Deutschland im Unterschied zu anderen Mächten Krieg bedeutete. Daher respektierte er zunächst den Wunsch des Kanzlers, die russische Antwort abzuwarten. Am 30. Juli jedoch wollte auch er nicht länger zögern. An diesem Tag erfuhren die Deutschen von der Mobilmachung in Russland.

Jetzt beunruhigte Moltke vor allem, die Truppen Österreich-Ungarns könnten in Serbien so in Kampfhandlungen verwickelt werden, dass sie nicht mehr in der Lage waren, Russland im Osten wie vorgesehen zu binden. Am 30. Juli, da Bethmann Hollweg von den Österreichern forderte, ihren Vormarsch in Belgrad zu stoppen, drängte Moltke Conrad von Hötzendorf, gegen Russland und nicht gegen Serbien mobil zu machen. Der aber wollte sich nicht mehr ablenken lassen. Allerdings forderte er das Eisenbahnbüro auf, eine Möglichkeit zu finden, die 2. Armee nach Serbien zu transportieren und zugleich die 1., 3. und 4. Armee gegen Russland in Marsch zu setzen. Das könne nur geschehen, erklärte man ihm, wenn der Aufmarsch gegen Russland auf den 4. August verschoben werde. Dem stimmte Conrad von Hötzendorf am 31. Juli zu, wies aber auf deutschen Druck an, dass die 2. Armee nach Galizien umgeleitet werde. Dafür sei es nun zu spät, erhielt er zur Antwort. Entweder die 2. Armee bringe ihren Marsch nach Serbien zu Ende, oder es werde ein Chaos ausbrechen.

Später machte Conrad von Hötzendorf das Eisenbahnbüro dafür verantwortlich, dass die 2. Armee mit Verspätung in Galizien eintraf. In Wirklichkeit hatte er jeglichen Zeitvorsprung gegenüber Russland bereits durch seine Entscheidung eingebüßt, Serbien eindeutig den Vorrang zu geben und die Bedeutung der russischen Front herunterzuspielen. Die generelle Stoßrichtung der österreichischen Politik erlaubte kein defensives Vorgehen an der Serbienfront. Am 1. August, dem Tag, da Deutschland Russland den Krieg erklärte, erläuterte er seine Haltung gegenüber Moltke so: »Wir waren zum Krieg gegen Serbien gezwungen, Russland hat mobilisiert; bei uns steht heute noch nicht fest, ob Russland uns nur droht, daher durften wir uns vom Vorgehen gegen Serbien nicht abdrängen lassen.«[15] Conrad von Hötzendorf schob den Beginn der Mobilmachung gegen Russland bis zum 4. August hinaus und konnte damit sicherstellen, dass die 2. Armee binnen vierundzwanzig Tagen am 28. August in Galizien eintraf.

Der dritte Balkankrieg

So geriet die Armee Österreich-Ungarns in einen viel größeren Krieg als beabsichtigt. Sie musste an zwei Fronten kämpfen, wo es ihr schon schwer fiel, stark genug für eine zu sein. Die 2. Armee wurde so fehlgeleitet, dass sie schließlich in Serbien und Galizien gleichermaßen wertlos war. Die militärischen Operationen des Ersten Weltkrieges begannen mit so vernichtenden Niederlagen für Österreich-Ungarn, dass das Reich der Habsburger auf der Stelle zusammengebrochen wäre, hätte es nicht die Unterstützung seiner Verbündeten gehabt.

1909 hatte Conrad von Hötzendorf behauptet, mit Serbien könne er in drei Monaten fertig werden. Das setzte voraus, dass er die gesamte Armee Österreich-Ungarns zur Verfügung hatte. 1914 aber, da deren größerer Teil in Galizien stand, konnte er auf einen Sieg über Serbien nur hoffen, wenn eine von Bulgarien geführte Balkanallianz dazu beitrug. Es war das Problem von Henne und Ei: Aus politischer Sicht musste Österreich Serbien niederwerfen, um Bulgarien für sich zu gewinnen. Politisch konnte es sich aber auch kein defensives Vorgehen gegen Serbien leisten, wie es seine personelle und materielle Schwäche eigentlich erfordert hätte.

Conrad von Hötzendorf nahm sein Hauptquartier in Przemyśl, heute auf polnischem Gebiet, damals die Zitadelle, die den äußersten Nordosten Österreich-Ungarns sicherte. Damit akzeptierte er, dass die Hauptfront in Galizien lag. Das Kommando auf dem serbischen Kriegsschauplatz erhielt Oskar Potiorek, der Gouverneur von Bosnien. Er hatte am 28. Juni in Sarajevo zusammen mit Franz Ferdinand im Wagen gesessen und wurde von manchen für die laxen Sicherheitsvorkehrungen verantwortlich gemacht. Dabei liebäugelte er mit Conrad von Hötzendorfs Posten als Generalstabschef. Als dieser ihm am 30. Juni erklärt hatte, er werde »mit aller Entschiedenheit auf eine endliche Aktion gegen Serbien hinarbeiten«[16], sah Potiorek dies als die Gelegenheit, die Morde zu rächen und dabei seinen Rivalen zu übertrumpfen.

Am schnellsten kam man nach Serbien, wenn man von Norden einmarschierte, die Donau überquerte und Belgrad angriff. Damit konnte man die Nachschublinien kurz halten und in zwei Richtungen in das Land einrücken – durch das Morava-Tal nach Niš und durch das Kolubara-Tal nach Valjevo. Einheiten, die über die Save setzten und Šabac angriffen, konnten aus einer dritten Richtung nach Valjevo vorstoßen.

Deutsche und österreichische Militärs beim Gruppenfoto: Conrad von Hötzendorf (mit schwarzer Armbinde) blickt auf die Tochter von Erzherzog Friedrich (sechster von links), dem nominellen Oberbefehlshaber der Armee Österreich-Ungarns. Rechts hinter Friedrichs Tochter Stabschef Hans von Seeckt, vierter von links General August von Mackensen.

Das Risiko lag darin, dass die Serben Raum für Zeit eintauschen, Belgrad verlassen und sich nach Süden zurückziehen konnten. Möglich war auch ein Ausfall in westlicher Richtung nach Bosnien, um dort Aufruhr zu schüren, was Potiorek besondere Sorgen bereitete. Daher schlug er vor, die 6. Armee von Višegrad über die obere Drina in Richtung Užice vorrücken zu lassen. Das war eine Gebirgsgegend ohne Straßen- und Eisenbahnverbindungen. Die 5. Armee sollte die untere Drina überqueren, dem Fluss Jadar in Richtung Valjevo folgen und damit der 6. Armee an der Nordflanke Unterstützung geben. Einkreisungstaktik war angesagt – sowohl auf dem serbischen Kriegsschauplatz insgesamt als auch auf dem kleineren Schlachtfeld an der Drina. Im letzteren Fall hoffte Potiorek, er könne die Serben zu einem Angriff auf die 5. Armee verleiten, damit die 6. Armee in die Lage kam, ihnen den Rückzug abzuschneiden. Damit dieses Umgehungsmanöver gelang,

Mobile Operationen zu Kriegsbeginn bedeuten, dass es bei allen Armeen im großen Maßstab zu Plünderung und Zerstörung kommt. Die österreichisch-ungarische Infanterie geht in der Überzeugung, dass die serbische Zivilbevölkerung nicht weniger feindselig eingestellt ist als die Soldaten, auf dem Balkan besonders brutal vor.

mussten die Serben im Norden gebunden werden. Das sollte durch einen Angriff der 2. Armee aus dieser Richtung gelingen, der zum allgemeinen Vorstoß von Westen hinzukam.

Am 6. August erhielt Potiorek jedoch die Nachricht, dass die 2. Armee ihm nur bis zum 18. August zur Verfügung stand. Von einer Überquerung der Donau oder der Save war damit keine Rede mehr. Aber die Konzentration der 6. Armee bei Sarajevo konnte erst zum 13. August abgeschlossen werden, sodass der Druck von Norden nachlassen musste, bevor der von Westen Wirkung zeigte. Die Österreicher hatten ganze 290 000 Mann in der Region, darunter zahlreiche Garnisoneinheiten, während die Serben 350 000 Mann zählten. Zwar war es den Serben nicht leicht gefallen, sich von den ersten beiden Balkankriegen zu erholen, aber sie hatten frische Kampferfahrungen sammeln können, waren mit französischen 75-mm-Schnellfeuergeschützen und besseren Feldhaubitzen ausgerüstet. Der serbische Generalstabschef Radomir Putnik, der Held der ersten beiden Balkankriege, war gerade in Gleichenberg zur Kur, als der Krieg ausbrach. Er hatte die Schlüssel des Safes bei sich, in dem die Kriegspläne lagen. Dieser musste aufgesprengt werden. Die Österreicher erlaubten ihm großzügig, nach Serbien zurückzukehren, was sich im Nachhinein als Fehler herausstellen sollte. Der greise General brachte seine drei Armeen in eine zentrale Position, von der aus sie in der Lage waren, Angreifern von Westen oder Norden entgegenzutreten.

Die 5. Armee Österreich-Ungarns überquerte als Erste die Drina. Dabei wurde der Mangel an Übersetztechnik sofort sichtbar. Am 15. August hatte sie auf der Hochebene von Cer Berührung mit der 2. und 3. Armee der Serben. Die Österreicher waren nicht für den Gebirgskrieg ausgerüstet, zudem herrschte glühende Hitze, als sie sich die Berge hinaufquälten. Potiorek wollte die 2. Armee unbedingt zur Unterstützung der 5. Armee einsetzen. Sie erhielt die Genehmigung, in Mitrovica und Šabac Brückenköpfe zu schaffen. Aber Conrad von Hötzendorf, der auf dem Termin 18. August bestand, gab nur ein Korps frei, das die 5. Armee am 19. August unterstützte. Danach hatte es seinen Vorstoß abzubrechen. Am 20. August wurde die 2. Armee nach Galizien verlegt. Sie hatte nicht entschlossen genug handeln können, um der 5. Armee an der Drina wirklich zu helfen. Auch war ihre Position bei Šabac zu weit von Belgrad entfernt, um Putnik zu veranlassen, seine Truppen aufzuteilen. Die 6. Armee, die am 20. und 21. August bei Višegrad und Priboj kämpfte, sollte der 5. Armee helfen, nicht umgekehrt. Aber sie musste zurückweichen, was den Serben die Möglichkeit gab, nach Bosnien vorzustoßen.

Das hatte Potiorek befürchtet. Massive Unruhen im Fall eines Krieges gegen Serbien waren seine Voraussage. Aber ihm stand in Gestalt des Kriegsdienstgesetzes von 1912, aus der Zeit des ersten Balkankrieges, ein starker Hebel zur Verfügung. Bei einem nationalen Notstand kamen die Rechte der Armee vor denen der Bürger. Bereits am 25. Juli hatte man in Bosnien-Herzegowina und Dalmatien das Militärregime eingeführt. Es wurde Schritt für Schritt auf das ganze Reich ausgedehnt. Unter Führung der Armee wurde ein Kriegsaufsichtsamt gebildet, das die Vorgehensweise aller Kontrollbehörden des Staates zu koordinieren hatte. Die Schwurgerichtsbarkeit war aufgehoben. Über zweitausend Bosnier wurden deportiert oder interniert, darunter Muslime, die vor den orthodoxen Serben nach Bosnien geflohen waren. Dadurch blieb Bosnien ruhig. Aber für die Armee

Österreich-Ungarns hatte der Krieg zwei unmittelbare Folgen: Erstens verwischte er alle Unterschiede zwischen Militär und Zivilisten, zweitens war die Armee nur noch sich selbst verantwortlich.

Diese Grundsätze wandte sie sogleich auch auf Serbien an. Da Potiorek in den bosnischen Serben potenzielle Feinde sah, fiel es ihm nicht schwer, die gesamte serbische Bevölkerung gleich welchen Alters oder Geschlechts als ebenso feindselig zu betrachten. Ein Befehl an das 9. k.u.k. Korpskommando der österreichisch-ungarischen Armee mit dem Titel »Direktion für das Verhalten gegenüber der Bevölkerung in Serbien« zeigt das in aller Deutlichkeit. Darin heißt es: »Der Krieg führt uns in ein Feindesland, das von einer mit fanatischem Hass gegen uns erfüllten Bevölkerung bewohnt ist, in ein Land, wo der Meuchelmord, wie auch die Katastrophe von Sarajevo zeigt, selbst den höher stehenden Klassen als erlaubt gilt, wo er gerade als Heldentum gefeiert wird. Einer solchen Bevölkerung gegenüber ist jede Humanität und Weichherzigkeit unangebracht, ja gerade verderblich, weil diese sonst im Kriege ab und zu möglichen Rücksichten hier die Sicherheit der eigenen Truppe schwer gefährden.«[17]

Von Mitte August 1914 an nahm die Armee in Serbien zivile Geiseln. In Gebieten, wo sie auf Widerstand stieß, wurden Wohnhäuser zerstört. Ein Schweizer Arzt, den die Serben 1915 mit einer Untersuchung beauftragten, schätzte, dass beim Einmarsch Österreich-Ungarns bis zu viertausend Zivilisten getötet wurden oder spurlos verschwanden. Er sprach von systematischer Ausrottung. Weiter nördlich in Galizien ging es ähnlich zu. Die Armee behandelte Soldaten des Feindes wie Verräter, innere Feinde, die nicht unter dem Schutz des Kriegsrechts standen. Österreich-Ungarn hatte zwar die Haager Konvention von 1907 nicht ratifiziert, seine Armee aber angewiesen, sie zu beachten. Ihr Vorgehen rechtfertigte diese daher als Vergeltung. Die Begründung lautete, in der Gegend operierten Partisanen. Allerdings waren unter den Opfern auch alte Frauen und kleine Kinder. Als die Versorgung der Armee zusammenbrach, setzten Plünderungen ein, die die Zivilbevölkerung gegen sie aufbrachten. »Unsere Truppen«, so ein Honvéd-Soldat, »haben ärger als die Schweden im Dreißigjährigen Krieg gehaust. Nichts, aber auch gar nichts ist ganz. In jedem Haus sieht man einzelne Leute, die suchen, was sie etwa noch brauchen könnten.«[18]

Die Truppen waren frustriert, weil ihre Operationen fehlschlugen. In Serbien suchte Potiorek im September noch einmal über die Drina vorzustoßen, aber er kam kaum über die Brückenköpfe hinaus und hatte zu wenig

Posieren vor der Kamera im Angesicht des Galgens war an der Ostfront in beiden Weltkriegen weit verbreitet. 1914 entscheidet die Armee Österreich-Ungarns in eigener Gerichtsbarkeit über Hochverrat.

Truppen, um den Vorstoß von Westen durch Angriffe von Norden zu unterstützen. Obwohl ihm die Munition ausging und die regulären Offiziere bald nicht mehr ausreichten, weigerte er sich, den Rückzug anzutreten. Gegen Ende des Monats hatten beide Seiten sich in ihren Positionen eingegraben. »Dieser Krieg«, schrieb ein österreichischer Offizier Anfang November, »erinnert gegenwärtig immer mehr an einen verbissenen Ringkampf, in dem bei ähnlichen persönlichen und moralischen Qualitäten am Ende die Seite siegen wird, deren materielle Ressourcen länger ausreichen.«[19]

Aber Potiorek raffte sich noch einmal auf, um sein Ziel Valjevo zu erreichen. Die Österreicher quälten sich mühsam im Kolubara-Tal voran. Der Fluss führte Hochwasser, und wenn es einmal zu schneien aufhörte, ließ die Sonne alle Wege in tiefem Morast versinken. Potioreks Truppen kämpften sich schließlich bis zum Südwesten von Belgrad durch, das sie am 2. Dezember einnahmen. Aber dann setzte starker Frost ein, was der serbischen Artillerie bessere Sicht gab und die Versorgungslage der österreichisch-ungarischen Einheiten weiter verschlechterte. Die 6. Armee war nahezu aufgerieben. Um die 5. Armee zu retten, die Belgrad besetzt hatte, musste die serbische Hauptstadt am 13. Dezember wieder aufgegeben werden. Wenige Tage später war Potioreks militärische Laufbahn zu Ende.

Sein Rivale Conrad von Hötzendorf hatte sich seit langem auf Galizien konzentriert. Wegen des Tauziehens zwischen beiden waren die österreichischen Truppen in Serbien jedoch über die Erfordernisse der Verteidigung hinaus verstärkt worden, während jene in Galizien für ihre Aufgabe bei weitem nicht ausreichten. Davon ließ sich Conrad von Hötzendorf jedoch nicht beeindrucken. Den ganzen August über gingen nur schlechte Nachrichten ein. Rumänien wurde seinen Bündnisverpflichtungen nicht gerecht, was bedeutete, dass Conrad von Hötzendorfs Südflanke entblößt war. Die Deutschen konzentrierten sich auf Ostpreußen, was ihm die Sicherheit von Norden nahm. Daher schien es geraten, seine Truppen weiter im Westen aufmarschieren zu lassen. Zunächst auf Verteidigung eingestellt, ließ sich Conrad von Hötzendorf jedoch von dem ehrgeizigen Siedlitz-Plan wieder zum Angriff verleiten. Am 3. August teilte ihm Moltke mit, dass die Deutschen in Ostpreußen auf Defensive orientierten. Am 20. August antwortete Conrad von Hötzendorf, er werde trotzdem gegen Lublin und Cholm (heute: Chełm) vorrücken. Die ersten beiden Korps der 2. Armee trafen aber erst am 28. August aus Serbien ein, das dritte am 4. September, und das vierte sollte niemals in Galizien ankommen. Damit standen ihm siebenunddreißig Divisionen zur Verfügung gegen – wie er annahm – etwa fünfzig auf russischer Seite. Da er aus der Tiefe des Raumes angriff, musste er seinen Truppen nun die Gewaltmärsche verordnen, zu denen er die russischen hatte zwingen wollen. Außerdem wusste er nicht genau, wo die Russen überhaupt standen. Berichte, zwei Armeen marschierten von Osten auf ihn zu, ignorierte er kurzerhand. Er brauchte sie im Norden, denn das war die Richtung, in die er vorzustoßen gedachte.

Die 3. Armee Österreich-Ungarns war bei Lemberg (heute: Lwiw) nach Osten ausgerichtet, während die 4. und 1. Armee in nordöstlicher Richtung vorrückten. Die österreichische Front erstreckte sich nun über zweihundertachtzig Kilometer. Sie wurde noch weiter auseinander gezogen, als sich die Truppen am 23. August in verschiedener Richtung in Marsch setzten. Die Russen ließen vier Armeen gegen Galizien aufmarschieren – zwei im Norden und zwei im Osten. Sie waren der Meinung, die Österreicher konzentrierten ihre Hauptkräfte um Lemberg mit Stoßrichtung Osten. Damit unterschätzten sie Conrad von Hötzendorfs Orientierung nach Norden.

In den weiten Ebenen Galiziens beobachtet russische Kavallerie die Räume zwischen den Einheiten und erkundet wagemutig Schwachpunkte der Österreicher. In den verschneiten Karpaten dagegen sind Pferde anfällig und verwundbar.

Unübersichtliche Kämpfe vom 23. bis zum 29. August ließen Conrad von Hötzendorf an einen Erfolg glauben. Aber am 26. August unternahm die 3. Armee von Lemberg aus einen Vorstoß gegen die 3. Armee der Russen – eine der beiden, die von Osten vorrückten. Jetzt musste Conrad von Hötzendorf dafür büßen, dass er seine Kräfte zu weit auseinander gezogen hatte. Am 2. September gab die 3. Armee Lemberg kampflos verloren.

Viermal forderte Conrad von Hötzendorf die Deutschen in dieser Zeit auf, die Siedlitz-Operation einzuleiten. Diese aber waren selber in Ostpreußen in verzweifelte Abwehrkämpfe verstrickt. Am 2. September musste Conrad von Hötzendorf daher seine Absichten in Polen aufgeben, um Galizien zu retten. In für ihn typischer Weise plante er nun ein massives Umfassungsmanöver gegen die Russen von Norden und Süden mit Truppen, die er gar nicht hatte. Er war unfähig, seine Bewegungen in Raum und Zeit zu koordinieren. Am 11. September befahl er den Rückzug zunächst bis zum Dnjestr und dann bis zum San. Die Österreicher hatten 350 000 Mann verloren. Einige Divisionen waren bis auf ein Drittel ihres Bestandes geschrumpft. Der Transport brach zusammen, da tausend Lokomotiven und fünfzehntausend Eisenbahnwaggons aufgegeben werden mussten. Die Straßen versanken im Schlamm und waren von Flüchtlingen verstopft. Conrad von Hötzendorf bekannte, wäre Franz Ferdinand noch am Leben, hätte man ihn wohl erschossen.

Russland ging daran, seine Eroberungen auf Dauer einzugliedern. Reaktionäre, die Galizien als Teil Russlands sahen, überzeugten den neu ernannten Generalgouverneur, eine Kampagne der Russifizierung und rassischen Säuberung durchzuführen. Das bedeutete, Russisch zur einzigen Lehrsprache in den Schulen zu erklären, die Kirchen in orthodoxe Gotteshäuser umzuwandeln und der russischen Armee das Plündern zu gestatten. Die antisemitisch eingestellten Soldaten der russischen Armee vertrieben die Juden aus ihren Heimstätten entweder nach Österreich-Ungarn oder ins Innere Russlands.

Die Österreicher zogen sich in Przemyśl zusammen. Dessen Befestigungen erwiesen sich als stabil und straften damit Kritiker der Vorkriegszeit Lügen. Als Conrad von Hötzendorfs Hauptquartier war es mit sieben neuen Verteidigungsringen aus Schützengräben und Stacheldrahtverhauen ausgestattet worden. Am 16. September erhielt die Garnison von 100 000 Mann den Befehl, die Stadt um jeden Preis zu halten. Die Belagerung begann am 21. September. Die 3. Armee kämpfte sich bis zur Stadt durch. Mitte Oktober hielt sie die Eisenbahnlinie sechs Tage lang offen, sodass neue Vorräte herangeschafft werden konnten. Diese waren für eine Besatzung von 85 000 Mann gedacht. Inzwischen war diese aber auf 130 000 angeschwollen. Dazu kamen die noch in ihren Mauern verbliebenen 30 000 Zivilisten. Als sich die 3. Armee zurückzog, schloss sich der Belagerungsring wieder und blieb während des ganzen Winters bestehen. Auch verzweifelte Kämpfe in den verschneiten Karpaten konnten daran nichts ändern.

Aber die Festung brachte Österreich-Ungarn einen Zeitgewinn. Sie band die Russen und verlangsamte deren Vormarsch, da auch sie jetzt an ihre logistischen Grenzen stießen. Die von Südost nach Nordwest verlaufenden Karpaten versperrten ihnen den Weg nach Krakau (heute: Krakow) und in die ungarische Tiefebene. Bis November hatte die russische 8. Armee vor Przemyśl wie die Armeen der übrigen Krieg führenden Staaten an anderen Fronten Verluste in Höhe ihrer Vorkriegsstärke. Ihr Kommandeur Alexej Brussilow klagte, seine Armee kämpfe halb nackt. Die Sommeruniformen seien völlig abgetragen, es fehle an Stiefeln, und die Truppen hätten, obwohl sie bei ziemlich starken Frösten bis an die Knie im Schnee wateten, noch keine Winterausstattung erhalten.[20] Przemyśl hielt bis zum 22. März 1915 stand.

Ende 1914 saßen die Truppen an beiden Fronten Österreich-Ungarns fest. Der dritte Balkankrieg, auf den vor allem Conrad von Hötzendorf mit solcher Leidenschaft hingearbeitet hatte, war faktisch verloren. In vier Monaten hatte Österreich-Ungarn insgesamt 957 000 Mann an Verlusten zu beklagen, mehr als das Doppelte der Vorkriegsstärke seiner Armee. Nun wurden Sündenböcke im Lande gesucht. Viele – wie die Bosnier oder Ruthenen – waren mit dem äußeren Feind ethnisch verwandt, andere wie die Tschechen dagegen nicht.

Auch der Verbündete blieb nicht verschont. So behauptete Conrad von Hötzendorf Anfang September, »dass die Deutschen ihre Siege auf unsere Kosten erfechten; sie haben uns im Stich gelassen«.[21] Aber dank Deutschland hatte Conrad von Hötzendorf den europäischen Krieg noch nicht verloren, in den das Habsburger-Reich nun geraten war. Eigentlich hätte Deutschland diesem Krieg seine ganze Aufmerksamkeit widmen müssen.

Die Karpaten, die im östlichen Teil auf über 1200 Meter ansteigen, werden in Galizien vom Dukla-Pass durchschnitten. Dieser verwundete Österreicher, dem man im Februar 1915 über den Pass hilft, entkommt vielleicht dem Kältetod, dem mehr als 800 000 Menschen zum Opfer fallen.

Aber in der Praxis war Österreich-Ungarn nicht in der Lage, die beiden Fronten zu halten, für die es verantwortlich war. Daher musste Deutschland ihm weiterhin Hilfe leisten. Wegen der Demütigung, die solche Abhängigkeit bedeutete, konnte Wien Deutschland nie die Dankbarkeit zeigen, die dieses glaubte erwarten zu können. Deutschland fühlte sich nun »an einen Leichnam gekettet«.

2

Unter dem Adler

War Deutschland schuld?

Mit Beginn des Ersten Weltkrieges setzte in allen Krieg führenden Staaten eine rege publizistische Tätigkeit über die Ursachen des Konflikts ein. Das ist verständlich, denn die Frage, wer für den Krieg verantwortlich zu machen war, spielte in der Propagandaschlacht eine Schlüsselrolle. Die Öffentlichkeit der neutralen Staaten musste gewonnen werden. Innerhalb Europas hatten sich weder Bulgarien noch Rumänien bereits festgelegt. Die Suche nach Verbündeten auf dem Balkan beschäftigte die Regierungen beider Lager bis weit ins Jahr 1916 hinein. Außerhalb des Kontinents waren die USA die stärkste Industriemacht. Zwar hielt es niemand für wahrscheinlich, dass sie sich am Krieg beteiligten, aber ihre Industrieproduktion konnte für den Ausgang entscheidende Bedeutung erlangen.

In diesem Stadium des Krieges durften sich alle beteiligten Staaten des Rückhalts in der jeweiligen Öffentlichkeit weitgehend sicher sein. Der Krieg galt als gerechtfertigt, weil er überall als nationaler Verteidigungskrieg dargestellt wurde. Vor Ausbruch der Kampfhandlungen hatten die Sozialisten gedroht, sich dem Krieg entgegenzustellen und die Mobilmachung zu behindern. Sie verteufelten ihn als Werkzeug von Imperialismus und Eroberungsdrang. Aber alle Krieg führenden Staaten Europas stellten sich 1914 als Angriffsopfer hin. Die Arbeiterklasse begrüßte den Krieg zwar nicht, weigerte sich aber auch nicht, die sich daraus ergebenden Pflichten auf sich

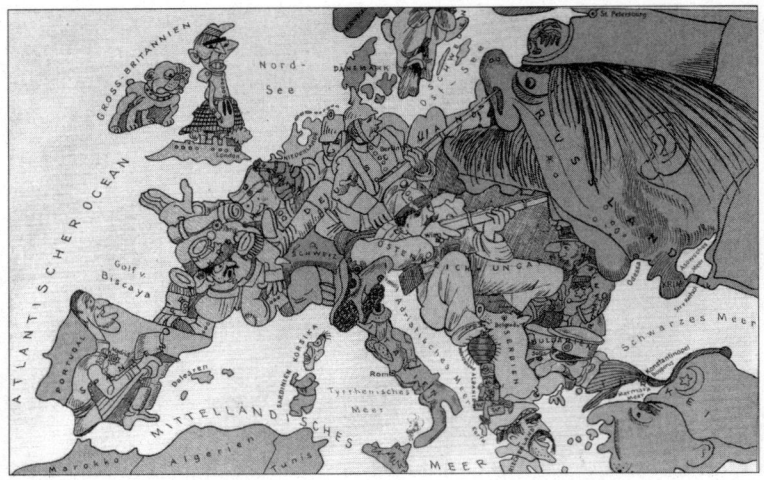

Politische Karten stellen Freund und Feind im Europa von 1914 grafisch dar. Diese Europakarte von W. Trier aus Deutschland ist ein Beispiel dafür, wie Information propagandistisch aufbereitet wird.

zu nehmen. Man prägte neue Begriffe wie *union sacrée* in Frankreich oder *Burgfrieden* in Deutschland, um dieser neu geschmiedeten inneren Einheit Ausdruck zu geben.

Durch die Flut von Weißbüchern, Schwarzbüchern und Gelbbüchern, die die verschiedenen Regierungen 1914/15 drucken ließen, um ihre Sicht zu untermauern, zieht sich ein Paradox. Zwar konzentrieren sie sich sämtlich auf die Ereignisse des Juli 1914, aber als zentrale Frage schält sich heraus, ob Deutschland nicht die Schuld am Ausbruch dieses Krieges trug. Paradox an der Sache ist, dass nicht Deutschland, sondern Österreich-Ungarn Anfang Juli 1914 den Krieg als Mittel der Politik einsetzen wollte. Allerdings sollte es sich nur um einen zeitlich begrenzten lokalen Konflikt zwischen zwei Staaten handeln. Das war der dann folgende Krieg in keiner Hinsicht. Dafür aber gibt man seither Deutschland die Schuld. Das tat sogar Österreich-Ungarn. Es machte seinen Verbündeten Deutschland dafür verantwortlich, dass es in einen Krieg geriet, der seine Möglichkeiten weit überstieg. Aufseiten der Entente waren die Außenminister Russlands und Großbritanniens, Sergej Sasonow und Sir Edward Grey, davon überzeugt, dass Wien niemals in dieser Weise vorgegangen wäre, hätte es Berlin nicht dazu gedrängt. Wenn sie Recht hatten, dann lagen diesem Krieg nicht kurzfristige, sondern langfristige Ursachen zugrunde. Nach Meinung von Sasonow und Grey kamen zu den Ereignissen von 1914 Voraussetzungen hinzu, die weit zurückreichen, lange vor die Ermordung Franz Ferdinands. Sie gingen davon aus, dass ihre Amtskollegen in Deutschland und Österreich-Ungarn das ebenso sahen.

In einer Hinsicht hatten sie Recht. Deutschland hatte die Schlüsselrolle bei der jähen Verschärfung der internationalen Spannungen gespielt. Als das Land 1871 vereinigt wurde, war es ein Anliegen seines Kanzlers Otto von Bismarck gewesen, die europäischen Mächte hinsichtlich der Ambitionen des gewaltigen neuen politischen Gebildes zu beruhigen, das da in der Mitte des Kontinents entstanden war. Jene verlagerten ihren Wettstreit auf Felder, die außerhalb Europas lagen. Als England und Frankreich in Afrika aneinander gerieten, kam es nicht zum Krieg. Und der eigentliche Zweck der englisch-französischen Entente von 1904 war es nicht, eine Einheitsfront gegen Deutschland zu bilden, sondern die langjährige Rivalität beider Imperien in Nordafrika zu regeln. Damit erhielt Frankreich freie Hand, von Algerien aus westwärts nach Marokko zu expandieren. Deutschland dagegen sah mit der Entente eine neue diplomatische Konstellation in Europa entstehen. Marokkos Unabhängigkeit war in einer internationalen Konvention von 1880 garantiert. Am 31. März 1905 landete der Kaiser in Tanger und erklärte seine Unterstützung für den Sultan von Marokko. Das Land interessierte ihn wenig, aber er wollte die britisch-französische Entente aufbrechen. Mit seinem grobschlächtigen Vorgehen erreichte Deutschland genau das Gegenteil. Die Entente festigte sich, und England wie Frankreich sahen nun in Deutschland einen potenziellen Feind. Die erste der beiden Marokkokrisen bewies, dass regionale Rivalitäten nicht mehr von Diplomaten allein beigelegt werden konnten, sondern eine Tendenz zu ihrer Europäisierung und Militarisierung eingesetzt hatte.

Mit der genannten Aktion demonstrierte der Kaiser, dass Deutschland Bismarcks Erbe aufgab. Es stellte sich nicht mehr als Bewahrer der bestehenden Ordnung dar. Stattdessen suchte es neue Wege zu bahnen. Bernhard von Bülow, der von 1897 bis 1900 Staatssekretär im Auswärtigen Amt und von 1900 bis 1909 Kanzler war, verfocht eine *Weltpolitik*. Diese beruhte auf der These, dass die Vereinigung Deutschlands unter Führung Preußens nicht ein Gipfelpunkt in der Geschichte der Nation, sondern ein neuer Ausgangspunkt, der Anfang, nicht das Ende war. Der Sozialwissenschaftler Max Weber erklärte in seiner Antrittsvorlesung an der Universität Freiburg im Jahre 1895: »Wir müssen begreifen, dass die Einigung Deutschlands ein Jugendstreich war, den die Nation auf ihre alten Tage beging und seiner Kostspieligkeit halber besser unterlassen hätte, wenn sie der Abschluss und nicht der Ausgangspunkt einer deutschen Weltmachtpolitik sein sollte.«[1]

Weltpolitik bedeutete nicht, Krieg als Mittel für das Erreichen deutscher Ziele einzusetzen. Sie machte Deutschland nicht für den Ausbruch des Ersten Weltkrieges verantwortlich. Aber sie stellte den Status quo in drei Bereichen infrage – beim Kolonialbesitz, auf den Weltmeeren und in der Wirtschaft. Die Kolonien spielten dabei die unbedeutendste Rolle und lösten nur geringfügige Spannungen mit dem größten Kolonialreich der Welt, dem British Empire, aus. 1914 zogen die deutschen Kolonien einen von tausend Auswanderern aus Deutschland an, nahmen 3,8 Prozent der Auslandsinvestitionen Deutschlands auf und hatten einen Anteil von 0,5 Prozent am deutschen Außenhandel. Territoriale Expansion hatte für Deutschland keine Priorität und war keine Ursache des Ersten Weltkrieges.

Größere Besorgnis erregte in Großbritannien das Wachstum der deutschen Kriegsmarine, das 1897 einsetzte. Seit 1905 maß Großbritannien seine eigene Stärke zur See nicht mehr an der französischen oder russischen, sondern an der deutschen Flotte. Jedoch auch diese Rivalität erwies sich als beherrschbar. Das Werben für höhere Ausgaben lenkte das Interesse der Öffentlichkeit zu beiden Seiten der Nordsee auf diesen Wettstreit. Aber in Momenten der Besinnung bekannten sowohl Alfred von Tirpitz, der Chef des deutschen Reichsmarineamtes, als auch John Arbuthnot (»Jackie«) Fisher, von 1904 bis 1910 und von 1914 bis 1915 *First Sea Lord* in Großbritannien, dass ihre Flotten vor allem der Abschreckung dienten. Großbritannien konnte seine quantitative Überlegenheit aufrechterhalten. In der Krise vom Juli 1914 wurden beide Flotten in Alarmzustand versetzt, ohne dass dadurch die Entwicklung zum Krieg eskalierte. Die Mobilmachung der Landheere dagegen ging nicht so politisch neutral vor sich.

Wichtiger war die wirtschaftliche Dimension der deutschen *Weltpolitik*. Die Industrialisierung Deutschlands kam spät, schritt aber rasch voran. Von 1855 bis 1913 stieg die Industrieproduktion auf mehr als das Sechsfache. 1870 war Großbritannien mit 32 Prozent der Verarbeitungskapazitäten die stärkste Industriemacht der Welt. 1910 wurde es von den USA und Deutschland überholt, die über 35,3 beziehungsweise 15,9 Prozent der weltweiten Industrieproduktion verfügten. Der britische Anteil war zu diesem Zeitpunkt bereits auf 14,7 Prozent gesunken. Aber Großbritannien beherrschte nach wie vor den Weltmarkt im Bereich von Banken, Versicherungen und Schiffstransport. Mit seinen »unsichtbaren« Exporten kompensierte es den relativen Rückstand im Verarbeitungssektor. Zudem belastete Deutschlands rasche Industrialisierung dessen Liquidität schwer. Die Investitionen im Lande nahmen solche Ausmaße an, dass es nicht mit Auslandsinvestitionen um Einflusssphären kämpfen konnte. Daher verfolgte *Weltpolitik* vor allem das Ziel, die Weltmärkte für deutsche Waren zu öffnen. Das konnte der Grundsatz der durchlässigen Grenzen im Welthandel regeln – dem sich Großbritannien als Land des Freihandels historisch stets verpflichtet sah. Handelskreise beider Staaten stimmten darin überein, dass ein Krieg dieses Wachstum nur stören und beschränken konnte.

Obwohl der Begriff es nicht erwarten ließ, diente *Weltpolitik* auch einem innenpolitischen Zweck. Der deutsche Reichskanzler verdankte sein Amt einer Entscheidung des Kaisers, nicht einer Mehrheit im Reichstag. Aber sein Erfolg hing weitgehend davon ab, wie er es verstand, das Parlament ohne eigene Parteibasis zu steuern. Bülows Lösung des Problems war seine *Weltpolitik*, ein Versuch, unterschiedliche Wählerschichten in Deutschland mit Außenpolitik anzusprechen. Aber die Finanzierung der Kriegsmarine untergrub das Bündnis, auf das sich Bülow im Lande stützte. Er wollte die Erbschaftssteuer erhöhen, um seine Kriegsschiffe bezahlen zu können. Damit forderte er jedoch die Interessen der konservativen Grundbesitzer heraus. Die Konservativen und die katholische Zentrumspartei brachten sein Vorhaben zu Fall und forderten stattdessen die Besteuerung des mobilen Kapitals. Das wiederum verletzte die Interessen der Geschäftswelt und der Städte. Angesichts dieses innenpolitischen Streits ging Bethmann Hollweg, Bülows Nachfolger als Kanzler, vom Kurs der *Weltpolitik* ab und versuchte stattdessen die Ausgaben für die Flottenrüstung zu kürzen. Er strebte eine Entspannung mit Großbritannien an, wofür er die Idee eines deutsch-britischen Marineabkommens ins Spiel brachte. Aber auch das war innenpolitisch schwierig, denn von Tirpitz und dem Kaiser war Widerspruch zu erwarten. Gewinnen konnte der Kanzler damit allerdings die Sozialdemokraten, die bei den Wahlen von 1912 die stärkste Partei im Reichstag geworden waren.

Wie im Falle Österreich-Ungarns waren Außen- und Innenpolitik also eng miteinander verknüpft, in Deutschland allerdings nicht so unmittelbar, und sollte dies zum Ausbruch des Krieges beigetragen haben, dann höchstens indirekt. Die Außenpolitik, die Bethmann Hollweg bis zur Krise vom

Juli 1914 verfolgte, hatte ihr eigenes Gewicht. Er wollte die Entente aufbrechen und so Deutschland aus der Einkreisung befreien, in die es das Bündnissystem gebracht hatte. Das war der eigentliche Hintergrund für das Angebot eines deutsch-britischen Marineabkommens: Als Gegenleistung für die Beschränkung beim Bau von Kriegsschiffen wollte Deutschland Großbritanniens Neutralität gegenüber Europa. Dieses lehnte das Angebot ab – nicht nur, weil es kein ausgewogenes Geschäft war, sondern auch weil seine strategischen Interessen es an die Entente banden. Großbritannien konnte es sich nicht leisten, die Rivalitäten außerhalb Europas wiedererstehen zu lassen. Es musste die Niederlande neutralisieren, um den ungestörten Schiffsverkehr auf der Hauptroute von London in die weite Welt zu sichern. Daher war es an der Aufrechterhaltung des Mächtegleichgewichts in Europa zutiefst interessiert: Aus geografischen und wirtschaftlichen Gründen würde es vom Rand des Kontinents her stets die schwächere gegen die stärkere Macht unterstützen.

Deutschland war aus den gleichen Gründen bemüht, durch bilaterale Abmachungen mit Russland und Frankreich in außereuropäischen Fragen die Bande der Entente zu lockern. Damit wollte es die alten Rivalitäten zwischen Großbritannien und dessen Partnern in der Entente schüren. In gewisser Weise gelang ihm das bei den Russen im Zusammenhang mit dem Bau einer Eisenbahn von Berlin über Ostanatolien bis nach Bagdad: 1914 stand das Verhältnis zwischen Großbritannien und Russland in Zentralasien, besonders in Persien, erneut unter Hochspannung. Bei Frankreich ging die Sache allerdings nach hinten los.

Am 17. April 1911 marschierten französische Truppen in Marokko ein – offenbar um Fez unter Kontrolle zu nehmen, wo es zu Ausschreitungen gegen den Sultan gekommen war. Nach den Vereinbarungen der Konferenz von Algeciras, die 1906 nach der ersten Marokkokrise zustande gekommen waren, hätte Frankreich nicht handeln dürfen, ohne die anderen Unterzeichnerstaaten, darunter Deutschland, vorher zu konsultieren. Französischer Ministerpräsident war zu jener Zeit Joseph Caillaux, der Mann, dessen Frau so viel dafür getan hatte, um die Franzosen in den Tagen der Juli-Krise abzulenken. Da er wusste, wie schwach die französische Position im Grunde war, ließ er das Auswärtige Amt in dem Glauben, Deutschland könne dafür an anderer Stelle in Afrika Zugeständnisse erwarten. Am 1. Juli 1911 tauchte ein deutsches Kriegsschiff, die *Panther*, im Hafen von Agadir auf.

Drei Wochen später, am 21. Juli 1911, hielt David Lloyd George die alljährliche Ansprache des Schatzkanzlers an die Stadt London. In der liberalen Regierung von Herbert Asquith galt er als Radikaler, der sich für Altersrenten und landesweite Sozialversicherungen einsetzte. Zu Beginn des Jahrhunderts hatte er für die Buren Partei ergriffen und sich gegen die britische Politik im Burenkrieg gewandt. Die Gelegenheit der Rede im Mansion House, dem Amtssitz des Bürgermeisters von London, nutzte er jedoch nicht für ein Plädoyer, sich aus den internationalen Beziehungen der Kontinentalmächte herauszuhalten. Stattdessen sprach er eine deutliche Warnung aus, dass es zum Kriege kommen könnte. Dann fuhr er fort: »Außerdem sehe ich mich gezwungen, Folgendes zu sagen: Nach meiner festen Überzeugung liegt es im höchsten Interesse nicht nur unseres Landes, sondern der ganzen Welt, dass Großbritannien seinen Platz und sein Ansehen unter den Großmächten bewahrt. Sein starker Einfluss war bereits in der Vergangenheit oftmals von unschätzbarem Wert für die Sache der Freiheit der Menschheit und wird das auch in Zukunft sein. Es ist mehrfach Staaten auf dem Kontinent zu Hilfe geeilt, die zuweilen nur zu rasch geneigt sind, solche Rettung vor der Katastrophe oder gar dem nationalen Untergang zu vergessen. ... Sollten wir in eine Lage gebracht werden, da der Frieden nur um den Preis der Aufgabe der großen, wohltätigen Stellung zu bewahren wäre, die sich Großbritannien in Jahrhunderten heroischer Taten erworben hat, da es eine so schwerwiegende Beeinträchtigung seiner Interessen hinnehmen müsste, als ob es im Konzert der Staaten keine Rolle mehr spielte, dann erkläre ich hier mit allem Nachdruck, dass Frieden um diesen Preis eine Demütigung wäre, die ein großes Land wie das unsere nicht hinnehmen kann.«[2]

Was bisher ein Streit zwischen Deutschland und Frankreich über Kolonialziele gewesen war, der diplomatisch gelöst werden konnte, wurde nun zu einer Frage von vitalem nationalen Interesse für Großbritannien. Deutschland hatte außerhalb seines engeren geografischen Umfeldes Kriegsschiffe eingesetzt. Das war eine unmittelbare Bedrohung der stärksten Seemacht der Welt. Außerdem hatte Deutschland damit die britisch-französische Entente als Bündnis herausgefordert. In Lloyd Georges Rede ging es bei all den großen Worten von der Ehre Großbritanniens und seinem Status als Großmacht nicht nur um Prestige. Die Verteidigung seiner Vormachtstellung auf See und seiner Bündnisse waren für das Land Angelegenheiten von höchstem nationalen Interesse.

Ersteres konnte die Deutschen kaum überraschen, Letzteres durchaus. Als protestantische Nation, die von einem Monarchen regiert wurde, der mit den meisten königlichen Familien Europas, darunter auch Deutschlands, blutsverwandt war, schien Großbritannien emotional eher ein natürlicher Verbündeter Deutschlands als Frankreichs zu sein. Bei solchen Überlegungen vergaß man jedoch das Empire. Von 1902 bis 1907 war Großbritannien drei Bündnisse eingegangen, die sämtlich darauf abzielten, die Last der Verteidigung seines Weltreiches zu erleichtern. Das erste – mit Japan – enthob es seiner Verantwortung im Pazifik und schuf ein Gegengewicht zu Russland, seinem Hauptrivalen in Asien. Das zweite, die 1904 geschlossene Entente mit Frankreich, sicherte Großbritannien endgültig den Nordosten Afrikas einschließlich des Suezkanals, der überaus wichtigen Verbindung zum Fernen Osten. Die dritte Liaison aus dem Jahre 1907 versprach die Rivalität mit Russland, dem stärksten Herausforderer im Nahen Osten und in Zentralasien, etwas zu dämpfen. Zusammengenommen dienten alle diese Bündnisse der Absicherung Indiens, des Herzstücks des British Empire, dem Schutz der Verbindungswege dorthin.

Die zweite Marokkokrise bestätigte nur die Folgen der ersten: Die Rivalitäten um Weltreiche und Kolonien konnten nicht länger von der europäischen Außenpolitik abgekoppelt werden. Großbritannien unterstützte Frankreich, obwohl der Vorschlag Deutschlands technisch verlockend war. Gespräche zwischen den militärischen Stäben der beiden Mächte, die bereits während der ersten Marokkokrise begonnen hatten, dann aber verebbt waren, wurden wieder aufgenommen. 1912 steckten die beiden Kriegsflotten ihren Verantwortungsbereich ab: Die Franzosen übernahmen das Mittelmeer, die Briten Nordsee und Ärmelkanal. Noch bestand kein offizielles Bündnis, das Großbritannien im Falle eines deutsch-französischen Krieges automatisch zum Beistand für Frankreich verpflichtet hätte. Aber Lloyd Georges Zuhörerschaft, die weit über Mansion House hinausreichte, kann nachgesehen werden, wenn sie stillschweigend von einem solchen ausging.

Diese Spannungen in den Bereichen Kolonialbesitz, Kriegsmarine und Bündnisse bildeten den Hintergrund der Krise vom Juli 1914. Keines dieser Probleme hatte jedoch direkt mit dem Balkan oder mit Österreich-Ungarn zu tun. Der Krieg brach nicht wegen eines Konflikts zwischen Deutschland einerseits sowie Großbritannien und Frankreich andererseits aus. Hätte es diesen gegeben, wäre – wie bisher – die Folge eine lang anhaltende Krise gewesen, die man auf dem Verhandlungswege, nicht mit Waffengewalt gelöst hätte. Der französische Sozialistenführer Jean Jaurès bemerkte am 30. Juli 1914 gegenüber seinem belgischen Partner Emil Vandervelde: »Es wird kommen wie in Agadir. Es wird ein Auf und Ab geben. Aber es kann nicht sein, dass die Sache nicht gut ausgeht.«[3]

Der grundsätzliche Zusammenhang zwischen den lang- und kurzfristigen Ursachen des Ersten Weltkrieges liegt im ersten Balkankrieg. Die Deutschen sahen diesen als einen Konflikt, den Russland von Stellvertretern ausfechten ließ. Am 2. Dezember 1912 erklärte Bethmann Hollweg im Reichstag, falls Österreich-Ungarn von dritter Seite angegriffen werde, während es nur seine Interessen verfolge, werde Deutschland Österreich-Ungarn unterstützen und für seine eigenen Positionen in Europa kämpfen. Bereits einen Tag später reagierte Großbritannien: Es befürchtete, dass ein russisch-österreichischer Krieg zu einem Angriff Deutschlands auf Frankreich führen könnte, und warnte die Deutschen. Sollte das geschehen, werde Großbritannien eine Niederlage Frankreichs nicht hinnehmen. Der Kaiser war außer sich vor Zorn und berief am 8. Dezember die Chefs von Heer und Flotte zu einem Kriegsrat ein. Dort erklärte er, sollte Russland Serbien helfen, werde Deutschland kämpfen. Er ging davon aus, dass Bulgarien, Rumänien, Albanien und die Türkei in einem solchen Krieg an der Seite des Dreibunds stehen und die Hauptkraft gegen Serbien darstellen würden, so dass Österreich-Ungarn sich auf Russland konzentrieren könnte.

Kriegspläne

Bethmann Hollweg war im Juli 1914 der Hauptakteur, hatte aber an dem Kriegsrat vom 8. Dezember 1912 nicht teilgenommen. Dort ging es vor allem um das Rüstungsprogramm für Heer und Kriegsmarine. Tirpitz erklärte, Letztere sei nicht zum Krieg bereit. Da der Zorn des Kaisers sich gegen Großbritannien richtete, hätten umfangreiche Ausgaben für die Kriegsmarine die logische Folge sein müssen. Aber weit gefehlt. Bethmann Hollweg strebte nach wie vor Entspannung mit Großbritannien an und wollte weitere Ausgaben für die Marine vermeiden. In den Jahren 1912 und 1913 wurde das Heer um insgesamt 136 000 Mann aufgestockt. Aber dieser Ausbau hatte bereits vor dem ersten Balkankrieg begonnen, und seine endgültige Realisierung war bis 1916 geplant. Dies gilt als der Beginn eines

Wettlaufs bei den Bodentruppen. Im ersten Jahrzehnt des 20. Jahrhunderts stiegen die Ausgaben für die europäischen Landheere unter anderem wegen der Einführung von Schnellfeuergeschützen bei der Feldartillerie, um den Truppen damit mehr Manövrierraum zu verschaffen. Das änderte sich in den Jahren unmittelbar vor dem Ausbruch des Ersten Weltkrieges. Der Ausbau des deutschen Heeres erfolgte mit Blick auf ähnliche Maßnahmen der Nachbarstaaten Frankreich und Russland, nicht etwa weil deutsche Truppen auf den Balkan marschieren sollten. Die Zusammenarbeit zwischen den Generalstäben Deutschlands und Österreich-Ungarns blieb so eingeschränkt wie vor der Krise und war weit weniger entwickelt als diejenige zwischen Großbritannien und Frankreich oder Frankreich und Russland. Die Krise demonstrierte daher, wie der Balkan zum Funken für Spannungen in ganz Europa werden konnte.

Bei der Zusammenkunft vom 8. Dezember 1912 hatte sich Moltke ähnlich ausgedrückt wie Conrad von Hötzendorf: »Ich halte einen Krieg für unvermeidbar, und je eher je besser.«[4] Zwar hatte er mit seinen Ideen über präventives Handeln den Kaiser und Bethmann Hollweg auf Krieg eingestellt, sich aber durchaus nicht dafür ausgesprochen, diesen als konkretes politisches Ziel anzusteuern. Als man ihn Anfang 1905 als Nachfolger für Alfred von Schlieffen auf dem Posten des Generalstabschefs ins Auge fasste, hatte er dem Kaiser einen künftigen Krieg mit den Worten beschrieben: »Es wird ein Volkskrieg werden, der nicht mit einer entscheidenden Schlacht abzumachen sein wird, sondern der ein langes, mühevolles Ringen mit einem Lande sein wird, das sich nicht eher überwunden geben wird, als bis seine ganze Volkskraft gebrochen ist, und der auch unser Volk, selbst wenn wir Sieger sein sollten, bis aufs äußerste erschöpfen wird.«[5]

Moltke war nicht der Einzige unter den Berufsmilitärs, die erwarteten, dass ein künftiger Krieg in Europa sich lange hinziehen werde. Auch die Befürchtung, ein solcher Krieg könnte im eigenen Lande revolutionäre Folgen haben, war für seine Klasse nicht untypisch. Dabei hatte er dem Kaiser einen Krieg beschrieben, den ein Staat gegen einen anderen führte. Während seiner Amtszeit wurde jedoch immer klarer, dass Kriege nur noch zwischen Bündnissen ausgefochten wurden. Das ließ die Chancen für einen raschen, entscheidenden Sieg gegen Null tendieren. Selbst wenn eine Macht mit einer anderen kurzen Prozess machen konnte, bedeutete der Sieg noch nicht das Ende des Krieges. An die Stelle des Besiegten würden seine Verbündeten treten.

Helmuth von Moltke d. J. (mit Fernglas in der Mitte der Hauptgruppe) besteht darauf, die jährlichen Manöver wirklichkeitsnäher zu gestalten. Der Kaiser, der im September 1912 nicht mehr in der Lage ist, die Kavallerie zur Attacke zu führen, kann nur noch seinen Stock schwingen. Zweiter von links: Großfürst Nikolai, 1914 Oberbefehlshaber der russischen Armee.

Moltkes Ratschlag, so scharfblickend und zutreffend er war, zeigte aber auch, wie bei ihm Realismus in Pessimismus umschlagen konnte. Ersterer war für einen Oberkommandierenden zu Kriegszeiten durchaus wünschenswert, Letzterer eher nicht. Viele deutsche Soldaten zogen insbesondere nach dem Ersten Weltkrieg für ihn ungünstige Vergleiche mit seinem Vorgänger Schlieffen. Zwar waren beide ganz unterschiedliche Persönlichkeiten, aber in ihrem Denken über das Wesen eines künftigen Krieges ähnelten sie sich. Wie Moltke sah auch Schlieffen, dass ein Krieg in Europa zu einer lang andauernden, unentschiedenen Angelegenheit werden konnte. In seinem Essay »Der Krieg in der Gegenwart«, entstanden nach seinem Rücktritt 1909, beschrieb er die Ausdehnung des Schlachtfeldes und kam zu dem Schluss, dass ein Krieg aus mehreren miteinander zusammenhängenden Schlachten bestehen werde und nicht mit einem einzigen entscheidenden Sieg gewonnen werden könne: »Die Gesamtschlachten wie die Teilschlachten, die getrennten wie die zusammenhängenden Kämpfe werden

65

sich auf Feldern und Räumen abspielen, welche die Schauplätze früherer kriegerischer Taten um ein Gewaltiges übersteigen.«[6]

Die Erweiterung des Schlachtfeldes und dessen scheinbare Leere waren direkte Folgen der Industrialisierung Europas. Der Hinterlader mit gezogenem Lauf war bei Handfeuerwaffen und Artillerie mit der Massenproduktion im letzten Drittel des 19. Jahrhunderts aufgekommen. In der Schlacht bei Waterloo von 1815 hatte die Muskete des Infanteriesoldaten eine effektive Schussweite von knapp hundertfünfzig Metern. Pro Minute konnte er zwei Schuss abfeuern. Ein Jahrhundert später schoss das Infanteriegewehr bereits tausendfünfhundert Meter weit und ermöglichte mit der Einführung des Magazins zehn und mehr Schuss pro Minute. Ein Maschinengewehr konnte ein Gelände mit vierhundert Schuss in der Minute bestreichen. Die Einführung des rauchlosen Pulvers in den Achtzigerjahren des 19. Jahrhunderts machte den Standort des Schützen unsichtbar und verbesserte wesentlich die Sicht auf dem Schlachtfeld, die nur noch von der Natur selbst – durch Wolken, Nebel oder Dunkelheit – beeinträchtigt werden konnte. 1897 entwickelten die Franzosen das erste wirksame Schnellfeuer-Feldgeschütz mit einem Kaliber von 75 mm. Sie setzten das Rohr auf einen Schlitten und fingen den Rücklauf mit Bremsen ab, wodurch das Geschütz bis zu zwanzigmal pro Minute feuern konnte, ohne dass der Schütze jedes Mal nachladen musste. Um sich vor den weit tragenden Granaten zu schützen, hob der Infanteriesoldat entweder Schützengräben aus oder errichtete Feldbefestigungen. Mit dem Fortschritt der Artillerie wurden permanente Befestigungen angreifbar, und die Modernisierung mit Stahlbeton war teuer. Aber 1914 waren sie, wie das Beispiel Przemyśl zeigt, nach wie vor in Gebrauch, um einem möglichen Invasor Einfallswege zu versperren und Ziele von hohem Wert zu schützen. Die Stärke dieser Verteidigungsanlagen und die Möglichkeit, dass Angriffe häufig in einem Belagerungskrieg endeten, ließen die Militärs vor der übertriebenen Erwartung eines raschen und entscheidenden Sieges warnen.

Aber derartige Schlüsse, die sich auf Taktik und Technik gründeten, stürzten Schlieffen und Moltke in ein Dilemma. Strategisch konnte sich Deutschland keinen langen Krieg gegen ein Bündnis leisten, das ihm zahlenmäßig überlegen war, selbst wenn es nur aus Frankreich und Russland bestand. Und wenn sich Großbritannien ihnen anschloss, wurden die Argumente gegen die Unvermeidbarkeit eines langen Krieges noch gewichtiger. Schlieffen und Moltke rechneten damit, dass die britische Armee im Kriegsfalle auf dem Kontinent landen werde. Aber das war nicht ihre größte Sorge. Als professionelle Streitmacht vor allem auf Kolonialkriege eingestellt, war ihr numerischer Beitrag von etwa hunderttausend Mann minimal, wenn man sie mit den anderen Armeen verglich, die zu Friedenszeiten etwa eine Million Mann zählten und im Kriegsfalle das Dreifache mobilisieren konnten. Die wirkliche Gefahr war die Royal Navy, die Deutschland von seinem Außenhandel, insbesondere von den Rohstofflieferungen, abschneiden konnte. Die aber waren in einem langen Krieg für seine Industrie lebenswichtig. Bis 1914 bezog Deutschland den Salpeter zur Herstellung technisch verwertbaren Stickstoffs aus Chile. Salpetersäure wurde für die Produktion von Sprengstoff, Stickstoff für Düngemittel und damit für die Lebensmittelproduktion gebraucht. Schlieffen und Moltke mussten die Lösung in einem kurzen Krieg suchen, weil sie sich der Gefahren eines lang andauernden bewusst waren. Um einen schnellen Sieg zu sichern, ließ Schlieffen die Möglichkeit eines Einfalls in Frankreich über die Niederlande erkunden. Was aber in operativer Hinsicht sinnvoll erschien, war wirtschaftlich nicht geraten. 1911 verwarf Moltke diesen Gedanken mit den Worten: »Es wird für uns von größter Bedeutung sein, in Holland ein Land zu haben, dessen Neutralität uns Ein- und Zufuhren gestattet. Es muss unsere Luftröhre bleiben, damit wir atmen können.«[7]

Die Invasion der Niederlande war Teil einer Denkschrift, die Schlieffen am Ende seiner Amtszeit oder unmittelbar danach fertig stellte. Sie ist als der Schlieffen-Plan in die Geschichte eingegangen. Darin kam der Verfasser zu dem Schluss, dass die Stärke der Verteidigungsanlagen an der französischen Ostfront von Verdun über Toul und Nancy bis Belfort einen Frontalangriff unmöglich machte. Er forderte, dass man von Norden über die belgischen Befestigungen bei Lüttich und Namur sowie über niederländisches Gebiet bei Maastricht in Frankreich einmarschieren sollte. Das war allerdings nicht der Plan, mit dem Deutschland 1914 in den Krieg zog. Der Generalstab legte jährlich neue Analysen vor, was bedeutete, dass Postulate jeweils ein Jahr später automatisch aufgehoben waren. Außerdem zeigt eine Reihe von Manövern aus den Jahren 1904 und 1905, dass Schlieffen selbst mehrere Szenarien durchspielte. Das wichtigste davon war die Möglichkeit, dass die deutsche Armee zuerst oder gleichzeitig mit Russland im Osten konfrontiert sein würde. 1905 stellte das noch kein allzu großes Problem dar, da die russische Armee ihre Niederlage im Krieg gegen Japan und die Revolution noch nicht verdaut hatte. Später konnte sich Deutschland bei wei-

Die Pläne der Deutschen erfordern mehr ausgebildete Truppen, als das Heer mobilisieren kann. Daher werden von Anfang an alle Reservisten, auch solche mittleren Alters, einberufen. Dies ist kein Krieg der jungen Männer.

tem nicht mehr so sicher fühlen. Außerdem räumte Schlieffen 1905 auch ein, dass es ihm nicht möglich sein werde, ungehindert durch Belgien in Richtung Paris vorzustoßen, sondern dass er auf die Gegenmaßnahmen der französischen Armee werde reagieren müssen. Das konnten Abwehrkämpfe der Franzosen knapp hinter ihren Befestigungslinien sein. Die Deutschen verstärkten daraufhin ihre eigenen Befestigungen bei Metz als dem Dreh- und Angelpunkt für derartige Manöver. Der Schlieffen-Plan war 1914 ebenso wenig Ausdruck für eine festgelegte Denkrichtung im deutschen Generalstab, wie er es 1905 gewesen war. Das wird vor allem darin deutlich, wie er die Frage der Truppenstärke behandelte. Der Schlieffen-Plan ging davon aus, dass Deutschland vierundneunzig Divisionen zur Verfügung hatte. In der Tat waren es 1905 kaum sechzig.

Von 1905 bis 1914 verschärfte sich das Problem der menschlichen Ressourcen. In Frankreich wusste man nur zu gut, dass die Armee des Landes aufgrund der geringeren Bevölkerungszahl – vierzig Millionen gegenüber sechzig Millionen in Deutschland – auf dem Schlachtfeld eines Tages in der Minderzahl sein konnte. Daher wurden 1911 dreiundachtzig Prozent der Männer im wehrfähigen Alter einberufen. In Deutschland waren es nur siebenundfünfzig Prozent. 1913 verlängerte Frankreich den Wehrdienst von zwei auf drei Jahre. 1914 stand ihm daher eine Armee zur Verfügung, die sich mit denen Deutschlands und seines Verbündeten Russland messen konnte. Letzteres hatte sich inzwischen von dem Debakel des Jahres 1905 erholt. Österreich-Ungarn dagegen hatte seine Streitkräfte nicht genügend rasch ausgebaut. Italien und Rumänien kamen ihren Verpflichtungen gegenüber dem Dreibund ebenfalls nicht nach. Bei Kriegsausbruch konnte die Entente 182 Divisionen auf das Schlachtfeld werfen, die beiden Mittelmächte dagegen nur 136 Divisionen.

Die Steigerungen von 1912 und 1913 wurden vom deutschen Generalstab nun als unzureichend eingeschätzt. Moltke hatte 300 000 Soldaten gefordert, aber nur 136 000 bekommen. Der Chef des Planungsamtes im Großen Generalstab, Erich Ludendorff, verlangte die allgemeine Wehrpflicht, wodurch alle wehrfähigen Männer eine militärische Ausbildung erhalten sollten. 1912 schätzte man, dass 540 000 erwachsene Männer in Deutschland sich dem Militärdienst in jeder Form entzogen. Aber Schlieffen und Moltke mussten bei ihrem Drängen nach einer größeren Armee aus operativen Gründen die Bedenken des Kaisers und des Kriegsministers ins Kalkül ziehen. Ersterer war der Oberbefehlshaber des Heeres, der Mann, bei dem alle Stränge der militärischen und politischen Macht zusammenliefen. Alle Generäle, die die einundzwanzig Korpsbezirke befehligten (außer drei zusätzlichen Korps in Bayern), waren ihm direkt unterstellt. Viele waren in Regionen stationiert, wo die rasche Industrialisierung und deren Folge, die Verstädterung, die konservative Verfasstheit des Reiches bedrohten. Gegen Streiks vorzugehen schien dort eine wichtigere Aufgabe des Militärs zu sein, als gegen einen äußeren Feind zu kämpfen. Auch der Kaiser war der Meinung, dass die Armee vor allem innere Unruhen zu unterdrücken hatte. Als er am 23. November 1891 bei der Rekrutenvereidigung der Potsdamer Garderegimenter sprach, erklärte er, sie müssten bereit sein, ihre »eignen Verwandten, Brüder, ja Eltern niederzuschießen«.[8] Je mehr Männer zum Militärdienst eingezogen wurden, desto größer war die Wahrscheinlichkeit, dass dies geschah. Dass die Armee Polizeifunktionen im Landesinneren übernahm, beschränkte ihren Umfang. 1914 kamen nur 5,84 Prozent der deutschen Reservisten aus Großstädten. Daher war die Armee von sozialistischen Ideen, die das Reich von innen zu bedrohen schienen, noch relativ unberührt.

Die Auffassung, dass Qualität vor Quantität gehen musste, war nicht nur auf die Furcht vor Revolution zurückzuführen. In Friedenszeiten war der Kriegsminister, ein General, der das Budget der Armee zu verwalten und dem Reichstag in militärischen Fragen Rede und Antwort zu stehen hatte, ebenso einflussreich wie der Generalstabschef. Karl von Einem, der dieses Amt von 1903 bis 1909 innehatte, setzte mehr auf Maschinengewehre als auf Soldaten und hielt eine gute Truppenführung im Krieg für wichtiger als eine Massenarmee. Wenn die Zahl der Rekruten sich rasch erhöhte, konnte dies das Ausbildungsniveau beeinträchtigen. Der Militärkorrespondent der *Times*, Charles à Court Repington, nahm im Herbst 1911 an Manövern des deutschen Heeres teil. »Keine andere moderne Armee«, schrieb er, »zeigt so tiefe Verachtung für die Wirkung des Beschusses mit modernen Waffen.« Das war vor der Zeit, da sich das quantitative Verhältnis von Offizieren und Geschützen einerseits zu Soldaten andererseits durch die Aufstockungen von 1912 und 1913 weiter verschlechterte.

Repingtons Vorwurf war häufig in Bezug auf die französische Armee zu hören. Aber in dem Jahrzehnt vor dem Ersten Weltkrieg standen alle Armeen vor dem Problem, wie sie auf einem Schlachtfeld angreifen sollten, das unter schwerem Beschuss lag. Dabei reicht es nicht aus festzustellen, dass die Defensive die stärkere Form der Kriegführung sei. Das traf auch nicht unbedingt zu, wie der Erste Weltkrieg selbst zeigen sollte. Um zu siegen, musste eine Armee schließlich angreifen. Als allgemeine Lösung galt, sich getarnt und in kleinen Gruppen dem Gegner anzunähern, in Sprüngen vorzugehen und vor dem letzten Sturm eine überlegene Feuerkraft aufzubauen. Es war diese letzte, schwierigste Phase, die das militärische Denken bis 1914 stark dominierte und auch viel Wunschdenken hervorbrachte. Wenn ein Angreifer nicht an den Erfolg glauben konnte, brachte er kaum die Entschlossenheit auf, unter Feuer vorwärts zu stürmen. Hohe Moral und starker Siegeswille waren für die Infanterie entscheidend, nicht die halb mystischen Beschwörungsformeln von Militärtheoretikern, die die Wirkung der veränderten Feuerkraft ignorierten.

Der Angriff unter Beschuss war ein taktisches Problem. Die Frage, ob der Kriegsplan der Franzosen offensiven Charakter tragen sollte, war dagegen von strategischer Art. Die Franzosen wussten, dass der deutsche Angriff über Belgien erfolgen würde. Aber sie sahen auch, dass ihnen starke Kräfte in Elsass-Lothringen gegenüberstanden und die Deutschen ihre Eisenbahnstrecken zur französischen Ostfront ebenso ausgebaut hatten wie diejenigen nach Belgien. Joseph Joffre, ein Ingenieur mit gewaltigem Bauch und unerschütterlichem Charakter, wurde 1911 französischer Generalstabschef. Er hielt es nicht für möglich, dass die deutsche Armee bei ihrer Größe an beiden Fronten gleichzeitig anzugreifen vermochte. Das zu erkennen fiel nicht schwer, denn es war für die Deutschen selbst ein ungelöstes Problem.

Daraus ergaben sich für den Kriegsplan der Franzosen drei Aufgaben: Erstens mussten sie die Mobilmachung so rasch durchführen wie die Deutschen und dabei das Chaos vermeiden, in das ihre Armee 1870 im Krieg gegen Preußen geraten war. Das gelang ihnen so gut, dass sie 1914 die Deutschen bei der Mobilmachung sogar übertrafen. Zweitens mussten sie ihre Kräfte so verteilen, dass sie sie je nachdem, wo der Hauptstoß des deutschen Angriffs erfolgte, im Norden oder Osten konzentrieren konnten. Nach *Plan 17*, der Endfassung des französischen Kriegsplanes, marschierten zehn Korps an der Ostfront und fünf an der belgischen Front auf. Weitere sechs standen hinter Verdun, bereit, in jede Richtung zu marschieren. Die britische Expeditionsarmee war in *Plan 17* offiziell nicht vorgesehen. Aber in den Jahren vor dem Krieg wurde allgemein erwartet, dass ihre beiden Korps die französische Front gegenüber Belgien verstärken und verlängern sollten. Drittens wurden Vorausabteilungen gebraucht, die früh Feindberührung aufnahmen, um die Wucht des Angriffs zu erkunden. Daran sollte die Sache später scheitern.

Am 1. August 1914 verkündete Frankreich die Mobilmachung zur Unterstützung seines Verbündeten Russland. Am 3. August erklärte Deutschland Frankreich den Krieg. Drei Tage später rückte Sordets Kavalleriekorps in Belgien ein. Es folgte dem Lauf der Maas (französisch: Meuse) bis fünfzehn Kilometer vor Lüttich (französisch: Liège). Ohne den Pferden Ruhepausen zu gönnen, legten die Truppen in Eilmärschen auf Schotterstraßen etwa sechzig Kilometer pro Tag zurück. 15 000 Hufe passierten sie bis zum 10. August. In den folgenden fünf Tagen rückte die Kavallerie im gleichen Tempo durch die Ardennen bis westlich von Charleroi vor. Sordet fand keine Anzeichen dafür, dass die Deutschen irgendwo die Maas überschritten hatten. Joffres Erwartung, dass die Stärke der deutschen Truppen ihnen höchstens einen begrenzten Einmarsch nach Belgien erlaubte und sie östlich der Maas bleiben würden, schien sich zu bestätigen.

Das tapfere kleine Belgien

Am 6. November 1913 hatte König Albert von Belgien Berlin besucht. Sowohl Kaiser Wilhelm als auch Moltke nahmen ihn beiseite und forderten von ihm, Belgien möge sich in einem kommenden Krieg an die Seite Deutschlands stellen. Albert wusste ebenso wie der französische und der deutsche Generalstab, was die Deutschen für den Kriegsfall planten. Er sah, dass sein Land eine Invasion zu erwarten hatte. Der belgische Militärattaché in Berlin berichtete, Moltke habe angefragt, wie Belgien reagieren werde, wenn eine große ausländische Streitmacht über sein Territorium marschiere. Er antwortete, wenn es deutsche Truppen seien, werde man sich an der Maas, gestützt auf die Festungen Lüttich und Namur, verteidigen. Aber für Belgien war nicht ausgemacht, dass die Invasion aus Deutschland kommen musste. Bis unmittelbar vor Kriegsausbruch betrieb es eine Politik der Neutralität, wonach jeder Nachbarstaat ein potenzieller Feind sein konnte. Zur Gewährleistung einer Rundumverteidigung sollten die Hauptkräfte der Feldarmee in der Mitte des Landes mit dem befestigten Hafen Antwerpen im Rücken konzentriert werden. Damit wollte sich Belgien gegen Franzosen, Briten oder Deutsche zur Wehr setzen. Dass sich die Briten so besorgt um die Neutralität Belgiens zeigten, galt diesem als Beweis für den Egoismus britischer Politik. Als die internationalen Spannungen wuchsen, ging Belgien daher zunehmend auf Distanz zur Entente, statt sich ihr anzuschließen.

Als Katholiken fühlten sich viele Belgier auch nach dem 23. Juli Österreich-Ungarn verbunden. Daher empfanden sie den 2. August als ungeheuren Schock. Deutschland forderte von Belgien in ultimativer Form die Erlaubnis für den Durchmarsch seiner Truppen. Für die Antwort erhielt Belgien zwölf Stunden Zeit. Das war der Anlass, vielleicht sogar der Grund dafür, dass Großbritannien in den Krieg eintrat. Belgiens Neutralität wurde von allen Großmächten gemeinsam garantiert, auch von Deutschland als Rechtsnachfolger Preußens. Rechtlich war Großbritannien nicht zum Handeln verpflichtet. Als es jedoch Belgien bedroht sah, mischte sich strategischer Eigennutz mit liberalen Moralvorstellungen. Letztere einten die Regierung und brachten das Volk hinter sie. Großbritannien stellte ein eigenes Ultimatum, in dem es von Deutschland forderte, die Neutralität Belgiens zu respektieren. Dieses lief am 4. August um Mitternacht ab.

Für die Belgier ging es jetzt nicht mehr um religiöse Verbundenheit, sondern um ihre nationale Identität. Dass sich das Volk so einhellig für Widerstand entschied, überraschte und erfreute den König. Die belgische Armee befand sich jedoch mitten in einer Umstrukturierung, deren Abschluss erst für 1926 geplant war. Rasch wurde eine Feldarmee von 117 000 Mann aufgestellt. Weitere 200 000 Mann sollten die Befestigungsanlagen besetzen. Theoretisch waren alle militärtauglichen Männer zum Dienst in der *Garde Civique* verpflichtet. Tatsächlich aber waren dort nur die Bewohner von Städten und befestigten Ortschaften aktiv und besaßen die ziemlich unmilitärisch wirkende Uniform dieser Truppe. Im Jahre 1913 zählte sie ganze 46 000 Mann. In der Begeisterung der ersten Augusttage des Jahres 1914 traten weitere 100 000 Mann der nicht aktiven *Garde Civique* bei, die in ländlichen Gegenden stationiert war.

In den Haager Konventionen von 1899 und 1907 hatte man versucht, das Kriegsrecht zu kodifizieren. Dazu gehörte das Recht des Volkes eines angegriffenen Landes auf Widerstand. Voraussetzung war, dass es sich in Einheiten organisierte, die als Kriegsbeteiligte zu erkennen waren. Dazu erklärte der belgische Vertreter auf der Konferenz von 1899: »Wenn der Krieg ausschließlich den Staaten vorbehalten ist und die Bürger reine Zuschauer sein sollen, lähmt man doch die Kraft des Widerstandes und beraubt den Patriotismus jeglicher Wirkung. Ist es nicht die erste Bürgerpflicht, das Vaterland zu verteidigen?«[9]

Die Deutschen waren gegen eine solche Interpretation. Sie argumentierten, der Landkrieg sei allein Angelegenheit der stehenden Heere. Wenn man Massenaufstände und Guerillakrieg international anerkenne, überschreite der Krieg alle Grenzen, was nur zu Barbarei führen könne. In ihren Felddienstvorschriften erschienen die entsprechenden Artikel der Haager Konvention zwar im Anhang, aber aus dem Wortlaut der Vorschriften ging eindeutig hervor, dass der deutsche Generalstab das Widerstandsrecht von Zivilisten nicht anerkannte.

Deutschland fürchtete *francs-tireurs*, irreguläre Kämpfer, mit denen es im Krieg von 1870/71 Bekanntschaft gemacht hatte. Dieser zog sich in die Länge, weil Frankreich die Massenerhebung ausgerufen hatte. Die Reaktion der Deutschen waren Geiselnahme, organisierte kollektive Vergeltung und zunehmend willkürliche Gewalt gewesen. Nun fürchteten sie, dass sich das wiederholen könnte. In der Realität setzte die Bevölkerung dann der deutschen Invasion kaum Widerstand entgegen. Aber die deutschen Truppen töteten 5521 Zivilisten in Belgien und 896 in Frankreich. Unter Hinweis auf die Unterdrückung des Herero-Aufstandes von 1904/05 in der deutschen Kolonie Südwestafrika (heute: Namibia) brandmarkte die Propaganda der Alliierten ein derartiges Vorgehen als »kolonialistisch«. Von den deutschen Truppen wurde berichtet, sie hätten junge Mädchen vergewaltigt, kleinen Kindern die Hände abgehackt, Priester und Nonnen erschossen. Die Zerstörung von Gebäuden, darunter die Universitätsbibliothek von Löwen (französisch: Louvain) und die Kathedrale von Reims, dienten als Bestätigung dafür, dass sich die Deutschen auch von antikatholischen Motiven leiten ließen.

Zur ersten Welle von Übergriffen kam es beim deutschen Angriff auf die Festung Lüttich. Die Belagerung begann am 4. August und wurde erst beendet, als die Deutschen schwere Mörser der Typen Krupp 420 mm und Škoda 305 mm auffuhren. Aber bereits auf dem Vormarsch setzte bei den Truppen Frustration ein. Als die deutschen Truppen am 18. August vorzurücken begannen, lange nachdem Sordet die Gegend erkundet hatte, sollte Alexander von Klucks 1. Armee auf dem rechten Flügel drei Wochen lang mit einem Durchschnittstempo von dreiundzwanzig Kilometern pro Tag marschieren.

Belgische und französische Saboteure hatten die Bahngleise zerstört. Die Straßen waren von Flüchtlingen verstopft. Der Transport per Lastkraftwagen steckte noch in den Kinderschuhen, sodass, wenn keine Eisenbahn mehr vorhanden war, die Versorgung der Truppen vor allem mit Pferdefuhrwerken erfolgte. Klucks Armee zählte 84000 Pferde. Einen großen Teil des Transports machte daher Futter aus, von dem etwa tausend Tonnen pro Tag gebraucht wurden. Die meisten Transporteinheiten hatte man erst nach der Mobilmachung aufgestellt. Männer und Pferde waren die Härten und Anforderungen des Militärdienstes noch nicht gewohnt. So mussten die müden, erschöpften Infanteristen, die den ganzen Tag marschiert waren oder vielleicht sogar gekämpft hatten, abends noch nach Essbarem suchen, bevor sie sich zur Ruhe begeben konnten. Von der lokalen Bevölkerung, die sich um die eigene Ernährung sorgen musste, war kaum Entgegenkommen zu erwarten.

Die Disziplin stand auf des Messers Schneide. Zivilisten kamen jedoch nicht nur zu Tode, weil übernervöse Reservisten die Beherrschung verloren. Solche Übergriffe wurden von oben geduldet und sogar gefördert. Da die Armee- und Korpskommandeure bei dem raschen Vormarsch Aufstände in

Am 4. August 1914 haben belgische Zivilisten deutsche Soldaten noch nicht fürchten gelernt. Diese jungen Soldaten posieren Seite an Seite jenseits der deutschen Grenze bei Stavelot in den belgischen Ardennen.

ihrem Rücken befürchteten, billigten sie Aktionen gegen die Zivilbevölkerung, angeblich um Widerstand zu unterdrücken. Ein sächsischer Soldat namens Philipp, der am 23. August gegen 22 Uhr nach Dinant an der Maas kam, fand dort fünfzig erschossene Zivilisten vor, die »aus dem Hinterhalt auf unsere Truppen gefeuert hatten. Während der Nacht wurden noch viel mehr erschossen, sodass wir schließlich über zweihundert zählten. Frauen und Kinder mit Laternen wurden gezwungen, das schreckliche Schauspiel mit anzusehen. Dann aßen wir unseren Reis mitten unter den Leichen, denn wir hatten seit dem Morgen nichts zu uns genommen.«[10] Insgesamt töteten die Sachsen auf Befehl ihres Korpskommandeurs in Dinant 674 Zivilisten. Dieses Massaker, das als Präventivschlag gegen vermutete Aktivitäten von *francs-tireurs* galt, wurde von den Deutschen damit gerechtfertigt, dass sie in der Tat beschossen wurden. Wahrscheinlich hatten französische Soldaten vom anderen Ufer der Maas die Schüsse abgefeuert.

Der Schock der Schlacht

Das deutsche Heer war nicht das einzige, in dem die Disziplin unter dem Stress des Krieges wankte und zusammenbrach. Joffre begann seinen Feldzug mit dem Vorrücken der 1. und 2. französischen Armee gegen den linken Flügel der Deutschen im Elsass und in Lothringen, Provinzen, die Frankreich durch die Friedensregelung von 1871 verloren hatte. Am 18. August stellte er fest, dass der rechte Flügel der Deutschen nördlich der Maas einschwenkte. Er hielt seine 5. Armee für stark genug, um dieser Bedrohung entgegenzutreten. Zu ihrer Linken erhielt sie Unterstützung von der britischen Expeditionsarmee. Am 5. August war entschieden worden, dass diese in Frankreich kämpfen sollte. Zunächst kamen jedoch nur fünf Divisionen mit einer Stärke von etwa hunderttausend Mann – die größte Streitmacht, die die kleine britische Berufsarmee in die Schlacht werfen konnte. Da die Deutschen am linken und rechten Flügel stark waren, schloss Joffre auf eine Schwäche in der Mitte. Er schickte also seine 3. und 4. Armee zum Angriff in die Ardennen vor, um dort den Hauptstoß gegen die linke Flanke des rechten Flügels der Deutschen zu führen. Aber auch die deutsche 4. und 5. Armee drängten in die Ardennen, sodass es in dem bewaldeten, bergigen Gelände am 21. und 22. August zu einer ganzen Reihe blutiger Begegnungskämpfe kam.

Während dieser Schlachten in Grenznähe machten die meisten französischen, deutschen und britischen Soldaten zum ersten Mal mit den modernen Feuerwaffen Bekanntschaft. Die Wirkung war verheerend. Leutnant Ernst Röhm, der im August 1914 in der »Schlacht von Lothringen« seine Feuertaufe erhielt, glaubte, dass er den Feind zumindest sehen werde. Er zückte sein Fernglas, aber es war »nichts zu erkennen«. Als von seiner Einheit kein Schuss mehr fiel, sprang er auf und rief seinen Kameraden zu, es ihm gleichzutun. Er wollte sehen, »wie viele noch kampffähig sind. Wehmütig sagt mir der Hornist, der wie ein Schatten an meiner Seite geblieben ist: ›Herr Leutnant, es ist niemand mehr da!‹ Und wirklich steht auf der ganzen Frontlinie niemand mehr auf. Nur drei Mann sind noch heil geblieben, alles andere ist tot oder verwundet.«[11]

Auf der anderen Seite der Front mussten britische Truppen am 23. August bei Mons dem Vorstoß der Hauptkräfte von Klucks 1. Armee standhalten. Aubrey Herbert erinnert sich: »Es war, als ob die Geschosse wie eine Sense etwa dreißig Zentimeter oberhalb des Erdwalls über unsere Köpfe hinwegfuhren. Sie kamen wie Windstöße, pfeifend und singend. ... Wer sich über den Wall erhob, musste unweigerlich in zwei Hälften zerschnitten werden.«[12]

Binnen drei Tagen waren die Alliierten an der ganzen Front geschlagen. 40 000 französische Soldaten wurden getötet. Am 29. August betrug die Gesamtzahl der Opfer bereits 260 000. Die Alliierten zogen sich zurück. Gerüchte lösten Panik aus. Die 2. Armee, die die Deutschen in ihren Verteidigungsstellungen auf den Morhange-Höhen geschlagen hatten, ließ sich zum Grand Couronné de Nancy zurückfallen. Am 24. August beschrieb die Zeitung *Le Matin* den Zustand ihres 15. Korps: »Kompanien und Bataillone zogen in kaum zu beschreibender Unordnung vorbei. Zwischen den Soldaten liefen Frauen, die Kinder auf dem Arm trugen oder Handwagen zogen. Junge Mädchen im Sonntagsstaat, alte Leute, die die merkwürdigsten Sachen mit sich schleppten. Ganze Regimenter flüchteten in voller Auflösung. Man hatte den Eindruck, dass die Disziplin restlos zusammengebrochen war.«[13] Vier Tage später lief die Nachricht um, in einem Dorf in Zen-

Während der Kämpfe am 21. und 22. August 1914 stoßen die feindlichen Armeen in den dichten Wäldern der Ardennen noch in Marschformation aufeinander. Wegen der steilen Hänge ist die Feldartillerie kaum einsetzbar.

Ein französischer Landarbeiter wird im September 1914 bei Reims im Namen der *union sacré* als »Spion und Vaterlandsverräter« erschossen. In den unübersichtlichen Kämpfen nach Überschreiten der Grenze galten Zivilisten auf beiden Seiten häufig als Agenten des Gegners.

tralfrankreich hätten die Männer eines Regiments des 15. Korps »im Angesicht des Feindes die Waffen umgekehrt. Der Oberst schoss im Zorn sechs Männer mit seinem Revolver nieder. Daraufhin massakrierten die Soldaten ihre Offiziere und flüchteten. Damit lösten sie in der Armee von Lothringen eine Panik aus. Sie wich fünfundsiebzig Kilometer zurück.«[14]

In der französischen Armee gingen Standgerichte in dieser Phase des Krieges am schärfsten vor. Am 1. September wies der Kriegsminister die Armee an, Todesurteile binnen vierundzwanzig Stunden zu vollstrecken. Häufig wurden Soldaten ohne jede Verhandlung auf der Stelle erschossen. Joffre betonte, dass Gnadengesuche die Ausnahme bleiben müssten: »Männer sind im Biwak oder im Hinterland ohne Waffen und Ausrüstung angetroffen worden. Es ist unbestreitbar, dass die meisten ihre Posten verlassen und sich damit nach dem Kriegsrecht strafbar gemacht haben. ... Gegenüber solchen Fahnenflüchtigen darf es keine Gnade geben.«[15] Frankreich ließ im Ersten Weltkrieg etwa 600 Soldaten hinrichten. Die meisten wurden bereits im ersten Kriegsjahr erschossen. Ähnlich hart gingen auch die Briten vor. Von 1914 bis 1920 exekutierten sie 346 Soldaten, die meisten wegen Flucht vor dem Feind. Die absoluten Jahreszahlen wuchsen im Laufe des Krieges an, auch weil die Truppen an Zahl zunahmen. Im Verhältnis zur Truppenstärke fielen die meisten Urteile wegen Desertion und die meisten Hinrichtungen jedoch ins erste Kriegsjahr.

Bei den Briten handelte es sich um reguläre Streitkräfte. Dabei schützte Fronterfahrung nicht unbedingt davor, bei Kämpfen dieser Art die Nerven zu verlieren. Der Kompaniechef Wolff, ein Veteran der französischen Kolonialkriege, wurde am 1. September exekutiert, weil er in den Kämpfen vom 25. August bei Meurthe-et-Moselle die weiße Flagge gehisst und seinen Männern den Rückzug befohlen hatte. In derselben Nacht geriet Douglas Haig, ein britischer Veteran des Burenkrieges, der eines der beiden britischen Korps bei Mons befehligte, in Panik, als eine seiner Brigaden in ein Gefecht mit deutschen Vorausabteilungen verwickelt wurde. Das war nicht typisch für ihn, möglicherweise das Ergebnis der Erschöpfung, die sich unter den britischen Truppen ausbreitete. Haig konnte seine Laufbahn fortsetzen, aber zwei Regimentskommandeure, die am 27. August beschlossen, sich mit ihren zermürbten Bataillonen bei St. Quentin zu ergeben, hatten die Folgen zu tragen. Wie Haig hatten auch sie im südafrikanischen Burenkrieg gekämpft. Beide wurden vor ein Kriegsgericht gestellt und in Unehren aus der Armee entlassen. Einer von ihnen, J. F. Elkington vom Royal Warwickshire Regiment, trat der französischen Fremdenlegion bei, wurde schwer verwundet und mit dem *Croix de Guerre* ausgezeichnet. Daraufhin durfte er in die britische Armee zurückkehren, erhielt seinen alten Dienstgrad und sogar den DSO (*Distinguished Service Order*), einen hohen Militärorden.

Joffre setzte sich durch. Bis zum 6. September hatte er bereits achtundfünfzig Generäle entlassen, die den Anforderungen des Krieges nicht gerecht geworden waren. Aber er führte auch taktische Veränderungen ein. Wiederholt wies er an, dass die Infanterie nicht aus zu großer Entfernung und nicht vorzeitig angreifen sollte. Er betonte die Rolle der Artillerie – nicht nur bei der Unterstützung des Angriffs, sondern auch bei dessen Vorbereitung. Mit den 75-mm-Geschützen im Rücken grub die französische Infanterie sich ein und konnte den deutschen Vormarsch in der Schlacht an der Marne, die vom 6. bis 9. September 1914 tobte, zum Stehen bringen. Diese ist als eine der Entscheidungsschlachten des Ersten Weltkrieges in die Geschichte eingegangen. Sie gilt als Bewegungsschlacht, und die Kämpfe tobten von Paris an der linken Flanke quer durch ganz Frankreich bis Verdun, schwenkten dann nach Süden und kamen erst an der Schweizer Grenze zum Erliegen. Am 6. September war der zweihundertachtzig Kilometer lange

Das französische 75-mm-Feldgeschütz entscheidet über den Sieg an der Marne. Mit bis zu zwanzig Schuss pro Minute wird es zur unmittelbaren Unterstützung der Infanterie eingesetzt. In dieser Schlacht verschießen die Franzosen 432 000 Granaten.

Bereich von Verdun bis zur Schweiz bereits stabil. Am 9. September kamen die hundert Kilometer des Abschnitts von Verdun bis Mailly hinzu. An jenem Tag tobten die Kämpfe nur noch auf einer Länge von hunderfünf Kilometern zwischen Mailly und La Ferté-sous-Jouarre hin und her, anderswo gab es nur noch verbissene Verteidigungsgefechte. Französische Korpskommandeure wie Ferdinand Foch, der in den Sümpfen von St. Gond stand, sprachen zwar immer noch von einer Offensive, aber entscheidend war, dass die Frontlinie hielt. Am 5. September hatten die Franzosen eine Reserve von 465 000 75-mm-Granaten gehabt. Am 10. September waren davon noch ganze 33 000 übrig. Da die Franzosen die Standorte für ihre Geschütze frei bestimmen konnten, wählten sie die Positionen mit dem besten Schussfeld aus. Wenn eine Batterie von 75-mm-Geschützen Verzögerungszünder zum Rikoschettieren benutzte, dann konnte sie in vierzig bis fünfzig Sekunden eine Fläche von vier Hektar in einer Tiefe von vierhundert Metern bestreichen. Ihre vier Rohre spien zehn Schrapnellgranaten in der Minute aus, die zehntausend Splitter verstreuten. Das war eine wesentlich effektivere Waffe gegen vorstürmende Infanterie als Maschinengewehre.

Der Sohn des Kaisers, Kronprinz Wilhelm, der die 5. Armee der Deutschen befehligte, sagte später über Moltkes Absichten, der Plan des Oberbefehlshabers habe einfach darin bestanden, Feindesland an breitestmöglicher Front zu überrennen.[16] Das trifft in zweierlei Hinsicht zu. Wenn erstens die französischen Linien irgendwo eingebrochen wären, insbesondere zwischen Verdun und Toul oder südlich von Nancy, wäre die Schlacht an der Marne verloren gewesen – ebenso wenn es rund um Paris für die Franzosen schiefgegangen wäre. Moltke wollte den Sieg, wo er ihn bekommen konnte, und nicht, wo ein großer strategischer Plan das erforderte. Zweitens war Moltke gar nicht in der Lage, diese Schlacht praktisch zu lenken. Sein Hauptquartier in Luxemburg lag viel zu weit entfernt vom Kampfgeschehen. Nur ein einziger Offizier, sein Chef der Aufklärung, Richard Hentsch, besuchte sieben verschiedene Armeestäbe an einer ausgedehnten Front. Die drahtlose Kommunikation war damals noch langsam und häufig überlastet. Bei der Übermittlung einer Nachricht konnten vierundzwanzig Stunden vergehen, und häufig wurde sie auch noch von den Franzosen mitgehört.

Im Nachhinein wird der deutsche Einmarsch in Frankreich etwas anders gesehen. Man betont den starken rechten Flügel, der die französische Armee in der Gegend von Paris zu umfassen versuchte. Aber dafür war er nicht stark genug. Er hatte Truppen für Operationen im Hinterland zurücklassen müs-

Das Flugzeug erreicht in den vier Kriegsjahren seine volle Einsatzreife. Im August 1914 im Wesentlichen zur Erkundung verwendet, mutiert es bereits am Ende jenes Jahres zum Jagdflugzeug und Bomber.

sen, insbesondere um Antwerpen, hinter dessen Festungswälle sich die Masse der belgischen Armee zurückgezogen hatte. Und er musste erobertes Territorium besetzen. Bis zum 6. September verlor das deutsche Heer insgesamt 265 000 Mann: Gefallene, Verwundete und Vermisste. Inzwischen vermochten die Franzosen ihre Positionen im Osten zu halten und über ihr eigenes Eisenbahnnetz sogar Truppen nach Westen zu verlegen. Am 23. August hatten 24½ Divisionen der drei deutschen Armeen des rechten Flügels 17½ Divisionen der Alliierten gegenübergestanden. Aber vom 27. August bis zum 2. September rollten alle vierundzwanzig Stunden im Durchschnitt zweiunddreißig Züge nach Westen. Joffre schuf bei Paris außerhalb der deutschen Einkreisung faktisch eine neue, die 6. Armee. Am 6. September war der rechte Flügel der Deutschen mit einundvierzig Divisionen der Alliierten konfrontiert.

Als Klucks 1. Armee sich der Gefahr für ihre Flanke seitens der 6. französischen Armee zuwandte, öffnete sich zwischen ihr und der benachbarten 2. deutschen Armee unter Karl von Bülow eine Lücke. Der britische Oberbefehlshaber Sir John French hatte die britische Expeditionsstreitmacht gerade von der Front zurückgezogen, um sie jenseits der Seine westlich von Paris wieder Kräfte sammeln zu lassen. Am 4. September stellten die Franzosen – nicht zuletzt durch den Einsatz von Flugzeugen zu Aufklärungszwecken – fest, dass der Augenblick für den Gegenangriff gekommen war. Joffre flehte Sir John an, seine Truppen mit Unterstützung der französischen 6. Armee zur Linken und der 5. Armee zur Rechten in die Lücke stoßen und Klucks entblößte linke Flanke angreifen zu lassen. Sir John »versuchte darauf zunächst etwas auf Französisch zu sagen. Für einen Augenblick rang er mit seinen Gefühlen und mit der Sprache, dann wandte er sich an einen englischen Offizier … und rief aus: ›Verdammt noch mal, ich kann es nicht ausdrücken! Sagen Sie ihm, dass unsere Männer tun werden, was Menschen möglich ist.‹«[17]

Am 6. September war der Rückzug der Alliierten zu Ende, und sie gingen zum Angriff über. Kluck blieb auf seine Auseinandersetzung mit der 6. Armee der Franzosen konzentriert. Daher sah Bülow vor allem seine rechte Flanke und nicht Klucks linke vom britischen Expeditionskorps bedroht. Am 8. September zog er seine gefährdete rechte Flanke zurück und ließ seine Armee stärker in nord-südliche Richtung einschwenken, wodurch er die Lücke noch vergrößerte. Weder Kluck noch Bülow oder Moltke wussten voneinander, was der andere tat oder zu tun beabsichtigte. Am Morgen des 8. September sandte Moltke Hentsch aus, um die Lage zu erkunden. Dieser war nur dann ermächtigt, einen Rückzug des rechten Flügels anzuordnen, wenn dies die einzige Möglichkeit war, die Lücke zwischen der 1. und 2. Armee wieder zu schließen. Hentsch suchte zunächst die 5., 4. und 3. Armee auf, quälte sich über von Truppen und Transportfahrzeugen verstopfte Straßen und kam erst am Abend gegen 19.45 Uhr bei der 2. Armee an. Da hatte Bülow bereits entschieden, die 1. und 2. Armee auf eine Linie zurückzunehmen. Während er die Gefahr abwenden wollte, die von dem durchbrechenden Feind ausging, suchte Kluck weiterhin seine Chance im Erfolg eines Umfassungsmanövers. Das eine war die Kehrseite des anderen, denn Kluck hatte mit seinem Vorgehen dem Gegner erst die Gelegenheit für den Durchbruch geliefert. Als Hentsch nach fünfstündiger Fahrt über undurchlässige Wege schließlich am Morgen des 9. September Klucks Hauptquartier erreichte, traf er diesen dort nicht an, weil er mit seinen Truppen gegen die 6. Armee der Franzosen vorging. Hentsch und Klucks Stabschef nahmen es auf sich, der 1. Armee den Rückzug zu befehlen. Kluck behauptete später immer wieder, er habe kurz vor einem Sieg über die 6. Armee gestanden.

Dabei ließ er jedoch völlig außer Acht, was geschehen wäre, wenn das britische Expeditionskorps seine Armee von links und von hinten hätte angreifen können. Die Deutschen zogen sich schließlich auf die Höhen über dem Tal der Aisne zurück und gruben sich dort ein.

Als der Erste Weltkrieg vorüber war, erfand das deutsche Militär die »Dolchstoßlegende«, die Behauptung, der Krieg sei wegen des Zusammenbruchs der Heimatfront verloren gegangen. Das Heer sei auf dem Schlachtfeld unbesiegt geblieben. Dabei werden die Ereignisse des Jahres 1914 geflissentlich ignoriert. Frankreich war gerettet. In seinen Augen war die Schlacht an der Marne ein Wunder und Joffre ein neuer Napoleon. Aus traditioneller Sicht hatte sich bestätigt, dass man mit geschicktem Manövrieren einen operativen Erfolg erzielen konnte. Die Stabsübungen der Vorkriegzeit schienen immer noch zeitgemäß zu sein. Das war ein Irrtum. In Wirklichkeit hatten die ausgedehnten Schützengräben und die hartnäckigen Verteidigungsschlachten östlich von Paris den Ausschlag gegeben.

Nun wendete sich die öffentliche Meinung in den neutralen Staaten und bei den Schwankenden, darunter Deutschlands nominellem Verbündeten Italien, gegen die Mittelmächte. Deutschland hatte keinen raschen Sieg im Westen erringen können und sah sich in einen langen Zweifrontenkrieg verstrickt, den es nicht gewinnen konnte. An der Marne wurde eine Entscheidungsschlacht geschlagen, die strategische Folgen nach sich zog. Die deutschen Pressemeldungen zwischen dem 6. und 16. September dagegen stellten den Rückzug lediglich als ein taktisches Manöver dar. Die volle Wahrheit kam nicht ans Licht, woraus man trügerische Schlüsse auf weitere mögliche militärische Siege zog – eine Sicht, die die deutsche Innenpolitik bis zum August 1918 beherrschte. Im Nachhinein machte das deutsche Militär einzelne Personen wie Moltke, Hentsch, Bülow oder Kluck verantwortlich, ohne das generelle strategische Vorgehen und die eigenen institutionellen Schwächen einer kritischen Prüfung zu unterziehen.

Deutschland hatte jedoch zwei bedeutsame Gewinne gemacht, wenn sie ihm auch mehr oder weniger nebenbei in den Schoß gefallen waren. Erstens hatte es fast ganz Belgien und das Industriegebiet von Nordostfrankreich überrannt, wo vierundsiebzig Prozent der Kohle gefördert und einundachtzig Prozent des Roheisens des Landes produziert wurden. Zweitens hielten die Deutschen nun französisches Gebiet in Stellungen, die so hervorragend für die Verteidigung geeignet waren, dass sie sich den Vorteil einer Offensivstrategie bewahren konnten. Die Alliierten mussten unter schwerem Feuer angreifen, um sich zurückzuholen, was ihnen gehörte. Andere Optionen blieben ihnen kaum. Ihre eigene Strategie steckte in einer Zwangsjacke.

Die Ideen von 1914

Da die Front im Westen während des größten Teils des Krieges relativ stabil blieb, lagen große Teile Frankreichs und Belgiens nach den ersten drei Monaten nicht mehr in der unmittelbaren Kampfzone. Die Bewohner der von den Deutschen besetzten Gebiete erlebten den Krieg jedoch auf andere Weise. Einige wurden in Konzentrationslagern interniert, andere als Geiseln festgehalten. Das Leben der übrigen bestimmte die deutsche Besatzungsmacht. Sie brauchten Pässe, um ihren täglichen Geschäften nachzugehen. Das Familienleben war gestört, weil die Frauen häufig zur Zwangsarbeit deportiert wurden. Die Klassenstruktur geriet durcheinander, da bürgerliche Familien an Nahrungsmittelknappheit litten und von den Invasoren gedemütigt wurden. Viele Alltagssorgen unterschieden sich wenig von den Notlagen, die der Krieg im übrigen Teil Frankreichs verursachte. Allerdings wussten die Betroffenen davon nichts, ebenso wenig diejenigen, von denen sie getrennt waren. 1916 veröffentlichte Henri Barbusse einen der berühmtesten Romane über diesen Krieg mit dem Titel *Das Feuer*. Er gewann den Prix Goncourt und wurde ein Bestseller. Darin wird das Leben einer Korporalschaft geschildert. Einem Soldaten gelingt es, die feindlichen Linien zu durchqueren und sein Haus in Lens aufzusuchen. Er trifft bei Nacht dort ein und schaut von draußen in die hell erleuchteten Fenster. Da ist seine Frau: »Sie lächelte. Sie war zufrieden. Sie schien sich wohl zu fühlen neben diesen betressten deutschen Kerlen. ... Und ich sah auch mein kleines Mädchen, wie sie gerade einem dicken betressten Kerl die Hände hinhielt und ihm auf die Knie klettern wollte.«[18]

Frankreich und Belgien waren überfallen worden. Ihre Soldaten kämpften, um Heim und Herd zu schützen oder zu befreien. Das Ziel dieses Krieges war klar: Es ging nicht um eine zweifelhafte Moral, sondern um Grundfreiheiten, für manche um noch mehr. Der Sozialist Jean-Richard Bloch schrieb am 2. August 1914, als er sich zur Truppe meldete, an seinen Freund, den Pazifisten Romain Rolland: »Der Krieg Revolution gegen Feudalismus beginnt von neuem. Werden die Armeen der Republik den Sieg der Demokratie in Europa sichern und damit das Werk von [17]93 vollenden? Hier

Mit Schuheputzen mag sich diese Frau 1914 auf der Brüsseler Place Rogier ihr Brot verdient haben, aber diese Geste symbolisiert zugleich die Unterwerfung ihres Landes unter den deutschen Militarismus.

steht mehr auf dem Spiel als der unvermeidliche Krieg um Heim und Herd, hier geht es darum, dass die Freiheit erwacht.«[19]

Auch in Deutschland drangen ausländische Truppen ein, selbst im Westen, wo es eindeutig der Aggressor war. Französische Einheiten eroberten Mülhausen (französisch: Mulhouse) im Elsass und bedrohten Freiburg. In Südbayern begingen Reservistenfrauen, die ohne ihre Männer zu Hause saßen, lieber Selbstmord, als rachsüchtigen französischen Soldaten zu begegnen. Im Osten drohten die Russen Ostpreußen zu überrennen und bis zur Weichsel vorzurücken. Das Bild des brutalen, zu allem fähigen und vor allem unzivilisierten Kosaken reicht weit zurück – bis zu der Zeit, da die russische Armee am Ende der Napoleonischen Kriege Paris besetzt hatte.

Demnach verteidigte Deutschland nicht nur sich selbst vor einer ausländischen Invasion, sondern Europa vor der Barbarei. Blochs Briefpartner Romain Rolland durchschaute dieses deutsche Argument. Im Oktober erklärte er, der preußische Imperialismus sei »der schlimmste Feind der Freiheit« und »barbarischer Despotismus«. Zugleich würdigte er die Leistungen der deutschen Kultur, für die der Zarismus durchaus als Bedrohung empfunden werden konnte. Zwar wünschte er persönlich einen Sieg der Entente, zog sich aber lieber in die Schweiz zurück, als seine Objektivität aufzugeben.[20]

Während also die Menschen sich auf den Krieg einstellten, wurden die Nationen zu Trägern höherer Ideologien. Von denen, die den Krieg begonnen hatten, musste allein Großbritannien keine ausländische Invasion ertragen. In einer Rede am 9. November 1914 in der Londoner Guildhall begründete Premierminister Asquith die Beteiligung seines Landes an diesem Krieg nicht mit eigenen strategischen und imperialen Interessen, sondern mit dem deutschen Einmarsch in Belgien und dem Schutz Frankreichs vor einer Aggression. Großbritannien kämpfte für das Völkerrecht und das Recht kleiner Staaten. Sein Feind war der preußische Militarismus, verkörpert in der Person des Kaisers.

Die Regierung Frankreichs griff auf die Sprache der Französischen Revolution und des Terrors zurück, um die Nation zu mobilisieren. Diese kämpfte für das Erbe der Revolution im Sinne von Demokratie und politischen Rechten. Zugleich holte man die Konservativen und die katholische Kirche ins Boot. Jeanne d'Arc wurde zur Ikone aller Franzosen. Gott würde Frankreich schützen, wie er der heiligen Johanna den Weg gewiesen hatte. Vor dem Krieg hatten die radikalen Rechten den Sozialisten Jean Jaurès wegen seines Internationalismus und seiner Forderung nach einer reinen Bürgerarmee kritisiert. Als aber ein auf eigene Faust handelnder Attentäter ihn am 31. Juli 1914 ermordete, wurde er zum Symbol sowohl der Rechten als auch der Linken. Denn Frankreich führte nun im Sinne von Jaurès einen nationalen Verteidigungskrieg.

Großbritannien und Frankreich verteidigten den Status quo. Deutschland erklärte dagegen, es stehe für Fortschritt und Veränderung. Am 16. Oktober 1914 unterzeichneten über viertausend deutsche Intellektuelle die »Erklärung der Hochschullehrer des Deutschen Reiches«, in der die deutsche Kultur mit dem preußischen Militarismus gleichgesetzt wurde. Demnach markierte der Kriegsausbruch im Jahre 1914 das Ende des »langen« 19. Jahrhunderts, das mit der Französischen Revolution von 1789 begonnen

Der Krieg bestätigt die Rolle der protestantischen Kirche als religiöses Fundament des deutschen Staates. Das Militär versteht sich als Beschützer beider. Am 9. August 1914

nimmt der Kaiser samt Familie in Potsdam an einem Feldgottesdienst des 1. Garde-
reserveregiments vor dem Abmarsch an die Front teil.

hatte. An dessen Statt werde ein neues Wertesystem entstehen, das Heldentum über den Materialismus des Kapitalismus und den Kleingeist des politischen Liberalismus erhebe. Der deutsche Jude Nachum Goldmann beschrieb in *Der Geist des Militarismus* (1915) den militärischen Geist als Mittel des Menschheitsfortschritts, weil er Chancengleichheit mit den Vorzügen der Leistungsgesellschaft verbinde. Am 9. August 1914 wurde ein weiterer Jude, Walther Rathenau vom deutschen Elektrizitätsunternehmen AEG, von Kriegsminister Falkenhayn mit der Beschaffung von Rohstoffen für die Kriegswirtschaft beauftragt – für einen preußischen Offizier ein außergewöhnlicher Schritt. Rathenau strebte eine neue Form der Wirtschaftsorganisation an, eine gelenkte Wirtschaft, die die besten Eigenschaften von Kapitalismus und Kollektivismus in sich vereinigen sollte. Dazu erklärte Paul Natorp 1915: »Der deutsche Aar ist nicht wie der Vogel der Minerva, der, nach Hegel, erst mit der Dämmerung seinen Flug beginnt. ... *Wir* spüren das Morgenwehen eines neuen Tages nicht bloß für Deutschland, sondern für die Menschheit.«[21] Der Soziologe Werner Sombart veröffentlichte 1915 ein Buch mit dem Titel *Händler und Helden*, in dem er erklärte, der Mensch führe zwei Leben – ein oberflächliches und ein spirituelles. Das ganze Leben sei ein unablässiger Kampf, um von dem einen in das andere zu kommen. Seine Helden, die Deutschen, folgten dem Ruf der Pflicht und opferten sich willig.

Dies war ein großer Krieg, weil er um große Ideen geführt wurde. Was auf dem Balkan begonnen hatte und ursprünglich ethnischen und nationalen Problemen entsprang, wurde nun in Prinzipien gehüllt, deren Wirkungsmacht in ihrer vorgeblichen Allgemeingültigkeit lag. Nach und nach wurden diese Ideologien zur Grundlage der Propaganda. Das aber war nur möglich, weil sie Überzeugungen zum Ausdruck brachten, mit denen die Völker der Krieg führenden Staaten sich identifizieren konnten. Sie wurden für so fundamental gehalten, dass sie den Krieg ungeachtet seiner Länge und Heftigkeit trugen. Die Völker Europas kämpften den Ersten Weltkrieg aus, weil sie an die Sache, die ihr Land verfocht, glaubten oder sie zumindest akzeptierten. Dies war eindeutig kein Krieg ohne Sinn und Ziel.

Die Bilder vom August 1914 suggerieren Festtagsstimmung. Aber das war eine zur Schau getragene Fröhlichkeit. Die meisten Reservisten, die bei der Mobilmachung im August 1914 einberufen wurden, trennten sich nur widerwillig von ihren Familien und ihrer Arbeit. Sie zogen in den Krieg, weil sie es für ihre Pflicht hielten. Bald würden sie wieder zu Hause sein, tröste-

Schützengräben werden seit Kriegsbeginn ausgehoben, erhalten jedoch im Winter 1914/15 entscheidende Bedeutung. Regen und Grundwasser erfordern permanente Instandhaltung, besonders in Flandern. Hier das 2. Bataillon der Royal Scots Fusiliers bei einer Pause während der Schanzarbeiten.

ten sie sich – noch vor Einbruch des Winters, ganz bestimmt aber zu Weihnachten. Die Vorstellung, der Erste Weltkrieg werde ein kurzer Krieg sein, existierte vor allem in der Fantasie der Bauern und kleinen Angestellten, die man wieder einmal in Uniform gesteckt hatte.

Diese Vorstellung half auch den Frontsoldaten, wesentlich länger durchzuhalten, als zu erwarten war. Am Donnerstag, dem 1. Januar 1915, schrieb Heinrich Woebcken, kein Rekrut, sondern ein achtundzwanzigjähriger Lehrer, der sich freiwillig zum Militär gemeldet hatte, aus der Champagne an seine Familie: »In diesem Jahr wird ja wohl die Entscheidung fallen. Es geht langsam, aber es geht.«[22] So reproduzierte sich die Illusion vom kurzen Krieg immer wieder neu: Er musste in einer überschaubaren Zeit zu Ende gehen, aber da niemand wusste, wann, schob man den Sieg lieber auf eine mittlere Frist hinaus. Am selben Tag schrieb Alexis Callies, ein Berufsoffizier bei der Artillerie von Mitte vierzig, der etwas südlicher auf der französischen Seite der Front lag: »Wir zweifeln nicht daran, dass dieser Krieg, der schon fünf Monate dauert, im nächsten Jahr enden wird. Aber wie wird das Ende sein?«[23]

3

Globaler Krieg

Krieg für die Welt

>>*Stell dir vor, du liegst am Boden, und die heiße Sonne brennt dir senkrecht auf den Rücken. Stell dir vor, du bist in einem Loch begraben, aus dem nur Kopf und beide Arme schauen, die ein Gewehr halten. Stell dir vor, du musst in dieser Lage mehrere Tage ausharren – ohne Essen und Trinken. Aber du bist nicht hungrig, denn es riecht nur nach Tod. Um dich herum explodieren Bomben, dröhnen Geschütze. Überall Rauch, alles Grün verbrannt und natürlich der Wald. Du musst zusehen, wie deine Verwandten getötet werden: Sie schreien, und dann sind sie tot.*<<[1]

So beschrieb Fololiyani Longwe von den *King's African Rifles*, wie er den Ersten Weltkrieg erlebte. Seine Erinnerungen unterscheiden sich kaum von denen anderer Kriegsteilnehmer in Flandern oder Frankreich. Und doch wurde dieser Krieg seinerzeit auch als *Der Große Europäische Krieg* bezeichnet. Manch spätere Deutung des Krieges zeugt von ähnlicher Oberflächlichkeit. Danach war dies ein unnötiger Konflikt von Staaten, deren Ähnlichkeiten ihre Unterschiede bei weitem überwogen, eine Art europäischer Bürgerkrieg. Wegen dieses selbstzerstörerischen Wahnsinns verlor Europa schließlich seine Führungsposition in der westlichen Welt an die Vereinigten Staaten von Amerika. Und wenn der Große Europäische Krieg tatsächlich ein globaler Krieg gewesen sein soll, dann erst nach dem Eintritt der

USA im April 1917. Fololiyani Longwes Bericht korrigiert im Nachhinein eine solch arrogante Sicht. Er war einer von zwei Millionen Afrikanern, die in diesem Krieg als Soldaten und Helfer dienten. Zehn Prozent von ihnen fielen. Bei den Helfern mögen es sogar zwanzig Prozent gewesen sein. Diese Verlustraten entsprachen durchaus denen an der Westfront.

Longwe wurde eingezogen, weil Malawi, damals Njassaland, zum britischen Empire gehörte. 1914 stand der gesamte afrikanische Kontinent mit Ausnahme von Liberia und Äthiopien unter der Herrschaft europäischer Mächte, vor allem Großbritanniens, Frankreichs, Belgiens und Deutschlands. Von den übrigen Kolonialmächten in Afrika – Spanien, Italien und Portugal – blieb nur Spanien während des gesamten Krieges neutral. Portugal beteiligte sich 1916 vor allem mit der Absicht, internationale Unterstützung für seine wankende Herrschaft in Afrika zu finden. Nach dieser Lesart fingen portugiesische Soldaten im April 1918 die erste Welle der zweiten deutschen Frühjahrsoffensive in Flandern ab, weil Portugal sich um seine Besitzungen in Angola und Mosambik sorgte. Das war nicht typisch. Charakteristisch war eher, dass zur gleichen Zeit deutsche und britische schwarze Truppen in Portugiesisch-Ostafrika gegeneinander kämpften, um auf den Kriegsverlauf in Europa Einfluss zu nehmen. Bereits 1914 hatte der Konflikt von seinem Ursprung in Europa auf die Peripherie übergegriffen. Das geschah, weil die Staaten Europas imperiale Mächte waren. Krieg in Europa bedeutete Krieg für die Welt.

1914 hofften einige hohe Kolonialbeamte noch, so weit werde es nicht kommen. Die lokalen Einheiten, die sie befehligten, sollten nicht gegeneinander kämpfen, sondern die innere Ordnung aufrechterhalten. Für viele Weiße verstand es sich von selbst, dass der Einsatz von aus der Kolonialbevölkerung rekrutierten Truppen gegen andere europäische Mächte langfristig nur zur Selbstzerstörung führen konnte. Sie befürchteten eine Wiederbelebung der kriegerischen Traditionen, die der Kolonialismus gerade hatte ausrotten wollen. Am Ende war denkbar, dass Schwarze, denen man beibrachte, das Gewehr gegen einen weißen Feind zu richten, dieses auch gegen ihre eigenen weißen Herren kehren konnten. Für diese Männer war 1914 die progressive, zivilisierende, wenn auch paternalistische und kulturell dominierende Rolle des Kolonialismus der entscheidende Faktor. Sie hofften, außerhalb der Entwicklung in Europa bleiben zu können. In Afrika setzten sie ihre Hoffnung auf die Kongoakte. Bismarck, der sich als der Vermittler und Makler Europas sah, hatte 1884/85 eine Konferenz nach Berlin

Briten und Franzosen dringen aus allen vier Himmelsrichtungen ins deutsche Kamerun ein. Im September 1914 stößt die so genannte *Cross River Column*, von Norden aus Nigeria kommend, auf starke deutsche Gegenwehr und wird zurückgeworfen.

einberufen, um die Aufteilung Afrikas zu regeln. Auf dem Berliner Kongress wurde beschlossen, dass alle Staaten im Kongobecken freien Handel treiben durften und sich im Kriegsfalle für neutral erklären konnten. 1914 kontrollierte Belgien nicht nur das östliche Einzugsgebiet des Flusses, sondern auch seine Mündung. Angesichts der Lage in Europa war es sehr daran interessiert, neutral zu bleiben. Für eine zentralafrikanische Kolonie Deutschlands, Kamerun, hatte das unmittelbare Auswirkungen: Wenn Frankreich sich an die Kongoakte hielt, durfte es Kamerun nicht von Süden angreifen. Anderen deutschen Kolonien wie Togo und Deutsch-Ostafrika (heute: Tansania) bot das nur indirekten Schutz. Aber nach dem Krieg beriefen sich die Deutschen auf die Kongoakte, als sie die Rückgabe ihrer Kolonien forderten. Sie argumentierten, sie seien nicht die einzige Macht gewesen, die 1914 das Völkerrecht gebrochen habe.

Die Vorstellung, ein Krieg in Europa – zumindest einer, an dem Großbritannien und Deutschland beteiligt waren – werde nicht über Europa hinausgehen, kam erst später auf. 1905 veröffentlichte Ferdinand Grautoff, ein Zeitungsredakteur und Marineautor, unter dem Pseudonym »Seestern« den fiktiven Bericht über einen künftigen Krieg *1906 – Der Zusammenbruch der alten Welt*. Dieser enthält die sehr realistische Warnung: »Das hatten sie [Großbritannien und Deutschland] nicht berechnet, dass ein europäischer Krieg bei den tausendfältigen Beziehungen zu den überseeischen Neuländern, deren Millionenvölker widerwillig einer Hand voll Weißer gehorchten, notwendiger Weise die Welt in Flammen setzen musste.«[2] Grautoff beginnt seinen Bericht über die Ursachen des Krieges in Samoa, einer von mehreren deutschen Besitzungen im Südpazifik. Dem dortigen Gouverneur gibt er den Namen Dr. Solf, wie der deutsche Kolonialminister hieß, als der wirkliche Krieg ausbrach. Grautoffs fiktiver Krieg hatte seine Ursprünge in den imperialen Bestrebungen, die Meere zu beherrschen. Er war eine Folge der *Weltpolitik*, des Konzepts, das mindestens bis 1911 die Grundlage der deutschen Außenpolitik bildete.

Der Begriff *Weltkrieg* ist also von dem Wort *Weltpolitik* abgeleitet. Nicht nur Verfasser populärer Literatur benutzten ihn, um einen künftigen Krieg zu beschreiben. Verantwortliche Politiker wie Bethmann Hollweg griffen ihn auf. Das geschah aus drei Gründen. Zum Ersten wollten sie Wirkung erzielen und sich geografisch nicht festlegen. Dabei unterschieden sie nicht unbedingt zwischen Europa und der Welt. Aus ihrer eurozentristischen Sicht konnte ein Krieg, den zwei Bündnisblöcke miteinander ausfochten, riesige Ausmaße annehmen. Häufig war das schon alles, was *Welt* in diesem Zusammenhang bedeuten sollte. Der zweite Grund hatte damit zu tun, dass Deutschland den Status quo infrage stellte. Großbritannien war zutiefst am Frieden interessiert, weil die bestehende Ordnung seine Vorherrschaft bestätigte. Der liberale Premierminister Henry Campbell-Bannerman verband 1907 Friedenswillen mit dem Anspruch der Vorherrschaft auf den Weltmeeren in einer Logik, die für britische Liberale durchaus einleuchtend war, für die Kontinentalmächte aber keinerlei Sinn ergab: »Die Seemacht dieses Landes stellt keine Herausforderung an einen Staat oder eine Staatengruppe dar… Unser Bekenntnis zu den zwei Grundprinzipien – Unabhängigkeit der Völker und Freiheit des Handels – veranlasst uns zu der selbstverständlichen Feststellung: Wenn unsere Flotten unangreifbar sind, dann tragen sie keine Drohung über die Weltmeere, sondern eine Botschaft des aufrichtigsten guten Willens.«[3]

Das Bekenntnis Großbritanniens zu diesen Grundsätzen gab Campbell-Bannerman aus pragmatischen Gründen ab. Der militärische Wert der Royal Navy lag vor allem darin, dass sie dem Vereinigten Königreich Schutz bot. Viel weniger war sie in der Lage, die weit entfernten Besitzungen und die Handelswege Großbritanniens zu verteidigen. Das hing weitgehend davon ab, inwiefern andere Mächte eine Pax Britannica akzeptierten. Sollte Deutschland einen Krieg gegen Großbritannien führen, waren dessen Besitzungen in Übersee leichter angreifbar als das Mutterland selbst. Auch Handel und Finanzmärkte des Landes waren solchen Gefahren eher ausgesetzt als seine Truppen im Felde. Daher musste Deutschland daran interessiert sein, den Krieg über Europa hinauszutragen, wenn es dazu in der Lage war. Zwar gab es in Deutschland wie bei allen anderen europäischen Mächten eine lautstarke Koloniallobby, aber sein Interesse an einer Ausweitung des Konflikts war nicht vordergründig eine Form von verdecktem Imperialismus. Es war seine Art der Kriegführung.

Darin liegt der dritte Grund, weshalb man in Deutschland den Begriff *Weltkrieg* benutzte. Großbritannien musste aus den gleichen Motiven sehr an einer Begrenzung des Krieges gelegen sein. Am 5. August 1914 setzte das Committee of Imperial Defence, ein Beratungsgremium der britischen Regierung, einen Unterausschuss ein, der »kombinierte Operationen auf ausländischem Territorium« prüfen sollte. Das Hauptziel bestand darin, nichts zu unternehmen, was die Kriegführung in Europa vorausbestimmen konnte. Außerhalb des Kontinents ging es vor allem um Verteidigung, um den Schutz der britischen Seewege vor deutschen Angriffen. Diese Verbindungsrouten gaben Großbritannien die Möglichkeit, auf die Ressourcen des Empire und der neutralen Handelspartner zurückzugreifen. Ziele von Angriffsoperationen sollten Basen und Funkstationen der deutschen Kriegsmarine sein. Der Unterausschuss legte zwei Grundprinzipien fest – den Verzicht auf die Eroberung fremden Territoriums und die Bestimmung, dass es sich bei Bodentruppen nur um lokale Einheiten handeln dürfe.

Die beiden Prinzipien passten aber nicht recht zueinander. Dominions und Verbündete, von denen Großbritannien Truppen für lokale Operationen forderte, waren bereit, diesen Wunsch zu erfüllen. Aber ihre Motive waren weniger vom Krieg in Europa als vielmehr von territorialen Ambitionen in der eigenen Region geprägt. Großbritannien sah im Ausbruch des Ersten Weltkrieges nicht die Gelegenheit, sich deutsche Kolonien anzueignen. Andere, deren Dienste es in Anspruch nahm, dagegen schon. Der britische Imperialismus mag zwischen 1914 und 1918 geruht haben, dafür schoss der so genannte Subimperialismus ins Kraut.

Krieg im Fernen Osten

Das Dilemma wurde sofort offenbar. Die größte deutsche Marinebasis in Übersee war Tsingtau (heute: Qingdao) auf der Halbinsel Schantung (heute: Shandong) in China. 1897 erworben, war dies die deutlichste Demonstration von *Weltpolitik* in Aktion. Das dort stationierte deutsche ostasiatische Kreuzergeschwader unter Graf von Spee bestand aus zwei Panzerkreuzern, der *Scharnhorst* und der *Gneisenau*, sowie drei Kreuzern. Es war nach der Anzahl mit den in Hongkong liegenden britischen Kriegsschiffen vergleichbar, diesen aber qualitativ überlegen. Die Dominions Australien und Neuseeland hatten kurz vor Ausbruch des Krieges gerade erst begonnen, eine eigene Kriegsmarine aufzubauen. Jedes besaß bereits einen Schlachtkreuzer, die aber nicht gegen Spee eingesetzt werden konnten. *HMS New Zealand* befand sich nicht einmal im Pazifik. Man hatte es in die Nordsee kommandiert, um dort das Kräfteverhältnis gegenüber der deutschen Hochseeflotte auszugleichen. *HMS Australia* lag zwar im richtigen Ozean, aber Australien war entschlossen, das Schiff ausschließlich für seine eigene Verteidigung zu nutzen.

Für die Australier ging die Gefahr einer ausländischen Invasion nicht nur von Deutschland aus. Japan erschien ihnen als ebenso starker, aber viel näherer Feind. Diese Furcht war rassistisch gefärbt. Aber Japan galt als Verbündeter Großbritanniens. Dieses hatte 1902 mit dem Kaiserreich ein Bündnis geschlossen, um auf das Kräfteverhältnis im Fernen Osten Einfluss zu nehmen. Es hatte diese Allianz niemals als Waffe gegen Deutschland gesehen. Im August 1914 änderte das britische Marineministerium aus Sorge um die Handelsrouten im Pazifik jedoch seinen Kurs. Die japanische Flotte bestand aus vierzehn Kampfschiffen, darunter die *Kongo*, die 1912 fertiggestellt worden war und damals als das größte Schlachtschiff der Welt mit der stärksten Bewaffnung galt. Am 6. August bat der britische Außenminister Sir

Edward Grey Japan um begrenzte Unterstützung bei der Jagd auf bewaffnete deutsche Handelsschiffe. Dieses Ersuchen kam der japanischen Kriegsflotte sehr gelegen. Sie hatte seit langem die Inseln im Nordpazifik als Ausgangsbasen für ein japanisches Weltreich im Auge. Daher stand sie in einem ständigen Kampf um Ressourcen mit dem japanischen Heer, dessen Ziel vor allem das chinesische Festland war. Der Kriegseintritt gab beiden Teilstreitkräften und den jeweiligen politischen Lobbys einen Hebel in die Hand, um eigene Interessen zu befördern.

Der Krieg in Europa war, wie es der *Elder Statesman* Inoue Kauro formulierte, »für Japans Schicksal ... ein Gottesgeschenk«.[4] Wie viele Politiker in Japan, aber auch in Australien, interpretierte Inoue die internationalen Beziehungen aus rassistischer Sicht. War der laufende Krieg in Europa für ihn ein Konflikt zwischen Germanen und Slawen, so sah er einen künftigen Krieg als Auseinandersetzung zwischen der gelben und der weißen Rasse. Greys Bitte erschien daher als »einmalige Chance«[5], Japans Vorherrschaft über China und damit Asien zu errichten, während die europäischen Mächte anderweitig beschäftigt waren. Viele Politiker der älteren Generation und die Chefs der Teilstreitkräfte in Japan waren der Meinung, das Bündnis mit Großbritannien habe seinen Zweck bereits erfüllt. 1902 war Japan dadurch zur Großmacht aufgestiegen, die im Fernen Osten ein Gegengewicht zu Russland darstellte. 1914 dagegen erschien Russland im regionalen Zusammenhang eher als Verbündeter, und Deutschland bot sich als Vorbild staatsrechtlicher Entwicklung an.

Entscheidend war allerdings, dass Außenminister Takaaki Kato, der zuvor als Botschafter in London gedient hatte und ein überzeugter Anglophiler war, nicht so dachte. Er wollte die Veteranen von der Politik fernhalten, die Kontrolle der Regierung über die Streitkräfte sicherstellen und durchsetzen, dass über die Politik im Parlament entschieden wurde. Takaaki Kato verstand es von allen 1914 aktiven Staatsmännern am besten, den Krieg für seine politischen Ziele zu nutzen: national, um die führende Rolle der Regierung und des Außenministeriums bei der Gestaltung der japanischen Außenpolitik durchzusetzen, international, um Japans Verhältnis zu China neu zu definieren. Damit schlug er nicht nur den gegen ihn arbeitenden Extremisten ein Schnippchen, sondern wurde auch seinem eigenen Anspruch gerecht, dass Japan eine den europäischen Staaten gleichgestellte Großmacht werden müsse. Wesentlich dafür war ein eigenständiger Imperialismus, wie Großbritannien anschaulich bewies.

Am 23. August erklärte Japan Deutschland den Krieg. Es war streng darauf bedacht, seine Beteiligung in Grenzen zu halten. Truppen nach Europa zu schicken wurde nie ernsthaft erwogen. Allerdings entsandte Japan 1917 ein Schiffsgeschwader ins Mittelmeer. Zugleich hatte es nicht die Absicht, sich an die von den Briten geforderte Beschränkung seiner Aktionen zu halten. Unverzüglich wurde die Eroberung der deutschen Marinebasis Tsingtau durch einen Landungsangriff vorbereitet. Deutschland war davon ausgegangen, dass Tsingtau vor allem von See bedroht sei. Seine Befestigungen zu Lande waren lediglich gegen die *Boxer* gedacht, einen chinesischen Geheimbund, der im Jahr 1900 einen Aufstand gegen die Ausländer organisiert hatte. Das Anlanden von Truppen und ein Angriff zu Lande verstießen gegen Chinas Neutralität. Die Briten unterstützten die japanische Streitmacht von 60 000 Mann durch zwei Bataillone, womit sie sich (nicht zum letzten Mal in diesem Krieg) der Verletzung der Rechte eines neutralen Staates schuldig machten. Der Schutz der Neutralität Belgiens hatte aber als Hauptgrund dafür herhalten müssen, dass Großbritannien überhaupt in den Krieg eingetreten war. Am 7. November kapitulierte die deutsche Besatzung.

Um Weihnachten waren die japanischen Truppen schon wieder zu Hause. Ihre Verluste im Ersten Weltkrieg betrugen weniger als zweitausend Mann. Der Tsingtau-Feldzug war genügend kurz und entschlossen, um sicherzustellen, dass Takaaki Kato die politische Initiative in der Hand behielt. Am 18. Januar 1915 stellte er an China seine so genannten *21 Forderungen*, die in fünf Gruppen aufgeteilt waren. Bei den ersten vier ging es um die direkte Kontrolle Japans über Schantung, die Südmandschurei und den Ostteil der Inneren Mongolei sowie den Schutz seiner Handelsniederlassungen in anderen Teilen Chinas. Die fünfte Gruppe, bescheidener »Wünsche« statt »Forderungen« genannt, zielte darauf ab, dass Japan in China die gleichen Privilegien erhielt, die die anderen Großmächte bereits besaßen. Kato verfolgte bei alledem eher wirtschaftliche als annexionistische Ziele. Armee, Geschäftswelt und die pan-asiatischen Nationalisten hatten allerdings klarer definierte politische und militärische Ambitionen. Kato überschätzte die Wirkung seines Erfolgs. 1916 hatten die alten Männer und das Militär die Regierung wieder fest im Griff. Sie bewunderten eher den deutschen als den britischen Regierungsstil und orientierten sich bereits auf eine kommende Auseinandersetzung mit den USA.

Die japanische Kriegsmarine nutzte die Gelegenheit, um die deutschen Pazifikinseln nördlich des Äquators [Karolinen, Palau-, Marianen- und Mar-

Kriegsbegeisterung in Tokio: Am 12. Dezember 1914 empfängt eine jubelnde Menge die siegreichen japanischen Truppen bei ihrer Heimkehr nach der Eroberung von Tsingtau. Von allen Krieg führenden Mächten demonstriert Japan am eindrucksvollsten, wie man den Krieg für politische Ziele einsetzt.

shall-Inseln – d. Ü.] zu besetzen. Dagegen konnte Großbritannien kaum ernsthaften Protest erheben, gingen doch seine eigenen Dominions in ähnlicher Weise kolonialen Ambitionen nach. Am 30. August 1914 hatte Neuseeland Samoa besetzt. Australien beanspruchte Neuguinea und die Salomonen-Inseln. Größere Sorge bereitete den Briten das Vorgehen der japanischen Armee auf dem asiatischen Kontinent. China befand sich seit der Revolution von 1911 und dem Sturz der Mandschu-Dynastie 1912 in vollem Aufruhr. Dieser wurde durch die *21 Forderungen* Japans noch verstärkt. Der Präsident der Republik China, Yuan Shikai, nahm für sich in Anspruch, die *21 Forderungen* abgeschwächt zu haben, wofür er Kaiser von China werden wollte. Die Entente sollte ihn dabei unterstützen. Daraufhin wandten sich die Militärgouverneure von Südchina gegen Yuan Shikai. Die japanische Armee unterstützte sie mit militärischen Beratern. Die innere Spaltung Chinas machte es Japan leichter, auch den unbesetzten Teil des Landes indirekt zu kontrollieren. Dass die japanische Wirtschaft im Ersten Weltkrieg einen Boom erlebte, ist nicht zuletzt auf die japanischen Investi-

Eine Australierin verabschiedet ihren Sohn beim Aufbruch nach Rabaul in der deutschen Kolonie Neuguinea, wo er mit seinen Kameraden am 11. September 1914 landen wird.

tionen in China und auf die Ausbeutung der Rohstoffe und Arbeitskräfte des Landes zurückzuführen. Am 14. August 1917 gab China seine Neutralität auf. Sein erklärter Feind war Deutschland, die wirkliche Gefahr ging allerdings von Japan aus. China wollte sich nicht an diesem Krieg beteiligen, sondern vor allem auf der Friedenskonferenz anwesend sein, um Schantung zurückzuerhalten und sich seine Souveränität bestätigen zu lassen.

Mit dem Fall von Tsingtau verlor das deutsche ostasiatische Kreuzergeschwader seine Basis. Aber Spee hatte nie die Absicht gehabt, diese zu verteidigen. Es gehörte zum Seekrieg, dass Kreuzer so lange wie möglich in der Lage sein sollten, frei zu manövrieren. Er hätte seine Schiffe also zerstreuen müssen. Einzelne Kreuzer waren leichter mit Kohle und anderen Gütern zu versorgen, besonders da so viele Basen an den Küsten des Pazifiks unter britischer Kontrolle standen. Wenn er seine Streitmacht auflöste, musste es der Feind ihm gleichtun. Dann konnte er verletzliche Ziele wie Handelsschiffe oder Häfen einzeln angreifen und eine große Seeschlacht vermeiden, in der der Feind seine Kräfte konzentrieren und Stärke gegen Schwäche setzen konnte.

Spees Dilemma bestand jedoch darin, dass sein Geschwader Mitte August, als Japan Deutschland noch nicht den Krieg erklärt hatte, in diesem Raum durchaus eine starke Streitmacht darstellte. Als Seemann und Admiral zog er es natürlich vor, seine Schiffe unter persönlicher Kontrolle zu halten, um die Seeüberlegenheit so lange auszuüben, wie er nur konnte. Am 12. August erhielt er die Warnung, dass Japan möglicherweise bald in den Krieg eintreten werde. Aber er änderte seine Pläne nicht. Er hatte sich bereits entschieden, mit seinem Geschwader Chile anzusteuern. Dieses war neutral, galt aber als deutschfreundlich und konnte ihm Kohle liefern. Die Entente war in diesem Teil des Pazifiks nur mit schwachen Kräften vertreten.

Als Spee seinen Kapitänen mitteilte, was er vorhatte, widersprach ihm Karl von Müller von der *Emden*. Mit dem vorgesehenen Manöver könne Spee zwar seinen Oberbefehl aufrechterhalten, opfere dem aber die Grundsätze des Kreuzerkrieges und lockere die Bedrohung für die britischen Handelswege, wo sie am verletzlichsten waren. Spee gestattete Müller, dass die *Emden* das Geschwader verließ und in den Golf von Bengalen fuhr. Ab 10. September griff sie dort über zwei Monate lang Madras und Penang an, brachte dreiundzwanzig feindliche Schiffe auf, versenkte einen russischen Kreuzer und einen französischen Zerstörer. Müller betrieb den Kreuzerkrieg mit glänzendem Erfolg. Obwohl er damit die britische Handelsmarine im Indischen Ozean völlig durcheinander brachte, zollte die britische Presse seinen Taten ebenso viel Aufmerksamkeit wie die deutsche. Am 9. November wurde die *Emden* überraschend von einem australischen Kreuzer angegriffen und versenkt, als sie gerade die Funkstation auf den Kokos-Inseln (englisch: Cocos Islands) beschoss. Aber auch das war noch nicht das Ende ihrer Heldengeschichte. Müller hatte ein Landungskommando auf Direction Island abgesetzt. Dieses kaperte einen Schoner, fuhr damit nach Jemen und durch das ganze Rote Meer. Die Mannschaft durchquerte die Wüste, bot dabei feindlichen Arabern die Stirn, erreichte Damaskus und schließlich sogar Konstantinopel. Ein deutscher Reporter, der die Truppe bei ihrem Eintreffen begrüßte, fragte den Kommandeur, Hellmuth von Mücke, was ihm lieber sei, ein Bad oder Rheinwein: »Rheinwein«, antwortete Mücke.[6]

Spees Geschwader nahm zunächst Kurs auf die Marshall-Inseln, um der japanischen Kriegsmarine, die im Nordpazifik kreuzte, aus dem Wege zu gehen, aber auch britischen und australischen Schiffen, die mit dem Schutz der Handelswege vom Fernen Osten nach Europa beschäftigt waren. Da inzwischen alle deutschen Funkstationen im Pazifik zerstört waren, musste Spee Funkstille bewahren, was ihm half, in der Weite des Ozeans unentdeckt zu bleiben. Als er aus einer US-amerikanischen Zeitung erfuhr, dass Samoa gefallen sei, steuerte er Apia an, weil er hoffte, dort auf feindliche Kriegsschiffe zu stoßen. Damit verletzte er eindeutig die Grundsätze des Kreuzerkrieges. Zu seinem Glück fand er dort keine großen Ziele. Von Samoa aus nahm er Kurs Nordwest, um eventuelle Verfolger zu täuschen, machte dann aber kehrt und traf bei Einbruch der Dunkelheit vor Tahiti ein. Dort verließ ihn sein Glück. Am 22. September beschoss er Papeete. Dieses hatte keine eigene Funkstation, aber ein französisches Handelsschiff berichtete von dem Angriff. Damit wurde klar, was einige seiner Verfolger bereits ahnten: Spees Ziel war Südamerika.

Sir Christopher Cradock, der das Westatlantik-Geschwader der Royal Navy kommandierte und mit ihr vor Südamerika lag, hatte das seit Anfang September vermutet. Solche Intuition bewies er eher selten. Er war mutig, aber nicht besonders intelligent und handelte nach dem Prinzip: »Ein Marineoffizier sollte sein Schiff nie schneller bewegen als sein Hirn.«[7] Um den Westatlantik und den Ostpazifik abzudecken, musste Cradock sein Geschwader teilen. Mit nur vier Schiffen fuhr er um Kap Hoorn. Das Marineministerium wollte ihm Verstärkung schicken, aber die Angriffe der *Emden* und Spees Kurs nach Nordwest nach dem Angriff auf Apia erweckten dort

1914 werden fast alle Schiffe mit Kohle beheizt. Alle acht bis neun Tage muss gebunkert werden. Dabei sind die Briten stark im Vorteil, denn sie besitzen ein ganzes Netz von Bunkerstellen. Zudem brennt Anthrazit aus Wales langsamer und hat einen höheren Heizwert.

den Eindruck, man habe sich über Spees Pläne getäuscht. Nur *HMS Canopus*, ein alter Kasten aus der Zeit vor den *Dreadnoughts* [damals moderne Kriegsschiffe mit ausschließlich großkalibriger Bewaffnung – d. Ü.], stieß zu seiner Streitmacht hinzu. Mit ihren 12-Zoll-Geschützen hatte Cradock die notwendige Feuerkraft, wenn es ihm gelang, genügend nahe an Spees schnellere Schiffe heranzukommen. Aber der Maschinist der *Canopus* erklärte, sie mache nicht mehr als zwölf Knoten und brauche nach der langen Reise zu den Falkland-Inseln eine technische Überholung, die vier Tage in Anspruch nähme. Wenn Cradock auf die *Canopus* wartete, riskierte er, Spees Spur zu verlieren. Er ließ sie also zurück. Tatsächlich war der Maschinist psychisch krank, und sein Schiff machte immer noch sechzehn Knoten.

Das Marineministerium sandte zweifelhafte Befehle. Das lag daran, dass der angriffslustige Marineminister Winston Churchill der Versuchung nicht widerstehen konnte, sich per Funk über die Lage informieren zu lassen und militärische Operationen auf der Grundlage inzwischen überholter Nachrichten von London aus zu kommandieren. Natürlich erklärte er Cradock, es sei seine Aufgabe, den Feind anzugreifen. Offenbar konnte er das nur schnell genug tun, wenn er auf die *Canopus* verzichtete. Das Problem war nur, dass er nun nicht ausreichend Feuerkraft besaß, als er Spee endlich im Visier hatte.

Spee benutzte nur ein einziges Schiff, den leichten Kreuzer *Leipzig*, um Funkverbindung zu halten. Cradock hörte die Signale und glaubte, er könne die *Leipzig* isoliert abfangen. Tatsächlich aber hatte sich Spees Geschwader bereits wieder vor der Osterinsel mit zwei weiteren Kreuzern, darunter der *Leipzig*, vereinigt. Cradock setzte *HMS Glasgow* exakt auf die gleiche Weise ein. Die Deutschen hörten die Funksignale des Schiffes und näherten sich ihm am 1. November gegen 16.30 Uhr vor Coronel. Cradock hätte noch die Flucht ergreifen können, aber das tat er nicht. Er fuhr mit dem Rest seines Geschwaders zur *Glasgow*. Solange die untergehende Sonne die Deutschen blendete, war Cradock zeitweilig im Vorteil. Aber als sie hinter dem Horizont verschwunden war, zeichneten sich die Silhouetten der britischen Schiffe vor dem flammenden Himmel deutlich ab. Spee blieb auf Distanz, bis er das richtige Schusslicht hatte, und eröffnete gegen 19 Uhr das Feuer. Theoretisch konnte er mit einer Breitseite zwei Tonnen abfeuern, während den Briten nur 1,3 Tonnen zur Verfügung standen. Auf deren Schiffen waren die Kanonen aber tiefer montiert als auf den deutschen. Außerdem drang wegen der rauen See Wasser in die Laderäume der Briten ein, sodass die Hälfte der Geschütze gar nicht einsatzfähig war. Cradocks Flaggschiff, die *Good Hope*, wurde getroffen, bevor sie auch nur einen einzigen Schuss abfeuern konnte. Binnen einer halben Stunde war sie gesunken. *HMS Monmouth* folgte zwei Stunden später.

Das war ein glänzender Sieg, aber Spee sah seine Zukunft durchaus realistisch. Als er am 3. November in Valparaíso eintraf, um seine Vorräte aufzufüllen, sagte er einem alten Freund: »Ich kann nicht zurück nach Deutschland. Wir haben keinen sicheren Hafen. Ich muss die Weltmeere befahren und so viel Schaden anrichten, wie ich nur kann, bis mir die Munition ausgeht, oder bis ein Feind, der viel stärker ist als ich, mich stellt.«[8] Nach ungewöhnlich langer Verzögerung nahm er Kurs auf Kap Hoorn und den Atlantik. Er befand sich nun in einer Gegend des Erdballs, wo der deutsche Funk ihn nicht erreichte. Daher wusste er nicht, was in Deutschland bekannt war: dass die Briten auf die Nachricht von der Schlacht vor Coronel zwei Schlachtkreuzer, die *Inflexible* und die *Invincible*, aus ihrem Geschwader in der Nordsee, in Marsch gesetzt hatten. Unter dem Oberbefehl von Sir Doveton Sturdee erreichten sie am Morgen des 7. Dezember 1914 die Falkland-Inseln.

Spee hätte diesen Ort im weiten Bogen umfahren können, aber es zog ihn immer noch ins Gefecht, auch wenn seine Munitionsvorräte zur Neige gingen. Als die *Gneisenau* Cape Pembroke ansteuerte, machte der Erste Geschützoffizier die dreibeinigen Masten einer *Dreadnought* aus, des Schlachtschiffs mit durchweg großkalibriger Bewaffnung, das die Briten 1905 als Erste eingeführt hatten. Spee ließ sofort abdrehen und war sich sicher, dass er schnell genug sei, um Schlachtschiffen zu entkommen, falls sie wirklich

Die Schlacht bei den Falkland-Inseln: Dieses Foto wurde am 8. Dezember 1914 nach 18 Uhr von der *Invincible* aufgenommen. Ihr Schwesterschiff, der Schlachtkreuzer *Inflexible,* rettet Überlebende der *Gneisenau.*

dort lagen. Aber *First Sea Lord* Jackie Fisher hatte Schlachtkreuzer exakt für derartige Situationen entwickeln lassen. Sie vereinigten die Feuerkraft eines Schlachtschiffs mit der Manövrierfähigkeit eines Kreuzers. Sie trugen nicht nur 12-Zoll-Kanonen, sondern konnten auch eine Geschwindigkeit von bis zu fünfundzwanzig Knoten erreichen (während die *Dreadnoughts* nur einundzwanzig Knoten machten). Dafür mussten die Schlachtkreuzer zwar auf Deckgeschütze verzichten, aber bei genügend Manövrierraum machte ihre Fähigkeit, weit zu schießen und schnell zu fahren, diesen Nachteil offenbar wieder wett.

Die britischen Schiffe erreichten sogar sechsundzwanzig Knoten, während die deutschen leichten Kreuzer, deren Rümpfe von der langen Fahrt mit Algen bewachsen waren, kaum achtzehn schafften. Die *Inflexible* eröffnete am 8. Dezember 1914 das Feuer aus einer Entfernung von fünfzehn Kilometern, obwohl ihre Kanonen nur für eine Reichweite von elf Kilometern ausgelegt waren. Sturdee vermied es, näher als dreizehn Kilometer, die maximale Reichweite der deutschen 8,2-Zoll-Geschütze, heranzufahren. Spee hoffte auf besseres Wetter, denn er wusste, dass die Briten nur den Nachmittag und Abend dieses Sommertages im Südatlantik hatten, um mit ihrem Gegner abzurechnen. Die *Scharnhorst* sank um 16.17 Uhr. An Bord der *Gneisenau* »häuften sich Trümmer und Tote, eisiges Wasser tröpfelte hier, stürzte dort durch Luken und Schusslöcher, löschte Brände und durchnässte die Kleider der Leute«.[9] Als ihr die Munition ausging, sank um 18.02 Uhr auch sie.

Einer der beiden Söhne Spees, Heinrich, ging mit der *Gneisenau* unter. Der andere, Otto, diente auf dem leichten Kreuzer *Nürnberg*. Auch sie wurde eingeholt und versenkt, ebenso die *Leipzig*. Nur die *Dresden* konnte noch einmal entkommen. Aber am 14. März 1915 ereilte sie ebenfalls ihr Schicksal. Ende 1914 war damit die Bedrohung der britischen Handelswege durch deutsche Kreuzer weitgehend beseitigt. Die britische Handelsflotte war so riesig, dass alle Großtaten der Spee, Müller und anderer statistisch gesehen kaum ins Gewicht fielen. Bis Januar 1915 gingen von der Gesamttonnage der versenkten britischen Handelsschiffe von 273 000 Tonnen zwar immerhin 215 000 Tonnen auf das Konto deutscher Überwasserschiffe. Aber von der gesamten britischen Handelsflotte machte das ganze zwei Prozent aus.

Krieg in Afrika

Ein deutscher Kreuzer operierte über das Jahresende hinaus. *S.M.S. Königsberg* hatte den Krieg mit Angriffen auf Handelsschiffe vor der Küste von Deutsch-Ostafrika begonnen. Sie verließ ihre Basis in Daressalam aus dem gleichen Grund, aus dem Spees Kreuzer aus Tsingtau ausgelaufen waren. Stattdessen ankerte sie im Rufiji-Delta etwa dreihundertzwanzig Kilometer weiter südlich. Im November war sie umzingelt, aber sie zog sich in die Flussmündung zurück. Die überhängenden Zweige des Uferwaldes schützten sie vor Aufklärungsflugzeugen. Nachdem sie ein ganzes Geschwader von fünfundzwanzig Schiffen über ein halbes Jahr lang beschäftigt hatte, wurde sie schließlich am 11. Juli 1915 von zwei Flachwasser-Panzerschiffen versenkt. Aber auch damit war der Krieg für sie noch nicht zu Ende. Mannschaft und Geschütze, die man vorsorglich abmontiert hatte, stießen zu den Truppen von Oberst Paul von Lettow-Vorbeck, der den längsten Feldzug in Deutschlands globalem Krieg führte.

Lettow-Vorbeck wurde zur Legende. Bei Kriegsausbruch war er vierundvierzig Jahre alt, fühlte sich körperlich fit und galt als äußerst angriffslustig. Erst am 25. November 1918 ergab er sich – zwei Wochen nachdem in Europa die Waffen schwiegen. Endlich ein deutscher Befehlshaber, der unbesiegt blieb. Zur Legende wurde er auch für seine Feinde. Sie jagten ihn durch halb Afrika von Uganda bis zum Sambesi, bekamen ihn aber nicht zu fassen. Dabei war viel Unfähigkeit im Spiel, aber sie glaubten lieber, Lettow-Vorbeck habe sich auf den Guerillakrieg verlegt. Das war purer Unsinn. Lettow-Vorbeck war ein typischer preußischer Generalstabsoffizier, auf den alle gängigen Klischees passten. Seine afrikanischen Soldaten, die *Askaris*, waren in selbstständig agierenden Feldkompanien organisiert und im Buschkrieg ausgebildet. Aber er suchte die Schlacht und wich ihr nicht aus. Von Deutschland abgeschnitten, musste er mit dem auskommen, was er in der Kolonie fand: Kampf um des Kampfes willen hätte seine Munitionsvorräte unnötig schrumpfen lassen und seine unersetzlichen europäischen Offiziere in Gefahr gebracht. Wie bei Spee und dessen Kreuzern lag auch Lettow-Vorbecks Stärke in der Aufsplitterung und in Schlägen gegen weiche Ziele. Er widerstand der Versuchung, seine Truppen zur großen Schlacht zu konzentrieren. Wie Spee konnte aber auch Lettow-Vorbeck dem Druck der Traditionen, in denen er erzogen worden war, auf Dauer nicht widerstehen.

Eine wirkliche Guerillastrategie für die Verteidigung Deutsch-Ostafrikas hätte darauf aufgebaut, in den angrenzenden Kolonien des Feindes die Gelegenheit zu nutzen und revolutionäre Erhebungen zu schüren. Das britische Kolonialregime war personell dezimiert, weil die jüngeren Beamten zu den Streitkräften eingezogen wurden. Die Belgier im Westen und die Portugiesen im Süden galten als die blutrünstigsten und tyrannischsten der europäischen Kolonialherren. Lettow-Vorbeck nutzte diese Chance nicht. Er sah die Kämpfe als eine Angelegenheit, die die Armeen auszutragen hatten, und die Territorien als bloße militärische Schlachtfelder.

Aus demselben Grund erkannte er niemals an, ja, es kam ihm gar nicht in den Sinn, wie viel er der Zivilverwaltung von Deutsch-Ostafrika verdankte. Zwar gab es auch Regionen der Kolonie, die die britischen Truppen unterstützten, jedoch hatten es die Deutschen niemals mit Aufständen in ihrem Hinterland zu tun. Der deutsche Gouverneur, Heinrich Schnee, war nicht begeistert von diesem Krieg, der aus seiner Sicht die fortschrittlichen Wirkungen der Kolonisierung untergrub. Zunächst hielt er sich an die Kongoakte. Für Lettow-Vorbeck hatte Deutsch-Ostafrika eine rein militärische Funktion – britische Truppen vom Hauptkriegsschauplatz in Europa abzuziehen. Das war durch Neutralität nicht zu erreichen. In dieser Frage hatte er eine grundsätzliche Differenz mit Schnee. In der Tat hätte er sich aber ohne die Unterstützung der Zivilverwaltung militärisch nie so lange halten können.

Das war vor allem eine Frage der Logistik. Da die Briten die Meere beherrschten, mussten die Deutschen den Krieg in Afrika weitgehend mithilfe eigener Ressourcen führen. Aber es war auch eine Frage der Menschen. Viele wurden als Soldaten von den lokalen Kolonialbehörden eingezogen. Frankreich rekrutierte über 600 000 Mann in seinen Kolonien, die Mehrheit in West- und Nordafrika. Diese Soldaten kämpften sogar auf den Schlachtfeldern Europas. Die Deutschen wandten sich heftig dagegen, denn sie sahen darin eine Barbarisierung des Krieges. Die Kampfkraft der von den Franzosen eingesetzten so genannten Senegalesen war jedoch bei weitem nicht so hoch, wie sie vorher eingeschätzt worden war. Waren die europäischen Soldaten in der Regel Bürger der Staaten, für die sie kämpften, so hatte man die Afrikaner entweder zum Wehrdienst gepresst oder als Söldner gekauft. Einige dienten während des Krieges auf beiden Seiten der Front. Kazibule Dabi, ein Askari der Deutschen, geriet in britische Gefangenschaft:

»Sie sagten, wir müssten jetzt Soldaten werden. ... Wir fragten, was sie uns dafür bezahlen. Sie antworteten, 1 Pfund, 1 Schilling und 4 Pennies [im Monat]. Wir sagten, dass wir nicht einverstanden seien. Wenn wir für die Deutschen kämpften, würden wir 3 Pfund, 10 Schilling erhalten. Wir lehnten ab, und es gab ein großes Palaver. Als sie sahen, dass wir nicht einlenken wollten, gaben sie uns nichts mehr zu essen. ... Schließlich machten wir mit.«[10]

Einheimische Träger konnten in Ostafrika ebenso von Krankheiten dahingerafft werden wie Soldaten aus Europa. Auf langen Märschen mussten sie ihre Heimatregionen verlassen, was veränderte Ernährung und ungewohntes Klima bedeutete.

Die meisten Afrikaner dienten in diesem Krieg jedoch nicht als Soldaten, sondern als Hilfskräfte. Im subsaharischen Afrika gab es wenige Straßen oder Eisenbahnen. Packtiere fielen oft der Tsetse-Fliege zum Opfer. Daher wurden Lasten meist von Menschen geschleppt. Die Briten rekrutierten für ihren Ostafrika-Feldzug über eine Million Träger aus Belgisch-Kongo, Ruanda, Uganda, Kenia, Nordrhodesien, Njassaland und Mosambik. Bei Kriegsende berichtete der britische Kommissar des einstigen Deutsch-Ostafrika – wo also beide Seiten Hilfskräfte rekrutiert hatten –, dass etwa ein Drittel der männlichen steuerpflichtigen Bevölkerung eingezogen worden war. Im Bewegungskrieg brauchte man mindestens zwei oder drei Träger pro Soldat. Dieses Verhältnis vergrößerte sich drastisch, wenn die Nachschublinien sich ausdehnten. Je länger der Marsch, desto größer die Wahrscheinlichkeit, dass die Träger selbst ihre Last aufaßen. Wenn man von einer Durchschnittsration von 1,5 Kilogramm pro Tag und einer Last von etwa 30 Kilogramm pro Träger ausging, dann wurden für einen Marsch von zehn Tagen so viele Träger gebraucht wie kämpfende Soldaten. Auf einem Marsch von drei Wochen verbrauchten die Träger die gesamte Nutzlast selbst. Es war also stets zwischen den Erfordernissen der Ernährung der Träger und derjenigen der Truppen abzuwägen. Träger in britischen Diensten in Westafrika erhielten Tagesrationen nach zweierlei Maß – entweder 2702 oder 1741 Kalorien. In Ostafrika schrumpfte die Ration 1917 auf weniger als 1000 Kalorien pro Tag zusammen. Man ging davon aus, dass die indigene Bevölkerung gegen Klima und lokale Krankheiten resistenter war. Sehr oft aber verschlug es sie auf den Märschen weit fort von ihrer Heimatregion. Ihre Widerstandskraft wurde durch veränderte Ernährung und schlecht zubereitetes, vor allem aber nicht ausreichendes Essen geschwächt. Die Sterberate unter den in Ost- und Westafrika rekrutierten einheimischen Trägern lag während des gesamten Krieges bei etwa zwanzig Prozent. Damit war sie höher als die mittlere Todesrate britischer Soldaten und lag etwa im Bereich der Verluste an den europäischen Hauptfronten.

Als der deutsche Feldzug seinem Ende entgegenging, schrieb Ludwig Deppe, ein Arzt bei Lettow-Vorbecks Truppen, am 15. September 1918: »Hinter uns lassen wir zerstörte Felder, restlos geplünderte Magazine und für die nächste Zeit Hungersnot. Wir sind keine Schrittmacher der Kultur mehr; unsere Spur ist gezeichnet von Tod, Plünderung und menschenleeren Dörfern, gerade so wie im Dreißigjährigen Kriege nach dem Durchmarsch der eigenen und feindlichen Truppen.«[11] Für Heinrich Schnee war der deutsche Kolonialismus ein eigenständiges Ziel, für Lettow-Vorbeck nur Mittel zum Zweck. Besiegt wurden beide. Deutschland verlor seine Kolonie. Die aktive Verteidigung des Territoriums begann erst im März 1916, im November 1917 wurde es überrannt. Danach kämpften die deutschen Truppen im Wesentlichen auf dem Gebiet der portugiesischen Besitzungen. So banden sie aber keine Truppen, die sonst in Europa hätten eingesetzt werden können. Die britische Entscheidung bei Kriegsausbruch, die Eroberung der deutschen Kolonien allein mit lokalen Kräften zu bewerkstelligen, erwies sich insgesamt als richtig. Während des ganzen Afrikafeldzuges führten Großbritannien und Belgien etwa 160 000 Mann gegen Lettow-Vorbeck ins Feld. Aber nur ein geringer Teil wäre an der Westfront einsetzbar gewesen. Die Tatsache, dass Großbritannien nicht zuließ, Truppenteile aus Frankreich und Flandern nach Afrika abzuziehen, war ein Grund dafür, weshalb die Kämpfe dort so lange dauerten.

Die zweite britische Entscheidung vor Ausbruch des Krieges, außerhalb Europas nur Operationen zur See zu unternehmen, führte – eher zufällig – zu einer nahezu perfekten Symmetrie der britischen mit den deutschen Kriegszielen. Wegen der britischen Überlegenheit zur See gaben sich die Deutschen wenig Mühe, die Küste zu verteidigen, und zogen sich stattdessen ins Inland zurück, um dort hartnäckigen Widerstand zu leisten. Die deutschen Kriegsschiffe mussten auf den Meeren kreuzen, um alternative Basen für die Versorgung mit Kohle und anderen Gütern zu finden. Daher gelangen den Briten einige schnelle Erfolge, wonach die Kämpfe zu ihrer Verblüffung aber nicht abebbten. Dieses wechselseitige Unverständnis hielt während des gesamten Krieges und selbst danach an.

Der erste rasche Sieg der Briten war auch ihr wichtigster. Am 25. August wurde die Funkstation bei Kamina in Togo, die die anderen deutschen Stationen in Afrika mit Nauen in Deutschland verband, vom britischen Goldküsten-Regiment zerstört. Der Krieg in Afrika sollte noch vier Jahre dauern, aber das Hauptziel war bereits nach drei Wochen erreicht.

In Ostafrika war es ein weiter Weg von der britischen Kolonie Kenia bis zum wichtigsten deutschen Hafen Daressalam. Außerdem schloss das britische Marineministerium aus den Aktionen der *Königsberg*, dass es an der Küste noch weitere Basen gab, von denen aus ein Kreuzer operieren konnte. Daher forderte es die Kontrolle der gesamten Küste. Die *King's African Rifles*, eigentlich für Polizeiaufgaben in den Kolonien ausgebildet, waren dafür nicht stark genug. Aus dieser Situation wurden zwei Schlüsse gezogen:

Zum einen mussten die Truppen aus Indien, der stärksten Garnison des Britischen Empire, kommen, zum anderen wurde zu ihrem ersten Ziel Tanga erwählt, weil es am weitesten nördlich lag. Dieser Hafen war der Ausgangspunkt der *Northern Railway*, deren Ende am Fuße des Kilimandscharo man ebenfalls anzugreifen gedachte.

Am 2. November 1914 ging die *Indian Expeditionary Force B* an einem Strand bei Tanga unbehelligt an Land. Eine einzige Kompanie verteidigte die Stadt, da Lettow-Vorbeck sich auf die Gefahr für das andere Ende der Eisenbahnstrecke konzentrierte. Allerdings hatten die Regierungsbehörden in Indien der Aufstellung dieser Truppe keine große Priorität beigemessen. Ihre besten Truppen hatten sie bereits zu anderen Kriegsschauplätzen – nach Frankreich, Mesopotamien und Ägypten – schicken müssen. »Es sind die schlechtesten Truppen in ganz Indien, und ich zittere bei dem Gedanken, was passiert, wenn wir auf ernsthafte Gegenwehr stoßen«, schrieb der Aufklärungsoffizier der Truppe, Richard Meinertzhagen, in sein Tagebuch. »Die höheren Offiziere erinnern eher an Fossilien als an aktive, energische Truppenführer.«[12] Die Einheiten brauchten fast einen ganzen Monat für die Überfahrt. Sie waren nicht im Buschkrieg ausgebildet. Zudem gab es bis zum 3. November vom anderen Ende der *Northern Railway* her keinerlei Angriffe. Lettow-Vorbeck, der bereits zu Beginn der Kriegshandlungen eine schwere Niederlage hätte erleiden können, fiel ein entscheidender Sieg fast von selbst in den Schoß. Da die indischen Truppen so zögerlich und demoralisiert agierten, hatte er Zeit, um bis zum Morgen des 4. November sieben Kompanien zusammenzuziehen. Zwei weitere sollten am selben Tag eintreffen. Ohne wirksame Artillerieunterstützung – es war entschieden worden, die Kanonen nicht an Land zu bringen – und verwirrt von der dichten Vegetation erreichte die indische Expeditionsstreitmacht trotzdem am späten Nachmittag des 4. November Tanga. Mehrere deutsche Kompaniechefs wiesen ihre Hornisten an, zum Rückzug zu blasen, um sich umzugruppieren. Das Signal wurde auf der britischen Seite jedoch irrtümlich als allgemeiner Rückzug verstanden. Meinertzhagen begriff, worum es ging, andere dagegen verharrten in ihrem Irrtum. So erhielten die Deutschen eine zweite Chance, eine fast unrettbare Situation zu überstehen. Tanga war von Truppen frei. Als die britischen Schiffskanonen endlich Wirkung zeigten, bereitete Lettow-Vorbeck die Fortsetzung der Kämpfe westlich der Stadt vor. Aber für den britischen Befehlshaber Arthur E. Aitken war die Operation zu Ende. Am 5. November um 15.20 Uhr hatte sich die indische Expeditionsstreitmacht bereits wieder eingeschifft. Tanga sollte nur das erste britische Landemanöver sein, das an Zuständigkeitsproblemen im Marineministerium, mangelndem Zusammenwirken zwischen Land- und Seestreitkräften sowie an konfuser, unentschlossener Führung scheiterte.

Lettow-Vorbeck erhielt nun eine Atempause von über einem Jahr. Diese wurde nicht von ihm, sondern von Männern erkämpft, die deutsche Kolonien andernorts in Afrika verteidigten. Unter den Umständen der erwiesenen Unzulänglichkeit der indischen Truppen in Ostafrika hatten die Briten zwei Alternativen, auf »indigene« Truppen zurückzugreifen. Die eine war die *South African Defence Force*, die andere die *West African Frontier Force*. Beide wurden in vollem Umfang eingesetzt – Erstere bis Juli 1915 gegen Deutsch-Südwestafrika und Letztere bis Januar 1916 gegen Kamerun. Zwar wollte Lettow-Vorbeck das nie zugeben, aber der letztere Feldzug hält dem Vergleich mit seinen eigenen Erfolgen durchaus stand, ja er schuf erst die Voraussetzungen dafür.

So wie Australien und Neuseeland im Südpazifik »subimperialistische« Pläne verfolgten, wollte auch Südafrika, insbesondere sein Verteidigungsminister Jan Smuts, die Grenze des Staatsgebietes bis zum Sambesi vorschieben. Durch die Eroberung der Häfen Delagoa Bay und Beira konnte Südafrika den Transvaal öffnen und sich für die Interessen der dort lebenden weißen Bevölkerung einsetzen, die noch unter dem Sieg der Briten im Burenkrieg von 1899 bis 1902 litten. Der Krieg in Europa drohte ihren Groll weiter zu vertiefen, denn als Beitrag Südafrikas zu den britischen Kriegsbemühungen bot sich vor allem die Eroberung Deutsch-Südwestafrikas (heute: Namibia) an. Das aber wäre ein Schlag gegen ein Land gewesen, das auf der Seite der Buren gestanden hatte. Außerdem würde damit das englisch beherrschte Kapstadt als Hafen nur noch mehr gewinnen. Smuts' Plan konnte daher die Stimmung der weißen Afrikaner heben, hatte aber eine wichtige Hürde zu nehmen: Das Gebiet bis zum Sambesi gehörte bereits zum portugiesischen Mosambik. Smuts' Lösung bestand darin, zunächst Deutsch-Ostafrika zu erobern, den nördlichen Teil Großbritannien zu überlassen, den südlichen an Portugal zu geben und von diesem als Gegenleistung dann den Süden seiner Kolonie Mosambik für Südafrika zu fordern.

Um dieses Ziel zu erreichen, war Südafrika bereit, Truppen nach Ostafrika zu schicken. Aber 1914 und 1915 standen dafür keine Einheiten zur Verfügung. Südafrika musste zunächst Revolten auf seinem eigenen Gebiet unterdrücken. Der Gedanke, dass sich Großbritannien in einem Krieg für die Verteidigung kleiner Staaten engagierte, war für jene nicht überzeugend, die von 1899 bis 1902 von britischen Truppen besiegt worden waren. Außerdem hatte Großbritannien von Südafrika verlangt, die Häfen und Funkstationen Deutsch-Südwestafrikas zu besetzen. Der kommandierende General der südafrikanischen Truppen weigerte sich, deutsches Gebiet zu okkupieren, und trat gemeinsam mit anderen hohen Offizieren zurück. Im Oktober kam es zur offenen Meuterei. Da die Deutschen diese aber von jenseits der Grenze nicht wirksam unterstützen konnten, wurde sie Anfang Dezember niedergeschlagen. Danach war die Eroberung Südwestafrikas binnen sechs Monaten erledigt.

Die Erfahrungen, die die Südafrikaner zu Beginn des Ersten Weltkrieges in einer benachbarten Region sammelten, ähnelten so sehr den im Burenkrieg gemachten, dass sie viele der damaligen Voraussetzungen auch in Ostafrika als gegeben ansahen. Im Burenkrieg hatte Smuts etwa 400 Mann befehligt, in Südwestafrika war es eine Truppe von drei Brigaden gewesen. Beide Feldzüge hatten in ähnlichem Klima stattgefunden, und das Pferd stand im Mittelpunkt aller Aktionen. Als Smuts Anfang 1916 den Befehl in Ostafrika übernahm, hatten seine Truppen eine Verpflegungsstärke von 73 300 Mann. Sie sollten eine tropische Kolonie erobern, für die es kaum Landkarten gab. Smuts war eine hervorragende Führungspersönlichkeit, besaß Mut und Intelligenz, aber wenig Kommandoerfahrung und keinerlei Stabsausbildung. Trotzdem entließ er als Erstes die Fachleute, die er vorfand, und ersetzte sie durch Männer wie ihn selbst – Südafrikaner ohne Fachausbildung und Kenntnis der örtlichen Gegebenheiten. Sein zweiter Schritt bestand darin, die Deutschen eher durch Manöver aus ihrer Kolonie zu drängen, als sich dem Kampf zu stellen: »Er sagte mir«, schrieb Meinertzhagen, »er könne nicht mit dem Spitznamen ›Schlächter Smuts‹ nach Südafrika zurückkommen.«[13]

Smuts setzte vor allem berittene Infanterie ein, wie es die weißen Afrikaner aus früheren Feldzügen gewöhnt waren. Aber in Ostafrika wurden Pferde unweigerlich Opfer der Tsetse-Fliege. Die Briten wussten zwar, welche Regionen am meisten von ihr befallen waren, da deutsche Tierärzte ihnen vor dem Krieg bereitwillig entsprechende Karten überlassen hatten. Aber diese Informationen gingen nicht in den Operationsplan ein. Auch die einfachsten Vorkehrungen für den Schutz der Pferde wurden nicht getroffen. 1916 betrug die Ausfallquote bei den eingesetzten Pferden pro Monat hundert Prozent.

Smuts' Transportdienste gingen davon aus, dass er erst nach dem Ende der von März bis Mai dauernden Regenzeit vorrücken werde. Da hatten sie

1915 kann sich die Regierung Südafrikas beim Einmarsch in Deutsch-Südwestafrika auf die weißen Rhodesier verlassen, auch wenn nicht alle Buren sind. 1916 sind 40 Prozent der erwachsenen weißen Männer Rhodesiens zum Kriegsdienst eingezogen.

sich geirrt. Als die Versorgung zusammenbrach, breiteten sich wegen Unterernährung Krankheiten aus. In Smuts' Organisation war aber ein ärztlicher Dienst ebenso wenig vorgesehen wie ein tierärztlicher. Die Männer litten vor allem an Ruhr und Malaria, die sie zwar nicht das Leben kosteten, aber sehr entkräfteten. Das 2. rhodesische Regiment hatte eine Sollstärke von achthundert Mann. Da die Verluste wegen Krankheit jeden Monat etwa zwanzig Prozent betrugen, waren oft kaum noch hundert Mann einsatzfähig. Von März 1915 bis Januar 1917 hatte es in Ostafrika tausendachtunddreißig Männer aller Ränge eingesetzt. Davon starben ganze achtundsechzig – sechsunddreißig im Kampf und zweiunddreißig an Krankheiten. Aber die Männer erkrankten 10 626 Mal, davon zu einem Drittel an Malaria, die auch damals bereits vermeidbar war.

Anfang September 1916 wirkten Smuts' Ergebnisse auf der Karte sehr eindrucksvoll. Er hatte die zentrale Eisenbahnlinie erreicht und überschritten, und er kontrollierte Daressalam. Aber er unternahm nichts, um den

deutschen Hafen mit seiner Infrastruktur als Ausgangsbasis für das weitere
Vordringen in den Süden der deutschen Kolonie auszubauen. Sein Stab
blieb in Tanga, und seine Hauptbasis war weiterhin Mombasa. Als er im
Januar 1917 nach London berufen wurde, um im Kriegskabinett Südafrika
zu vertreten, standen seine Truppen an den Flüssen Mgeta und Rufiji. Er
verkündete den Sieg und stellte den Krieg in Ostafrika als so gut wie beendet dar, als großen Sieg der ruhmreichen südafrikanischen Waffen. In Wirklichkeit war sein Vormarsch einfach stecken geblieben. Die Regenfälle im
Dezember, die Smuts hatte ignorieren wollen, verwandelten das Gebiet zwischen Mgeta und Rufiji in einen einzigen Sumpf. Der Rufiji schwoll zu
einem Strom von mehreren hundert Metern Breite an. Die nächste Eisen-
bahnstation, Mikese, lag zweihundertfünfzig Kilometer entfernt. Die Truppen waren durchnässt, hungrig und krank. Sein Nachfolger, Arthur R. Hoskins, setzte alle Aktionen bis April 1917 aus.

Smuts war entschlossen, mit seinem Feldzug die Unbesiegbarkeit des weißen Mannes zu beweisen. Die Eroberung Südwestafrikas war fast ausschließlich eine Sache von Weißen gewesen. Als 1915 gemischtrassige Afrikaner anboten, sich zur Unterstützung der Südafrikaner zu erheben, lehnten diese das
aus rassischen Gründen ab. Bei den Buren, die in Ostafrika kämpften, hießen
die von den Deutschen rekrutierten Askaris nur die »verdammten Kaffern«.
Im Laufe des Jahres 1916 musste Smuts seinen Ton ändern, zumindest im
kleinen Kreis. Afrikaner schienen gegen lokale Krankheiten widerstandsfähi-
ger zu sein als Europäer. Als Smuts sich vom ostafrikanischen Kriegsschauplatz verabschiedete, war bereits klar, dass die Kämpfe nur unter Einsatz afri-
kanischer Soldaten fortgesetzt werden konnten. Aber mit der Behauptung,
der Feldzug sei im Wesentlichen vorüber und man habe nur noch wenige
Widerstandsnester in den äußersten Winkeln der Kolonie zu befrieden,
suchte Smuts die Selbstachtung des weißen Mannes aufrechtzuerhalten.

Die Afrikanisierung des Ostafrika-Feldzuges hing auch mit der Eroberung Kameruns zusammen. Diese dauerte mit achtzehn Monaten viel länger, als die Briten je erwartet hatten. Das lag daran, dass sie die wahren Absichten der Deutschen nicht durchschauten. Die Briten wollten zunächst
Duala (heute: Douala) an der Küste, Haupthafen und wichtigste Funkstation
Kameruns, einnehmen. Das entsprach ihrer im August 1914 verkündeten
Politik. Sie erreichten dieses Ziel am 27. September 1914, ohne einen einzigen Schuss abgegeben zu haben. Inzwischen hatten die Franzosen von ihrer
Kolonie Äquatorialafrika aus ohne Zustimmung aus Paris einen eigenen

Die deutschen Schutztruppen sind für Polizeiaktionen im Land, nicht für Kämpfe gegen ausländische Armeen gedacht. Sie sind zwar professionelle Soldaten, aber ihre Treue zu Deutschland ist bei weitem nicht so bedingungslos, wie in der späteren Propaganda zur Wiedergewinnung der deutschen Kolonien in Afrika behauptet wird.

Feldzug im Süden Kameruns begonnen. Dieser verfolgte zwei Ziele: die Territorien zurückzugewinnen, die mit der Regelung der Marokkokrise von 1911 an Deutschland gefallen waren, und den Krieg auf deutsches Gebiet zu tragen. Da die Deutschen im Süden der Kolonie damit überhaupt nicht rechneten, waren auch diese Ziele bald erreicht.

Weder Paris noch London wollten das deutsche Kamerun erobern. Die Regierungen beider Länder hatten allerdings keine Vorstellung, wie sie ihre Truppen stoppen sollten. Die Deutschen kontrollierten immer noch den größten Teil der Kolonie, und ihre Truppen waren kampfbereit. Bereits 1913 hatten sie sich entschieden, ihr Gebiet nicht von den Rändern her, sondern vom Zentrum aus zu verteidigen. Das Zentrum war Ngaundere im nördlichen Hochland, ein fruchtbares, gut zu schützendes Gebiet. Anders als in Ostafrika blieben die deutschen Zivilbehörden in Kamerun intakt. Das Land war nicht einfach ein Schlachtfeld am Rande des großen Krieges in Europa, sondern es wurde von Menschen verteidigt, die an die Vorzüge der Kolonisierung, besonders der deutschen Kolonisierung als ein eigenständiges Ziel glaubten. Daraus folgte zweierlei: Erstens konnten die Deutschen auf Unterstützung der Bevölkerung bauen, was ihrer Verteidigung größere Flexibilität verlieh. Zweitens waren die Anfangsverluste in Duala und andernorts nur von geringer strategischer Bedeutung.

Den Franzosen und besonders den Briten wurde dieser Hintergrund der deutschen Strategie nie bewusst. Dadurch wirkten ihre Aktionen ziellos, und sie führten oft harte Schläge gegen die Deutschen, wo es diesen kaum weh tat. Am 10. März 1915 wies London entsprechend der im August 1914 beschlossenen Politik den britischen Befehlshaber in Kamerun, Charles Dobell, an, zur Verteidigung überzugehen. Einen Monat zuvor hatte aber der Generalgouverneur von Französisch-Äquatorialafrika, M. Merlin, ein Treffen nach Brazzaville einberufen, wo er den lokalen Kommandeuren auf der französischen Seite die Kontrolle über den Feldzug entreißen und diesen zentral befehligen wollte. Im Mittelpunkt des Plans stand nun die Hauptstadt Jaunde (heute: Yaoundé), um ein besseres Zusammenwirken der einzelnen Marschkolonnen zu erreichen. Merlins Plan war durchaus einleuchtend, ignorierte allerdings völlig, dass für die Deutschen das Zentrum nicht in Jaunde, sondern in Ngaundere lag. Am 4. Februar 1915 hatten die Alliierten eine Funknachricht abgefangen, die auf diesen Fakt hinwies, aber Merlin tat ihn als unwichtig ab.

Dobells erster Versuch, Jaunde zu erreichen, schlug fehl. Die Franzosen griffen von zwei Seiten an – von Süden, wo es nur langsam und stockend vorwärtsging, und von Osten, wo sie gut vorankamen. Im Juni 1915 ging den Deutschen, die von allem Nachschub aus Deutschland abgeschnitten waren, die Munition aus. Munition für Gewehre des Typs 1898 durfte jetzt nur noch in Maschinengewehren verwendet werden. Die Askaris mussten Patronen älterer Modelle benutzen, die sie in verlassenen Kisten auf dem Schlachtfeld fanden. Zündhütchen wurden aus Messingverzierungen selbst gefertigt und Schwarzpulver eingesetzt. Der Rauch verriet ihre Stellungen, und die Kugeln, sofern sie nicht im Verschluss stecken blieben, trugen kaum weiter als zwanzig Meter. Noch schwerwiegender für die Deutschen war die Entscheidung ihres Befehlshabers Zimmermann, die Garnison von Garua im Norden zu reduzieren, um Banyo aufzubauen, das Ngaundere von Westen schützte. Die Briten, die von Nigeria aus agierten, sollten Dobells Vormarsch lediglich dadurch unterstützen, dass sie die deutschen Truppen im Norden banden. Nun aber hatten sie eine starke Übermacht und konnten daher Garua am 10. Juni nehmen. Allerdings wussten sie nicht, was sie als Nächstes tun sollten. Immer noch gingen sie davon aus, dass im Mittelpunkt der deutschen Verteidigung Jaunde stand. Nur Oberst Brisset, der Kommandeur einer französischen Marschkolonne im Nordosten, überzeugte die Briten, Ngaundere anzugreifen. Die Briten vermochten jedoch ihren Erfolg nicht gebührend zu bewerten, und noch weniger Brissets Vorgesetzte: Sie alle fanden den Obersten nur aufsässig und stur.

Nun kreuzten sich die Pläne der Alliierten und die Absichten der Deutschen während des ganzen Feldzuges zum ersten Mal. Die Deutschen konnten das nördliche Hochland nicht länger als Nachschubbasis nutzen. Stattdessen mussten sie in die spanische Kolonie Río Muni (heute: Äquatorial-Guinea) und auf neutrales Gebiet ausweichen. Endlich wurde auch Jaunde zur Achse der deutschen Nachschublinien. Briten und Franzosen, die in der Regenzeit zunächst pausieren mussten, nahmen ihren Vormarsch auf die Hauptstadt von West und Ost am 15. November beziehungsweise 15. Oktober wieder auf. Auch im Norden rückten sie ab Anfang November wieder vor. Obwohl die Marschkolonnen keinen Kontakt miteinander hatten, verstärkte sich ihre Wirkung wechselseitig. Am 8. Januar vereinigten

Die britischen Einheiten in Afrika benötigen Offiziere mit Orts- und Sprachkenntnissen, die aus der Zivilverwaltung abgezogen werden. Dies lässt manche um die innere Ordnung Nigerias fürchten. Glücklicherweise ist diese Marschkolonne heil aus Kamerun zurückgekehrt.

121

sich die von Norden kommenden Briten und die aus Osten vorrückenden Franzosen bei den Nachtigal-Stromschnellen nördlich von Jaunde.

Bisher hatten sich die Alliierten auf den Norden konzentriert und den Süden vernachlässigt. Damit lag für die Deutschen der Weg in neutrales Gebiet offen, und sie benutzten ihn. Die Kolonnen der Alliierten waren von dem Vormarsch zermürbt. Als die Franzosen Jaunde erreichten, befanden sie sich siebenhundert Kilometer von ihrer Zwischenbasis in Nola am Sanga entfernt. Ohne Nachschub brach ihre Verfolgung bald zusammen. Etwa sechstausend Askaris und siebentausend Familien folgten den tausend Deutschen nach Río Muni. Von hier nährten sie die Hoffnung, sie hätten nur eine zeitweilige Niederlage erlitten und der deutsche Kolonialismus könnte wiederbelebt werden.

Mit dem Sieg der Alliierten in Kamerun wurden schwarze Truppen aus Westafrika für den Einsatz im Osten des Kontinents frei. Im Juli 1916 kam das Goldküsten-Regiment dort an. Die vier nigerianischen Regimenter der *West African Frontier Force* wurden zunächst aus Sorge um mögliche Aufstände im Lande zurückgehalten, schifften sich aber im November 1916 schließlich auch ein. In Ostafrika wurden die *King's African Rifles*, die bei Kriegsbeginn nur aus drei Bataillonen bestanden hatten, im Januar 1917 auf dreizehn aufgestockt. Bei Kriegsende zählten sie zweiundzwanzig Bataillone. Großbritannien hatte niemals die Absicht, diese afrikanischen Truppen wie die Franzosen in Europa einzusetzen. Darin sahen sich die Briten durch die Schwierigkeiten bestärkt, mit denen ihre indischen Soldaten im kalten ersten Kriegswinter an der Westfront zu kämpfen hatten. Insgesamt konnte so ein Beitrag Lettow-Vorbecks zum weltweiten Krieg unterlaufen werden. Dieser hatte sich vorgenommen, die Front am Rufiji bis zur Ernte im April 1917 zu halten. Die Versorgungslage der deutschen Truppen, die links des Rufiji, nördlich von Songea, standen, war ebenfalls verzweifelt. Sie trennten sich: Eine Kolonne unter Georg Kraut zog nach Süden, die andere unter Max Wintgens nach Norden. Letzterer, der Ende Januar 1917 aufbrach, führte seine Kolonne mitten durch die Nachschublinien der Alliierten und erreichte bei Tabora die zentrale Eisenbahnlinie. Wintgens, der an Typhus erkrankte, gab am 21. Mai auf, aber sein Nachfolger Heinrich Naumann hielt bis zum 2. September durch. Da hatte er den Norden der Kolonie erreicht. Es war eine klassische Guerillaoperation. Naumanns Männer legten von Februar bis September 3200 Kilometer zurück. Sie zogen dabei durch ein Gebiet, dessen Bevölkerung sie passiv unterstützte. Sechstausend Mann wurden damit gebunden und der Hauptschlacht entzogen.

Lettow-Vorbeck würdigte niemals, was damit erreicht worden war. Derartige Selbstständigkeit roch für ihn eher nach Insubordination als nach Initiative. Er wollte immer noch große Schlachten schlagen und sich nicht auf Guerillamethoden verlegen. Die Briten rückten nach der Regenzeit Ende Mai erneut vor, allerdings wieder unter dem Befehl eines weißen Südafrikaners. Hoskins' Zögern – er hielt sich an Smuts' Aussage, der Feldzug sei beendet – erschöpfte Londons Geduld, das ihn ablöste und durch »Jap« van Deventer ersetzte. Der Frontalangriff wurde von Vorstößen aus den Seehäfen Kilwa und Lindi unterstützt. Der Kolonne aus Kilwa trat Lettow-Vorbeck frontal entgegen – am 19. Juli bei Narungombe und ab 19. September in achtzehn Tage dauernden Kämpfen bei Nahungu. In der Schlacht von Mahiwa, die am 15. Oktober begann und über vier Tage dauerte, standen

Der Nachschublinien der britischen Truppen in Deutsch-Ostafrika reißen 1916/17 ab. Die Küstenschifffahrt schafft Abhilfe. Hier werden indische Truppen im Oktober 1917 in Daressalam zum Transport nach Kilwa verladen.

den aus Lindi anmarschierten britischen Truppen achtzehn von Lettow-Vorbecks insgesamt fünfundzwanzig Kompanien gegenüber. Sechsmal wogte die Front hin und her. Die Briten verloren 2700 ihrer 4900 Mann. Zwar waren die Verluste der Deutschen mit etwa 600 Mann wesentlich geringer, aber in dieser Schlacht, der härtesten des bisherigen Feldzuges, wurde Lettow-Vorbecks Truppe als kampffähige Formation vernichtet. Die rauchlose Munition war aufgebraucht, Maschinengewehre mussten zerstört werden, und für die altmodischen Gewehre blieben ganze fünfundzwanzig Schuss pro Mann übrig. Die Schlacht von Mahiwa gab Lettow-Vorbeck allerdings die Möglichkeit, sich von den Briten zu lösen. Am 25. November zog er sich über den Ruvuma nach Portugiesisch-Ostafrika (das heutige Mosambik) zurück. Im Juli hatte er noch 800 Europäer und 5500 Askaris unter Waffen. Am 25. November zogen noch 300 Europäer und 1700 Askaris mit ihm. Über 1000 Soldaten musste er zurücklassen, weil es für sie weder Waffen noch Munition gab. Auch die letzten Kanonen der *Königsberg* wurden bei dieser Gelegenheit unbrauchbar gemacht.

Lettow-Vorbeck zog noch ein ganzes Jahr lang kämpfend im Lande umher. Seine Kolonne, eine sich selbst versorgende Gemeinschaft mit 3000 Frauen, Kindern und Trägern, konnte die Schwäche der portugiesischen Verwaltung und die Unfähigkeit ihrer Truppen nutzen. Portugal bereitete die Aufrechterhaltung der inneren Ordnung in der Kolonie viel größere Sorgen. Der nördliche Teil war niemals wirklich befriedet worden, und im Süden erhoben sich im März 1917 die Makombe am Sambesi. Die Portugiesen setzten Hilfskräfte der Ngoni gegen sie ein. Ende 1917 konnten sie den Aufstand unterdrücken, indem sie Terror und Sklaverei zwischen den verfeindeten Stämmen ihren Lauf ließen. Lettow-Vorbeck schürte solche Entwicklungen für seine eigenen Ziele nicht. Er zahlte für Lebensmittel mit wertlosem Papiergeld, deutsche Ärzte behandelten die Kranken, wenn auch zumeist ohne Medikamente, aber er betrachtete Afrika und die Afrikaner nach wie vor als Außenseiter in einem größeren Konflikt. Lettow-Vorbeck marschierte auf kürzestem Wege quer durch Portugiesisch-Ostafrika und erreichte den Hafen Quelimane. Bei Namakura besiegte er vom 1. bis 3. Juli eine portugiesisch-britische Garnison, wobei er große Mengen Lebensmittel und Munition erbeutete. Von dort wandte er sich wieder nach Norden, marschierte den Njassasee entlang und stand bei Kriegsende in Nordrhodesien. Teile seiner Truppen waren inzwischen nach Angola gezogen, andere nach Abessinien, wiederum andere per Schiff gar bis nach Afghanistan gelangt.

Im 18. Jahrhundert hatten Großbritannien und Frankreich in Indien und Amerika um die Kontrolle ganzer Kontinente miteinander gerungen. 1914 war das nicht der Grund, weshalb der Krieg nach Afrika kam. Die europäischen Mächte wollten hier kein neues Territorium erobern. Im Gegenteil, als unmittelbare Wirkung lockerte sich sogar die Kontrolle über ihre Weltreiche. Die meisten Weißen in den Kolonien befürchteten, der Anblick von Europäern, die einander bekämpften, werde Rebellion und Widerstand schüren. Diese Furcht wuchs weiter, als lokale Verwaltungskräfte abgezogen wurden und die örtlichen Truppen, statt ihre Polizeifunktion wahrzunehmen, gegen einen äußeren Feind kämpfen mussten. Im Endeffekt erwiesen sich diese Befürchtungen allerdings als übertrieben. Wo das Kolonialregime zusammenbrach, war eher Anarchie als Revolution die Folge. In Kamerun wurden deutsche Pastoren interniert, flohen deutsche Ärzte nach Río Muni. Die Franzosen übernahmen zwar 1916 den größten Teil der Kolonie, konn-

Afrikaner treffen in Europa ein: Der frühere Burenkommandeur Smuts, jetzt Mitglied des britischen Kriegskabinetts, inspiziert in Frankreich im April 1917 *das South African Native Labour Contingent.*

125

ten aber keinen Ersatz stellen. Das Schulwesen brach zusammen, und lokale Wunderheiler gewannen wieder an Einfluss. In Südwestafrika gingen die Südafrikaner klugerweise nicht gegen die deutschen Siedler vor, zumindest nicht bis zur Friedensregelung von 1919.

Diese vollendete die letzte Etappe der Aufteilung Afrikas. Die deutschen Kolonien fielen an die Siegermächte. Wenn auch Imperialismus anfangs kein Kriegsziel war, wurde er durch den Krieg gefördert. Nur Südafrikas Ambitionen gingen nicht auf. Ursache davon war nicht nur die Friedensregelung. Während der Feldzüge kamen Weiße in Gegenden, die sie noch nie betreten hatten. Soldaten verbreiteten Geld und Marktwirtschaft. Sie kartografierten neue Regionen und schufen die Anfänge eines Kommunikationsnetzes. Vor allem aber rekrutierten sie die einheimischen Männer. Der Einsatz von erwachsenen Männern und Halbwüchsigen als Soldaten und Hilfskräfte zerstörte traditionelle Autoritätsmuster. Hingegen konnte der Krieg besonders für jene, die aus Afrika herauskamen und in Europa mit Respekt behandelt wurden, die Chance bieten, zu politischem Bewusstsein zu erwachen: »Wir haben nicht für die Franzosen gekämpft«, erinnerte sich der Senegalese Kamadon Mbaye. »Wir haben für uns selber gekämpft, um französische Bürger zu werden.«[14]

Eine Langzeitfolge sollte das Aufkommen moderner Widerstandsbewegungen gegen den Kolonialismus sein. Aber zunächst wurde die Kolonialherrschaft im Interesse der Kriegsanstrengungen der beteiligten Staaten vertieft und ausgedehnt. Die Entente-Mächte wollten die Kontrolle über ihre Weltreiche verstärken, indem sie dem Krieg außerhalb Europas ein Ende setzten. Aber der Krieg in Europa stellte an sie so riesige Anforderungen, dass sie stattdessen auch ihre Ressourcen in Übersee mobilisieren mussten, um ihn führen zu können. Das wiederum war eine Art Reflex auf Deutschlands Erfolg bei der Ausdehnung seiner eigenen Grenzen in Europa, weniger außerhalb des Kontinents. 1916 kamen Südafrikaner nach Frankreich. Berichte vom Kannibalismus der Senegalesen wurden in Verdun verbreitet, um die Deutschen zu schrecken. Zwar gelang es, Spee und Lettow-Vorbeck aufzuhalten, aber damit war die deutsche Absicht, die Entente durch Ausweitung des Krieges zu schwächen, noch nicht durchkreuzt. Ein Bündnis mit dem Osmanischen Reich sollte Deutschland helfen, die Muslime zum Krieg nicht nur auf dem afrikanischen Kontinent, sondern im ganzen Nahen Osten und in Zentralasien zu bewegen.

4

Dschihad – Heiliger Krieg

Das deutsch-türkische Bündnis

»O Muslime, die ihr gehorsame Diener Gottes seid! Wer von euch für das Glück und die Rettung der an den Sieg Gottes Glaubenden in den Dschihad zieht, wird, so er am Leben bleibt, Glückseligkeit genießen, so er in die andere Welt eingeht, zum Märtyrer werden. Nach Gottes schöner Verheißung wird dem, der sein Leben opfert, um der Wahrheit zum Durchbruch zu verhelfen, in dieser Welt Ehre und in jener das Paradies zuteil.«[1]

Am 14. November 1914 rief der Scheich ul-Islam von Konstantinopel, der Hauptstadt des Osmanischen Reiches, einen islamischen Heiligen Krieg gegen Großbritannien, Frankreich, Russland, Serbien und Montenegro aus. Er sprach im Namen des Kalifats, der geistlichen und weltlichen Macht, auf die der Sultan Anspruch erhob, und auch im Hinblick auf die heiligen Städte Mekka und Medina, die in dem von ihm beherrschten Territorium lagen. Aber das Osmanische Reich, das sich auf seinem Höhepunkt im 16. Jahrhundert vom Persischen Golf bis nach Polen und von Kairo bis vor die Tore Wiens erstreckt hatte, schrumpfte zusehends. 1914 wurden von den weltweit zweihundertsiebzig Millionen Muslimen ganze dreißig Millionen von Muslimen regiert. Fast hundert Millionen waren britische Untertanen, zwanzig Millionen standen unter französischer Herrschaft, vor allem in Nord- und Äquatorialafrika, weitere zwanzig Millionen in Asien waren rus-

Im November 1914 übernimmt der türkische Marineminister Kemal Pascha den Befehl über die 4. osmanische Armee, die in Palästina für den Einmarsch in Ägypten bereitsteht. Im Februar 1915 und im August 1916 werden zwei Angriffe der Türken auf den Suezkanal, Großbritanniens Lebensader in den Orient, zurückgeschlagen.

sische Staatsangehörige. Den Muslimen der Imperien Großbritanniens, Frankreichs und Russlands, die den Aufruf zum Heiligen Krieg missachteten, drohte der Geistliche, sie würden »in der Hölle schmoren«. Die Glaubensbrüder in Serbien und Montenegro, die die geringere Sünde begingen, gegen Österreich-Ungarn zu kämpfen, mussten nur »schmerzliche Qualen« befürchten.

Das war der Aufruf zu einer Revolution, die anscheinend ganz Asien und große Teile Afrikas in Brand zu setzen vermochte. Er hätte die Entente-Mächte zwingen müssen, den Krieg in Europa zu vergessen und sich auf den Erhalt ihrer Reiche außerhalb des Alten Kontinents zu konzentrieren. Die Botschaft wurde ins Arabische, Persische, Urdu und Tatarische übersetzt. Sie wurde auf die Krim und nach Kasan, nach Turkestan, Buchara, Chiwa und Afghanistan, von dort weiter bis nach Indien und China getragen. Im Südosten erreichte sie die Schiiten des Iran; in Afrika wurde sie in Nigeria, Uganda, dem Sudan, dem Kongo und in Njassaland im Süden vernommen. Aber sie hatte nur geringe Folgen. Mögen die Menschen im Ersten Weltkrieg für große Ideen gekämpft haben, die des Islam jedenfalls konnten die Loyalität gegenüber den weltlichen Mächten nicht erschüttern.

Vielen galt als eigentlicher Urheber des Heiligen Krieges nicht Scheich ul-Islam, sondern Kaiser Wilhelm II. von Deutschland. 1898 hatte er Jerusalem und Damaskus besucht. Seine Liebe zu Uniformen und militärischem Zeremoniell, über die sich Zyniker im liberalen Westen gern lustig machten, fand im Orient großen Widerhall. Man nannte ihn dort »Hadschi« Wilhelm, was bedeutete, dass man in ihm einen »heiligen Mann« sah, der nach Mekka gepilgert war. Als er am 30. Juli 1914 von der Warnung Großbritanniens an Deutschland hörte, schrieb er zornig: »Jetzt muss dieses ganze Getriebe schonungslos aufgedeckt, ihm die Maske christlicher Friedfertigkeit in der Öffentlichkeit schroff abgerissen werden!! Unsere Konsuln in der Türkei und Indien, unsere Agenten etc. müssen die ganze mohammedanische Welt gegen dieses verhasste, verlogene, gewissenlose Krämervolk zum wilden Aufstande entflammen, denn wenn wir uns verbluten sollen, dann soll England wenigstens Indien verlieren.«[2] Sein Generalstabschef Moltke stimmte ihm zu. Am 2. August forderte er in einem Brief an das Auswärtige Amt eine Revolution in Indien, dem Herzen des Britischen Empire, und in Ägypten, das Indien über den Suezkanal mit dem Mutterland verband.

Hier wurde die deutsche Strategie des Weltkrieges deutlich: die Entente-Mächte sollten durch Angriffe auf ihre Weltreiche indirekt geschwächt werden. Moltkes Problem lag darin, dass deutsches Militär und deutsche Waffen sämtlich in Europa gebunden waren. Er hatte keine Gewehre, die er jenen hätte geben können, die sich gegen die Herrschaft von Briten, Franzosen oder Russen erhoben, und schon gar keine Truppen. Selbst wenn er sie gehabt hätte, wäre ihm der Seeweg wegen der britischen Überlegenheit auf See versperrt gewesen. Das Osmanische Reich brachte Deutschland zwei Vorteile: Seine Armee konnte Truppen für den Einsatz außerhalb Europas zur Verfügung stellen, und über sein Territorium verliefen die Landwege nach Zentralasien und Afrika.

Oberflächlich gesehen ähnelte das Osmanische Reich in mancher Hinsicht seinem westlichen Nachbarn Österreich-Ungarn. Wie dieses war es ein multinationaler Staat im Zeitalter des Nationalismus, und wie dieses hatte es eine Monarchie, die reformiert werden musste. 1914 verfügte es noch über eine riesige geografische Ausdehnung vom Kaukasus im Norden bis zum Persischen Golf im Süden, vom Irak im Osten bis nach Nordafrika im Westen. In Wirklichkeit hatte sich seine Herrschaft westlich der Sinaiwüste inzwischen sehr gelockert. Eine Ausnahme war Libyen, wo es die einheimische Bevölkerung in ihrem anhaltenden Widerstand gegen die italienische Invasion von 1911 aktiv unterstützte. In Europa war ihm seit den Balkankriegen nur noch ein Brückenkopf in Mazedonien geblieben. Es hatte den Anschein, dass dieses einst mächtige multinationale Reich schon bald seiner Besitzungen an der Peripherie beraubt und auf das Herzland Anatolien zurückgeworfen sein würde, das die Türkei heute ausmacht. Keine der Großmächte wollte diesen endgültigen Zusammenbruch auslösen, aber alle richteten sich für diesen Fall ein.

Deutschland, Großbritannien, die Niederlande, Frankreich, Italien und Österreich-Ungarn gehörten der *Ottoman Public Debt Commission* an, die die Auslandsschulden der Türkei zu regeln versuchte, wofür 1878 bereits achtzig Prozent der türkischen Staatseinnahmen aufgewandt werden mussten. Aber keine der Mächte wollte dabei auf andere Formen Gewinn bringender Geschäfte im Osmanischen Reich verzichten. Die Privilegien, auch »Kapitulationen« genannt, die das Osmanische Reich in seiner Blütezeit ausländischen Geschäftsleuten gewährt hatte – sie standen außerhalb des türkischen Rechts und waren von allen Steuern befreit –, verhinderten jegliche Zollerhöhungen zum Schutz der aufkommenden türkischen Industrie vor billigen Importen oder die Bildung von Staatsvermögen durch Exporte. Großbritannien und Frankreich hielten nahezu das gesamte Banken- und Finanzsystem des Landes und damit dessen Schulden unter Kontrolle.

Während die Großmächte das Reich ausbeuteten, steckten sie zugleich ihre Ansprüche in Erwartung seines Zusammenbruchs ab. Frankreich drängte auf Positionen in Syrien und Palästina. Großbritannien war am Irak interessiert, weil dieser sich hervorragend als Pufferstaat für Indien eignete und weil man dort Öl entdeckt hatte. Das erste mit Öl befeuerte Schlachtschiff, die *HMS Queen Elizabeth*, wurde 1912 auf Kiel gelegt. Italien hatte bereits die Schwierigkeiten der Türkei auf dem Balkan genutzt und 1911/12 Libyen und den Dodekanes besetzt. Und obwohl Roms Position in Nordafrika noch schwach war, nahmen Großbritannien und Frankreich seine Aktionen stillschweigend hin, um Italien nicht in die Arme Deutschlands und des Dreibunds zu treiben. Russland, der Erbfeind der Türkei, gegen das sie seit 1828 bereits dreimal Krieg geführt hatte, war zwar als Wirtschafts- und Seemacht schwach, gehörte aber über die Entente dem europäischen Sicherheitssystem an, weshalb weder von Frankreich noch von Großbritannien Einwände gegen seine Türkeipolitik zu erwarten waren. Es wollte die

Kontrolle über die Dardanellen, durch die ein Drittel seiner Ausfuhren (allein drei Viertel seines Getreides) ging, und es schien nicht nur auf dem Balkan, sondern auch im Kaukasus den Nationalismus zu schüren. Die in den Grenzregionen lebenden Georgier, Armenier und Tataren bedrohten die Stabilität beider Reiche. Russlands Lösung – die Russifizierung – war zwar von defensivem Charakter, aber die Türken, die sich für das Überleben und die Entwicklung der türkischen Kultur einsetzten, sahen das anders.

Mit Ausnahme Russlands hatten sich alle Hauptakteure eine Ausgangsposition innerhalb der Türkei gesichert. Die Briten wurden 1908 Berater der türkischen Kriegsmarine, die Franzosen kontrollierten die Polizei. Die Deutschen unterhielten dort eine Militärmission, deren Ruf, wie auch der des deutschen Heeres, seit den Niederlagen auf dem Balkan allerdings arg gelitten hatte. Aber in ihrer verzweifelten Lage während der Balkankriege konnten sich die Türken keinen jähen Frontwechsel leisten, weshalb sie Deutschland 1913 um eine neue Militärmission baten. Deren Chef, Liman von Sanders, war als Korpskommandeur in Deutschland übergangen worden und glaubte nun, er werde in der Türkei die ihm gebührende Stellung mit dem nötigen Pomp und Gepränge erhalten. Anfangs wurde er auch nicht enttäuscht. Man bot ihm an, das 1. osmanische Korps in Konstantinopel zu befehligen. Der Kaiser hatte ihm den Auftrag gegeben, die osmanische Armee zu germanisieren und die Türkei zu einem Werkzeug der deutschen Außenpolitik, einem Gegengewicht zu Russland zu machen. Die Russen waren empört. Allerdings nahmen sie die Rhetorik des Kaisers für bare Münze und hielten sie für den adäquaten Ausdruck des Wesens der deutschen Außenpolitik.

In Wirklichkeit zielte Sanders' Mission darauf ab, das professionelle Image des deutschen Militärs aufzubessern und einen Markt für Waffenverkäufe, insbesondere für die Schnellfeuergeschütze von Krupp, zu erschließen. Es ging nicht darum, die Türkei zum Kriegseintritt an der Seite Deutschlands zu bewegen. Für den deutschen Botschafter in Konstantinopel, Hans von Wangenheim, war es wichtiger, sich mit Russland zu einigen, als ein Bündnis mit dem Osmanischen Reich zu schließen. Am 18. Juli 1914, als das Auswärtige Amt sich der Pläne Österreichs für einen Krieg auf dem Balkan bereits voll bewusst war, berichtete Wangenheim: »Die Türkei ist zweifellos heute noch vollkommen bündnisunfähig. Sie würde ihren Verbündeten nur Lasten auferlegen, ohne ihnen die geringsten Vorteile bieten zu können... Die Politik des Dreibundes muss sein, die Beziehungen so zu ihr zu gestalten, dass, falls die Türkei nach Jahren tatsächlich zu einem Machtfaktor werden sollte, die Fäden nicht abgeschnitten sind.«[3]

Wenn die Türkei als Bündnispartner überhaupt von Interesse war, dann aufgrund des Heldenmuts ihrer Soldaten. Die Janitscharen hatten den Islam nach Europa und Nordafrika getragen. Militärische Großtaten schienen aber, wie die Niederlagen auf dem Balkan zeigten, eine Sache der Vergangenheit zu sein. Am 18. Mai 1914, nur wenige Wochen vor dem Ausbruch des Krieges, hatte Moltke erklärt:»Mit der Türkei in absehbarer Zeit zugunsten des Dreibundes oder Deutschlands rechnen zu wollen, muss als ganz verfehlt bezeichnet werden.« Der deutsche Botschafter hatte soeben erst berichtet, dass es zehn Jahre dauern werde, bis sich das Land vom letzten Balkankrieg erholen und die erforderlichen Reformen durchführen könne. Ein vorzeitiger neuer Krieg würde das ganze Programm durcheinander bringen.[4]

Deutschland wollte die Türkei als Verbündeten nicht haben. Diese brauchte jedoch dringend Unterstützung, um ihre Stellung auf dem Balkan wieder festigen zu können. So strebte sie eine Allianz mit Bulgarien an, um Griechenland zu isolieren. Dieses Ziel aber war ohne die Patronage einer der Großmächte nicht zu erreichen. Ein Kandidat bot sich nicht an. Alle tendierten dazu, ihre Türkeipolitik den Erfordernissen der bestehenden Bündnisse unterzuordnen. Franzosen und Briten waren progriechisch eingestellt, und der griechische König aus dem Hause Hohenzollern war mit dem deutschen Kaiser verwandt. Österreich-Ungarn strebte dringend eine neue Balkanliga mit Bulgarien als Mittelpunkt an. Dafür riskierte es sogar Krieg mit Serbien. Die österreichischen und türkischen Interessen auf dem Balkan kamen also einander nahe. Aber gegen Bulgarien war wiederum Deutschland eingestellt.

Die Tatsache, dass Russland keine schlagkräftige Schwarzmeerflotte besaß (nicht ein einziges modernes Schlachtschiff war einsatzbereit), verschaffte der Türkei etwas Spielraum. Im Mai 1914 sondierte sie sogar, ob Russland als möglicher Verbündeter infrage käme. Davon war der russische Außenminister Sergej Sasonow so überrascht, dass es ihm die Sprache verschlug. Als der türkische Marineminister Ahmed Cemal im Juli 1914 an einem französischen Flottenmanöver vor Toulon teilnahm, setzte er das Gerücht von einer Allianz mit Frankreich in Umlauf. Aber die Franzosen kannten die Empfindlichkeiten Russlands viel zu genau, um darauf einzugehen. In den Monaten unmittelbar vor dem Krieg war die Türkei also offener für

Einige deutsche Offiziere unterziehen sich mehr oder weniger konzentriert der Mühe, Türkisch zu lernen. Aber da noch keine Standardsprache existiert, können sie sich damit nicht in der gesamten osmanischen Armee verständigen.

ein Bündnis mit einem Mitgliedsstaat der Entente als für eines mit einem Land des Dreibunds. Großbritannien wurde gar nicht erst gefragt, weil die Türkei diesen Gedanken bereits dreimal – 1908, 1911 und 1913 – ins Spiel gebracht und sich jedes Mal eine Abfuhr geholt hatte.

In dieser Situation gewann Deutschland allmählich an Attraktivität. Es war kein Hauptakteur in Kleinasien, bedrohte die Türkei weder von außen noch von innen und besaß auch keine muslimischen Kolonien, wo sich hinsichtlich des Islam Interessenkonflikte ergeben hätten – unter deutscher Herrschaft lebten ganze zwei Millionen Muslime. Die Initiative für ein türkisch-deutsches Bündnis ging von der Türkei aus. Dass sie ihr Angebot am 22. Juli 1914 machte, einen Tag bevor Österreich-Ungarn sein Ultimatum an Serbien stellte, ist Zufall. Es stand nicht in direktem Zusammenhang mit der Juli-Krise, hatte mit dieser aber eines gemeinsam: Beider Triebkraft war die Lage auf dem Balkan. Das Osmanische Reich hoffte, ein Bündnis mit Deutschland könnte es für Rumänien und Bulgarien interessanter machen und so die Voraussetzungen für einen neuen Balkanblock schaffen.

Während die Ziele der Türkei langfristig, regional und ohne Bezug zu dem Krieg waren, der bald ganz Europa in Flammen setzen sollte, kann man das von der deutschen Reaktion auf keinen Fall sagen. Wiederum nahm sich Kaiser Wilhelm der Sache persönlich an. Eine Konstellation auf dem Balkan, wie sie die Türkei anstrebte, konnte die Stellung Österreich-Ungarns und das Kräfteverhältnis an der Ostfront verändern. Das von Moltke gescholtene militärische Nichts konnte nun plötzlich in der Lage sein, Russland anzugreifen. Liman von Sanders ging davon aus, dass das Osmanische Reich in Kürze über vier oder fünf einsatzbereite Korps verfügen werde. Am 2. August wurde der Deal perfekt gemacht. Aber die Türkei trat nicht in den Krieg ein.

Im Jahre 1908 hatte eine Gruppe namens *Jungtürken* in der Türkei eine Revolution inszeniert, die in vieler Hinsicht keine war: Der Sultan blieb auf seinem Thron, und die *Jungtürken* griffen auch nicht nach der Macht. Ihrer Herkunft nach waren sie eine Gruppe prowestlicher Liberaler, darunter viele Emigranten. Im Lande selbst gehörten ihr vor allem Armeeoffiziere und Staatsbeamte an. Diese beiden Elemente schlossen sich unter dem gemeinsamen Namen *Ausschuss für Einheit und Fortschritt* zusammen. Die Missstimmung unter den Armeeoffizieren, die vor allem auf mangelnde Beförderung zurückging, spitzte sich 1909 zu, als in einem in Konstantinopel stationierten Bataillon eine Meuterei ausbrach. Die Offiziere stilisierten sie zu einer Konterrevolution hoch. Um angeblich die Ordnung wiederherzustellen, verhängte die Armee, gesteuert von Mustafa Kemal (dem späteren Atatürk) das Kriegsrecht, stärkte die Stellung des *Ausschusses für Einheit und Fortschritt* und ersetzte den Sultan durch dessen einflusslosen Bruder.

Da der *Ausschuss* ein amorphes Gebilde war, gestaltete sich die türkische Politik nach 1909 nicht besser. 1912 schien seine Zeit abgelaufen zu sein. Die Krise des ersten Balkankrieges rettete ihn. Als die Armee sich im Dezember auf Konstantinopel zurückzog, schien es, dass die Regierung den Verlust von Adrianopel (heute: Edirne) um des Friedens willen hinnehmen könnte. Daraufhin stürmte am 23. Januar 1913 Enver Pascha, ein einunddreißigjähriger Offizier, mit einem Trupp Soldaten eine Sitzung des Kabinetts. Der Kriegsminister wurde erschossen und der Großwesir zum Rücktritt gezwungen. Enver forderte vom Sultan, eine Koalitionsregierung unter dem ranghohen General Mahmut Ševket zu bilden. Ein versuchter Gegenputsch und Ševkets Ermordung im Juni erlaubten es dem *Ausschuss*, seine Machtposition zu festigen. Adrianopel, das im März verloren gegangen war,

Der Kaiser war ein überzeugter Fürsprecher des Bündnisses mit dem Osmanischen Reich und dem Islam. Dafür überwand er sogar seine Abneigung gegen Enver Pascha, der in Wilhelms Augen mit dem Makel behaftet war, die Autorität des Sultans infrage gestellt zu haben.

wurde im Juli zurückerobert. Die Machtübernahme des *Ausschusses* schien selbst in der Außenpolitik Erfolg zu bringen.

Der US-amerikanische Botschafter Henry Morgenthau beschrieb Enver als »fast zierlich und feminin … aber stets ruhig, unerschütterlich und stahlhart«.[5] Im Januar 1914 wurde er Kriegsminister. Im Laufe des Jahres unterstellte er sich den Ausschuss für nationale Verteidigung, der die gesellschaftliche und wirtschaftliche Mobilmachung und somit weite Bereiche von Industrie bis Bildungswesen kontrollierte. Enver war bekannt geworden, als er den Widerstand Libyens gegen die italienische Invasion organisiert hatte. Mit den dort erworbenen Erfahrungen schuf er einen Geheimdienst, den *Teškilât-i Mahsusa*, der nur ihm verantwortlich war. Dieser befasste sich mit Propaganda, Subversion, Sabotage und Terrorismus. Er sorgte für politische Gleichschaltung im Lande und für Revolutionen im Ausland. Enver bildete zusammen mit Cemal und Mehmed Talât die Regierung. Die drei bildeten ein Triumvirat, das das Osmanische Reich in den Ersten Weltkrieg führen und dessen Schicksal fortan bestimmen sollte.

Unmittelbaren Nutzen von der Machtergreifung des *Ausschusses* hatte die

Armee. Die Ernennung Liman von Sanders' war Teil eines ganzen Reformpakets. In einer großen Säuberungsaktion wurden ältere Offiziere entfernt und die politische Einheit durchgesetzt. Aus Deutschland bestellte man neue Ausrüstung. Auch in der Aufstellung der Korps entsprechend den Regionen und in einem neuen Rekrutierungsgesetz zeigte sich deutscher Einfluss. Danach wurde die Wehrpflicht auf alle Nichtmuslime ausgedehnt, die keine Steuern zahlten. Bisher waren nur Muslime wehrpflichtig gewesen. Die Armee sollte auf 1,2 Millionen Mann aufgestockt werden. Das war allerdings ein langfristiges Programm. Im Februar 1914 ging Enver davon aus, dass die Armee in fünf Jahren kriegsbereit sein werde. Und er hatte einen Balkankrieg im Auge, keinen Weltkrieg. Die Armee sprach keine gemeinsame Sprache; ihr fehlten 280 Geschütze und 200 000 Gewehre. Sie hatte keine Pferde für die Kavallerie und keine Packtiere für den Transport. Die Mobilmachung erfolgte im August unmittelbar nach dem Abschluss des Bündnisses mit Deutschland, war aber im Oktober noch nicht vollendet. Man musste die Reservisten wieder nach Hause schicken, weil man sie nicht verpflegen konnte. In den folgenden Monaten schrieb der britische Militärattaché, Francis Cunliffe-Owen, dann aber einen Bericht, in dem er andeutete, dass Envers Reformen Wirkung zeigten: »Zweifellos sind bei der Effizienz [der osmanischen Armee] beträchtliche Fortschritte zu verzeichnen. Sie wird der Streitmacht, die vor dem Balkankrieg existierte, weit überlegen sein. Die fortgesetzte Ausbildung… und die Zeit, die für eine bewusste Organisation von Mobilmachung und Verwaltung zur Verfügung stand, machen die türkische Armee jetzt zu einem Faktor… der ernsthaft in Betracht gezogen werden muss.«[6]

Größere Sorge als die Armee des Osmanischen Reiches bereitete den Briten jedoch dessen Kriegsflotte. Das Absurde an der britischen Mission zur Erneuerung der türkischen Marine war, dass sie im Erfolgsfall eine Formation schuf, die den Griechen und Italienern in der Ägäis und den Russen im Schwarzen Meer Paroli bieten konnte. Griechenland und Italien waren zwar keine Verbündeten, konnten es aber nach britischem Wunsch durchaus werden. Mit Russland bestand bereits ein Bündnis. Die Briten rieten der Türkei, Torpedoboote für den Küstenschutz anzuschaffen. Nach den Demütigungen durch Italien und Griechenland 1911 und 1912 bestand diese jedoch auf modernen Super-*Dreadnoughts*. Sie bestellte zwei dieser Schiffe bei britischen Werften. Die Bestimmungen des britisch-türkischen Vertrages gestatteten es Großbritannien, die Schiffe zu beschlagnahmen, was es am

29. Juli 1914 auch tat. Strategisch war das die richtige Entscheidung, politisch jedoch spielte sie der Propaganda der Jungtürken in die Hände, denn für den Kauf der Schiffe war eine breit angelegte öffentliche Sammelaktion durchgeführt worden.

Zu dieser Aktion kam das inkompetente Agieren der britischen Navy. Bei Kriegsausbruch hatte Deutschland zwei Kreuzer, die *Goeben* und die *Breslau*, unter dem Befehl von Wilhelm Souchon im Mittelmeer. Die britische Mittelmeerflotte setzte vier Panzerkreuzer unter dem Oberbefehl von Konteradmiral Ernest Troubridge gegen die deutschen Schiffe in Marsch. Deren Geschütze waren jedoch denen der *Goeben* unterlegen. Mit Tränen in den Augen musste Troubridge den deutschen Kreuzer bei Kap Matapan ziehen lassen. Das Marineministerium hatte ihn angewiesen, sich nicht mit »überlegenen Kräften« anzulegen, womit sicher nicht die *Goeben*, sondern die österreichisch-ungarische Marine gemeint war, falls sie von ihrer Basis in der Adria ausrücken sollte, um die deutschen Kreuzer in Sicherheit zu bringen. Aufgrund desselben Befehls gab die übrige Mittelmeerflotte Troubridge keine Unterstützung, sondern stellte lediglich sicher, dass die Deutschen sich nicht in die Adria zurückziehen oder ins westliche Mittelmeer ausbrechen konnten. Nur der leichte Kreuzer *HMS Gloucester*, ebenfalls mit unterlegener Bewaffnung, setzte die Verfolgung fort. Die *Goeben* hatte Probleme mit ihren Kesseln: »Beißend und kratzend legt sich in den Bunkern der feine Kohlenstaub in die Nase und setzt sich im Hals fest«, berichtete ein Augenzeuge. »Mühsam atmen die Lungen bei der anstrengenden Arbeit. Im Hals bildet sich eine Kohlenkruste, die quälenden Hustenreiz verursacht.«[7] Kesselrohre platzten und verbrühten die Heizer mit kochendem Wasser. Vier von ihnen starben. Aber als die deutschen Schiffe die Ägäis erreichten, gab auch die *Gloucester* auf. Ihr ging die Kohle aus, die Mannschaft war erschöpft, und die griechischen Inseln boten zu viele Gelegenheiten für einen deutschen Hinterhalt. In London wussten sowohl das Marineministerium als auch das *Foreign Office* inzwischen, dass der Ostkurs der deutschen Kreuzer kein Täuschungsmanöver gewesen war. Aber sie beließen die britischen Schiffe im Mittelmeer in ihrem Irrtum. Am 10. August gegen 17 Uhr warfen die deutschen Schiffe vor den Dardanellen Anker und wurden dann in den sicheren Hafen von Konstantinopel geleitet.

Nun hätte die Türkei ihre Neutralität aufgeben müssen. Darauf hofften die Deutschen, denn in gewissem Sinne traten ihre Schiffe an die Stelle der beiden *Dreadnoughts*, die man in Großbritannien geordert hatte. In der Pra-

Im März 1916 wird August von Mackensen nach Eroberungen in Polen und Serbien in Konstantinopel gefeiert. Er inspiziert die deutschen Mannschaften der *Goeben* und der *Breslau*, die jetzt in türkischen Diensten stehen.

xis geschah das fast zu unverblümt, denn die Kreuzer wurden zu türkischen Schiffen erklärt und die deutschen Mannschaften in die türkische Kriegsmarine eingegliedert. Sie holten die deutsche Flagge ein, trugen nun Fez und ruhten am Freitag statt am Sonntag. Churchill als Marineminister fühlte sich gedemütigt und behandelte die Türken fortan als Feinde. Er befahl Troubridge, die *Goeben* und die *Breslau* zu versenken, unter welcher Flagge sie auch fuhren. Großbritanniens Respekt vor Völkerrecht und Neutralität hatte seine Grenzen. Churchill ordnete eine Seeblockade der Türkei an, die bei der Abhängigkeit des Landes von der Küstenschifffahrt dessen wirtschaftliche Probleme noch verschärfte. Der britische Außenminister Sir Edward Grey suchte eine aufseiten der Entente stehende Balkanallianz um Griechenland aufzubauen, deren Feind nur die Türkei sein konnte. Und das britische *India Office* sorgte sich um den Persischen Golf, wo eine Revolution der Araber den Status quo und damit die äußeren Bastionen der Verteidigung Indiens bedrohte. Eine indische Division, die *Indian Expeditionary Force D*, wurde ab Ende September für Mesopotamien aufgebaut, um die Ölversorgung der britischen Flotte sicherzustellen.

Theoretisch zog Großbritannien es immer noch vor, das Osmanische Reich aus dem Krieg herauszuhalten. Aber was es praktisch unternahm, diente diesem Ziel keineswegs. Für die Mitglieder der türkischen Regierung, die sich für Neutralität einsetzten, war das britische Vorgehen keine Unterstützung. Das Triumvirat, das im türkischen Kabinett eigentlich die Minderheit darstellte, setzte schließlich den Beginn der Feindseligkeiten durch. Am 29. Oktober griff die türkische Flotte zusammen mit den deutschen Schiffen und unter Kommando von Souchon auf Geheimbefehl Envers die russischen Schwarzmeerhäfen an. Damit war das Osmanische Reich Teilnehmer des Ersten Weltkrieges.

Der Kaukasus

Die Deutschen glaubten, die Türkei werde ihre Kriegsziele unterstützen. In Wirklichkeit verfolgte sie eigene Absichten. Die Jungtürken, geprägt und erzogen von Enver und Leuten seines Schlages, waren Modernisierer. Sie strebten eine effiziente Verwaltung an. Der Islam interessierte sie nicht als Religion, sondern als Mittel zum Zweck. Der Aufruf zum Heiligen Krieg war daher auch keine Aufforderung zur Rebellion an die Muslime, die unter deutscher oder österreichisch-ungarischer Herrschaft lebten. Italien, dessen Invasion in Libyen und auf dem Dodekanes der jüngste schwere Schlag gegen die Interessen des Osmanischen Reiches war, wurde darin nicht erwähnt, weil man hoffte, es werde seinen Verpflichtungen gegenüber dem Dreibund weiter nachkommen. Politik war wichtiger als Glaube, Nationalismus kam vor Osmanentum. Der Verlust riesiger Gebiete hatte das multinationale Denken im Osmanischen Reich verändert. Da Anatolien immer eindeutiger zum Herzland des Staates wurde, blühte der Panturkismus. Dieser definierte den Nationalismus stärker nach kulturellen und emotionalen als nach ethnischen oder gar geografischen Kriterien. Auf diese Weise wurde eine Bewegung, die eigentlich durch die Schrumpfung des Staatsterritoriums entstanden war, zu einer Stimme für dessen erneute Ausdehnung. Plötzlich entdeckte man Turkvölker im Kaukasus, in Aserbaidschan, Turkestan, Persien und Afghanistan. Ziya Gokalp, Professor für Soziologie an der Universität Istanbul, formulierte es so: »Das Vaterland ist für die Türken weder die Türkei noch Turkestan; ihr Vaterland ist ein großes und ewiges Land: Turan.«[8]

Die Rhetorik des Panturkismus trieb die türkische Armee in Richtung Kaukasus. Hinter dessen Bergen lebte ein vielsprachiges Völkergemisch von Georgiern, Armeniern und Tataren, deren wechselnde Loyalität Russland durch das ganze 19. Jahrhundert hindurch die hartnäckigsten Grenzprobleme bereitete. Russland hatte sie mit militärischen und politischen Mitteln zu lösen versucht. Eroberung ging mit Russifizierung und der gewaltsamen Repatriierung der osmanischen Türken einher. Hier konnte die türkische Armee als Befreierin der unterdrückten Turkvölker und als Werkzeug des Dschihad auftreten. Sie vereinigte in sich nicht nur die verschiedenen ideologischen Strömungen, sondern erfüllte damit zugleich ihre Bündnispflichten. Eine türkische Offensive im Kaukasus hinderte Russland daran, seine drei kaukasischen Korps an die Ostfront der Mittelmächte zu verlegen.

Die osmanische Armee zieht 800 000 Mann ein – ganze vier Prozent der Gesamtbevölkerung. Das trifft vor allem die anatolischen Bauern. Hier werden Kriegswaisen ausgebildet, das Werk ihrer gefallenen Väter fortzusetzen.

In der Realität gab es auch hier zwischen den Verbündeten von Anfang an Differenzen. Deutschland war für die Unabhängigkeit Georgiens, nicht für dessen Eingliederung ins Osmanische Reich. Es erwartete auch nur einen begrenzten Angriff, nicht den Vormarsch türkischer Truppen nach Afghanistan und Indien, wovon Enver Ende November tönte. Dazu Felix Guse, ein deutscher Stabsoffizier bei der 3. osmanischen Armee im Kaukasus: »Im Dezember tritt großer Schneefall ein, der 3–7 Tage dauert und im Tale 1–2, auf den Bergen 3–4 m Schnee hinterlässt und viele Wege völlig sperrt.«[9]

Der Ausgangspunkt der Türken war Erzurum, das fast hundert Kilometer von der Grenze entfernt lag. Allein bis zur Endstation der Eisenbahnlinie, von wo aus es dann eine direkte Verbindung nach Konstantinopel gab, war es zehnmal so weit. Guse setzte auf kurze Sprünge nach sorgfältiger Vorbereitung. Enver wollte jedoch weite Vorstöße, um rasch Wirkung zu erzielen. Er argumentierte, je schneller man vorankomme, desto eher werde man schneefreie Gebiete erreichen. Er wollte die Russen am Weihnachtstag 1914 bei Sarikamis einschließen und ließ daher seine linke Kolonne nach Ardahan, fast hundert Kilometer voraus, marschieren. Den Truppen fehlte es an Schuhen und Regenplanen. Die Einheiten, die tief verschneite Gegenden zu durchqueren hatten, erhielten Befehl, ihr Gepäck und ihre Wintermäntel zurückzulassen. Dabei sanken die Temperaturen während der Operation auf minus 31 Grad. Am 25. Dezember waren die Vorräte der Türken aufgebraucht. Die Russen konnten Sarikamis halten und gingen in der ersten Woche des neuen Jahres zum Gegenangriff über. Die 3. Armee wurde total aufgerieben. Die Verluste betrugen mindestens 75 000, nach anderen Schätzungen sogar 90 000 Mann. Die meisten Soldaten wurden nicht im Kampf getötet, sondern fielen dem schweren Gelände, dem Wetter, der schlechten Verpflegung und der fehlenden medizinischen Betreuung zum Opfer. Das war – zumindest in diesem Aktionsbereich der osmanischen Armee – ein gewaltiger Schlag gegen die Intentionen des Heiligen Krieges und des Panturkismus.

Am 23. Januar 1915 zählte die 3. Armee noch 12 400 Kämpfer, alles in allem höchstens 20 000 Mann. Die Türken suchten ihre prekäre Situation zu verbessern, indem sie einen Schlag gegen das persische Aserbaidschan und Täbris im Osten führten. Damit wollten sie die Kurden bewegen, sich gegen die Russen zu erheben. Aber bald stellte sich heraus, dass die unsicheren Loyalitäten der Region für die Türken viel gefährlicher waren als für ihre Gegner.

Die Pläne der Russen für das Frühjahr waren nur begrenzt – von Kars nach Süden westlich vom Van-See vorzustoßen und ihre Flanke gegen Persien zu sichern. Sechs Provinzen Ostanatoliens waren mit christlichen Armeniern besiedelt, die allerdings nirgendwo die Mehrheit bildeten. Durch die Vertreibung der Türken aus Russland war ihr Anteil sogar noch gesunken. Für den militanten Islam und den Panturkismus stellten sie jedoch eine wachsende Herausforderung dar. In den Jahren 1894 bis 1896 hatten revolutionäre Aktionen der Armenier zu lang anhaltenden blutigen Zusammenstößen geführt. Die Bewegung erfreute sich außerdem russischer Unterstützung. 1914 entwarfen Außenminister Sasonow und der Generalgouverneur des Kaukasus Pläne für neue Revolten. Mindestens 150 000 Armenier, die auf der russischen Seite der Grenze lebten, dienten in der Armee des Zaren. Enver redete sich ein, die Niederlage bei Sarikamis sei ihm von drei Einheiten armenischer Freiwilliger beigebracht worden, denen sich Deserteure von der osmanischen Seite angeschlossen hätten. Die 3. osmanische Armee kannte die Absichten der Russen und erwartete bereits im September Probleme.

Im ersten Kriegswinter begannen türkische Soldaten Armenier zu ermorden und ihre Dörfer zu plündern. Als die Russen sich am 16. April 1915 dem Van-See näherten, ordnete der osmanische Verwalter der Region an, fünf Armenierführer hinzurichten. Das löste eine Revolte der Armenier in Van – angeblich zu ihrer Selbstverteidigung – aus. Binnen zehn Tagen wurden sechshundert führende Mitglieder der armenischen Volksgruppe festgenommen und nach Kleinasien deportiert.

In der allgemeinen Verwirrung, die nun folgte, ist die unmittelbare Verantwortung für die weitere Entwicklung heute kaum noch zu klären. Die ohnehin geschwächte Disziplin der osmanischen Armee verschlechterte sich durch die Niederlage auf dem Schlachtfeld und die ungenügende Versorgung noch mehr. Raub und Plünderungen dienten ebenso dem Überleben wie der Einschüchterung durch Terror. Auch die Kurden beteiligten sich; sie waren ebenso bereit, armenisches Blut zu vergießen, wie jeder anatolische Türke. Andererseits war die Furcht vor dem Feind im Hinterland, der keine Uniform trug und verdeckt agierte, nicht unbegründet. Die Loyalität der Armenier zum Osmanischen Reich konnte bestenfalls eine bedingte genannt werden. Ihre Gemeindeältesten warteten 1914 einfach ab, und die Russen waren durchaus bereit, einen Aufstand im türkischen Hinterland zu nutzen. Die erste internationale Protestnote bereitete Sasonow daher be-

Armenische Opfer: Die meisten Fotos von Massakern an den Armeniern stammen von Armin Wegner, einem deutschen Militärarzt des Roten Kreuzes, der sich nach dem Krieg der Sache der Armenier annahm. Seine Orts- und Zeitangaben sind leider nicht immer exakt.

reits am 27. April 1915 vor, ließ sie aber erst am 24. Mai veröffentlichen. Darin wurde behauptet, die Bevölkerung von mehr als hundert Dörfern sei massakriert worden. Weiter hieß es, Vertreter der türkischen Regierung hätten das Morden koordiniert.

Das gab den Ausschlag. Am 25. Mai 1915 kündigte Innenminister Mehmed Tâlat an, die Armenier würden aus dem Kriegsgebiet nach Syrien und Mosul deportiert. Er begründete dies mit der öffentlichen Ordnung und den Erfordernissen der Kriegführung. Der Ministerrat billigte das Dekret am 30. Mai. Dieses enthielt Bestimmungen, die Leben und Besitz der Deportierten sichern sollten. Allerdings hatte dasselbe Gremium drei Tage zuvor allen Befehlshabern der Armee erklärt, sollten sie auf bewaffneten Widerstand der Bevölkerung gegen »Befehle stoßen ... die für den Schutz des Staates oder der öffentlichen Ordnung notwendig sind«, dann seien sie »befugt und verpflichtet, jeden Angriff und jeden Widerstand erbarmungslos niederzuschlagen«.[10]

Britische Amphibienboote, für Landeoperationen gegen Deutschland in der Ostsee gebaut, stehen am 25. April 1915 für die Landungen auf Gallipoli noch nicht zur Verfügung. Sie treffen erst im August ein. Die meisten Truppen werden daher per Leichter angelandet.

Wie viele Armenier bei der Aktion ums Leben kamen, ist nicht genau zu sagen. Das liegt vor allem daran, dass es keine exakten Angaben darüber gibt, wie stark diese Volksgruppe im Osmanischen Reich 1915 war. Schätzungen reichen von 1,3 bis 2,1 Millionen. Eine leidenschaftslose Analyse wird dadurch erschwert, dass die Armenier und andere in diesem Zusammenhang den Begriff Genozid benutzen. Was den Umfang der Opfer betrifft, mag er angebracht sein: Schätzungen von etwa einer Million Toter erscheinen realistisch. Was die Ursachen betrifft, so liegen die Dinge komplizierter. Die Gewalt gegen die Armenier war anfangs nicht zentral gesteuert. Wer sie ausübte, fühlte sich allerdings durch die pantürkischen Tiraden Envers und anderer indirekt bestärkt. Sie führte zu der gewollten Erhebung der Armenier. Die Heftigkeit des Krieges gegen den äußeren Feind hatte extreme Maßnahmen gegen den inneren Feind zur Folge, ja sie schien diese sogar zu rechtfertigen.

Ende Mai 1915 war die türkische Führung bereit, Anatolien zu turkifizieren und das Problem der Armenier ein für alle Mal aus der Welt zu schaffen. Man kann nicht umhin anzunehmen, dass die Akteure vor Ort die Weisungen des Ministerrates als Blankoscheck für Mord und Vergewaltigung auffassten. Die Schlägertrupps von *Teškilât-i Mahsusa* bildeten die Speerspitze. Sie handelten gewiss außerhalb von Recht und Ordnung, versuchten nicht zwischen Schuldigen und Unschuldigen, Kämpfern und Zivilisten zu unterscheiden. Der US-amerikanische Konsul in Erzurum, Leslie Davis, berichtete im Juli aus Charput, dem wichtigsten Transitort: »Die Türken haben bereits die hübschesten kleinen und jungen Mädchen ausgewählt. Sie werden als Sklavinnen dienen, wenn ihnen nicht noch Schlimmeres passiert.«[11] Ihm fiel auf, dass nur sehr wenige Männer zu sehen waren. Daraus schloss er, dass man sie bereits unterwegs getötet hatte. Viele Tausende Armenier fielen Hunger und Krankheiten zum Opfer. Von den 200 000 bis 300 000, die in das relativ sichere Russland fliehen konnten, wurde etwa die Hälfte von Cholera, Ruhr und Typhus dahingerafft.

Das Osmanische Reich, ein rückständiger Staat, der nicht einmal seine eigene Armee im Felde zu versorgen und zu transportieren vermochte, war nicht in der Lage, eine so umfangreiche Deportation zu organisieren. Die Armenier wurden in Lager gesperrt, ohne dass man sich um ausreichende Unterbringung und Verpflegung kümmerte. Syrien, wohin man sie schickte, konnte sich in normalen Jahren selbst ernähren. Aber 1915 wurde eine schlechte Ernte eingebracht, die nicht einmal ausreichte, um die örtlichen

Truppen zu verpflegen. Die Blockade der Alliierten, schlechte Verwaltung, Hamsterei und Spekulation verschlechterten die Lage in den nachfolgenden Kriegsjahren weiter. Ende 1918 starben in den libanesischen Küstenstädten bis zu 500 000 Menschen.

Zu alledem kommt, dass Ostanatolien 1915 nicht die einzige Region war, wo das Osmanische Reich eine Invasion abzuwehren hatte. Die *Indian Expeditionary Force B* hatte Basra verlassen und marschierte längs des Tigris auf Bagdad zu. Im Westen geriet die türkische Hauptstadt in Gefahr, als die Entente die Dardanellen angriff. Auch aus anderen potenziellen Kampfgebieten vertrieb man die Angehörigen von unter Verdacht stehenden nichttürkischen Völkern. So wurden die armenische Bevölkerung von Kilikien, wo man eine Landeoperation der Entente erwartete, und die am Bosporus siedelnden Griechen deportiert. Die osmanische Armee wehrte sich verzweifelt an drei Fronten zugleich. Dem Anschein nach hatte sie den strategischen Vorteil, über Kommunikationslinien im eigenen Lande zu verfügen. Ihre Gegner griffen aus verschiedenen Richtungen an, waren weit von ihren Heimatbasen entfernt und mussten über See operieren. Die Türken dagegen konnten Truppen und Nachschub kreisförmig entlang ihrer Linien bewegen. Eine solche Logik setzte aber voraus, dass das Osmanische Reich ein ausreichendes Transportnetz besaß. Das war nicht der Fall. Die Bagdad-Bahn war noch nicht fertig. Das Taurus- und das Amanus-Gebirge in Südanatolien waren noch zu überqueren, und die Strecke von Aleppo nach Bagdad hatte man gerade erst in Angriff genommen. Die Front in Mesopotamien war noch stärker abgeschnitten als die im Kaukasus. Wenn es irgendwo im Inneren zu Aufständen kam, konnte das ganze Reich zusammenbrechen. In verzweifelter Lage greift man zu verzweifelten Maßnahmen.

Gallipoli

Als die Schlacht von Sarikamis am 1. Januar 1915 ihren Höhepunkt erreichte, baten die Russen Großbritannien um eine Ablenkungsoperation gegen die Türken. Der britische Kriegsminister, Lord Kitchener, sah das nicht sehr optimistisch, da die kleine britische Armee, von den heftigen Kämpfen an der Westfront bei Ypern bereits stark dezimiert, in Frankreich voll gebunden war. Aber er räumte ein, dass die Dardanellen das beste Ziel wären, sollte eine solche Operation durchgeführt werden, »besonders wenn... zugleich die Nachricht ausgestreut werden könnte, dass Konstantinopel bedroht ist«.[12] Damit hatte Kitchener die Tür weit genug geöffnet, dass sein Kabinettskollege vom Marineministerium sich hindurchzwängen konnte.

Auf eine solche Gelegenheit hatte Winston Churchill seit Kriegsbeginn gewartet. Die Funktelegrafie gab ihm die Möglichkeit, direkt in militärische Operationen einzugreifen, wobei ihm das Glück nicht immer hold war, wie sich bei Cradock und Troubridge erwiesen hatte. Aber seiner Kampfeslust tat das keinen Abbruch. Zu seinem Kummer waren bisher die Landstreitkräfte mehr gefragt gewesen als die Marine, und die Demütigung, die diese von den Türken hatte hinnehmen müssen, empfand er als besonders bitter. Hier war endlich eine Gelegenheit, die Dinge wieder geradezurücken. In den Planungen der Vorkriegszeit hatte die Navy die Möglichkeit von Landemanövern an der deutschen Ostseeküste in Betracht gezogen. Diese nun auf die Türkei und die Dardanellen anzuwenden, schien nicht nur ihm logisch, sondern auch Jackie Fisher, der im August 1914 *First Sea Lord* geworden war.

Operativ gesehen war bei dem Projekt viel Wunschdenken im Spiel. Als Oberbefehlshaber im Mittelmeer hatte Fisher 1904 einen Sturm auf die Meerengen noch für »äußerst riskant« gehalten. 1906 hatte der Generalstab der Armee die Sache geprüft. Der damalige Kriegsminister Richard Haldane berichtete: »Es besteht das ernste Risiko eines Rückschlages, der sich schwerwiegend auf die mohammedanische Welt auswirken kann.«[13] Und 1911 hatte Churchill selbst geschrieben, es sei »nicht mehr möglich, die Dardanellen zu forcieren, und niemand sollte eine moderne Flotte einer solchen Gefahr aussetzen«.[14] Weder die Marine noch die Landarmee konnten ein solches Unternehmen allein bewältigen. Die Navy brauchte für das Landemanöver eine beträchtliche Streitmacht zwischen 75 000 und 100 000 Mann, um die Befestigungsanlagen an Land zu überrennen und damit den schmaleren Teil der Durchfahrt zu öffnen. Die Landstreitkräfte hingegen brauchten die großkalibrige Schiffsartillerie zur Feuerunterstützung, um sich an Land festsetzen zu können.

Trotz dieser operativen Schwierigkeiten war das Projekt strategisch höchst verlockend. Es schien so recht zu Großbritanniens Militär zu passen – einer starken Marine und einer Landarmee, die für die in Westeuropa tobenden Massenschlachten schlecht geeignet war. Kitchener hatte Recht: Für ein Ablenkungsmanöver mit maximaler Wirkung war die Halbinsel Gallipoli (heute: Gelibolu) genau richtig. Dort stand die 1. osmanische Armee,

Britische Truppen, die sich auf der Halbinsel Gallipoli keinen Zugang zum Hinterland erkämpfen können, bleiben an der Küste hängen. Hier eines ihrer Lager aus

die strategische Reserve des Reiches, deren Einsatz an anderer Stelle durch eine Landung verhindert werden konnte. Außerdem war seine Andeutung, ein Erfolg könnte den Weg nach Konstantinopel mit bedeutsamen Folgen öffnen, nicht so weit hergeholt, wie manche Kritiker des Vorhabens behaupteten. Außenminister Grey war der Meinung, eine solche Militäraktion könnte in der osmanischen Hauptstadt einen Staatsstreich auslösen. Angesichts der instabilen türkischen Politik in den Vorkriegsjahren und der Auseinandersetzungen über den Kriegseintritt war diese Erwartung nicht unrealistisch. Der britische Geheimdienst bot dafür eine Bestechungssumme von vier Millionen Pfund an. Angesichts der Staatsverschuldung des Osmani-

Zelten und Unterständen, *Gully Ravine*, an der ägäischen Küste der Halbinsel im September 1915.

schen Reiches musste das kein Fehler sein. Das Problem war nur, dass die Deutschen gerade mehr als fünf Millionen Pfund gezahlt hatten.

Ein Erfolg bei Gallipoli konnte sich in zweierlei Richtung auswirken. Sowohl die Mittelmächte als auch die Entente warben heftig um Verbündete auf dem Balkan. Und in der Tat war Churchill Gallipoli zum ersten Mal eingefallen, als er im August 1914 Griechenland auf Großbritanniens Seite ziehen wollte, um dessen Armee für den Krieg gegen die Türkei nutzen zu können. Ein Sieg in der Region hätte den Angeboten an Bulgarien und vielleicht auch Rumänien wesentlich mehr Gewicht verliehen. Zum ersten Mal in diesem Krieg hätten die westlichen Verbündeten den hart bedrängten Serben reale Hilfe leisten können. Im Osten hätte die Eroberung der Meerengen einen eisfreien Seeweg nach Russland geöffnet. Großbritannien und Frankreich waren überzeugt, dass in der »russischen Dampfwalze« gewaltige Kräfte steckten. Nach ihrer Meinung konnten Russlands Soldaten eine viel größere Herausforderung für die Mittelmächte sein, wenn sie nur richtig bewaffnet wurden. Großbritannien konnte entweder selbst Munition liefern oder sie mit seinem Kredit auf den internationalen Märkten in Übersee besorgen. Kein Wunder, dass daher viele in Deutschland der Meinung waren, der Kampf um die Dardanellen sei das wichtigste Kriegsziel des Jahres 1915. Vor allem das Auswärtige Amt war besorgt, seine Pläne auf dem Balkan und seine Absicht, über das Osmanische Reich Deutschland den Weg in die Welt zu öffnen, könnten durchkreuzt werden. Diese Befürchtungen wurden beim Heer geteilt, wenn man dort die Dinge auch eurozentrischer sah: »Es scheint mir gar nicht ausgeschlossen«, schrieb Wilhelm Groener am 9. März 1915 in sein Tagebuch, »dass die Dardanellenfrage dem ganzen Krieg eine andere Wendung geben könnte.«[15] Groener war im Generalstab für die Eisenbahnen zuständig. Nach seiner Meinung würde Rumänien der Entente beitreten und Russland Österreich-Ungarn besiegen, wenn es den Alliierten gelingen sollte, Nachschublinien nach Russland zu öffnen.

Diese Ziele überforderten allerdings die Mittel der Entente. Die britisch-französische Allianz von 1904 beruhte darauf, dass beide Mächte ihre jeweiligen Einflusssphären im Mittelmeer und in Nordafrika respektierten. Das Dardanellen-Unternehmen drohte diese delikate Balance zu zerstören, weil dadurch die britische Vorherrschaft im Mittelmeer wiederhergestellt würde. Das war für Frankreichs langfristige Ambitionen auf Syrien von Bedeutung, falls das Osmanische Reich in sich zusammenfallen sollte. Auch die französische Kriegsmarine war der Meinung, der Plan sei undurchführbar. Aber weder der Marineminister noch die französische Regierung insgesamt wollten ins Hintertreffen geraten, wenn Großbritannien Ernst machte. Das eigentliche Hindernis war Joffres Haltung, der als Oberbefehlshaber in Frankreich argumentierte, er brauche jeden Mann, ob nun Franzose oder Brite, an der Westfront. Außenminister Théophile Delcassé, der Architekt der Entente, wollte abwarten, bis ausreichend Truppen bereitstünden, aber Churchill lehnte ab. Am Ende kam man überein, dass Marine und Feldarmee nicht zusammen, sondern nacheinander agieren sollten.

Die Türken hatten zahllose Signale erhalten, dass ein Angriff von See auf die Meerengen bevorstand. Mit deutscher Hilfe hatten sie ihre Verteidi-

Eine britische Feldbatterie im November 1915 auf dem Rückzug von Ctesiphon nach Kut. Ihr 18-Pfund-Geschütz vom Kaliber 83,8 mm ist weitaus stärker als sein französisches oder deutsches Gegenstück, hat aber 1914 nur Schrapnellgranaten, keine hochexplosive Munition zur Verfügung.

gungsanlagen wesentlich ausgebaut. Nachdem der US-amerikanische Botschafter, Henry Morgenthau, sie besichtigt hatte, berichtete er: »Im ersten Moment glaubte ich, ich sei in Deutschland. Praktisch alle Offiziere waren Deutsche, und überall sah man deutsche Soldaten, die die Stellungen mit Sandsäcken verstärkten.«[16] Britische und französische Kriegsschiffe, die in die Meerenge einliefen, waren von Minen bedroht. Aber die Minenräumboote mussten mit dem Beschuss durch die Küstenbatterien und der starken Strömung aus dem Schwarzen Meer ins Mittelmeer rechnen. Diese miteinander verquickten Probleme dämpften die Begeisterung der Navy für den Plan deutlich. Das betraf insbesondere Fisher und den Kommandeur vor Ort, Admiral Sackville Carden.

Aber Churchill blieb hart. Am 18. März versuchte man bei Tageslicht einen Durchbruch durch die Meerenge. Carden wurde am Morgen des Angriffs krank, und sein Stellvertreter, Admiral John de Robeck, beschrieb, was dann geschah, als ein Desaster. Drei Schiffe – zwei britische und ein französisches – liefen auf Minen und sanken. Churchill und andere behaupteten, wenn man am folgenden Tag wieder angegriffen hätte, wäre der Durchbruch gelungen, da den Türken die Munition ausging. Das traf nicht zu. De Robeck hatte den Plan einer Marineoperation nicht aufgegeben, aber in den folgenden fünf Tagen machten Stürme jedes Handeln unmöglich. Allerdings war de Robeck der Meinung, dass die Marine mit der Feldarmee zusammenwirken musste, sodass die türkischen Batterien von Land aus angegriffen werden konnten.

Die Landungen auf der Halbinsel Gallipoli am 25. April 1915 waren also nicht als das Stichwort der Marine an die Landstreitkräfte gedacht, den Angriff fortzusetzen. Letztere waren von der Unterstützung der Schiffsartillerie abhängig, aber die Marine hatte dabei beträchtliche technische Schwierigkeiten. Ihr Kartenmaterial war nicht exakt, das Gelände steil und zerklüftet und die Feuerlenkung nicht ausreichend. Es mangelte an Flugzeugen, und die Beobachter, die die Marine an Land abgesetzt hatte, waren instruiert, das Feuer auf Ziele in sicherer Entfernung von den Soldaten der Alliierten zu lenken. Die großen Schiffsgeschütze hätten trotzdem vernichtende Wirkung haben können. Aber die Türken hatten gelernt, sie zu neutralisieren, indem sie nachts oder beim ersten Tageslicht angriffen, wenn die Beobachtung noch schwierig war. Außerdem legten sie ihre Schützengräben sehr nahe bei den Stellungen der Alliierten an, um das Risiko der Briten zu erhöhen, von der eigenen Artillerie getroffen zu werden. Am 25. Mai versenkten deutsche U-Boote HMS *Triumph* und am 27. Mai HMS *Majestic*. Daraufhin wurden alle Großkampfschiffe in die Häfen zurückgezogen. Nur Zerstörer mit 4-Zoll-Geschützen blieben vor Ort, um die Operationen an Land zu unterstützen. Die Navy leistete nun ihren Hauptbeitrag ebenfalls durch U-Boote, die türkische Handelsschiffe mit Nachschub für die Truppen auf der Halbinsel versenkten. Die Türkei büßte in dieser Schlacht die Hälfte ihrer Handelsflotte ein.

Sir Ian Hamilton, der britische General, der die Truppen Großbritanniens, Frankreichs und des Empire befehligte, war ein zweiundsechzigjähriger Protegé Kitcheners, der sich in zahlreichen Kolonialkriegen seine Sporen verdient hatte. Er führte das Scheitern der Operation später auf den Mangel an Truppen und Material zurück. Es entstand der Eindruck, er und seine kleine Truppe hätten es mit der vollen Macht der osmanischen Armee auf deren heimischem Gelände aufnehmen müssen. Während der Kämpfe hörte man von Hamilton solche Klagen allerdings nicht, und sie wären auch nicht gerechtfertigt gewesen.

Auf der Gegenseite hatte Liman von Sanders den Oberbefehl im Bereich der Dardanellen. Er erwartete eine Landung an der schmalsten Stelle der Halbinsel bei Bulair. Aber Hamilton hatte diese Option verworfen, weil die Durchfahrt für die Schiffe geöffnet werden sollte. Bulair war weit weg von den Batterien der Dardanellen, und die Navy konnte dort nur schwer Feuerunterstützung geben. Daher entschied er sich, seine Hauptkräfte an der Spitze von Kap Helles an Land zu setzen. Die Franzosen unternahmen einen Ablenkungsangriff gegen Kum Kale auf der asiatischen Seite der Meerenge. Weiter nördlich, an der Ägäisküste der Halbinsel, hinter Hamiltons eigentlichem Ziel, der Bergkette Kilid Bahr, ging das australisch-neuseeländische Armeekorps (ANZAC) an Land. Ursprünglich für den europäischen Kriegsschauplatz vorgesehen, befand es sich noch zur Ausbildung in Ägypten, als der Türkei der Krieg erklärt wurde. Dort wurden seine Soldaten bekannt für Chaos und Disziplinlosigkeit, zugleich aber auch für Draufgängertum und hohe Kampfmoral, was während des gesamten Krieges ihr Markenzeichen bleiben sollte.

Gallipoli ist als der Zeitpunkt in der Geschichte Australiens beschrieben worden, da es zur Nation reifte. Diese Vorstellung stammt weitgehend aus der Feder von Charles Edwin Woodrow Bean, dem es gelang, als *der* Frontberichterstatter Australiens, nicht als Reporter einer einzelnen Zeitung, bekannt zu werden. Bean war in Großbritannien geboren und hatte wie Douglas Haig die Privatschule Clifton besucht. Als Australier erster Generation unterschied er sich wenig von den meisten ANZAC-Soldaten, über die er schrieb. Sie kämpften nicht für Australien oder Neuseeland, sondern für die alte Heimat, wohin sie noch viele verwandtschaftliche und emotionale Bindungen hatten. Außerdem waren die meisten von ihnen Stadtbewohner und nicht braungebrannte »Diggers« aus dem Busch, als die man sie gern sah. Und sie waren nicht mehr zum Soldaten geboren als die übrigen Truppen in diesem Krieg.

Am 25. April drohte ihre Kampfmoral zusammenzubrechen. Im nördlichen Teil des als »ANZAC-Bucht« bekannt gewordenen Abschnitts drängten sich zu viele Soldaten, wodurch Chaos entstand. Die Landung am so genannten »Strand Z« war schlecht organisiert. Außerdem reagierten die Türken hier rasch und mit großer Schlagkraft. Mustafa Kemal missachtete kurzerhand Liman von Sanders' Befehl, abzuwarten, bis die Richtung des

Hauptstoßes zu erkennen sei. Stattdessen setzte er seine ganze Division zur Verteidigung der Steilküste über den Stränden ein. »Ich wusste – woher kann ich nicht sagen, aber ich erriet es an dem schweren Sperrfeuer aus allen Rohren, das auf uns niederging –, dass es für unsere Truppen sehr schwer werden würde«, schrieb Bean über die Kämpfe an diesem Nachmittag in sein Tagebuch. »Das Dröhnen war kaum zu ertragen.«[17]

Viele ANZAC-Soldaten wichen unverletzt auf den Strand zurück, und die Divisionskommandeure beider Korps waren dafür, dass sie wieder an Bord gingen. Das geschah nur deshalb nicht, weil die Navy eine Evakuierung für unmöglich erklärte. Auch zwischen den Kommandeuren niederer Ränge kam es zu Spannungen. Oberstleutnant William Malone vom Wellington Batallion war der Meinung, der kommandierende Offizier seiner australischen Nachbareinheit gehöre vor das Kriegsgericht, weil dessen Männer »eine Quelle von Schwäche« seien. Als sie am 28. April schließlich abgelöst wurden, schrieb er: »Es war eine enorme Erleichterung, sie ziehen zu sehen. Einzelne bewiesen durchaus Mut, und die Besten sind wohl gefallen oder verwundet worden. Ich denke, sie wurden schlecht ausgebildet und geführt. Über die meisten Offiziere ist nichts Gutes zu sagen.«[18]

Zu derartigen Problemen kam es an den meisten Stränden von Kap Helles nicht. Entgegen ihren Erwartungen gelang es den Briten relativ leicht, an Land zu kommen. Eine Ausnahme bildete nur »Strand V«. Die Türken, durch Liman von Sanders' Befehl zum Abwarten gezwungen, gerieten durcheinander. Aber da die Alliierten die Gelegenheit nicht für ein massives Nachrücken neuer Truppen nutzten, entwickelte sich hier der Stellungskrieg, wie er inzwischen für die Westfront typisch war. Mehrere Angriffe auf Krithia, ein den Höhen von Achi Baba, die die Halbinsel beherrschen, vorgelagertes Dorf, scheiterten. Die Türken konnten ihre Verteidigungsanlagen ausbauen, und es kam zum Schützengrabenkrieg. Unterschiede zur Westfront waren nur durch Gelände und Klima bedingt. Die schmalen Strände und hohen Steilküsten bedeuteten, dass es den Stellungen der Alliierten an Tiefe fehlte. Als einzige Abwechslung konnten die Soldaten ein Bad im Meer nehmen. Aber mit der Hitze kamen auch die Fliegen, die Krankheiten brachten, vor allem Ruhr. Die Wasserversorgung der Truppen war ein ständiges Problem. Nur dreißig Prozent der Toten auf britischer Seite waren im Kampf gefallen.

Die Alliierten hatten Stützpunkte auf den Inseln Imbros und Lemnos, außerdem in größerer Frontentfernung in Ägypten und auf Malta. Das Pflegepersonal auf den Lazarettschiffen bestand überwiegend aus Frauen. Die Neuseeländerin Lottie LeGallais schrieb im September: »Es ist einfach schrecklich, von den Fliegen und anderen Insekten ist meine Haut schon ganz roh. Wir alle kratzen uns wund, außer den Patienten, den armen Teufeln. Die haben sich schon daran gewöhnt.« Im November wurde ein Transport von Torpedos getroffen, und LeGallais berichtete, wie es den Schwestern erging: »Es heißt, Fox wurde das Rückgrat gebrochen und einer anderen Schwester beide Beine. Rattray musste von zwei Schwestern stundenlang aufrecht gehalten werden... bis sie den Verstand verloren hat und an Erschöpfung gestorben ist.«[19]

Der gegenseitige Respekt, der sich zwischen Alliierten und Türken aufbaute, sollte nicht übertrieben werden. Man vereinbarte Feuerpausen, um die Toten zu bergen. Aber Scharfschützen, deren man habhaft werden konnte, wurden regelmäßig auf der Stelle erschossen, ebenso andere Gefangene. Der französische Offizier Jean Giraudoux schrieb am 13. Juni 1915: »Die Australier massakrieren jeden Türken: Der Feind der australischen Nation ist der Türke, sagte einer zu mir.«[20] Allerdings konnten auch britische Gefangene kaum bessere Behandlung erwarten. Manche der türkischen Soldaten, die aus dem tiefsten Anatolien stammten, glaubten, es ginge gegen ihren Erbfeind, die Griechen. Typischer dürfte Hasan Ethem sein, der an seine Mutter schrieb, er habe gebetet: »Mein Gott, wir tapferen Soldaten wollen nur den Franzosen und Briten deinen Namen bringen. Bitte erhöre unseren aufrichtigen Wunsch und schärfe unsere Bajonette, damit wir unseren Feind vernichten! ... Du hast schon so viele von ihnen sterben lassen, bitte, vernichte noch mehr.«[21]

Am 6. August suchte Hamilton mit einem Vorstoß aus den Positionen der ANZAC-Truppen, mit dem er die Höhen von Sari Bair nehmen wollte, wieder in die Offensive zu kommen. Malones Wellington Batallion drang bis zur Hügelkette von Chunuk Bair vor, konnte aber diese Position nicht halten. Dabei fiel Malone, getroffen von Granaten der eigenen Schiffsartillerie. Mit einer gleichzeitigen Landung in der Suvla-Bucht im Norden sollte der Angriff auf Sari Bair durch die Besetzung der anschließenden Höhen unterstützt werden. Außerdem wollte sich die Navy dort einen neuen Landeplatz schaffen. Als die Australier und Neuseeländer scheiterten, bestimmte Hamilton die Landung in der Suvla-Bucht als Hauptaktion. Für deren Misslingen fand er einen Sündenbock in dem zögerlichen Befehlshaber vor Ort, Sir Frederick Stopford.

Rückzugsgerüchte hatte es bereits vor der Landung in der Suvla-Bucht gegeben. Nach diesem Fehlschlag war mehr und mehr davon die Rede. »Heute Abend regnet es«, schrieb Bean am 26. August in sein Tagebuch. »Ich glaube, wenn der Winter kommt, wird es für uns richtig hart werden. Wenn ich allerdings bedenke, dass die Tommies, die von anderswo nach hier verlegt werden, sich dazu beglückwünschen, bin ich nicht sicher, ob wir nicht größere Helden sind, als wir von uns denken.«[22]

Die Evakuierung, die Ende 1915 erfolgte, wird traditionell als Ergebnis ausgezeichneter Stabsarbeit und erfolgreicher Täuschungsmanöver dargestellt. Damit sollte wohl bei dieser Niederlage ein Rest von Selbstachtung bewahrt werden. Angesichts der Schwierigkeit, sich im Felde vom Feind zu lösen, gelang die Evakuierung wohl vor allem deshalb, weil die Türken kaum daran interessiert sein konnten, die Alliierten daran zu hindern oder weitere unnötige eigene Verluste zu riskieren. Sie hatten selbst 86 692 Tote zu beklagen. Die Verluste der Franzosen lagen um 10 000 Mann höher als die der Australier, die 8709 Gefallene angaben. Das war im Vergleich zu anderen Schlachtfeldern dieses Krieges eine sehr geringe Zahl, etwa die Hälfte der britischen Verluste. Die Neuseeländer verloren 2721 Mann.

Bei Gallipoli wurde nicht nur die nationale Identität Australiens und Neuseelands, sondern auch die der Türkei geschmiedet. Dies war ein wichtiger Sieg – weniger für das Osmanische Reich als vielmehr für den ethnisch und geografisch klarer definierten Staat, der aus dem Ersten Weltkrieg entstand. Zwar standen hinter diesem Abwehrkampf vor allem deutsche Offiziere, aber er brachte in Gestalt von Mustafa Kemal einen türkischen Helden hervor, der zum Staatsgründer werden sollte. Er konnte für sich in Anspruch nehmen, die Türken am 25. April gegen die Australier und Neuseeländer in den Kampf geführt und am 8. August Malones neuseeländische Truppen bei Chunuk Bair in Schach gehalten zu haben.

Mesopotamien

Wenn in den Überlegungen der Entente-Mächte etwas gegen den Rückzug von Gallipoli sprach, dann waren das nicht die Auswirkungen in der Türkei, sondern die größeren politischen Zusammenhänge in der islamischen Welt. Auch in Mesopotamien hatten sich die britischen Truppen übernommen. Leichte Siege in der Anfangsphase hatten bei Sir John Nixon, dem Befehlshaber vor Ort, hochfliegende Ambitionen ausgelöst. Seine grandiosen Vorstellungen, er werde sich mit den russischen Truppen vereinigen, die ihm durch Persien und Aserbaidschan entgegenkämen, gingen nicht auf. Das Problem lag aber vor allem darin, dass Nixon keine klaren Weisungen von oben erhielt. Der Generalstab im Londoner Kriegsministerium hielt sich zurück, weil er sich nicht zu sehr vom Hauptkriegsschauplatz in Europa ablenken lassen wollte. Aber der Feldzug in Mesopotamien lag weniger in der Zuständigkeit des Kriegsministeriums als in derjenigen der Kolonialregierung von Indien, die die Mehrzahl der Truppen stellte. Dort aber gingen die Meinungen auseinander. Einerseits lockte die Kontrolle über Mesopotamien, um Indiens Sicherheit zu stärken. Außerdem konnte ein großer Sieg über die Türken als Dämpfer für die Muslime auf dem eigenen Subkontinent wirken – ein Argument, das mit den Rückschlägen auf der Halbinsel Gallipoli an Gewicht gewann. Das aber war ein zweischneidiges Schwert: Ein weiterer Rückschlag im Krieg gegen die Türken konnte für Großbritanniens Ansehen in der islamischen Welt verheerend sein.

Der Ehrgeiz ließ jedoch alle Vorsicht vergessen. Die Schätzung des britischen Generalstabes, die osmanische 6. Armee in Mesopotamien werde durch 60 000 Mann verstärkt, war stark übertrieben, selbst nachdem die Türken die Gefahr für die Dardanellen abgewendet hatten. Bei Kriegsbeginn hatten 17 000 Mann osmanische Truppen in Mesopotamien gestanden. Im Winter 1915/16 zog die 6. Armee noch einmal 25 000 Mann ein. Sie hatte keine schwere Artillerie, und von Konstantinopel war sie sechs Wochenmärsche entfernt. Im März 1915 verfügte Nixon etwa über die doppelte Truppenstärke, weshalb er die Erlaubnis erhielt, die gesamte Provinz Basra bis Kut al-Amara, einer Stadt an der Tigris-Schleife nahe der Mündung des Shatt al-Hai, zu besetzen. Als Kut Ende September genommen war, wollte Nixon weiter auf Bagdad ziehen. Der Divisionskommandeur seiner Vorausabteilung, Sir Charles Townshend, war 1895 zum Nationalhelden geworden, als er die Belagerung von Chitral an der Nordwestgrenze Indiens überstand. Townshend wollte nicht weiter vorrücken. Er hatte die Grenzen seiner logistischen Möglichkeiten erreicht. Die medizinische Versorgung reichte nicht aus, und der Tigris war hinter Basra bei Niedrigwasser kaum schiffbar. Vor allem aber hatte er Zweifel an der Qualität seiner indischen Truppen.

Im Juli 1914 erklärte die Kolonialregierung in Indien, sie könne zwei Divisionen und eine Kavalleriebrigade für den Einsatz außerhalb Indiens bereitstellen. Nixon unterstand eines der vier Expeditionskorps, die schließlich ins Ausland geschickt wurden. Indien zog während des ganzen Krieges über eine Million Mann ein, womit es jedoch seine Infrastruktur und Rekrutierungsbasis bis aufs Äußerste anspannte. Als Townshend am 22. November 1915 Ctesiphon (Salman Pak) erreichte, fehlte seinen Einheiten ein Drittel ihrer Sollstärke. Die Türken verteidigten sich erfolgreich.

Dass Townshend sich jedoch nach Kut zurückzog, war weniger auf deren Stärke als auf sein eigenes schwindendes Selbstvertrauen zurückzuführen. Vor Ctesiphon war fast die Hälfte seiner britischen Offiziere verletzt oder krank. Das hatte zwei unmittelbare Folgen für seine Truppe wie auch für deren Entsetzung, als sie in Kut belagert wurde. Als Erstes brach die Stabsarbeit vollkommen zusammen. Townshend selbst hatte keinen Überblick mehr, wie weit seine Lebensmittelvorräte noch reichten und wie lange er insgesamt noch aushalten konnte. In Basra war es nicht möglich, für die drei Brigaden, die im Januar 1916 eintrafen, einen Divisionsstab zusammenzustellen. Zum anderen kollabierte auch die untere und mittlere Truppenführung und damit die Kampfmoral. Townshend wollte seine Soldaten nicht zwingen, beim Essen gegen die Vorschriften ihrer Religion zu verstoßen, weil er eine Schwächung ihres Kampfgeistes befürchtete. Aber er konnte 147 Mann nicht daran hindern, während der Belagerung zu desertieren. Statt selber auszubrechen, wartete er auf Hilfe, die nicht kam. Mit dem Winterregen stieg der Wasserstand des Tigris wieder an, was die Verschiffung ermöglichte. Aber Operationen an den Flussufern waren extrem schwierig: »Die ganze Gegend«, schrieb Abdul Rauf Khan, der in einem indischen Feldlazarett diente, »ist ein einziger Morast, in den man knietief einsinkt.«[23] Die Einheiten, die schließlich zu Hilfe kamen, brachten kein Umgehungsmanöver gegen die Türken zustande. Sie saßen an dem Ufer des Flusses fest, wo sie anmarschiert waren, und waren nicht stark genug, um überzusetzen und die Türken durch den Morast hindurch zu umgehen. Bei vier derartigen Versuchen gab es 23 000 Tote, fast das Doppelte der Zahl der in Kut eingeschlossenen Truppen.

Für Nixon war Kut Mittel zum doppelten Zweck: die vorgeschobene Basis der Briten für den weiteren Marsch durch Mesopotamien, zugleich der Dreh- und Angelpunkt einer massiven Umfassungsbewegung der Alliierten gemeinsam mit den Russen, die durch Persien ziehen sollten. Ähnlich doppelte Bedeutung hatte die Stadt auch für die Türken und Deutschen. Im Oktober 1915 erhielt der siebzigjährige deutsche General Colmar von der

Goltz den Befehl über die osmanische 6. Armee. Enver gab ihm den Auftrag, »einen selbständigen Krieg gegen Indien vorzubereiten«.[24] Von der Goltz' Hauptziel bestand also nicht darin, die Kontrolle des Osmanischen Reiches über das südliche Mesopotamien wiederherzustellen, sondern den Weg durch Persien und Afghanistan offen zu halten. Damit sollte der Heilige Krieg ins Herz des Britischen Empire getragen werden. An diesem Auftrag zeigt sich, wie sehr das türkisch-deutsche Bündnis davon abhing, dass man trotz unterschiedlicher Ziele pragmatische Übereinstimmung fand. Berlin war für ein unabhängiges Persien, Konstantinopel dagegen wollte es unterwerfen. Die Eroberung von Kut gewann kurzfristig Priorität und überdeckte die Unterschiede in der langfristigen Strategie.

Kut fiel am 29. April 1916. Townshend und 13 000 Mann gingen in eine Gefangenschaft, aus der nur sehr wenige zurückkehrten. Townshend selbst war eine Ausnahme, denn er verbrachte den Rest des Krieges in einem komfortablen Domizil mit Blick auf den Bosporus. Großbritanniens Demütigung im Nahen Osten und in Zentralasien konnte größer nicht sein. Seine schlimmste Ahnung, ein Wiederaufleben des Islam im Empire, schien Wirklichkeit zu werden. »Die Signatur des 20. Jahrhunderts«, schrieb von der Goltz an seine Familie »dürfte der Aufstand der farbigen Rassen gegen den Kolonialimperialismus der Europäer sein.«[25] 1916 brachte der Romancier John Buchan unter dem Titel *Greenmantle* einen seiner bekanntesten Thriller heraus. Die Handlung scheint weit hergeholt und nicht sehr überzeugend, tatsächlich aber kam sie der Wahrheit ziemlich nahe. Buchan arbeitete damals beim *War Propaganda Bureau*, der Presseabteilung des britischen Außenministeriums. Richard Hannay, der Held des Romans, wird von Sir Walter Bullivant ins Bild gesetzt: »Ein trockener Wind fährt durch den Orient, und das dürre Gras wartet nur auf einen Funken. Der Wind bläst zur indischen Grenze hin. … Wir haben gelacht, als der alte von der Goltz einen Dschihad, einen Heiligen Krieg, prophezeite. Aber ich denke, der törichte alte Mann mit der großen Brille hatte Recht. Uns steht ein Dschihad bevor.«[26]

Buchans Roman handelt von Spionen und Betrug. Das waren die Methoden der Deutschen, aber die Briten standen ihnen in nichts nach. Fantasie und Wirklichkeit waren eng miteinander verwoben. Eine deutsche Expedition zog durch Persien bis nach Kabul, um den Emir zu überreden, er möge eine Armee aufstellen und in Indien einfallen. Deutsche Konsuln kauften in den USA Waffen, um sie an indische Revolutionäre zu verschiffen. Ihre

Charles Townshend geht bei Kut in Gefangenschaft. Anders als seine Soldaten, von denen nur wenige das Gefangenenlager überlebten, verbrachte er den Rest des Krieges in »einer Art Landpfarrhaus«, wie er es nannte, auf einer Insel im Marmarameer.

Agenten schlichen sich in die nationalistischen Bewegungen Nordafrikas und Zentralasiens ein. Ihre Propaganda kam aus Konstantinopel und dem neutralen Bern. Aber der Heilige Krieg blieb aus. Die muslimischen Soldaten der indischen Armeeeinheiten hielten zu den Briten. Die Niederlagen von Gallipoli und Kut überschatteten einen zwar begrenzten, aber insgesamt viel wichtigeren Sieg – die erfolgreiche Verteidigung des Suezkanals gegen die Angriffe der Türken im Februar 1915 und im Juli 1916. Der wichtigste Wasserweg, der das Britische Empire im Osten mit dem im Westen verband, konnte gehalten, die Gefahr einer Revolution in Ägypten gebannt werden. Die Globalstrategie Deutschlands konnte unterlaufen werden.

Das Scheitern der Mittelmächte ist unter anderem damit zu erklären, dass die Ideologien an einem Wendepunkt angekommen waren. Die Religion, die Grundlage für einen Heiligen Krieg, verlor an Kraft, während der Nationalismus außerhalb Europas noch nicht so stark entwickelt war wie auf dem Alten Kontinent. Die Jungtürken versuchten, beide Karten zu spielen, ebenso die Deutschen. Damit aber sandten sie widersprüchliche Signale aus.

Der Erste Weltkrieg in Farbe

Aufnahmen vom Ersten Weltkrieg sind gewöhnlich in gedämpften Farbtönen gehalten, im wörtlichen wie auch übertragenen Sinne. Schwarz-Weiß-Fotografien sind Schnappschüsse von Schlamm, Regen und Kälte. Aber der Krieg wurde auch in Farbe fotografiert. Im Mai 1915 schuf die französische Armee den Service Photographiques des Armées, der für die meisten der folgenden Aufnahmen verantwortlich zeichnet. Seine Aufgabe war es, den Krieg unter Ausnutzung aller damals zur Verfügung stehenden technischen Hilfsmittel zu dokumentieren. Eines davon war das Autochrom-Verfahren, 1903 von den Gebrüdern Lumière erfunden und erstmals 1907 kommerziell eingesetzt. Einige Details des Herstellungsverfahrens sind verloren gegangen – Grundlage waren rot, grün und blau eingefärbte Kartoffelstärkepartikel, die auf eine Glasplatte aufgetragen wurden. Da die Belichtungszeit bis zu zehn Sekunden betrug, konnten nur statische Szenen oder posierende Personen aufgenommen werden. Deshalb gibt es im Folgenden keine Bewegungsaufnahmen und sind französische Motive überrepräsentiert. Nichtsdestotrotz vermitteln diese Aufnahmen ein anderes Bild vom Krieg, in dem der Himmel blau, die Wiesen grün und die Uniformen weniger grau sein können.

1. Die Tirailleurs Séné-
galais, eine afrikanische
Infanterieeinheit in Diensten der Franzosen, in
Longchamp 1913.
Die französische Armee
experimentierte seit 1911
mit weniger auffälligen
Uniformen, war aber 1914
noch nicht zu
eindeutigen Ergebnissen
gekommen.

2. Soldatengräber in Nanteuil-le-Haudoin, 4. Oktober 1914. Französische Infanterie zog in blauen Mänteln und roten Hosen in den Krieg.

3. Feldlager während der Marne-Schlacht. Einer der Soldaten trägt die neue himmelblaue Uniform, die 1914/15 nach und nach eingeführt wurde.

4. Indische Einheiten wurden im Herbst 1914 von Großbritannien an die französische Front geworfen. Die Infanterie litt schrecklich in diesem Winter und wurde im November 1915 an anderen Schauplätzen eingesetzt, aber diese Kavalleristen mussten für weitere zwei Jahre bleiben.

5. Auch die Franzosen brachten berittene Truppen aus ihrem Kolonialreich nach Europa. Hier ein Offizier mit einer Kavallerieeinheit von Spahis aus Algerien.

6. Zu den französischen Kolonialtruppen gehörten auch Männer europäischer Abstammung. Im Bild das 3. Zouaven-Regiment aus Constantine in Algerien.

7. Eine britische Aufnahme, die das Ideal der Kooperation innerhalb der Entente verkörpert: Gerard Heath, der im Oktober 1917 Kommandeur von Haigs Pioniereinheiten wurde, eingerahmt von britischen und französischen Offizieren.

8. Auch Kinderspiele und Schulunterricht wurden vom Krieg geprägt. Hier wird am 22. August 1915 in der Rue Grenata in Paris ein »Kriegsheld« dekoriert.

9. Musikkapelle in Algerien: Deutsche Kriegsgefangene belegen die Vormachtstellung Frankreichs in Nordafrika.

10. Ein 8-mm-Maschinengewehr (St. Etienne) des 114. Infanterieregiments aus Parthenay und St. Maixent in Deux-Sèvres. Das Geschütz verfeuerte starre Patronengürtel mit 24 Schuss.

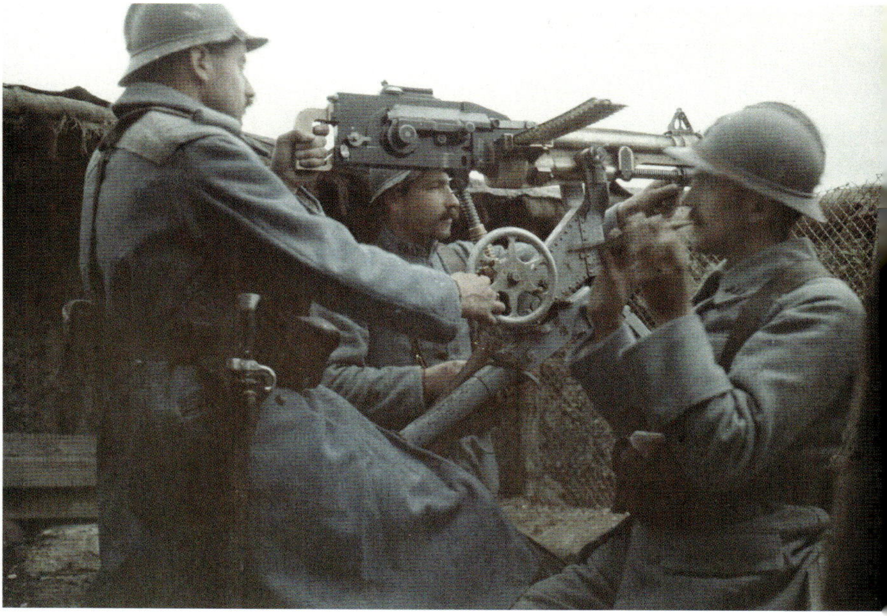

11. Ein Verbindungsgraben an einem ruhigen Frontabschnitt. Das Maultier war das wichtigste Transportmittel.

12. Unteroffiziere des Royal Flying Corps, Bestandteil der britischen Armee bis 1918. Die »Nissen-Hütte« bot beschränkten, aber stabilen Unterschlupf während beider Weltkriege.

13. Feldwebel Dia Bagou von den Tirailleurs Sénégalais. Anders als die europäischen Infanteristen trägt er Khaki. Um sein Handgelenk hat er ein als Abzeichen dienendes Armband gewickelt, eines seiner Ordensbänder weist auf eine erlittene Verwundung hin.

14. Ein schweres 155-mm-Geschütz der Franzosen in Verdun, mit einer Reichweite von 17 Kilometern. Das darüber gespannte Tarnnetz soll Entdeckung aus der Luft verhindern.

15. Ein Poilu posiert – wohl nicht nur für die Kamera! Sein Kochtopf war Teil der Kochutensilien, die für jeweils vier Mann ausgegeben wurden.

16. 1916 sandte Russland zwei Brigaden per Schiff nach Frankreich – Ausdruck seines schier unerschöpflichen Menschenpotenzials. Hier genießen die Offiziere sonniges Wetter in der Champagne, 1917 jedoch unterdrückten sie blutig die Aufstände der Mannschaften.

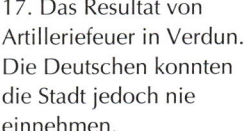

17. Das Resultat von Artilleriefeuer in Verdun. Die Deutschen konnten die Stadt jedoch nie einnehmen.

Der Islam hatte einen universellen Anspruch, der Nationalismus dagegen einen eng begrenzten. Zudem schlug der Nationalismus der Jungtürken in Imperialismus um, als er die Grenzen Anatoliens überschritt. Das brachte ihn in Widerspruch zu dem Ziel wahrer Unabhängigkeit, das die Deutschen zu propagieren suchten. Aber das wilhelminische Deutschland hing an den Rockschößen der Türkei. Es konnte nicht zu der Kraft werden, die den überseeischen Imperialismus erschütterte, wenn ihm die militärischen Mittel fehlten, seine Verheißungen in Taten umzusetzen. Briten, Franzosen und Russen taten recht daran, die Gefahr ernst zu nehmen. Dadurch vermochten sie sie abzuwenden – zumindest vorerst.

5

An einen Leichnam gekettet

Ostpreußen

>*Die Religion des moskowitischen Imperiums ist primitiv mittelalterlich, buchstäblich halb barbarisch. Seine Bauernkultur und Volkskultur überhaupt gehören demselben niedrigen Typus an – wenn sie nicht ganz und rein asiatisch sind. ... Nicht nur die Rechtsanschauungen, sondern auch alle Moral und alles soziale Gefühl gehören primitiv west- und mittelasiatischem Typus an, nicht europäischem. ... Deshalb ist Frankreichs und Englands Bündnis mit Russland gegen Deutschland und Österreich-Ungarn nicht nur ein Bündnis gegen Deutschland und Österreich-Ungarn, sondern gegen die in unzertrennlicher Weise gemeinsamen Lebensinteressen ganz Europas.*«[1]

Diese Worte veröffentlichte 1915 kein Deutscher, sondern ein Schwede, kein Konservativer, sondern ein Sozialist. 1914 einten solche Gedanken allerdings die Deutschen aller politischen Richtungen und verliehen ihnen das Bewusstsein, an der Spitze der Zivilisation zu marschieren. Sozialisten und Gewerkschafter mochten sich in Deutschland bedrängt fühlen, aber sie wussten, dass sie unter dem Stiefel der Autokratie des Zaren viel schwerer hätten leiden müssen. Die Verteidigung der politischen und materiellen Errungenschaften der Arbeiterklasse brachte sie dazu, sich jetzt schützend vor den Staat zu stellen. Als die deutschen Sozialdemokraten am 3. August 1914 zusammentraten, um ihre Haltung zum Krieg zu debattieren, gab es kein

Widerstand gegen die Einberufung kommt in Russland 1914 häufiger vor als bei der Mobilmachung in anderen Ländern. Die Bauern lassen ihre Familien und Felder nur ungern allein zurück. Trotzdem melden sich 96 Prozent der Einberufenen zum Militärdienst.

Ausweichen mehr. Deutschland stand bereits im Krieg gegen Russland und Frankreich. Die SPD beschloss, im Reichstag für die Kriegskredite zu stimmen – in der Hoffnung, sie werde konstitutionelle Reformen durchsetzen können, wenn sie sich für Zusammenarbeit statt Konfrontation mit dem Reich entschied. Aber sie tat es, ohne Bedingungen zu stellen.

Das Schicksal der Bauern von Ostpreußen bestärkte die Sozialdemokraten in ihrer Haltung. Ohne gründliche Aufklärung drang die russische Kavallerie mit ihren Spitzenverbänden auf deutsches Territorium vor. Wladimir Littauer, ein Offizier, der dabei war, bekannte später: »Auf der deutschen Seite der Grenze bot sich ein… furchterregendes Bild. Meilenweit standen Bauernhöfe, Heuschober und Scheunen in Flammen. … Wie jede Armee unter der Sonne plünderten und brandschatzten wir, wenn wir es auch später nicht zugeben wollten.«[2] Am 23. August schrieb Max Hoffmann, der Stabschef der deutschen 8. Armee, in sein Tagebuch: »Ein solcher Krieg war noch nie und wird wohl nicht wiederkehren – mit derart bestialischer Wut wird er geführt.«[3] Am selben Tag trafen Flüchtlinge in Berlin ein, die Geschichten mitbrachten von »abgeschlagenen Köpfen, verbrannten Kindern und vergewaltigten Frauen«.[4] Wie im Falle der Gräuel in Belgien übertrieben Gerüchte und später die Propaganda die Wirklichkeit. Die Berichte aus Ostpreußen beruhten auf sehr unsicherer Grundlage. Nach dem Krieg behauptete die offizielle deutsche Geschichtsschreibung, die Russen hätten binnen vier Wochen 1620 Zivilpersonen getötet. 1915 war dagegen von nicht mehr als 101 getöteten Zivilisten die Rede gewesen. Und es gibt auch keine Belege dafür, dass das russische Oberkommando bei dieser Invasion, wie in Belgien und Serbien geschehen, bewusst Terror gegen die Zivilbevölkerung einsetzte, um jeden Widerstand im Keim zu ersticken. »Der Wille des Kaisers aller Reußen ist«, ließ der Befehlshaber der 1. russischen Armee, Paul Rennenkampff, durch Anschlag bekannt machen, »die friedlichen Einwohner zu schonen.«[5] Die Russen hatten jedoch vor dem Krieg keine Vorkehrungen für den Nachschub getroffen, der bei ihrem Vormarsch auch prompt zusammenbrach. Sie verlegten sich aufs Plündern, und was nicht mitgenommen werden konnte, wurde zerstört. Wie überall gebar auch hier der Bewegungskrieg seine eigenen Schrecken.

Die Bosnienkrise von 1908/09 hatte Russland überzeugt, dass Österreich nicht ohne deutsche Unterstützung in den Krieg ziehen werde. Damit war aber das Problem nicht gelöst, wie es seine Truppen einsetzen sollte. Als sich Russland 1890 zum ersten Mal mit Frankreich verbündet hatte, erwartete es den ersten Schlag Deutschlands im Osten und erst den zweiten im Westen. Der französische Verbündete sollte Russland den Rücken freihalten, während es gegen Österreich-Ungarn kämpfte. Die russische Niederlage gegen Japan 1904/05 und die darauf folgende Revolution wirkten sich in zweierlei Hinsicht aus. Zum ersten konzentrierte Russland seine Streitkräfte nun in der Mitte des Landes, um auf Gefahren aus Asien und Europa gleichermaßen reagieren zu können. Polen, Russlands westlichstes Territorium, das von Deutschland im Norden und von Österreich-Ungarn im Süden eingeschlossen werden konnte, wurde seinem Schicksal überlassen. Zum Zweiten erlaubte es die Schwäche Russlands dem deutschen Generalstab, den Erstschlag der deutschen Truppen gegen Frankreich zu planen, bevor sie sich gegen Russland wandten. Damit hatten sich die Dinge umgekehrt. Nun war es für Frankreich wichtig, dass Russland Deutschland im Osten so rasch wie möglich angriff, um den deutschen Druck im Westen zu verringern.

1911 hatte der französische Generalstab die russische Armee gebeten, am fünfzehnten Tag der Mobilmachung gegen das deutsche Heer loszuschlagen. Das war ein problematisches Ansinnen. Russlands Eisenbahnnetz reichte nicht aus, um bei der Größe des Landes die Mobilmachung so rasch abzuschließen. Dazu kam die Tatsache, dass in Polen keine russischen Truppen standen. Außerdem war der von Russland 1910 aufgestellte Kriegsplan, der sich stärker gegen Deutschland als gegen Österreich-Ungarn richtete, grundsätzlich defensiver Natur. Zwar hatte Russland von 1910 bis 1914 seine Transportkapazität nach Westen von 250 auf 360 Eisenbahnzüge pro Tag erhöht, aber am fünfzehnten Kriegstag war erst die Hälfte seiner Infanterie mobilisiert, waren nur 27 von 114 Divisionen zusammengezogen. Bereits 1912 hatte der Stabschef des Militärbezirks Kiew, Michail W. Alexejew, darauf hingewiesen, dass die österreichisch-ungarische Armee in Galizien leichter zu schlagen sei als die deutsche und man sie über den Oberlauf der Weichsel in Polen hervorragend im Rücken und von der Flanke her angreifen könne. Das setzte aber voraus, dass die Franzosen dem Druck Deutschlands standhielten. Das Ergebnis war ein Kompromiss. 1912 gab es den russischen Kriegsplan in zwei Varianten – Fall A, wenn Österreich-Ungarn mit drei oder gar vier Armeen aufmarschierte, und Fall G, wenn Deutschland zwei Armeen einsetzte. 1914 traten beide Varianten in Kraft. Zwei Armeen wurden in Reserve gehalten, die dann die Grundlage für eine dritte Variante bildeten. Dabei sollten Erfolge im Süden gegen Österreich-Ungarn in Galizien und im Norden gegen die Deutschen in Ostpreußen die Flanken des russischen Frontvorsprungs in Polen sichern. Ein Vorstoß von dort auf Posen würde den direkten Weg nach Berlin öffnen. In dieser zweiten Phase sollten Szenario A und Szenario G miteinander verschmelzen. Diese Aussichten beeindruckten den hochgewachsenen Onkel des Zaren, den Großfürsten Nikolai, außerordentlich, als dieser bei Kriegsausbruch den Oberbefehl über die Armeen erhielt.

Die Geografie diktierte an der russisch-deutschen Grenze eine defensive Kriegführung. Davon gingen beide Seiten aus. Diese Vorstellung hatte die russischen Autoritäten veranlasst, in der Region südlich von Ostpreußen keine Straßen und Eisenbahnstrecken anzulegen. Nun aber musste die 2. russische Armee aus dieser Richtung aufmarschieren, wenn sie die 8. Armee der Deutschen umfassen und ihr den Rückzug über die untere Weichsel abschneiden wollte. Die Masurische Seenplatte, die den mittleren und südöstlichen Grenzabschnitt auf über hundert Kilometern abschirmte, trennte zugleich die 2. Armee von ihrer Partnereinheit, der 1. Armee, die die Deutschen an einer Front von den Seen bis zur befestigten Stadt Königsberg (heute: Kaliningrad) binden sollte. Als die 2. Armee vorrückte, zog sich ihre Front nach links und rechts weit auseinander. Der linke Flügel, getrieben von den Zielen der dritten Variante des Großfürsten Nikolai, stieß weit auf deutsches Gebiet bis zur Weichsel vor. Der rechte suchte Kontakt zur 1. Armee herzustellen. Diese wehrte die Deutschen am 20. August bei Gumbinnen und am Fluss Angerapp ab, bis der russische General Paul Rennenkampff eine Pause zur Konsolidierung und zur Versorgung mit Nachschub verkündete. Damit konnte sich die deutsche 8. Armee vom Feind lösen. Am 23. August sah sich die russische 1. Armee nur noch mit einer einzigen deutschen Kavalleriedivision konfrontiert.

Während der Schlacht von Gumbinnen erhielt der Befehlshaber der deutschen 8. Armee, Maximilian von Prittwitz und Gaffron, einen Bericht der Luftaufklärung darüber, dass Teile der russischen 2. Armee bereits in Mława stünden. Prittwitz reagierte panisch. Am 20. August um 19 Uhr befahl er der 8. Armee, sich zur Weichsel zurückzuziehen. Das war eine un-

Die Deutschen errichten Verteidigungsstellungen, um die natürliche Barriere, die die Masurischen Seen für Ostpreußen bilden, auszubauen. Aber ihre Siege erringen sie im Bewegungskrieg.

überlegte Aktion. Die Russen standen bereits näher an der Weichsel als er, und der Rückzug änderte nichts an seiner Lage. Außerdem bedeutete das, deutsches Staatsgebiet aufzugeben. Dem viel gepriesenen deutschen Heer stand es schlecht zu Gesicht, die eigenen Bürger der russischen Besatzung auszuliefern. Dazu hatte Prittwitz' Vorgesetzter, Generalstabschef Moltke, ihm stets gesagt: »Wenn die Russen kommen, dann nicht nur Verteidigung, sondern Angriff, Angriff, Angriff.«[6]

Diese Orientierung war nicht so absurd, wie das rein zahlenmäßige Kräfteverhältnis vermuten ließ. Die Deutschen verfügten über 158 Bataillone Infanterie, 78 Schwadrone Kavallerie und 774 Geschütze. Ihnen stand eine russische Streitmacht von 354 Bataillonen Infanterie, 331 Schwadronen Kavallerie und 1428 Geschützen gegenüber. Außerdem hatte die russische Armee aus dem Krieg in der Mandschurei frische Kampferfahrung. Für das deutsche Heer dagegen war dies der erste Krieg nach über vierzig Jahren. Aber der deutsche Generalstab hatte in Ostpreußen seine Stabsübungen und Manöver durchgeführt. Er kannte die Gegend, und Schlieffen hatte gelehrt, dass die Masurischen Seen bei Verteidigungskämpfen Operationen auf eigenem Gebiet erlaubten. Mit anderen Worten: Die Seen trennten die russischen Einheiten voneinander, während das Eisenbahnnetz auf der deutschen Seite es den Truppen ermöglichte, sich auf kurzem Weg von Nordost nach Südwest umzugruppieren.

Max Hoffmann und der Quartiermeister der 8. Armee, Oberst Grunert, nahmen es auf sich, Prittwitz davon zu überzeugen, dass »es nötig sein würde, den Vormarsch der Warschauer Armee aufzuhalten, und zwar am besten durch einen Offensivstoß gegen den linken Flügel dieser Armee«.[7] Korps I am linken Flügel der deutschen Front bei Gumbinnen sollte per Eisenbahn zu Korps XX am rechten Flügel gebracht werden, das dem linken Flügel der russischen 2. Armee gegenüberstand. Die anderen beiden Korps von Gumbinnen sollten direkt nach Westen gegen den rechten Flügel der 2. Armee marschieren. Prittwitz konnte schließlich überzeugt werden, aber sein Sinneswandel kam zu spät, um seine Karriere zu retten. Moltkes Hauptquartier in Koblenz hatte inzwischen Kontakt zu allen Korpskommandeuren von Prittwitz aufgenommen, und keiner hatte sich für den Rückzug zur Weichsel ausgesprochen. Daraufhin entließ Moltke Prittwitz und dessen Stabschef. An ihrer Stelle setzte er einen pensionierten Veteranen des Krieges gegen Österreich von 1866 ein, den siebenundsechzigjährigen Paul von Hindenburg, und als dessen Stabschef Erich Ludendorff. Dieser war unter

Moltke Chef der Planungsabteilung des Großen Generalstabs gewesen, hatte aber seinen Posten verloren, als er sich offen für die volle Wehrpflicht aussprach und damit die Konservativen gegen sich aufbrachte. Er war ein Karrierist bürgerlicher Herkunft und ließ sich weniger von Treue zum Kaiser als von seinen eigenen Ambitionen leiten. Dazu Hoffmann: »Er ist für die hiesige Aufgabe der richtige Mann mit einer unglaublichen Rücksichtslosigkeit und Grobheit.«[8]

Ludendorffs Fähigkeit zur Selbstdarstellung hatte ihm bereits den Ruhm für den Fall von Lüttich eingebracht. Dort hatte er mit fliegenden Fahnen die ungeschützte Zitadelle eingenommen, nicht aber die Festungswerke, die die Stadt umgaben und dafür sorgten, dass Lüttich fünfmal länger standhielt als die achtundvierzig Stunden, die Ludendorff vorausgesagt hatte. Jetzt war ihm das Glück wiederum hold. Er konnte ein Manöver ausführen, das andere geplant hatten. Der Siegeslorbeer sollte Hindenburg und wiederum ihm zufallen.

Eine wichtige Aufgabe Hindenburgs bestand damals und während des ganzen Krieges darin, seinen ehrgeizigen Untergebenen im Zaum zu halten. Ludendorff bereitete Sorgen, dass Rennenkampff wieder vorrücken könnte. Deshalb verzögerte er die Ankunft der beiden zu verlegenden Korps um einen Tag. Damit sollte die russische 2. Armee dazu verlockt werden, weiterzumarschieren, ihre Front noch mehr auseinander zu ziehen und sozusagen den Sack größer zu machen, in den sie dann hineinfiel. Ihr Kommandeur, General Alexander Samsonow, der keine direkte Verbindung zu Rennenkampff hatte und daher von dessen langsamem Vormarsch nichts wusste, ließ sich von der Aussicht auf Erfolg verführen. Am Abend des 26. August lud er die Militärattachés der Alliierten zu einem Diner ein. »Als wir anfangen wollten, schickte er Postowski seinen Säbel holen, denn man befinde sich jetzt in Feindesland und müsse stets bewaffnet sein. ... Als das Essen in vollem Gange war, gab es einen dramatischen Zwischenfall. Ein Offizier brachte ein Telegramm herein ... und erklärte, der Kommandierende General des ersten Korps verlange den Armeebefehlshaber oder den Stabschef am Telefon. General Postowski setzte sich den Kneifer auf und las das Telegramm. Dann schnallten sich er und General Samsonow die Säbel um, verabschiedeten sich vom Kommandanten und stürzten davon.«[9]

Samsonow wurde vom Essen durch Berichte aufgeschreckt, Korps I der Deutschen sei an seiner linken Flanke aufgetaucht. Dessen Kommandeur hatte sich zu Ludendorffs Ärger geweigert, nach seinem Befehl bereits am

Morgen des 26. August in Aktion zu treten. Als er dann am 27. endlich vorrückte, war der Kreis um die Russen noch enger gezogen. Auf Samsonows rechter Flanke begannen die beiden deutschen Korps die Feindseligkeiten justament, als er sich zu dem Abendessen niederließ.

»Als wir mit der Spitze [der deutschen Marschkolonne] aus dem infamen Walde heraus wollten, hagelte plötzlich ein Schauer von Infanteriefeuer auf uns nieder«, schrieb ein Augenzeuge. »Oberstleutnant Schulz kriegte eine Kugel in die Schläfe und fiel wie ein Brett um, aber er kam bald wieder zu sich, schimpfte fürchterlich und verlangte nach einer Zigarette. Inzwischen hatten wir gleich Artillerie aus dem Walde vorgezogen, und das russische Pack wich bald unter Zurücklassung von einer Menge Gewehren und Gepäck in die Finsternis zurück, aus der es aufgetaucht war. Nun war es glücklich Mitternacht geworden, stockfinster und gar nicht daran zu denken, daß man noch hätte Biwak beziehen können. ... So duselte man im Halbschlaf dem Morgengrauen entgegen. Endlich wurde es hell, und da zeigte es sich, dass der Gegner sich in voller Flucht auf Ortelsburg befand.«[10]

Zwar erkannten die Russen, dass die Situation sich am 27. August rapide veränderte, aber Samsonow unterschätzte weiterhin die Stärke der deutschen Truppen, die gegen ihn vorrückten, und gab daher Befehle, die die missliche Lage der 2. russischen Armee eher verschärften als erleichterten. Als sich seine Armee am 29. August in den Wäldern verstreute und seine Befehlsgewalt wegen mangelnder Aufklärung und Kommunikation zusammenbrach, wurde er sich der wirklichen Lage bewusst. Samsonow ging in den Wald und erschoss sich. Am 31. August hatten die Deutschen 92 000 Gefangene gemacht und fast 400 Geschütze erbeutet. 50 000 Russen waren tot oder verwundet.

Dieses Unterlegenheitsgefühl gegenüber deutschen Truppen im Unterschied zu denen Österreich-Ungarns wurden die Russen während des gesamten Krieges nicht mehr los. Die Deutschen gaben ihrem Sieg voller Rachsucht den Namen des Dorfes Tannenberg, wo die Polen 1410 die Ritter des Deutschen Ordens geschlagen hatten. Die Symbolik dieser Schlacht war wichtiger als ihre strategische Bedeutung. Man benutzte den unerwarteten Sieg im Osten, um zu verdecken, dass es im Westen, wo man ihn dringend gebraucht hätte, nicht voranging. Hindenburg und Ludendorff wurden zu Nationalhelden – mit enormen langfristigen politischen Folgen für das Deutsche Reich, das sich in einem prekären inneren Zustand befand. Diese Männer waren für die Innenpolitik des wilhelminischen Deutschland nun das, was Napoleon Bonaparte für das revolutionäre Frankreich gewesen war.

Der Erfolg überzeugte sie, dass dieser Krieg an der Ostfront zu gewinnen sei. Sie war zweimal so lang wie die Westfront. Die Truppen mussten weiter auseinander gezogen werden, was ein größeres Manövrierfeld zur Folge hatte. Hindenburg und Ludendorff sahen in Tannenberg den Beweis dafür, dass Schlieffens Lehre richtig war. Die Antwort auf die taktischen Unwägbarkeiten des modernen Schlachtfeldes hieß Umfassung. Was bei Tannenberg mit Pragmatismus und dem Ausnutzen von Zufällen erreicht wurde, geriet nun zum Dogma. Realität war aber, dass eine Massenarmee mit ihrem Bedarf an Nachschub und ihrer Artillerie für den Vormarsch ein funktionierendes Netz von Straßen und Eisenbahnen zur Verfügung haben musste. »Die Deutschen«, erinnerte sich später ein russischer Gardeoffizier, »hatten eine Versorgungslinie für jedes Korps und manchmal sogar für jede Division. ... Die russische Armee dagegen musste eine ganze Armee von drei oder vier Korps über eine Linie versorgen. ... Verkehrsstaus beeinträchtigten den Nachschub der Armee und den Abtransport der Verwundeten, verhinderten, dass Reserven rechtzeitig herangeführt werden konnten.«[11] Als das deutsche Heer aber außerhalb von Deutschlands Grenzen operieren musste, unterlag es den gleichen Zwängen wie die russische Armee. Das ist genau der Grund dafür, weshalb Schlieffen die Orientierung seiner Vorgänger auf einen Krieg im Osten aufgegeben und der deutschen Westfront größere Aufmerksamkeit geschenkt hatte.

Tannenberg war ein Sieg der Verteidigung. Unmittelbar darauf trieb die 8. Armee in der Schlacht bei den Masurischen Seen Rennenkampff über die russische Grenze zurück. Ostpreußen war damit wieder sicher. Aber die Deutschen hatten Österreich nicht die gewünschte Hilfe geleistet. Sie hatten eine russische Invasion abgewehrt, aber die Masse der russischen Truppen nicht von der österreichisch-ungarischen Front abgelenkt. Sie hatten Samsonow zwar eine gewaltige Niederlage beigebracht, doch den Plan des Großfürsten Nikolai nicht durchkreuzt, Polen als Sprungbrett für einen Einfall in Schlesien zu benutzen.

Anfang September forderte Conrad von Hötzendorf das Siedlitz-Manöver auszuführen und das russische Polen von Norden und von Süden her einzuschließen. Der Gedanke war für Hindenburg und Ludendorff in zweifacher Hinsicht verlockend: Damit konnte ihr auf Schlieffen beruhendes Operationskonzept bestätigt und erneute Gefahr von deutschem Gebiet abgewendet werden. Aber die Verbündeten marschierten inzwischen nicht mehr im Gleichschritt. Denn Conrad von Hötzendorf hatte auf einen Plan gesetzt, zu dem seine eigene Armee kaum etwas beitragen konnte. Sie zog sich gerade in heller Auflösung zurück. Mitte September benötigte er dringend direkte Unterstützung und nicht irgendeinen auf der Karte entworfenen ehrgeizigen Plan, der dazu gedacht war, die ganze Ostfront mit einem Schlag aufzurollen.

Da ließ der Druck auf die österreichisch-ungarischen Armeen etwas nach. Niemand machte sich Gedanken darüber, was die Russen im Schilde führten. Die beiden Verbündeten konnten nun gemeinsam bis zur Weichsel vorrücken. Am 9. Oktober war Przemyśl gerettet – ein trügerischer Erfolg. Großfürst Nikolai zog jenseits der Weichsel drei Armeen zusammen, um selbst in Polen einzufallen. Er wollte nicht nur Frankreich direkte Unterstützung geben, sondern auch den russischen Sieg in Galizien konsolidieren und ausbauen. Auch er plante ein großes Umfassungsmanöver, und die Deutschen gingen prompt in die Falle. »Am 11. Oktober«, schrieb August von Mackensen, dessen Korps auf Warschau marschierte, »änderte sich aber die bisherige Vorstellung der operativen Gesamtlage von Grund auf. Ein auf dem Gefechtsfelde bei Grojec erbeuteter russischer Befehl ... ließ die Absichten der obersten russischen Führung und die Verteilung der Kräfte an der ganzen Weichselfront erkennen.«[12] Die Deutschen mussten sich zurückziehen, wofür sie den Österreichern und nicht etwa dem Versagen der eigenen Aufklärung die Schuld gaben. Przemyśl geriet erneut unter Belagerung. Doch das Umfassungsmanöver der Russen gelang nicht, und ihre Armee hatte abermals mit Transportschwierigkeiten zu kämpfen.

Ostfront gegen Westfront

Am 30. Oktober reiste Ludendorff nach Berlin, um Erich von Falkenhayn zu treffen. Nominell war dieser noch Kriegsminister, aber seit Moltkes Blamage an der Marne übte er de facto auch die Funktion des Generalstabschefs aus. Falkenhayn hatte die Gunst des Kaisers, was in den folgenden Monaten entscheidendes Gewicht erlangen sollte. Gut aussehend und mit seinen dreiundfünfzig Jahren für einen deutschen General noch jung, hatte er eine ganz andere Karriere hinter sich als die Offiziere des Generalstabs, denen er nun vorstand. Während diese durch Schlieffens Schule gegangen waren, hatte er

Falkenhayn, vierter von rechts, führt die 9. deutsche Armee im Herbst 1916 beim Einmarsch in Rumänien. Wie schnell und umfassend er den Sieg erringt, straft jene Lügen, die seine Fähigkeiten als Befehlshaber infrage stellen.

in China gedient – stark beeindruckt von der maritimen und imperialen Macht Großbritanniens. Hier schlug für ihn das Herz der Entente, gegen das sich die deutsche Strategie vor allem richten musste. Da er aber bisher von der ganz eigenen Welt der operativen Planung, der Stabsübungen und Kartenmanöver ausgeschlossen war, musste er sich auf diesem Feld erst noch beweisen. Auf das Desaster an der Marne hatte er zunächst mit dem ganzen Eifer eines treuen Schlieffen-Schülers mit neuen Umfassungsmanövern zu reagieren versucht. Diese wurden eines nach dem anderen von den französischen und britischen Truppen zurückgeschlagen, die stets von neuem Einheiten zusammenzogen, um ihre Flanke nach Norden auszudehnen und so die Deutschen daran zu hindern, ihnen in den Rücken zu fallen. Als Ludendorff und Falkenhayn zusammentrafen, wurden gerade die letzten Gefechte dieses Szenarios ausgetragen. Bei Ypern (Ieper/Ypres), der alten flämischen Stadt, die mit ihren Befestigungen die Kanalhäfen schützte, waren heftige Hinhalteschlachten im Gange.

In Deutschland wurden gerade sechs neue Korps aufgestellt, und Ludendorff schien auf Falkenhayns Wunsch einzugehen, sie nach Ypern zu schicken. Falkenhayn hatte seinerseits offenbar Verständnis für Ludendorffs Drängen, im Osten Umfassungsschlachten zu führen. Das Erbe Schlieffens führte auf beiden Seiten zu Irrtümern: Auf strategischer Ebene räumte Ludendorff ein, dass die Westfront Vorrang vor der Ostfront haben musste. Taktisch dagegen kam Falkenhayn zu dem Schluss, dass große Siege eher im Osten zu erwarten waren. Die Ostfront hatte die doppelte Länge der Westfront, die Armeen waren weit verstreut über ein weniger urbanisiertes Gebiet, es gab größere Manövrierräume. Nach dieser Begegnung wurde Hindenburg am 1. November zum Oberbefehlshaber aller deutschen Truppen an der Ostfront und Ludendorff zu seinem Stabschef ernannt. *Ober-Ost*, wie das neue Kommando nun hieß, hatte zwei Aufgaben zu erfüllen. Es sollte in Polen einen Gegenangriff starten, während Falkenhayn die Kämpfe bei Ypern fortsetzte. Und es sollte ein Gegengewicht zum österreichischen Oberkommando darstellen. Conrad von Hötzendorf lastete den Misserfolg in Polen Hindenburg und Ludendorff an und stellte die absurde Forderung, dreißig deutsche Divisionen an die Ostfront zu schicken. Diese Kluft zwischen Fantasie und Wirklichkeit in Conrad von Hötzendorfs Denken führte dazu, dass Falkenhayn nicht mehr der Einzige war, der ihn in die Schranken zu weisen trachtete. Selbst Kaiser Franz Joseph wollte nun, dass er ging.

Die Bildung von *Ober-Ost* gab jedoch Falkenhayns Kritikern in Deutschland neuen Auftrieb, statt sie zu besänftigen. Am 3. November, kaum zwei Tage später, wurde aus den gegenseitigen Missverständnissen zwischen Falkenhayn und Ludendorff offene Feindschaft, die sich in den folgenden achtzehn Monaten vertiefen und die deutschen Strategen spalten sollte. Ludendorff leitete aus dem begrenzten Auftrag von *Ober-Ost* eine große Umfassungsschlacht ab. Diese kulminierte in heftigen Winterkämpfen um Łódź in Polen. Ludendorff verlangte mehr Truppen. Aber am 4. November startete Falkenhayn, nun auch offiziell zum Generalstabschef ernannt, neue Vorstöße bei Ypern. Sie schlugen fehl, und Deutschland verlor dabei 80 000 Mann. Falkenhayn richtete daraufhin seine Strategie jedoch nicht an den Fronten aus, wo taktische Erfolge möglich waren. Stattdessen propagierte er, Deutschland sollte jede Hoffnung auf einen Gesamtsieg aufgeben. Für zwei konservative Monarchien sei es absurd, sich in einem Krieg zu bekämpfen, der nur Großbritannien, ihrem Rivalen auf lange Sicht, nützen konnte. Daher sollte Deutschland einen Separatfrieden mit Russland anstreben, um all seine Kraft auf den Westen konzentrieren zu können.

Derartiger Pragmatismus war im November 1914 gleichbedeutend mit Verrat. Der Staatssekretär im Auswärtigen Amt, Arthur Zimmermann, war entsetzt. Er sah strategisch auf dem Balkan und in der Türkei die Crux der Kriegsanstrengungen der Mittelmächte. Dort lag ihr Weg in die Welt, dort konnten sie die Entstehung einer feindlichen Balkanliga verhindern und damit sowohl Großbritannien als auch Russland ein Schnippchen schlagen. 1915 sollte er zu jenen in Berlin gehören, die das Geschehen um Gallipoli mit Sorge verfolgten. Solchen Argumenten konnten sich die Österreicher kaum verschließen, denn darum war es in der Juli-Krise gegangen. Nur vertrat Conrad von Hötzendorf die Meinung, dass die Lösung der Balkanprobleme der Doppelmonarchie an der Ostfront lag. Man musste Russland besiegen und die Schlange töten, dann starb die Brut im Nest von allein ab. *Ober-Ost* hatte also starke Verbündete. Nicht einmal Kanzler Bethmann Hollweg stand auf Falkenhayns Seite. Zwar sah er die Logik in Falkenhayns Überlegungen durchaus, war aber der Meinung, man könne die Russen leichter an den Verhandlungstisch bringen, wenn man sie zuvor gründlich geschlagen habe. Außerdem stieß ihn wie viele andere hohe Offiziere Falkenhayns Pessimismus ab. So wurde Deutschlands Chance, eine vernünftige Strategie zu formulieren – ein Pakt zwischen Falkenhayn und Bethmann Hollweg –, vertan. Bethmann Hollweg, den viele britische Beobachter jener Zeit für einen verkappten Liberalen hielten, gab sich Hindenburg und Ludendorff in die Hand.

Die Debatte zwischen »Westlern« und »Ostlern« in Deutschland war viel reeller als die zwischen Militärs und Politikern, die in Großbritannien unter gleichem Namen lief. Letztere spielte sich vor allem in den späteren Memoiren der Akteure ab. Erstere machte jedoch jede Hoffnung auf politische Reformen im Lande zunichte und orientierte es auf einen totalen Sieg, den es nicht erreichen konnte. Hätte Deutschland stärkere Verbündete gehabt als das Osmanische Reich, vor allem aber als Österreich-Ungarn, wäre der Konflikt nie in diesem Maße eskaliert. Da sie aber so schwach waren, musste Deutschland ihnen ständig zu Hilfe eilen und konnte sich nicht eindeutig auf die Westfront konzentrieren.

Am 25. November 1914 realisierte Falkenhayn die Niederlage bei Ypern. Die deutschen Armeen im Westen erhielten den Befehl, alle Operationen einzustellen und sich auf absehbare Zeit tief einzugraben. Er hatte jedoch durchaus nicht die Absicht, den Stellungskrieg nur um seiner selbst zu führen. Dieser war für ihn vielmehr Mittel zum Zweck – Truppen für einen anderweitigen Einsatz frei zu bekommen. Konsequente Verteidigung im Westen bedeutete, die Stellungen mit geringeren Kräften halten zu können. Im Februar 1915 wurden die deutschen Truppen im Westen umstrukturiert: eine Division bestand jetzt nicht mehr aus vier, sondern nur noch aus drei Infanterieregimentern. Mit dieser Kombination taktischer und organisatorischer Überlegungen wurde eine strategische Reserve geschaffen, die man andernorts für mobile und offensive Operationen verwenden konnte.

Für Falkenhayn stand noch nicht fest, dass diese Operationen im Osten erfolgen mussten. Und auch als er dies im März 1915 einräumte, schwenkte er dennoch nicht auf die Pläne von *Ober-Ost* ein. Hindenburg und Ludendorff träumten davon, im Nordwesten Russlands massive Umfassungsschlachten zu schlagen und die baltischen Staaten zu erobern. Falkenhayn setzte andere Prioritäten. Er wollte Österreich-Ungarn stützen und vor allem Serbien ausschalten. Mit einem solchen Erfolg waren möglicherweise die neutralen Staaten auf dem Balkan umzustimmen, war vielleicht sogar der nominelle Verbündete der Mittelmächte, Italien, zu bewegen, seine Verpflichtungen zu erfüllen. Aber Conrad von Hötzendorf konnte sich nicht dem Balkan zuwenden, solange die Russen ihn in den Karpaten so stark bedrängten.

Falkenhayns politische Urteilskraft zeigte sich nicht nur darin, welche Aufmerksamkeit er den möglichen diplomatischen Konsequenzen eines militärischen Erfolges widmete, sondern auch in seiner Lösung der Frage des Befehlshabers. Die Idee für die folgende Offensive war österreichisch, aber die Ausführung deutsch. Zum Aktionsraum wurde das Gebiet zwischen Gorlice und Tarnów in Galizien erwählt, wo Eisenbahnlinien zur Verfügung standen und die Front nicht sofort auf Flussläufe stieß. Hier hatte Conrad von Hötzendorf das Sagen. Er meinte, vier deutsche Divisionen reichten für den Vorstoß aus, aber Falkenhayn bot ihm vier Korps an. So entstand zum ersten Mal in diesem Krieg eine gemeinsame österreichisch-deutsche Heeresgruppe. Als Befehlshaber setzte Falkenhayn August von Mackensen, einen Deutschen, ein, womit er nicht nur Conrad von Hötzendorf, sondern auch Hindenburg und Ludendorff überging. Dieser Schritt wurde ihm von keiner Seite verziehen. »Ich kann nur lieben oder hassen«, erklärte Ludendorff gegenüber Groener, »und den General von Falkenhayn hasse ich.«[13]

Der große Rückzug

Ober-Ost wurde in mehrfacher Hinsicht ausmanövriert. Mackensens Stabschef war Hans von Seeckt. »Es ist überhaupt nicht wichtig, wo Mackensen und die Bug-Armee durchbrechen«, kommentierte Falkenhayn spätere Operationen, »Hauptsache, sie brechen irgendwo durch.«[14] Unter den Bedingungen des Schützengrabenkrieges war der Durchbruch, nicht die Einschließung die Hauptmethode. Diese hatte Seeckt im Dezember 1914 bei Soissons an der Westfront vervollkommnet. Entscheidend war der Einsatz der Artillerie – ein überraschender, kurzer Beschuss, der den Gegner nicht vernichten, sondern eher betäuben sollte und weniger Munition erforderte. Bei Gorlice und Tarnów zogen die Mittelmächte 334 schwere Geschütze gegenüber vier russischen zusammen, 1272 Feldgeschütze gegenüber 675 russischen und 96 Mörser, von denen es auf der Gegenseite keinen einzigen gab. Das war die höchste Konzentration von Feuerkraft in diesem Krieg: etwa alle 130 Meter ein schweres Geschütz und alle 45 Meter ein Feldgeschütz. Die Deutschen und Österreicher konnten die russischen Stellungen einsehen und das Feuer direkt leiten. Zum Erfolg trug auch die Schwäche der russischen Befestigungsanlagen bei, die einem Vergleich mit denen im Westen nicht standhielten: Die Gräben boten keinen Schutz von oben, und die Stellungen, die nur aus drei Reihen Schützengräben bestanden, waren nicht tief gestaffelt.

Am 1. Mai begann die Artillerie mit ihren Vorbereitungen. In den frühen Morgenstunden des 2. Mai rückten deutsche Patrouillen aus, um Schwachstellen zu erkunden und Stacheldrahtverhaue beiseite zu räumen. Um 6 Uhr morgens setzte schwerer Beschuss ein. Um 7 Uhr stießen zwei Bataillone aus Hauptmann von Loebells Garderegiment vor und besetzten eine Stellung, die die Russen aufgegeben hatten. Um 10 Uhr begann die Artillerie entferntere Ziele zu beschießen, um russische Verstärkung am Vorrücken zu hindern. Loebell berichtete: »Die Verteidiger, die unter unserem Artilleriefeuer wenig gelitten hatten, waren an und für sich auf den Sturm vorbereitet, aber sie hatten geglaubt, daß die Sturmkolonnen aus der Stellung hervorbrechen würden, da sie von unserer Bereitstellung nichts gemerkt hatten. Als wir nun plötzlich den Hang herauf kamen, waren sie vollständig überrascht und feuerten zu hoch, dadurch waren unsere Verluste erfreulicherweise gering. Meine Kompanie verlor nur, trotz erheblichen Maschinengewehr-Abwehrfeuers, drei Mann tot und vier verwundet. ... Wir gewannen 6 Kilometer Gelände.«[15] Binnen zwei Tagen waren die österreichisch-deutschen Truppen durchgebrochen, und nach einer Woche hatten die Russen 210 000 Mann verloren. 140 000 von ihnen gingen in Gefangenschaft. Ihre gesamte Karpatenfront war nun aus den Angeln gehoben, und die Russen mussten auf einer Breite von 160 Kilometern zurückweichen. Przemyśl wurde am 3. Juni und Lemberg am 22. Juni zurückerobert. Mackensen und Seeckt, nicht Hindenburg und Ludendorff waren die erfolgreichste Paarung des deutschen Heeres im Ersten Weltkrieg.

Falkenhayn verfolgte hier jedoch nur begrenzte Ziele, weil er sich rasch gegen Serbien wenden wollte. Aber sein Überraschungserfolg ließ die Hoffnung auf einen Separatfrieden mit Russland wieder aufleben. Im Norden überrannte Hindenburg die baltischen Staaten. Damit hielt er Gorlice-Tarnów den Rücken frei, sah aber auch die Chancen für ein großes Umfassungsmanöver wachsen. Falkenhayn akzeptierte schließlich eine weniger ehrgeizige Operation mit Polen als Mittelpunkt. Die Offensive begann am 13. Juli. Am 5. August marschierten deutsche Truppen in Warschau ein. Mitte des Monats überschritten sie den Bug und nahmen am Monatsende die befestigten Städte Grodno und Brest-Litowsk. Wilna (heute: Vilnius) fiel am 19. September. Die russischen Verluste waren seit Mai auf 1,4 Millionen Mann angewachsen.

Über die Hälfte davon ging in Gefangenschaft. Dieses Phänomen des Sommers 1915 setzte sich über den ganzen Krieg hinweg fort. In einer großen Schlacht an der Westfront teilten sich die Verluste in ein Drittel Tote, ein Drittel Verwundete und ein Drittel Gefangene. Während des gesamten Krieges war dort der Anteil der Gefangenen wesentlich geringer. Da die Ostfront stärker im Fluss war, wurden dort mehr Gefangene gemacht. Das Profil der Verluste Russlands sagt aber auch etwas über die Moral seiner Armee aus. Vor dem Krieg hatte die Streikbewegung im Land einen Aufschwung erlebt. Sie erreichte ihren Höhepunkt im Juli 1914, wobei die Arbeitsniederlegungen zahlreicher und zunehmend politischer wurden. Konservative warnten bereits, ein Krieg könnte eine Revolution auslösen. Die Erfahrungen der Mobilmachung schienen dann derartige Befürchtungen Lügen zu strafen: »Als die Nachricht vom Kriege kam, endeten die revolutionären Unruhen wie auf den Wink eines Zauberstabs.« In Petrograd (wie Sankt Petersburg inzwischen hieß) »wurden die Arbeiter von patriotischer Begeisterung für das Militär erfasst ... Sie jubelten uns zu, als wir an

Die Deutschen rücken zum ersten Mal am 30. April 1915 in Šiauliai (Schaulen) in Mittellitauen ein, müssen sich aber am 11. Mai wieder zurückziehen und nehmen die Stadt endgültig erst am 21. Juli. Die baltischen Staaten, die nicht russisches Kernland waren, sollten kulturell germanisiert werden.

den Fabriken vorbeimarschierten.«[16] Sechsundneunzig Prozent der Reservisten meldeten sich zum Dienst – ein Anteil, der dem in Frankreich kaum nachstand. Aber wie in Frankreich war dieser zur Schau gestellte Enthusiasmus im Wesentlichen in den Städten zu finden. 1914 bestanden alle wichtigen Armeen Russlands jedoch überwiegend aus Bauern. Deren Loyalität war eher regional als national geprägt. Sie hatten die Ernte einzubringen und ihre Familien zu ernähren. Die Mobilmachung führte in neunundvierzig von hundertundeinem Gebieten *(Oblast)* des europäischen und asiatischen Teils von Russland zu Unruhen.

Dabei war in den Augen der westlichen Alliierten Russlands größter Trumpf sein Menschenpotenzial. 1914 mobilisierte es 6,5 Millionen Mann und war in der Lage, im Jahr darauf weitere 5 Millionen einzuziehen. Aber deren Zuverlässigkeit war gering. »Was würden die Leute von ihrem Väterchen [Zar] halten«, fragte sich der britische Botschafter in Russland, Sir George Buchanan, »wenn sich der Krieg übermäßig in die Länge zog?«[17] Einhergehend mit der Aufstockung der Armee zeigte sich ein Mangel an

Führungspersonal. Im Spätsommer 1915 hatte sie bereits 60 000 Offiziere verloren. Im September »war die Zahl der Offiziere aller Ränge in einer normalen Division von 16 Bataillonen und 6 Batterien auf durchschnittlich 110 gesunken«.[18] Nach Meinung des britischen Militärattachés war es nicht erstaunlich, dass die Verluste so hoch waren, sondern dass die Armee unter diesen Umständen überhaupt noch funktionierte.

All das hielt Großbritannien und Frankreich nicht davon ab, sich darüber zu beklagen, Russland habe sein Potenzial nicht voll ausgeschöpft. Es zog 15 Millionen Mann zum Kriegsdienst ein – absolut gesehen eine ungeheure Zahl, die aber nur neununddreißig Prozent seiner Bevölkerung im wehrfähigen Alter entsprach. Frankreich, dessen Bevölkerung nur ein Viertel derjenigen Russlands betrug, zog neunundsiebzig Prozent der Männer im wehrfähigen Alter ein. Aber seine Armee war nur halb so groß wie die russische. Selbst Großbritannien, das bis 1916 keine Wehrpflicht hatte und argumentierte, es leiste mit seiner Industrie vor allem einen wirtschaftlichen Beitrag zum Krieg, berief dennoch neunundvierzig Prozent aller Männer im Alter von fünfzehn bis neunundvierzig Jahren zum Militärdienst ein. Russland wies diese Kritik zurück und argumentierte dabei weniger mit dem Mangel an Offizieren für eine so riesige Armee als vielmehr mit der Knappheit an Munition.

Für alle Krieg führenden Staaten war es ein Problem, ihre Industrie von Friedens- auf Kriegsproduktion umzustellen. In früheren Kriegen waren Armeen wegen Transport- und Versorgungsschwierigkeiten die Granaten ausgegangen. Aber in dem Stellungskrieg vom Winter 1914/15 gab es solche Schwierigkeiten kaum, zudem boten sich mehr Ziele für die Artillerie. Da die Industriegesellschaften Zeit hatten, ihre Maschinen auf die neuen Anforderungen einzustellen, hatten sie diese bis Ende 1915 weitgehend bewältigt. Staaten gingen Kompromisse mit kapitalistischen Unternehmen ein, was für beide ein Eingreifen in die Mechanismen des Marktes und zugleich ihr Akzeptieren bedeutete. Aber Russland musste eine zusätzliche Hürde nehmen. Seine Industrialisierung hatte gerade erst begonnen. Das zeigte sich besonders an dem dürftigen Eisenbahnnetz, was die Soldaten deutlich zu spüren bekamen, als sie sich durch Polen nach Weißrussland zurückzogen. Russland brauchte Hilfe von den westlichen Verbündeten, deren Produktion es für unerschöpflich hielt. Vor allem betraf das Großbritannien. Aber dieses hatte ebenfalls mit Umstellungsschwierigkeiten zu kämpfen und zum ersten Mal eine Massenarmee aufzubauen. Wie Russland fiel es ihm

Deutsche Husaren setzen im August 1915 über die Drina. In Westeuropa sind mit dem Ausbau der Flüsse die Uferabhänge verschwunden, die es der Kavallerie ermöglichen, Furten zu benutzen. Vor dem Krieg war die Kavallerie noch in vielen europäischen Staaten mit Lanzen bewaffnet.

leichter, Männer zu mobilisieren, als ihnen Gewehre in die Hand zu geben. Außerdem stellte sich den Briten die Frage, ob ihre Hilfe nur dem aktuellen Kriegsbedarf diente oder Russlands Infrastruktur auf lange Sicht stärkte. Sie hatte wohl beide Wirkungen.

Der große Rückzug verstärkte Russlands technische Schwierigkeiten in zweierlei Weise. Erstens ließ seine Armee Massen an Ausrüstung zurück. Bei Kowno (heute: Kaunas) erbeuteten die Deutschen 1300 Geschütze, 53 000 großkalibrige Granaten und 800 000 Granaten der Feldartillerie. Die russische Armee zog sich so überstürzt zurück, dass den Gefallenen die Gewehre nicht abgenommen werden konnten. »Jedes Regiment«, erinnerte sich ein russischer General, »hatte immer stärker werdende Trupps unbewaffneter Soldaten, für die man kaum Waffen besaß, um sie abwechselnd daran auszubilden.«[19] Als der Winter kam, sah Fürst A. Lobanow-Rostowski, »wie Infanteriekompanien aus vier Zügen zusammengestellt wurden, von denen zwei bewaffnet und zwei waffenlos waren. Wenn es zum Kampf kam, mussten die unbewaffneten Männer Gewehre und Munition von denen übernehmen, die vor ihren Augen fielen.«[20] Die Ausrüstungsmängel drückten auf die Moral der Soldaten.

Zweitens gingen Industriegebiete verloren. Zwar bemühte man sich, Fabriken zu evakuieren, aber das geschah planlos und hektisch. In Riga bekamen Unternehmen vierzehn Tage Zeit, um ihre Maschinen zu demontieren. Aber einmal auf Waggons geladen und ins Hinterland geschickt, wurden sie auf Abstellgleisen stehen gelassen oder im Lande hin und her verschoben und rosteten im russischen Winter vor sich hin.

Alle Regionen, in die der Feind eindrang oder wo dies drohte, wurden unter Militärverwaltung gestellt. Dabei hatte Generalstabschef Nikolai Januschkewitsch vor allem im Sinn, dem Gegner nichts als Ödland zu hinterlassen. Das Ergebnis war verheerend – nicht nur für die Industrie, sondern auch für die Zivilbevölkerung. »Wir wurden gezwungen, unsere Häuser und Felder anzuzünden, wir durften kein Vieh mitnehmen, ja nicht einmal unsere Heimstätten noch einmal aufsuchen, um ein paar Habseligkeiten zusammenzuraffen.«[21]

Ende 1915 war die Zahl der Inlandsflüchtlinge in Russland auf 3,3 Millionen angewachsen. Wohlhabende Familien stürzten in Armut, Industriestädte verloren ihre Arbeiterschaft. In Warschau befahl man der gesamten Bevölkerung, die Stadt zu verlassen. Man befürchtete, die Polen könnten die österreichisch-ungarischen Truppen unterstützen. In Wilna erhielten alle Männer im wehrfähigen Alter diesen Befehl. Anschließend wurde die Stadt in Brand gesteckt. Die Flüchtlinge verbreiteten Krankheiten, besonders Cholera und Typhus. Um überleben zu können, plünderten sie, wodurch die Autorität des Staates weiter untergraben wurde. Die Tatsache, dass die Armee ihren eigenen Rückzug erschwerte, indem sie ein bereits unzureichendes Verkehrssystem verstopfte, lässt vermuten, dass sie zuweilen eher ideologisch als strategisch reagierte. Sie nutzte die Gelegenheit, um bestimmte Regionen von »unzuverlässigen Elementen« zu »säubern« – deutschen Siedlern, von denen viele Verwandte in der russischen Armee hatten, und Juden. »Es steht eindeutig fest, dass die gesamte jüdische Bevölkerung die russische Armee als Feind betrachtet«, erklärte ein Armeebefehlshaber gegenüber Januschkewitsch.[22]

Das war kein Wunder. In den Pogromen von 1881 und 1905 waren mehrere tausend Juden umgebracht worden. Viele hatten wegen der Verfolgungen ihr Heil in der Flucht gesucht. Januschkewitschs Antisemitismus war jedoch so extrem, dass selbst die russische Öffentlichkeit sich darüber empörte, besonders Kreise, denen an dem Bündnis zu den liberalen Alliierten Frankreich und Großbritannien lag.

Der russische Rückzug befreite die Juden allerdings auch von der Residenzpflicht, die sie bisher an die westlichen und südwestlichen Regionen Russlands gebunden hatte. Sie wurde offiziell im August 1915 aufgehoben. Juden durften jetzt nicht nur weiter nach Osten ziehen, sondern sich auch überall in Stadt und Land niederlassen. Den russischen Juden öffnete der Krieg also Türen, die bis dahin für sie verschlossen waren.

Die Juden in Deutschland waren wesentlich stärker assimiliert. Die meisten sahen den Krieg nicht als Möglichkeit, den Zionismus zu pflegen, sondern sich noch stärker ins Reich zu integrieren. Zwar hinderte das Bündnis mit der Türkei Deutschland daran, den Gedanken an eine Heimstatt der Juden öffentlich zu unterstützen, aber es trat als ihre Schutzmacht im Osmanischen Reich auf. Daher war das Misstrauen der russischen Armee nicht völlig unbegründet: Für das deutsche Heer im Osten waren die Juden in der Tat potenzielle Kollaborateure. Das Zweckbündnis mit dem Islam gegen

Als sich die russische Armee im Mai 1915 zurückzieht, vernichtet sie alles, was sie nicht mitnehmen kann. Hier schwelen niedergebrannte Ölförderanlagen bei Boryslaw in Galizien.

Zwar gibt es auch bei den deutschen Truppen Antisemitismus, aber die Juden sind so weit integriert, dass sie ihre eigenen Feste feiern können, wie hier das Lichterfest *Chanukka* im Dezember 1916 in Polen.

Großbritannien fand sein Gegenstück in einem Bündnis mit den Juden in Polen und den baltischen Staaten gegen Russland. Am 17. August 1914 wurde ein deutscher Ausschuss zur Befreiung der russischen Juden gebildet. Als die deutschen Armeen im Sommer 1915 vorrückten, benutzten sie Juden als Dolmetscher und Mittelsmänner bei Beschaffung und Transport.

Viele deutsche Juden fühlten sich von den Ostjuden abgestoßen, die sich nicht nur völlig anders kleideten und benahmen als sie, sondern einen viel inbrünstigeren Glauben pflegten. »Nein, ich gehörte nicht zu diesen Menschen, und wenn man mir hundertmal Blutsverwandtschaft mit ihnen nachwies«, schrieb Victor Klemperer, der damals im Buchprüfungsamt von *Ober-Ost* angestellt war. »Ich gehörte nach Europa, nach Deutschland ... und ich dankte meinem Schöpfer, Deutscher zu sein.«[23] Klemperers Reaktion unterschied sich kaum von der anderer Deutscher, die gemeinsam mit ihm weit auf russisches Gebiet vordrangen. Als Erstes stellten sie fest, dass der Westen des Russischen Reiches kein Monolith war, sondern ein buntes Gewimmel vermischt siedelnder und miteinander rivalisierender ethnischer Gruppen – Litauer, Letten, Polen und Ukrainer. Einige konnten potenzielle Verbündete sein. Zweitens erschienen ihnen die riesigen Räume, die sie überrannten, als rückständig bis primitiv, nicht durchgehend kultiviert und dünn besiedelt. Als *Ober-Ost* die administrative und wirtschaftliche Verantwortung für die besetzten baltischen Staaten übernahm, kam es zu dem Schluss, dieses Gebiet könnte »eine Vieh- und Kornkammer, ein Holz- und Wolleproduktionsland von allerhöchstem Werte werden«.[24] Ludendorff nahm ein langfristiges Projekt in Angriff, um Kurland, Lettland und Litauen nach deutschem Vorbild und mithilfe des deutschen Heeres zu zivilisieren und zu kultivieren. Die Ostfront war mehr geworden als nur ein Raum für militärische Operationen. Besiedlung und Kolonisierung, politische und militärische Ambitionen kamen ins Spiel.

Das hatte für die Bevölkerung verheerende Folgen. In Arbeitsbataillone gepresst, konnte sie die Felder nicht mehr bestellen, sodass im Winter 1916/17 Hungersnöte ausbrachen. Ihre Reserven wurden geplündert, um die Besatzer und Deutschland ernähren zu können. So schätzte man die litauischen Exporte in der Kriegszeit auf 338 Millionen, seine Importe jedoch nur auf 77 Millionen Mark. Polen erhielt eine eigene Zivilverwaltung. Trotzdem präsentierte das deutsche Heer, vor allem Ludendorff, seine Forderungen. Er wollte eine polnische Legion aufstellen. Eine polnische Armee versprach politische Unabhängigkeit – eine Lösung, die den zusätzlichen Effekt hatte, einen Pufferstaat zwischen Deutschland und Russland zu schaffen. Aber Polen konnte als Spaltpilz zwischen Deutschland und Österreich-Ungarn wirken. Letzteres betrachtete Polen, zumindest den südlichen Teil des Landes, als »natürliche« Erweiterung der eigenen Gebiete in Galizien. Die Sorge, damit die Nationalitätenprobleme in seinem Imperium weiter zu komplizieren, die besonders von den Magyaren ausgingen, bremste jedoch die Gelüste, das Land vollständig zu übernehmen. Die ebenso starke Skepsis gegenüber seinem übermächtigen Verbündeten hinderte es aber auch daran, eine deutsche Lösung der Polenfrage zu unterstützen. Am 13. August 1915 signalisierte Bethmann Hollweg Zustimmung zu einer österreichischen Lösung – einem selbstverwalteten Staat unter der Habsburgerkrone. Dahinter stand die Vorstellung, die Doppelmonarchie werde Berlin letztlich

Russland hat wegen seiner riesigen Menschenreserven weniger Anlass, 1915 minder-
jährige Soldaten an die Front zu werfen. Hier einer von drei Millionen Russen, die
während des Krieges gefangen genommen werden. 70 000 überleben die Gefangenschaft nicht.

nachgeordnet sein. Diese Art Kontrolle sollte von einer durch Deutschland
dominierten Mitteleuropäischen Zollunion ausgeübt werden, ein Plan, den
der Liberale Friedrich Naumann in seinem 1915 erschienenen Buch *Mitteleuropa* ins Gespräch gebracht hatte. Derartige Vorstellungen und Gelüste
verstärkten sich in dem Maße, wie die Chancen auf einen Kompromiss mit
Russland schwanden: Für dieses waren die Unabhängigkeit Polens und die
Einbeziehung der baltischen Staaten in ein Großdeutschland keine Ver-
handlungsgrundlage.

Die Hoffnung, Russland könnte eine Einigung anstreben, erwies sich als
Illusion. Alle drei Entente-Mächte hatten sich im Vertrag zu London vom
5. September 1914 verpflichtet, keinen Separatfrieden zu schließen. Im
März 1915 versprachen die westlichen Alliierten Russland als Kriegsbeute
dessen lang ersehntes Ziel Konstantinopel und die Kontrolle über die Meerengen, falls die Entente den Krieg gewinnen sollte.

Ende September stieß der Vormarsch der Deutschen an seine logistischen Grenzen. Als der Herbstregen einsetzte, versanken die unbefestigten Wege im Schlamm. Die russische Eisenbahn mit ihrer größeren Spurweite musste den deutschen Normen angepasst werden. Allein im Gebiet von Białystok-Grodno wurden 434 Brücken gebaut. Wie Falkenhayn erwartete, gelang es, die Front zu stabilisieren. Januschkewitsch wurde entlassen und sein Vorgesetzter, Großfürst Nikolai, in den Kaukasus abkommandiert. Gegen den Rat seiner Minister übernahm nun der Zar selbst den Oberbefehl, wie er es von Anfang an vorhatte. Von diesem Krieg hing jetzt das Überleben seines Regimes ab. Als Autokrat stand er vor dem Dilemma, dass nach Meinung vieler, darunter der Industriellen und der westlichen Verbündeten, nur eine Liberalisierung Russland helfen werde, sein Potenzial zu erschließen. Im Winter 1915/16 ging indes ein Ruck durch das Land. Die Produktion von Granaten für die Feldartillerie wurde trotz der Verluste an Territorium und Fabriken von Monat zu Monat gesteigert. Allein von Mai bis Juli wurde eine Verdoppelung auf 852 000 Stück erreicht und im November eine weitere auf 1,5 Millionen Stück. Der Gesamtausstoß betrug 1915 rund 11,2 Millionen und 1916 etwa 28,3 Millionen Granaten.[25] Die Feldarmee, deren Truppenstärke Mitte September 1915 bis auf 3,9 Millionen Mann gesunken war, wuchs bis Februar 1916 auf 6,2 Millionen und bis 1. Juni gar auf 6,8 Millionen Mann. Drei Tage später startete General Alexej Brussilow in Galizien eine Offensive, die bewies, dass auch die russische Armee Durchbruchsschlachten führen und Österreich-Ungarn schlagen konnte, wenn dieses keine Unterstützung von seinen Verbündeten erhielt.

Italien schließt sich der Entente an

Die erneute Stabilisierung der Ostfront im Herbst 1915 veränderte die Richtung der Debatten in Deutschland über dessen Kriegsziele. Bethmann Hollweg hatte am 9. September 1914 ein entsprechendes Programm vorgelegt. Seine Hauptpunkte – die Kontrolle Belgiens und Nordostfrankreichs sowie die Annahme ähnlicher Eroberungen im Osten und in Zentralafrika – blieben während des ganzen Krieges weitgehend unverändert, nicht aber das politische Umfeld. Im September 1914 sah sich der Kanzler mit zwei Möglichkeiten konfrontiert: einem raschen Sieg – für diesen Fall musste er sich über die Grundlagen der Friedensverhandlungen im Klaren sein – oder einem lang anhaltenden Krieg – dann erhielten die Kohle und das Eisenerz Belgiens und Nordfrankreichs für die deutsche Kriegführung entscheidende Bedeutung. Auf jeden Fall war die Vorstellung, der Handel Deutschlands könnte auf eine mitteleuropäische Zollunion unter deutscher Vorherrschaft beschränkt werden, langfristig wenig sinnvoll. Für die zweitgrößte Industriemacht der Welt hätte das eine wesentliche Einschränkung der Handelsmöglichkeiten bedeutet, wie sie der offene Markt der Vorkriegszeit geboten hatte. Daraus ergaben sich zwei unmittelbare Schlüsse: erstens die Erwartung, dass die Entente-Mächte nach dem Krieg alles unternehmen könnten, um Deutschland von den Weltmärkten fern zu halten. Zweitens das Erfordernis, die Ambitionen der eigenen Verbündeten mit einer Lösung zu befriedigen, die Deutschland bestimmte. Je länger der Krieg dauerte, desto gravierender wurden diese beiden Probleme, während die Möglichkeit einer Verhandlungslösung mehr und mehr schwand. Das hatte eine Verhärtung und Ausweitung der Kriegsziele zur Folge. Angesichts der schwach ausgeprägten Parteienlandschaft und des unterentwickelten Parlamentarismus im Lande wurden diese Fragen mehr und mehr Gegenstand der Politik von Interessengruppen und einer kontroversen Debatte in der Öffentlichkeit. Dabei ist weniger relevant, was sie über Deutschlands Absichten gegenüber dem Feind aussagten, als was sie über seine Bestrebungen verrieten, die eigenen Verbündeten zu umwerben und zu besänftigen.

Keiner der Staaten, die 1914 den Krieg begannen, Deutschland eingeschlossen, tat dies wegen so genannter Kriegsziele. Bei denen, die später hinzukamen, war das anders. Sie hatten bereits eine Wahl und verkauften sich daher an den Meistbietenden. Von 1914 bis 1916 konzentrierten beide Bündnisse ihre Bemühungen auf den Balkan. Besonders umworben waren Italien, Bulgarien, Griechenland und Rumänien. Von diesen nutzte Italien am unverhülltesten die Gelegenheiten, die sich ihm boten. Premierminister Antonio Salandra charakterisierte seine Politik im Oktober 1914 als »heiligen Egoismus«. Dessen Ziel bestand darin, »solche Grenzen zu Lande und zur See zu erreichen, die nicht mehr angreifbar sind, und für Italien den Status einer wirklichen Großmacht zu erringen«.[26]

Dabei war für Rom die Schlüsselfrage, auf welcher Seite diese Ziele am ehesten erreicht werden konnten. Als General Luigi Cadorna im Juli 1914 nach dem Tod seines Vorgängers Alberto Pollio Generalstabschef wurde, stellte er die Armee auf einen Krieg gegen Frankreich ein. Das entsprach vollkommen Italiens Mitgliedschaft im Dreibund, lief aber sowohl den Erfordernissen seiner geopolitischen Lage als auch den Absichten der Regierung zuwider. Geografisch war Italien eine Seemacht, die vom Seehandel abhing und damit britischem Druck ausgesetzt war. Ideologisch bevorzugte die Linke die Entente. Die Italiener hatten Österreich 1860 von der Apenninenhalbinsel vertreiben müssen, um die Einheit des Landes herzustellen. Das Verhältnis zwischen beiden Staaten war daher ganz natürlich eher von Feindschaft als von Zusammenarbeit geprägt. Die Seekriegsflotten, die beide vor 1914 bauten, waren für den Einsatz in der Adria und damit für den Kampf gegeneinander bestimmt. Premierminister Salandra fiel es daher nicht schwer, das österreichisch-ungarische Ultimatum an Serbien als einen aggressiven Akt zu interpretieren, der Italien von seinen Bündnisverpflichtungen befreite. Am 31. Juli 1914 erklärte er Italien zu einem neutralen Staat. Als die Deutschen an der Marne geschlagen wurden, nahmen das die meisten Italiener als Bestätigung dafür, wie klug sie entschieden hatten. Aber dies musste nicht unbedingt das letzte Wort sein. Zwar stellte Cadorna seine Armee auf Krieg gegen Österreich-Ungarn ein, aber Italien war nun offen für den Meistbietenden.

Deutschland konnte sich durchaus vorstellen, den Einsatz zu erhöhen, aber auf Kosten seines Verbündeten. Etwa die Hälfte der Bevölkerung der österreichischen Provinzen längs der Grenze zu Italien von Triest bis Tirol waren Italiener. Gegenüber der slawischen Bevölkerung der Region privilegiert und wohlhabend, mussten sie jedoch zusehen, wie deren Bevölkerungsanteil ständig wuchs. Die österreichischen Italiener wandten sich Rom zu. Nachdem dieses den Dreibund verlassen hatte, konnte es sich nun für deren Ansprüche einsetzen. Deutschland wollte, dass Österreich-Ungarn das Problem löste, indem es das Trentino an Italien abtrat. Österreich-Ungarn wandte ein, dass bald alle anderen Gleiches fordern würden, wenn es einer einzelnen Volksgruppe ein derartiges Zugeständnis mache, und dies den Zusammenbruch des Imperiums bedeute. Das Abtreten von Gebieten im Südwesten des Reiches sei nur möglich, wenn der Verlust im Nordosten wettgemacht werde. Als Kompensation forderte Österreich-Ungarn ein größeres Stück Polens.

Während die Mittelmächte intern miteinander rangen, kam die Entente gegenüber Italien in die Vorhand. Als Österreich-Ungarn am 8. März 1915 endlich zustimmte, das Trentino abzutreten, erhöhte Rom beim Fall von Przemyśl zwei Wochen später seine Forderungen. Die Entente bot zusätzlich die dalmatinische Küste an, und Wien hatte dem nichts entgegenzusetzen. Die öffentliche Meinung in Italien war im Wesentlichen neutral, aber nicht aus tiefer Überzeugung. Die Neutralisten kürten den ehemaligen liberalen Premierminister Giovanni Giolitti zu ihrem Sprecher. In einem Land, das wirtschaftlich noch nicht reif für den Großmachtstatus war, besaß der Liberalismus keine tiefen Wurzeln. Giolitti war wie Salandra bereit, den Krieg für eine Ausdehnung Italiens auf Kosten Österreich-Ungarns zu nutzen, glaubte aber, das könne ohne Beteiligung an den Kampfhandlungen erreicht werden. Salandra war sich der Herausforderung genügend bewusst, die Giolitti innenpolitisch für ihn darstellte, um seinerseits den Einsatz zu erhöhen. Der Kriegseintritt auf der Seite der Entente bewirkte, dass Nationalismus und Liberalismus ineinander aufgingen. Er war sogar für einige Revolutionäre attraktiv. Benito Mussolini rückte von der Sozialistischen Partei ab und rief ebenfalls zum Krieg auf: »Die Revolution«, zitierte er Napoleon, »ist eine Idee, die sich auf Bajonette stützt.«[27]

Am 26. April 1915 schloss sich Italien dem Vertrag von London an, und am 23. Mai erklärte es Österreich-Ungarn (aber nicht Deutschland) den Krieg. Die italienische Armee war für einen Krieg in Europa noch nicht bereit, weil sie in Libyen alle Hände voll zu tun hatte. Ihr fehlten 13 500 Offiziere. Zwar hatte sie 1,2 Millionen Mann mobilisiert, aber die Ausrüstung reichte nur für 732 000. Italiens Kriegswirtschaft stand vor ähnlichen Problemen wie die russische: Italien war noch kein voll entwickeltes Industrieland. Seit 1862 waren im Durchschnitt 17,4 Prozent der Staatsausgaben für die Armee verwendet worden. 1912/13 stieg dieser Anteil auf 47 Prozent. Angesichts der Rückständigkeit des Landes waren die tatsächlichen Summen jedoch gering. Die Armee war gerade mit Schnellfeuergeschützen neu ausgerüstet worden, aber es fehlte an schwerer und Gebirgsartillerie. Letzteres wog mit Blick auf das zu erwartende Kampfgebiet besonders schwer.

Von allen Fronten des Ersten Weltkrieges war die italienische für die Offensive, ja für die Kriegführung überhaupt, am wenigsten geeignet. Die Grenze zu Österreich-Ungarn war sechshundert Kilometer lang und verlief zu vier Fünfteln im Hochgebirge. Mehrere Gipfel lagen über dreitausend Meter hoch, waren im Winter mit Schnee und Eis bedeckt, und jede Explosion konnte Lawinen auslösen. Im Sommer machte der felsige Untergrund das Eingraben unmöglich, und bei Beschuss war die Gefahr von Querschlägern groß. Den Nordabschnitt dominierten die österreichisch-ungarischen Frontvorsprünge in Tirol und im Trentino. Hier musste Italien die Pässe halten, um die Österreicher am Vordringen in die Ebenen des Veneto zu

An vielen Fronten kann die schwere Artillerie per Bahn transportiert werden. Aber in den Alpen wie auch in Afrika ist das wichtigste Transportmittel der Mensch. Österreichisch-ungarische Truppen schleppen eine 240-mm-Haubitze auf eine Höhe von über 2000 Metern hinauf.

hindern. Als die Front sich nach Osten verlagerte, entstand ein neuer, diesmal italienischer Frontvorsprung, der im Norden von den Dolomiten und
den Karnischen Alpen begrenzt wurde. Weiter folgte die Front dem Isonzo
bis zu dessen Mündung in die Adria. Auch hier ging es für die Italiener unter
freiem Schussfeld stets bergauf. Aber diese Gegend bot sich für einen Angriff geradezu an. Es war die kürzeste Verbindung von Triest nach Laibach
(heute: Ljubljana). An diesem hundert Kilometer langen Frontabschnitt ließ
Cadorna vierzehn seiner fünfunddreißig Divisionen aufmarschieren.

Italiens Kriegseintritt löste in Österreich-Ungarn weniger Panik aus, als
zu erwarten gewesen wäre. Dass das Imperium, das sich ein Jahr zuvor auf
einen kurzen Krieg eingestellt hatte, nun einer dritten Front gegenüberstand, musste seine Ressourcen im Übermaß belasten. Dabei hatte Conrad
von Hötzendorf in den Vorkriegsjahren einen Präventivschlag gegen Italien

Die Alpini, die italienischen Gebirgsjäger, widerspiegeln die wachsende Begeisterung
in Europa für den Wintersport, die sich in der Vorkriegszeit entwickelt hat. Sie kommen in Tirol sehr wirksam zum Einsatz, aber die Gelegenheiten für Angriffe per Ski
oder auch nur für rasende Abfahrten sind begrenzt.

mindestens ebenso oft wie einen gegen Serbien gefordert. Italiens Bruch der Bündnisverpflichtungen bestätigte für ihn nur, dass es »eine Schlange war, die nicht rechtzeitig unschädlich gemacht wurde«.[28] Die Aussicht auf Krieg mit Italien ging wie ein Ruck durch die Doppelmonarchie. Slowenen, Kroaten und Serben konnten sich nun gegen einen gemeinsamen Feind zusammenschließen. Der Erfolg bei Gorlice-Tarnów kam gerade recht, um den größten Druck vom Reich zu nehmen. Angesichts von Falkenhayns Forderung, weiterhin dem Osten Priorität beizumessen und von dort keine Kräfte für die Italien-Front abzuziehen, richteten sich die Österreicher mit Entschlossenheit und Erfolg auf eine defensive Kriegführung ein. »Kannst du mir sagen«, fragte Enzo Valentino, ein achtzehnjähriger Freiwilliger aus Perugia, seine Mutter in einem Brief, den er ihr am 3. September von der Front schrieb, »warum du dir so beharrlich alle möglichen Dinge einbildest, von denen ich gar nichts schreibe?... Dass es ständig vorwärtsgeht und wir bald einen großen Erfolg haben werden? Davon ist hier keine Rede. Was das Vorrücken betrifft, so bin ich jetzt eineinhalb Monate hier, und *wir treten immer noch auf der Stelle.*« Im selben Brief meldete er die ersten Schneefälle. Sieben Wochen später wurde er von einem Schrapnell tödlich getroffen, als er, ein Edelweiß an der Mütze, mit dem Namen des italienischen Königshauses Savoyen auf den Lippen vorstürmte: »Savoia, Savoia, Italia!«[29] Zumindest teilte sein Hauptmann Carlo Mayo dies seiner Mutter mit. In vier Schlachten am Isonzo kamen die Italiener 1915 nicht wesentlich voran. Dabei verloren sie 235 000 Mann, darunter 54 000 Tote.

Serbien geschlagen

Während Italien von seinen Zielen weit entfernt war, erreichte Bulgarien in der Zeit, die von Enzo Valentinos Bericht über die ersten Schneefälle bis zur Nachricht von seinem Tode verging, alles, was es von diesem Krieg erwartete. Sein Herzenswunsch war das serbische Mazedonien. Das konnte ihm die Entente nicht bieten, die Mittelmächte aber durchaus. Und sie taten es. Nur die Gefahr an den eigenen Grenzen hielt Bulgarien noch zurück – die Möglichkeit, dass sich Rumänien und Griechenland der Entente anschlossen, dass Briten und Franzosen bei Gallipoli siegten. Als der Herbst kam, hatten der Sieg der Türken und die Niederlage der Russen diese Gefahren gebannt. Es wurde nun immer unwahrscheinlicher, dass Rumänien oder

Bilder der Niederlage: Erschöpfte serbische Soldaten in Belgrad im Oktober 1915.

Griechenland sich noch zum Anschluss an die Entente bewegen ließen. Auch das bisher klägliche Ergebnis des Krieges Österreich-Ungarns gegen Serbien spielte eine Rolle. Die Bulgaren stellten als Bedingung für ihren Kriegseintritt, dass die Mittelmächte zuerst Serbien von Norden angreifen sollten, und zwar nicht unter österreichischem, sondern unter deutschem Oberbefehl. Binnen fünf Tagen wollten sie dann von Osten nachziehen. Ein Militärabkommen dieses Inhalts wurde am 6. September unterzeichnet.

Falkenhayn kehrte also zu seiner ursprünglichen Strategie für den Osten zurück. Weder Österreich-Ungarn noch die Türkei wollten Serbien Priorität einräumen. Sie argumentierten, ein Sieg gegen Russland werde auch den Balkan zur Ruhe bringen. Falkenhayn kehrte diese Logik um: Wenn

194

Serbien geschlagen war, verlor auch Russland seinen Stützpunkt auf dem Balkan. Das sollte ein ausreichender Grund sein, um Frieden nachzusuchen. Aber nicht das allein. Der Landweg von Berlin nach Konstantinopel wäre damit geöffnet. Deutschland könnte die Armeen des Osmanischen Reiches neu ausrüsten und so in die Lage versetzen, nicht nur den Gallipoli-Feldzug abzuschließen, sondern auch Arthur Zimmermanns Pläne auszuführen und den Krieg in das Britische Empire zu tragen. Russlands Hoffnung, es könnte über die eisfreien Häfen des Schwarzen Meeres Nachschub erhalten, wäre dahin.

Falkenhayn brachte auch operative Argumente vor. Der Einbruch des Winters machte ein weiteres Vorrücken in Russland unmöglich. Das wäre der richtige Zeitpunkt für einen raschen Feldzug im Süden. Es regnete bereits stark, die Donau führte Hochwasser und war an manchen Stellen über einen Kilometer breit. 1914 hatte Österreich-Ungarn über die Save und die Drina sowie von Bosnien und von Westen aus angegriffen und im Norden lediglich Ablenkungsmanöver durchgeführt. Mackensen, der nun zehn deutsche Divisionen und den Oberbefehl erhielt, drehte die ganze Sache um, wodurch sich die Nachschublinien wesentlich verkürzten. Kleinere Attacken längs der Drina und ein Ablenkungsangriff bei Orsova nach Osten sollten verschleiern, dass der Hauptstoß von Norden aus geplant war. Mackensens Männer, unterstützt von schwerer Artillerie und österreichisch-ungarischen Panzerschiffen auf dem Fluss, überquerten die Donau vom 7. bis 9. Oktober, wobei sie die Flussinseln als Zwischenstationen benutzten. Am 9. Oktober war Belgrad wieder in österreichischer Hand. Weiter östlich zog die deutsche 11. Armee das Flusstal der Morava herauf. Die Serben wollten zum Gegenangriff ansetzen, aber am 14. Oktober stieß Bulgarien in ihre östliche Flanke. Zwei Tage später war die Eisenbahnlinie von Niš nach Süden und nach Saloniki unterbrochen.

Um einer Einschließung zu entgehen, musste die serbische Armee entweder in Richtung Griechenland nach Süden oder Albanien nach Südwesten zurückweichen. Die Bulgaren waren gerade dabei, ihr ersteren Weg abzuschneiden, und letzteren versperrten die Berge. Ernest Troubridge, der die britischen Kriegsschiffe auf der Donau kommandierte, traf am 30. Oktober mit dem serbischen Oberbefehlshaber, Radomir Putnik, zusammen: »Ich konnte keinerlei Zeichen von Verzweiflung oder Neigung erkennen, die Flinte ins Korn zu werfen.« Aber Putniks Stab zeigte sich den Ambitionen seines Kommandeurs organisatorisch nicht gewachsen. Die Straßen waren nicht nur von Truppen, sondern auch von deren Familien und Habseligkeiten verstopft. »In der Messe des Hauptquartiers frühstückten eine Woche später dreißig Frauen und zwanzig Kinder. Wohin sie auch gehen, belegen sie alle motorisierten Fahrzeuge, weil sie Dienerschaft, Möbel, Kochgelegenheiten und alles andere mit sich schleppen.«[30]

Das immer schlechter werdende Wetter erschwerte zusätzlich den Rückzug, verzögerte aber auch Mackensens Vormarsch, was den Serben Zeit gab, der Einkreisung zu entkommen. Am 25. November wurde dann die serbische Armee in der Ebene des Kosovo gestellt. Den Weg nach Süden verlegten ihr die Bulgaren, die über den Fluss Vardar vorgestoßen waren. Putnik entschied, Serbiens Zukunft liege nicht in der Entscheidungsschlacht an diesem schicksalsträchtigen Ort, sondern im Überleben seiner Armee. Er ordnete den Rückzug über die Berge zur albanischen Küste an. »Wir kriechen langsam die nackten Felsen an den Hängen des Čakor hinauf. Schritt für Schritt geht es auf dem festgetretenen Schnee vorwärts«, schrieb Josip Jeras in sein Tagebuch. »Am Wegrand erschöpfte Flüchtlinge, im Schnee gefangen, die Köpfe gesenkt. Weiße Schneeflocken umtanzen sie, und der Gebirgswind pfeift ihnen das Totenlied. Aus dem Schnee ragen die Köpfe gefallener Pferde und Ochsen hervor.«[31]

Auf schmalen Wegen kämpften sich die Serben über Höhen von bis zu tausend Metern und bei Temperaturen von bis zu minus 20 Grad durch Schneewehen und über Gletscher zur Adria durch. Das schafften 140 000 Mann, die von Schiffen der Entente zunächst nach Korfu und dann nach Saloniki gebracht wurden. Von den rund 420 000 Mann, die die serbische Armee im September umfasst hatte, waren 94 000 im Kampf gefallen oder verwundet, 174 000 in Gefangenschaft oder vermisst. Die zivilen Opfer zählte niemand. Im Verhältnis zur Gesamtbevölkerung erlitten die Serben von allen Krieg führenden Staaten die größten Verluste.

Die Mittelmächte hatten damit die beiden Hälften des Bündnisses vereinigt. Eine direkte Verbindung von Berlin bis Konstantinopel war entstanden, die insbesondere Nachschub für die an den Dardanellen kämpfenden Truppen ermöglichte. Im Unterschied dazu tendierten die Reserven der Entente auf dem Balkan gegen Null. In Großbritannien hatte sich David Lloyd George, jetzt Rüstungsminister, seit Beginn des Jahres dafür ausgesprochen, Truppen nach Saloniki und nicht nach Gallipoli zu schicken. Aber die Ereignisse von Gallipoli ließen diese Pläne in den Hintergrund treten. Sehr spät – am 5. Oktober – kamen Franzosen und Briten überein, jeweils 75 000 Mann

Serbische Feldartillerie quält sich im November 1915 durch den Schnee zur albanischen Grenze. Die 75-mm-Schnellfeuergeschütze wurden vor dem Krieg aus Frankreich geliefert.

für ein Expeditionskorps nach Saloniki bereitzustellen. Die Franzosen suchten dringend nach einer Aufgabe für Maurice Sarrail, den am meisten republikanisch eingestellten ihrer Generäle. Ihnen diente dieser Plan dazu, die Macht von Joffre und der Armee in Frankreich zu beschränken und zugleich den Serben zu helfen. Aber der Feldzug litt an drei offenbaren Mängeln. Erstens kollidierten seine Ziele mit den Operationen bei Gallipoli, die auf kleiner Flamme immer noch anhielten. Zweitens konnte eine so große Streitmacht nicht vor Januar in Saloniki eintreffen, wenn die Serben wahrscheinlich längst geschlagen waren. Drittens verhielt sich Griechenland immer noch neutral. Lloyd George argumentierte listig, es sei »kein Vergleich zwischen einem britischen Durchmarsch durch Griechenland und dem der Deutschen durch Belgien«.[32]

Auch der britische Kriegsminister Kitchener neigte zu dieser Meinung: Für ihn bestand der Zweck des Feldzuges nach Saloniki weniger in der Absicht, den Serben zu helfen, als vielmehr darin, die Griechen dazu zu bewegen, dies zu tun. Wer in Griechenland für Eingreifen plädierte, so zum Beispiel Premierminister Eleftherios Venizelos, konnte angesichts der schwachen Position der Entente Ende 1915 kaum überzeugen. Griechenland hatte sich geweigert, seine Bündnisverpflichtungen gegenüber Serbien zu erfüllen, als dieses von Bulgarien angegriffen wurde. König Konstantins Entscheidung für das Festhalten an der Neutralität war durch und durch pragmatisch und realistisch. Gegenüber dem britischen Kabinett erklärte die griechische Regierung: »Ihre Majestät ist dezidiert der Meinung, dass Deutschland in allen Punkten siegt und es für den Krieg in Europa nur zwei mögliche Ausgänge gibt – entweder einen vollen Sieg Deutschlands oder ein Patt zugunsten Deutschlands.«[33]

Die britischen und französischen Truppen landeten zu spät in Saloniki, um den Serben helfen, und in zu geringer Stärke, um gegen die Bulgaren vorgehen zu können. Aber Falkenhayn griff sie nicht an. Später erklärte er seine Haltung mit dem Argument, Saloniki sei ein riesiges Internierungslager gewesen, eine Front, die französische, britische und serbische Truppen band, sie durch Malaria schwächte und ihren Einsatz auf aussichtsreicheren Schauplätzen verhinderte sowie die Flotten der Alliierten mit Nachschub beschäftigte. Tatsächlich aber war seine Entscheidung von den Wetterbedingungen und den eigenen ausgedehnten Nachschublinien bestimmt. Langfristig spielte die Balkanpolitik eine Rolle. Serbien lag am Boden. Bulgarien hatte damit sein wichtigstes Kriegsziel erreicht, und es bestand die Gefahr, dass es nun auf eine Regelung drängte. Wenn Falkenhayn es auch noch dazu ermutigte, gegen Saloniki vorzurücken, konnte sich Griechenland gezwungen sehen, sich der Entente anzuschließen. Eine passive Front in Mazedonien gab ihm die Möglichkeit, den Balkan Bulgarien und Österreich-Ungarn zu überlassen. Endlich konnte er die deutschen Kriegsbemühungen auf den Westen konzentrieren, wo aus seiner Sicht für Deutschland die Hauptfront lag.

Wiederum hatte man jedoch nicht mit Österreich-Ungarn gerechnet. Serbiens Niederlage bedeutete keine Lösung für Wiens Balkanprobleme. Conrad von Hötzendorf war außer sich, dass jene in der Hauptsache von deutschen, nicht österreichischen Truppen erreicht worden war. Selbst als Falkenhayn acht der elf deutschen Divisionen vom Balkan abzog, ließ er

einen Deutschen, Mackensen, als Oberkommandierenden zurück. Falkenhayn strebte ein gemeinsames Oberkommando an, aber Conrad von Hötzendorf wusste, dass dies Österreich-Ungarns Unterordnung unter den
»heimlichen Feind« bedeutete. Er befürchtete, Serbien könnte zu einem
deutschen oder bulgarischen Lehen werden, und gab Falkenhayn nach dem
König von Bulgarien den Spitznamen »Ferdinand II.«. Das Verhältnis Conrad von Hötzendorfs zu Falkenhayn verschlechterte sich derart, dass fast
einen ganzen Monat lang – vom 22. Dezember 1915 bis zum 19. Januar 1916
– zwischen ihnen Funkstille herrschte. In dieser Zeit wurde die Strategie für
das Jahr 1916 festgelegt. Conrad von Hötzendorf wollte über den Winter
Montenegro einnehmen und sich dann gegen Italien wenden. 1915 war es
den beiden Verbündeten noch gelungen, ihr Vorgehen zu koordinieren.
1916 gingen sie auseinander. Österreich-Ungarn hatte seine Niederlage im
Krieg gegen Serbien durch seinen Beitrag zum größeren Sieg im Osten wieder kompensiert. Letzterer aber sollte sich für den Krieg insgesamt als ver-
hängnisvoll erweisen. Bei der Festlegung seiner Strategie hatte Deutschland
das Bündnis seiner Feinde als Quelle von Schwäche, nicht Stärke ausgemacht. Das sollte sich als fataler Irrtum herausstellen, widerspiegelte aber
exakt Deutschlands Kriegserfahrungen mit den eigenen Verbündeten.

6

Durchbruch

Grabenkrieg

»Im Dach meines Unterstandes hausen fünf Rattenfamilien«, schrieb Captain Bill Murray am 14. Mai 1915 an seine Angehörigen. »Das ist etwas über einen halben Meter über meinem Kopf, wenn ich im Bett liege. Die Rattenjungen üben die ganze Nacht Salto rückwärts, denn sie haben mein Gesicht als weichen Landeplatz entdeckt.«[1] Aber die Ratten störten nicht nur den Schlaf, sondern verbreiteten auch Krankheiten und fraßen die Lebensmittelvorräte an. Der Schützengrabenkrieg war das ideale Milieu für ihre Vermehrung. Sie ernährten sich von dem, was er ihnen bot, einschließlich der Leichen, die nicht begraben werden konnten. Für die Lebenden waren die Blut saugenden Läuse die größere Plage. Fünfundneunzig Prozent der britischen Soldaten, die von der Front zurückkehrten, waren von ihnen befallen. Das Ungeziefer sprang von Mann zu Mann, saß in den Nähten der Uniformen und reizte die Haut. Man wusste bereits, dass es Typhus übertrug. Aber 1918 wurde festgestellt, dass die Läuse auch für das Schützengrabenfieber verantwortlich waren, eines der zahlreichen neuen Leiden, die der Stellungskrieg an der Westfront hervorbrachte. Da der Boden in Belgien und Nordfrankreich intensiv bearbeitet wurde, damit gut gepflügt und gedüngt war, infizierten sich Verwundete rasch mit Gasbrand: einundzwanzig Prozent der französischen Soldaten mit Verwundungen an Beinen oder Schenkeln starben daran. Das Stehen im kalten Morast der Gräben führte zu so genannten Schützengrabenfüßen und Frostbeulen. Aber dies waren auch die ersten Soldaten, die von Desinfektionsmitteln, Massenimpfungen und allgemein besseren Kenntnissen der Bakteriologie profitierten. In allen früheren Kriegen waren viel mehr Soldaten von Krankheiten dahingerafft worden als in der Schlacht gefallen. Für die Westfront galt das nicht mehr. Das lag an den großen Fortschritten in der Vorbeugung. Außerdem wusste man nun, dass viele der lebensgefährlichen Infektionen über Wunden in den Körper gelangten. Aber auf allen anderen Kriegsschauplätzen war Krankheit nach wie vor eine der wichtigsten Todesursachen.

Die Schützengräben brachten Gesundheitsprobleme, aber sie retteten auch Leben. Vom Schrecken der Schützengräben zu sprechen bedeutet, die Übertreibung vor den gesunden Menschenverstand zu setzen. Denn der Krieg wäre viel schrecklicher gewesen, hätte es sie nicht gegeben. Die Gräben schützten Fleisch und Blut vor den schlimmsten Auswirkungen der revolutionären Entwicklung der Feuerkraft Ende des 19. Jahrhunderts. So hat Jean Bernier beschrieben, mit welchem Gefühl er und seine Kameraden in

Deutsche Soldaten beim Entlausen ihrer Kleidung. Die tiefe und solide Bauweise des Schützengrabens und das offenbar schöne Wetter vermitteln den Eindruck eines ruhigen Frontabschnitts.

die Schützengräben sprangen: »Sie zogen die Köpfe ein und liefen weiter, merkwürdig beruhigt und gestärkt von dieser erneuten Berührung mit der Erde, ihrer Behausung und ihrem Element.«[2]

Die Gefahr wuchs, wenn die Männer die Sicherheit der Gräben verließen und zum Bewegungskrieg übergingen. Die höchsten monatlichen Verluste erlitten die deutschen Truppen 1914 an der Westfront, 1915 an der Ostfront und 1918 erneut im Westen, mit anderen Worten, wenn sie angriffen. Die Verluste der Franzosen erreichten im September 1914, dem Monat der Schlacht an der Marne, mit 238 000 die höchste Rate. Der zweitschlimmste Monat war der Oktober 1915, als eine Offensive in der Champagne (die im Mittelpunkt von Berniers autobiografischem Roman steht) die Monatsrate auf 180 000 hochtrieb. Danach stieg diese Zahl nur noch zweimal auf über 100 000, und zwar 1918, als die Fronten wieder in Bewegung gerieten. 1916 kam es trotz der Schlacht von Verdun nicht dazu. Die großen Offensiven forderten die meisten Opfer. Wenn sie aber sorgfältig vorbereitet und gut von Artillerie unterstützt waren, hatten die Angreifer keine höheren Verluste als die Verteidiger. Allgemein gesagt traf das auf beide großen Schlachten von 1916, bei Verdun und an der Somme, zu. Bei der Verteidigung an der Somme verloren die Deutschen mehr Soldaten als während des Angriffs bei Verdun ein Jahr zuvor. Auf dem Höhepunkt der dritten Schlacht von Ypern, für viele Kommentatoren der Inbegriff der Sinnlosigkeit des Grabenkrieges, betrugen die britischen Verluste an der Westfront insgesamt 81 080 Mann. Als die britische Armee den Deutschen genau ein Jahr später bei Amiens eine große Niederlage beibrachte und zum Siegessturm ansetzte, schnellte die Todesrate auf 122 272 Mann empor.

Der Schützengrabenkrieg gab der Schlacht einen völlig neuen Charakter. »Klar habe ich alles mitgemacht«, schrieb Alexandre Arnoux, der von Mai 1915 bis Kriegsende an der Front war, »Nachtangriffe, Aufklärungsaktionen, Stoßtruppunternehmen u.s.w. Ich habe eine Maschinengewehrkugel in den Schenkel und einen Granatsplitter in den Kopf bekommen. Ich habe unter Senfgas gelegen, aber ich war niemals in einer echten Schlacht. Wo es richtig zur Sache geht, wo die ganze Front vorwärts stürmt und ständig Reserven nachgezogen werden. So etwas habe ich nie erlebt.«[3] In der Vergangenheit war eine Schlacht eine Sache von Tagen gewesen. Wenn eine Armee über dreißig Prozent ihres Truppenbestandes verlor, war sie bis zur nächsten Saison kampfunfähig. Relativ gesehen waren nur wenige einzelne Tage des Ersten Weltkrieges so blutig wie die Schlachten von Friedrich dem

Britische Soldaten transportieren in der Nacht des 12. Januar 1917 bei Cambrai Laufbretter über einen Versorgungsgraben. In der ersten Hälfte des Jahres 1916 werden eine Million Stahlhelme aus speziell gehärtetem Edelstahl an die britische Armee ausgegeben. Die Zahl der Kopfverletzungen geht um über 75 Prozent zurück.

Großen oder Napoleon. 1914 bis 1918 stiegen die Verluste, weil die Kämpfe so lange tobten. Was hier eine Schlacht hieß, zog sich zuweilen über Monate hin. Frühere Generationen hätten das einen Feldzug genannt. Die langen Sommertage boten mehr Gelegenheit zum Töten. Allerdings mussten auch derartige Offensiven spätestens im November zu Ende sein. Die Soldaten des Ersten Weltkrieges kannten keine Winterquartiere. Weder die Jahreszeiten noch der Wechsel von Tag und Nacht konnten dem Krieg Einhalt gebieten. Das Aufkommen des Flugzeuges bedeutete, dass jede Aktivität, die nicht bei Dunkelheit erfolgte, aus der Luft beobachtet werden konnte, wenn das Wetter es zuließ. Verstärkung und Nachschub mussten nun bei Nacht erfolgen. Dann wurden auch die Schützengräben wieder instand gesetzt, die Schäden beseitigt, die Granaten, Erosion oder Dauerregen regelmäßig anrichteten. »Wenn die Dunkelheit hereinbrach«, erinnert sich Charles Carrington, »…krochen die Höhlenmenschen aus ihren Löchern, um die Männer auf den Vorposten abzulösen, Essen aus dem Dorf zu holen, in der pechschwarzen Nacht zu graben und Drähte zu ziehen. Schwere, gefährliche Arbeiten, die Fachkenntnisse erforderten, mussten ohne Licht und ohne Geräusch ausgeführt werden.«[4] Die Männer waren immer erschöpft. Tagsüber dösten sie vor sich hin. Und, so paradox das klingt, wenn die Nächte kürzer wurden, bekamen sie mehr Schlaf.

Als Falkenhayn im November 1914 an der Westfront anordnete, zur Defensive überzugehen, war das für ihn ein Mittel zum Zweck: Taktisch wollte er seinen Truppen die Vorteile der Defensive einräumen und strategisch den Rücken frei bekommen, um andernorts manövrieren zu können. Für das deutsche Oberkommando, das seine Chancen im Osten sah, war dieses Verhältnis stets klar. Aber für jene, die nur an der Westfront Dienst taten, geriet der Grabenkrieg zur institutionalisierten Routine, letzten Endes zum Selbstzweck. Britische und französische Truppen, die von dieser Front abgezogen wurden, setzte man kaum auf anderen Kriegsschauplätzen ein. Sie gingen meist in die Reserve. Charles Carrington schätzt, dass er 1916 hunderteins Tage unter Beschuss in Frontgräben oder bei den Hilfsdiensten verbrachte. Mehr als zwei Drittel des Jahres war er in Reservestellungen, Ausbildungsobjekten oder Munitionsdepots im Hinterland eingesetzt. Je länger Stellungen gehalten wurden, desto mehr wurden sie von den Inhabern verstärkt. In den Unterständen, die tief in den Kalkboden der Picardie gegraben worden waren, richtete man sich geradezu häuslich ein. Weiter nach Norden war das Land flacher und der Boden feuchter, aber die Front bestand dort aus Brustwehren und Bunkern, die die Verteidiger nicht nur vor dem Grundwasser schützten, sondern die auch auf Dauer eingerichtet schienen. Auf die Spitze getrieben brachte diese Situation das Phänomen »leben und leben lassen« hervor. »Die militärische Situation bei Le Touquet war merkwürdig«, erinnert sich George Coppard an seinen Dienst im Jahre 1915. »Es hatte fast den Anschein, als ob beide Seiten, die Deutschen und wir, schweigend übereingekommen wären, für diesen Teil der Front die Losung ›Ruhe‹ auszugeben. Das bedeutete, nur wenn eine Seite irgendeinen blutigen Unsinn anstellte, tat es die andere ihr nach.«[5]

Mit Kommandounternehmen, einer anderen Nachtaktivität, sollte dieses Muster durchbrochen werden. Damit wollte man die Fähigkeit zum Bewegungskrieg aufrechterhalten, die Herrschaft einer Seite über das Niemandsland demonstrieren und eventuell wertvolle Informationen beschaffen. Diese Kampfform baute auf den Hinterhalt und den Überraschungseffekt, sie kam ohne weittragende Geschütze aus und erforderte die Waffen

Bei Kriegsausbruch experimentieren die Franzosen mit Stahlhelmen. Mitte 1915 geben sie den Adrian-Helm aus. Er wird von Belgien, Italien, Serbien und Rumänien übernommen. Den besten Schutz vor Granatenbeschuss bietet diesen Soldaten jedoch immer noch der Unterstand.

früherer Generationen – nicht nur Granaten und Bomben, sondern auch Hacke und Spaten. Als sich auch diese Kommandounternehmen mehr und mehr etablierten, nahmen sie an Umfang und Raffinesse stetig zu, »eine Schlacht *en miniature* mit Vorspiel und allem, was dazugehörte«. Einen solchen Vorstoß aus einem Graben der *Royal Welch Fusiliers* am 25. April 1916 zu beobachten »ließ einem anfangs die Haare zu Berge stehen, denn unsere Feldgeschütze feuerten mit so geringem Abstand, dass man die Wucht der Granaten im Genick spüren konnte. Ein faszinierendes Bild. Vor dem dunklen Nachthimmel führten rote, fächerförmige Feuerspuren einen wilden Tanz auf, den der immer dichter werdende Qualm bald verhüllte.«[6]

Die wichtigste Waffe des Grabenkrieges war die Artillerie. Die Umfassung, die operative Methode der Stäbe der Vorkriegszeit, hatte im Osten noch ihre Befürworter, aber im Westen gab es keine entblößten Flanken mehr. Die französischen und britischen Armeen, die die verlorenen Gebiete Nordfrankreichs zurückgewinnen und Belgien befreien wollten, mussten die deutschen Stellungen auf- und durchbrechen. Nur dann konnten sie Manövrierraum gewinnen. Im Winter 1914/15 schien dies mit Kanonen und hochexplosiven Geschossen erreichbar zu sein. »Durch die feindlichen Linien zu brechen ist hauptsächlich eine Frage des Munitionseinsatzes«, erklärte der britische Oberbefehlshaber Sir John French im Januar 1915. »Wenn genügend Munition herangeschafft wird, lässt sich ein Weg durch die Front sprengen. Wenn der Versuch scheitert, dann zeigt das, vorausgesetzt, Infanterie und Artillerie wurden richtig koordiniert, dass zu wenig Munition eingesetzt wurde; das heißt, man muss entweder mehr Geschütze heranschaffen, oder man muss die Munitionszuteilung pro Geschütz steigern.«[7]

Beim Bewegungskrieg wurde der Einsatz der Artillerie durch Probleme bei der Versorgung der Batterien im Felde begrenzt. Dabei ging es nicht nur um Granaten für die Geschütze, sondern auch um Futter für die Zugpferde. Das 75-mm-Schnellfeuer-Feldgeschütz, mit dem der französische Sieg an der Marne in der Hauptsache errungen wurde, konnte fünfzehn – manche behaupten sogar zwanzig – Schuss pro Minute abgeben. Damit war eine Batterie von vier Geschützen in der Lage, ihren gesamten Vorrat in wenigen Stunden zu verfeuern. Der Stellungskrieg verringerte die durch logistische Zwänge bedingten Einschränkungen, besonders als Pferdefuhrwerke durch Kleinbahnen ersetzt wurden. Zugleich erhöhte sich aber die Zahl der Ziele. Die erste Folge der Reaktion der Generäle auf den Stellungskrieg war größerer Druck nicht auf den Nachschub, sondern auf die Rüstungsindustrie.

Rüstungsproduktion

Die Umstellung der Fabriken auf die Herstellung von Munition war für die Industriestaaten Westeuropas so umstritten, wie sie für Russland problematisch war. Als Douglas Haigs Angriff auf die Hügelkette von Aubers am 9. Mai 1915 fehlschlug, suchte Sir John French die Schuld von der Armee auf die Regierung abzuwälzen, indem er den Mangel an hochexplosiven Granaten für die 18-Pfund-Feldgeschütze der Briten für die Niederlage verantwortlich machte. Diese irreführende Behauptung wurde von der *Times* aufgegriffen. Sie stand in eklatantem Widerspruch zu dem, was Premierminister Asquith in einer Rede vor Munitionsarbeitern in Newcastle erklärt hatte. Als die Granatenkrise ausbrach, stand die letzte liberale Regierung Großbritanniens bereits auf der Kippe. Die Krise fiel zeitlich mit dem Rücktritt von *First Sea Lord* Jackie Fisher zusammen, der sich dagegen wandte, »die Ressourcen unseres Landes weiterhin für die Dardanellen zu plündern«, und der seinen politischen Vorgesetzten Winston Churchill nun zu »einer größeren Gefahr« erklärte »als die Deutschen«.[8] Das Ergebnis war die Bildung einer Koalitionsregierung, die allerdings wieder von Asquith geleitet wurde, und die Einrichtung eines Munitionsministeriums unter Lloyd George.

Großbritannien war nicht das einzige Land, in dem der Mangel an Granaten Streit zwischen zivilen und militärischen Behörden auslöste. In Frankreich erhöhten sich mit der Invasion und der Evakuierung der Regierung nach Bordeaux im September 1914 die Vollmachten von Joffre und dessen Hauptquartier beträchtlich. Und auch hier waren die Generäle nach den Niederlagen vom Frühjahr 1915 rasch mit der Suche nach Sündenböcken außerhalb ihrer Reihen bei der Hand. Abel Ferry nahm als Reserveoffizier und junger Minister an einer Sitzung des Ministerrates am 4. Juli 1915 teil: »Man hat den Eindruck, dass die Militärs, die jetzt weniger optimistisch sind, sich anschicken, mit dem Finger auf die Zivilisten zu zeigen und zu sagen: ›Ihr seid schuld.‹«[9] Albert Thomas, »ein drollig wirkender dicker, kleiner Mann mit zottigem Haar, Brille und einem gelbbraunen Bart, der in zwei unmöglichen Strähnen auslief«[10], war am 18. Mai 1915 zum stellvertretenden Kriegsminister mit besonderer Verantwortung für Artillerie und Munition ernannt worden. Wie Lloyd George in Großbritannien reagierte auch die französische Regierung auf die Anschuldigungen der Generäle, indem sie die Mängel in der Munitionsbeschaffung der Armee selbst anlastete. Diese Debatten ergaben sich aus der innenpolitischen Situation. Die Lösungen waren administrativer und ministerieller Natur. Die Tatsache, dass die Granatenproduktion 1915 ungeachtet der politischen Verhältnisse in allen Krieg führenden Staaten anstieg, bestätigt, dass überall Munitionsknappheit herrschte.

Zum Ersten ging es um die nötigen Rohstoffe. Diese waren besonders für

Deutschland ein Problem, weil seine Importe aus Übersee durch die Blockade der Alliierten unterbrochen waren. Am 9. August 1914 überzeugte Walter Rathenau, der als Jude nicht sicher sein konnte, wie sich das Heer zu seinen Ratschlägen stellte, Falkenhayn in dessen Eigenschaft als Kriegsminister, eine Rohstoffbehörde einzurichten. Diese sollte sich zunächst einen Überblick über die vorhandenen Rohstoffe im Reich und in den besetzten Gebieten, besonders in Belgien, verschaffen und diese dann zentral an die Unternehmen verteilen, die sie am besten zu nutzen verstanden. Jedem einzelnen Rohstoff wurde eine eigene Gesellschaft zugeordnet, in deren Vorstand meist Vertreter der Unternehmen saßen, die das jeweilige Material verarbeiteten. Rathenau selbst führte den Elektrogiganten AEG, der vor allem nach Kupfer gierte. Der Vorwurf, der freie Markt sei vom Staat zu eigenen Bedingungen mit garantierten Profiten vereinnahmt worden, erklang auch in anderen Ländern. In Frankreich wurde der Sozialist Thomas dafür kritisiert, dass er zu engen Kontakt mit den Industriellen vom *Comité des Forges* habe. In Großbritannien überließ Lloyd George sein neues Ministerium den – wie er sie nannte – »Machern«, das heißt Geschäftsleuten und Unternehmern.

Für Franzosen und Briten waren nicht die Rohstoffe, sondern die Arbeitskräfte das Problem. Durch die Mobilmachung waren Facharbeiter der Rüstungsindustrie entzogen worden. Aber der Staat, der sie in die Uniform gesteckt hatte, konnte sie auch wieder an die Werkbank zurückholen, wenn das nationale Interesse es erforderte. Im Juni 1916 waren 287 000 Mann der französischen Armee zurück in den Waffenfabriken. Sie unterstanden weiterhin dem Kriegsrecht, durften also nicht streiken. Wenn die Industrie ein Hebel der Kriegführung war, dann wurde eine vernünftige Arbeitsteilung zwischen Streitkräften und Inlandsproduktion so wichtig wie der Rekrutierungsbedarf der Armee. Als Großbritannien im Januar 1916 endlich die Wehrpflicht einführte, ging es bei den Debatten im Kabinett vor allem darum, nicht um grundsätzliche Widerstände gegen den Zwangsdienst. 1914 hatten die Beschäftigten großer Rüstungsbetriebe auf den Ruf der Armee nach Freiwilligen mit besonderem Enthusiasmus reagiert. Im Juni 1915 fehlten selbst in den Firmen, die bereits vor dem Krieg Waffen produziert hatten, 14 000 Facharbeiter. Viele Maschinen standen still, weil niemand da war, der sie bedienen konnte.

Eine Lösung für das Problem des Arbeitskräftemangels in den Rüstungsfabriken bestand darin, die Belegschaften zu »strecken«, das heißt, die Fachkräfte durch unqualifizierte Arbeiter zu verstärken. Die breitere Einführung automatischer Verfahren und die immer weiter gehende Aufspaltung der Produktion in eine große Zahl spezieller, aber sich ständig wiederholender Handgriffe machten das möglich. Der Facharbeiter hatte jetzt nur noch die Aufgabe, die Maschine, die die Waffen produzierte, zu warten und zu überwachen, und brauchte den Produktionsvorgang nicht mehr selbst zu vollziehen. Die Gewerkschaften in Großbritannien befürchteten, die Methoden, die unter dem Vorwand der Kriegserfordernisse eingeführt wurden, könnten in Friedenszeiten zum Standard werden und so ihre Stellung und ihre Einflussmöglichkeiten schwächen. Am 5. März 1915 überzeugte Lloyd George Unternehmer und Gewerkschaftsvertreter, die Einstellung unqualifizierter Arbeitskräfte zu akzeptieren, aber nur in Rüstungsbetrieben und lediglich für die Dauer des Krieges.

Nun wurden sowohl in Großbritannien als auch in Frankreich überdurchschnittlich viele Frauen in der Waffenproduktion eingesetzt. Die Bauersfrauen in Frankreich wie in Deutschland hatten vor dem Krieg auf den Feldern gearbeitet. Der Krieg änderte daran nichts. 1916 berichteten französische Zensoren, dass »Landfrauen bewegende Briefe darüber schreiben, wie sie sich zu Tode schuften, ohne die Männer ersetzen zu können, die im Felde stehen oder bereits gefallen sind«.[11]

Überall in Europa waren Frauen aber bereits vor dem Krieg in großer Zahl erwerbstätig gewesen. Der Anteil derer, die während des Krieges zum ersten Mal eine Arbeit aufnahmen, sollte daher nicht zu hoch angesetzt werden. 1914 waren bereits 7,7 Millionen französische Frauen – zweiunddreißig Prozent der arbeitenden Bevölkerung – berufstätig. Bei Kriegsende war dieser Anteil auf vierzig Prozent gestiegen. In Großbritannien stieg die Zahl der arbeitenden Frauen im gleichen Zeitraum von etwas unter 6 Millionen oder sechsundzwanzig Prozent aller Beschäftigten auf über 7,3 Millionen oder sechsunddreißig Prozent an. In Deutschland war die Zahl der Frauen in versicherungspflichtiger Beschäftigung in den zwei Jahrzehnten vor dem Krieg so rasch angewachsen, dass die Steigerung während der Kriegszeit von 3,5 Millionen auf etwas über 4 Millionen sogar eine geringere Zuwachsrate als vor dem Krieg bedeutete. Hier zeigte sich ein Phänomen, das auch anderswo auftrat: Wer in die Rüstungsproduktion ging, kam aus anderen Berufen. Der Krieg veranlasste arbeitende Frauen, die Beschäftigung zu wechseln, brachte aber nicht wesentlich mehr Frauen in die Betriebe. In Bayern waren im Dezember 1916 in der Schießpulverproduktion dreimal mehr

Das Einsammeln und die Wiederverwertung von Metall gehören zu den Wesenszügen des technisierten Krieges. Französische Frauen laden bei Toulon Geschosskartuschen aus.

Frauen beschäftigt als zur Vorkriegszeit. Aber die Hälfte davon hatte bereits in anderen Fabriken gearbeitet. Nur für ein Viertel war dies die erste Beschäftigung.[12]

Britische Frauen waren 1914 überwiegend als Hausangestellte oder in der Textilindustrie tätig. Die Rüstungsproduktion, die nicht von den Gewerkschaften beherrscht wurde und angesichts der Gier der Front nach Granaten rasch wuchs, bot neue, besser bezahlte Arbeitsplätze. Hier musste allerdings häufig mit toxischen Chemikalien umgegangen werden. So löste TNT Gallenkoliken, Sehstörungen, Depressionen und vor allem Gelbsucht aus.

211

Lilian Miles musste zusehen, wie ihr schwarzes Haar grün wurde. Sie erinnerte sich: »Du konntest es waschen, so viel du wolltest, es wurde nicht anders. ... Der ganze Körper färbte sich gelb.«[13] In der britischen Metall- und Chemieindustrie sowie in den Rüstungsfabriken der Regierung arbeiteten im Juli 1914 212 000 Frauen. Bis Juli 1918 war diese Zahl auf 923 000 angewachsen. Vor dem Krieg waren in der französischen Metallverarbeitung lediglich 17 731 Frauen beschäftigt gewesen, bei Kriegsende hatte sich ihre Anzahl auf 425 000 erhöht.

Die rasche Steigerung der Munitionsproduktion und die dramatische Veränderung der Produktionsverfahren brachten langfristige Vorteile für das Agieren auf dem Schlachtfeld, konnten aber nur so schnell erreicht werden, weil die Standards kurzfristig gesenkt wurden. Im August 1914 erklärte Louis Renault, seine Autofabriken könnten Granaten herstellen, wenn statt hydraulischer Pressen Drehbänke eingesetzt würden. Diese Granaten mussten in zwei Teilen produziert werden, weil der konische Kopf der Granate auf der Drehbank nicht zu fertigen war. Diese »bi-blocs« halfen den Mangel an Munition zu beseitigen, wiesen aber auch Schwächen auf, die neue Probleme schufen: Über 600 französische Geschütze wurden 1915 von Rohrkrepierern zerrissen, die sie bedienenden Mannschaften getötet oder verwundet. Deutschland benutzte ebenfalls Drehbänke, um »Hilfsmunition« aus Gusseisen herzustellen. Als Folge davon verlor es 1915 2300 Feldgeschütze und 900 leichte Haubitzen – ebenso viele, wie der Feind zerstörte. Die Schwierigkeiten betrafen nicht nur Maschinen und Material. Die Produktionssteigerungen sprengten alle Möglichkeiten der Qualitätskontrolle. Im Januar 1915 schätzte ein deutscher Beobachter, dass die Hälfte der von den Franzosen verschossenen Granaten Blindgänger waren. Das lag zum Teil an mangelnder Ausbildung und Arbeitshetze, zum Teil waren aber auch Profitmacherei und Betrug die Ursache. In der Schlacht an der Somme im Juli 1916 versagten fünfundzwanzig Prozent der britischen Geschütze aufgrund von Konstruktionsmängeln und Materialfehlern. Dreißig Prozent der Granaten explodierten nicht.

Viele Anstrengungen der Industrie in der ersten Hälfte des Krieges wirkten sich bis zu dessen zweiter Hälfte kaum auf dem Schlachtfeld aus. Der Bestand an Feldgeschützen auf französischer und auf deutscher Seite blieb im Wesentlichen gleich. Zerstörte Geschütze wurden durch neue ersetzt, beschädigte repariert. Deutschland verfügte bei der Mobilmachung über 5096 Feldgeschütze. Ende 1915 war es 5300. Die Produktion wurde nur gesteigert, wenn der Verschleiß stieg. Fabriken, die vor dem Krieg keine Waffen hergestellt hatten, konnten die notwendigen Erfahrungen und Maschinen nicht in wenigen Monaten erwerben. Eine kurzfristige Lösung des Problems der Umstellung war die Fertigung von Waffen einfacherer Bauart und geringerer Leistung. Das beste Beispiel dafür war die Wiedereinführung des Mörsers. Das tragbare Rohr, aus dem Granaten und Minen mit hoher Flugbahn auf kurze Entfernung abgeschossen werden konnten, war für die taktischen Bedingungen des Grabenkrieges bestens geeignet. Diese Waffe und ihre Munition waren unkompliziert genug, dass Firmen ohne Erfahrungen in der Rüstungsproduktion sie herstellen konnten. Im August 1914 besaß die deutsche Armee 180 Minenwerfer aller Kaliber. Im Januar 1918 war die Zahl auf 16 127 angewachsen. Die Briten führten 1915 ihren Stokes-Mörser ein. Während des Krieges wurden 11 421 Stück hergestellt.

Die Umstellung auf die Rüstungsproduktion im Inland und die taktische Anpassung auf dem Schlachtfeld waren erst 1917 abgeschlossen. Douglas Haig erklärte die Gründe, als er zwei Tage nach der Schlacht von Aubers am 11. Mai 1915 darüber nachdachte, welche Lehren sie vermittelte:

»1. Die Verteidigungsstellungen unserer Front sind so stark und sorgfältig angelegt, die Unterstützung durch Maschinengewehre ist so vollkommen, dass zu ihrer Zerstörung ein *langer, systematischer Beschuss* mit schwerer Artillerie (Kanonen und Haubitzen) notwendig sein wird, bevor die Infanterie zum Sturm übergehen kann.

2. Zur Zerstörung des Materials des Feindes müssen 60-Pfund-Kanonen sowie Haubitzen vom Kaliber 15, 9,2 und 6 Zoll erprobt werden. Es hat eine genaue Beobachtung *jedes Schusses* zu erfolgen, um sicherzugehen, dass die entscheidenden Positionen des Gegners vernichtet sind, bevor die Infanterie zum Angriff vorgeschickt wird.«[14]

1915 besaßen die Briten nicht genügend Artillerie, um diese Anforderungen zu erfüllen. Während des ganzen Jahres wurden lediglich hundertvierunddreißig 60-Pfund-Geschütze ausgeliefert. Im August beschloss man ein Programm, nach dem bis Dezember 1916 zweitausendachthundertfünfundzwanzig schwere Geschütze hergestellt werden sollten. Nur bereits bestehende Rüstungsfirmen wie Vickers und Armstrong waren dazu in der Lage. Dafür wurden nun Aufträge an sie zur Produktion anderer Waffenarten reduziert. Während Deutschland und Frankreich sich damit herumschlugen, die Zahl ihrer eingesetzten Feldgeschütze zu halten, strich das britische Rüstungsministerium die Produktion leichterer Geschütze um 28 Prozent zusammen, ordnete aber eine Steigerung bei Geschützen mittleren Kalibers um 380 Prozent und von schwerer Artillerie gar um 1200 Prozent an. Die britischen Generäle, selbst Kavalleristen wie Haig und French, setzten von Anfang an darauf, Material und modernste Technik in großem Umfang für den Durchbruch zu nutzen. Dieses Vorgehen entsprach Großbritannien aus zwei Gründen. Es war die erste Industriemacht der Welt, und es hatte vor 1914 als einzige Großmacht auf eine Massenarmee verzichtet. Seine Fähigkeit, das ausgedehnte Empire zusammenzuhalten, hatte bisher nicht auf großem Menschenpotenzial, sondern auf der Nutzung der Technik zum Ausbau der eigenen Machtstellung beruht.

Taktische Anpassung

Das Jahr 1915 war ein Jahr des Lernens, da sich die Entwicklungslinien ausprägten, die bis zu den Schlachten von 1918 führen sollten. Die Front war festgefahren, nicht aber das Denken der Armeen. Die Westfront wurde zum Feld eines intensiven Wettbewerbs, wo jede Neuerung der einen Seite von der anderen bekämpft, verbessert oder verworfen wurde. Ironie der Geschichte: Dieser Wechsel von Aktion und Reaktion, der das Patt aufbrechen sollte, verfestigte es mehr und mehr. Aber am Ende waren die Armeen beider Seiten ganz anders ausgerüstet und organisiert als 1914. Sie kämpften auch anders als bei Kriegsbeginn.

Haigs Schlussfolgerung schuf zunächst neue Probleme, statt die alten zu lösen. »Bei diesem Belagerungskrieg im offenen Feld genügt es nicht, eine Bresche zu schlagen«, vertraute General Marie Émile Fayolle am 1. Juni 1915 seinem Tagebuch an. »Diese muss mindestens zwanzig Kilometer breit sein, sonst kann man nicht nach rechts und links ausschwärmen. Dafür braucht man aber eine ganze Armee und eine weitere, die nachsetzen kann.«[15] Doch 1915 hatten weder die Briten noch die Franzosen genügend Geschütze und Granaten oder gar schwere Artillerie zur Verfügung, um an breiter Front angreifen zu können. Wenn sie ihre Feuerkraft auf einen schmalen Frontabschnitt konzentrierten, erreichten sie zwar die Tiefe der feindlichen Stellungen, mussten aber, wenn sie angriffen, mit Flankenfeuer rechnen. Außerdem war das Überraschungselement schlecht zu nutzen, wenn dem Sturm die Konzentration der Artillerie und ein ausgedehnter Beschuss vorausgingen. Bei den meisten Vorstößen konnte man zwar erfolgreich in die Stellungen des Gegners einbrechen, aber das Problem war die Erweiterung und Nutzung des Erfolgs, die von sofortiger Unterstützung durch Truppen aus dem Hinterland abhingen.

Haigs Überzeugung, eine Offensive müsse an breiter Front vorgetragen und durch langen Beschuss vorbereitet werden, war in der Schlacht von Neuve Chapelle geboren worden, der ersten der britischen Frühjahrsoffensiven von 1915. Aber bei Neuve Chapelle wurde auch die Schwäche der Kommunikation deutlich, die einen klaren Überblick darüber erschwerte, wann und wohin Reserven zu werfen waren. Am 10. März 1915 um 8.05 Uhr startete die Infanterie nach einem kurzen Beschuss von fünfunddreißig Minuten einen Überraschungsangriff. Die deutsche Frontlinie war binnen zehn Minuten in der Mitte durchbrochen, und noch vor 9 Uhr hatten die Briten das Dorf Neuve Chapelle eingenommen. Die Nachricht von diesen ersten Erfolgen erreichte den Korpskommandeur, Generalleutnant Sir Henry Rawlinson, eine Stunde später. Douglas Haig, der jetzt eine der beiden Armeen kommandierte, in die die wachsende britische Expeditionsstreitmacht unterteilt worden war, befahl einer Kavalleriebrigade, sich zum Kampf fertig zu machen, und hoffte, seine ganze Armee werde vorrücken können. Aber der Artilleriebeschuss war auf der linken Seite weniger wirksam gewesen, und die Angreifer gerieten an dieser Flanke unter Feuer. Daher konnten die Briten die deutsche Frontlinie erst um 11.20 Uhr durchbrechen, weshalb die Vorausabteilungen Gefahr liefen, abgeschnitten zu werden. Sie sollten weitere Befehle abwarten. Die Nachrichten wurden über die Befehlskette vom Bataillon zur Brigade, von der Brigade zur Division weitergegeben, bis sie schließlich das Hauptquartier des Korps erreichten, das etwa acht Kilometer hinter der Front lag. Um 13.30 Uhr ordnete Rawlinson für 14.30 Uhr einen neuen Vorstoß an. Aber die Unterstützungseinheiten waren nicht bereit, und so verschob er um 15 Uhr den Zeitpunkt auf 15.30 Uhr. Wieder mussten die Befehle nach unten weitergegeben werden, und es gab Rückfragen nach Einzelheiten. Zwischen Bataillon und Division nahm das jeweils ein bis zwei Stunden in Anspruch. Um 15.30 Uhr eröffnete die Artillerie das Feuer und traf die eigene Infanterie. Gegen 16 Uhr attackierten die beiden vorderen Brigaden erneut, aber ohne Artillerieunterstützung und wirksame seitliche Kommunikation untereinander. Das Tageslicht schwand, das Überraschungsmoment war verspielt, und die Verteidigung des Feindes stabilisierte sich wieder.

Neuve Chapelle bestätigte, dass das größte Hemmnis des Landkrieges das

Im Stellungskrieg können Kleinbahnen zum Transport von Munition und anderen Versorgungsgütern an die Front gebaut werden. Trotzdem bleibt das Pferd wichtigstes

Transportmittel. Großbritannien schickt nach Gewicht mehr Hafer und Heu nach Frankreich als Munition.

Fehlen von Kommunikation in Echtzeit war. Solange die Infanterie in festen Stellungen saß, liefen Telefonleitungen von der Frontlinie zur Unterstützungsartillerie und den Kommandostäben. Sobald sie aber zum Angriff vorrückte, riss der Kontakt ab. Sie konnte beim Vormarsch Drähte ausrollen, aber die wurden häufig durch Beschuss zerstört. Drahtlose Funkgeräte waren noch zu schwer, um getragen werden zu können, daher standen sie nur hohen Kommandostellen und der Navy zur Verfügung. Man konnte Brieftauben einsetzen, wenn Wind und Wetter das zuließen. Aber die flogen nicht gern an den trüben Tagen, wie sie an der Westfront häufig vorkamen. Andere Signalarten – Leuchtkugeln oder Flaggenzeichen – konnten bei Nieselregen oder Nebel ebenfalls nicht benutzt werden. Die Deutschen setzten Hunde ein, um Nachrichten zu befördern, aber in der Regel wurden Fortschritte oder Forderungen nach Unterstützung von menschlichen Boten gemeldet. Meldegänger mussten über dasselbe offene Gelände wieder zurück, das sie gerade im Angriff überwunden hatten. Selbst wenn sie das überlebten, war ihre Nachricht bereits veraltet, wenn sie beim Empfänger eintraf. Daher konnten die Generäle in die wirklichen Entscheidungen während der Schlacht kaum eingreifen.

Die Aufstellung von Massenarmeen und die Notwendigkeit, sich angesichts der modernen Feuerkraft zu zerstreuen, bedeutete, dass das Schlachtfeld sich weitete und zugleich anscheinend leerte. Der Befehlshaber konnte mit einem Schwenk seines Fernglases von einem Aussichtspunkt die Lage nicht mehr überblicken. Er hatte nun eher die Aufgaben eines Managers als die eines Inspirators zu erfüllen. Er sitzt »weiter zurück in einem Hause mit geräumigen Schreibstuben, wo Draht- und Funkentelegraph, Fernsprech- und Signalapparate zur Hand sind«, hatte Schlieffen vor dem Krieg geschrieben. »Dort, auf einem bequemen Stuhl vor einem breiten Tisch hat der moderne Alexander auf einer Karte das gesamte Schlachtfeld vor sich.«[16]

Der lineare Stellungskrieg verstärkte diesen Trend noch, da er den Kommandeur zwang, sich hinter seinen Truppen zu postieren. Die Deutschen lösten das Problem, indem sie das Kommando nach unten delegierten, nur noch allgemeine Weisungen ausgaben und detaillierte Befehle vermieden. Die britischen Offiziere waren aus den Kolonialkriegen kleinere Einheiten mit direktem Kommando gewöhnt. Außerdem hatte der Bewegungskrieg von 1914 die Vorstellungen eines heroischen Zeitalters noch für kurze Zeit wach gehalten. Im gesamten Krieg verloren einundsiebzig deutsche und fünfundfünfzig französische Generäle ihr Leben. Man kann davon ausge-

Ein Grund, weshalb wichtige Dinge am Boden nachts erledigt werden müssen: Deutsche Soldaten installieren eine Kamera auf einem Erkundungsballon. Dieser bleibt zwar hinter den deutschen Linien hängen, kann aber trotzdem von gegnerischen Flugzeugen abgeschossen werden.

hen, dass die meisten, die im Kampf fielen, in den ersten Kriegsmonaten von diesem Schicksal ereilt wurden. Im Vergleich mit ihnen sind britische Generäle geradezu tollkühn zu nennen: Von 1914 bis 1918 fielen achtundsiebzig im Kampf – eine enorme Zahl, wenn man bedenkt, dass die Armee gar nicht richtig in die Kämpfe eingriff, bis die Front sich festgefahren hatte. Aber sie bestätigt auf erschreckende Weise die Feststellung des Stabsoffiziers Cyril Falls, dass die britischen Generäle in der Tat »zu begierig waren, vom Schreibtisch wegzukommen«.[17]

Sie wollten einfach nicht akzeptieren, dass wichtige Entschlüsse auf den unteren Befehlsebenen gefasst werden mussten. Bei Kriegsbeginn war das Korps von etwa 30 000 Mann die wichtigste operative Einheit. Aber das

Korps wurde gleichsam eingezwängt – zwischen den neu geschaffenen Befehlsstäben der Armee und Armeeeinheiten von oben sowie der Division mit etwa 12 000 Mann von unten. Letztere übernahm jetzt in allen Waffengattungen die bisherige Stellung des Korps als unterste operative Einheit und schuf sich damit eine Identität, die dauerhafter und einigender war als die des Korps. Die Aufgabe der heroischen, motivierenden Führung ging an jüngere Offiziere über, die Kompanien, Züge oder sogar Gruppen befehligten.

Die Strategie der Entente war 1915 auf den Augenblick fixiert. Die Westfront stellte das absolute Minimum dar. Das galt besonders für Frankreich, hinderte die Franzosen allerdings nicht daran, im östlichen Mittelmeer, bei Gallipoli und Saloniki, auch andere Optionen zu verfolgen. Die Briten schienen noch eine gewisse Entscheidungsfreiheit zu haben. Einige Liberale, insbesondere Reginald McKenna, der Lloyd George als Schatzkanzler nachfolgte, klammerten sich an die Vorstellung, Großbritanniens Beitrag zum Krieg müsse vor allem auf See und in der Wirtschaft geleistet werden: Es sollte der Waffenlieferant und Finanzier der Entente sein. McKenna argumentierte, die britische Arbeitskraft sei am besten eingesetzt, wenn sie die Produktion im Lande aufrechterhalte und die Exportströme absichere, die Großbritannien die Fähigkeit garantierten, weltweit Waffen einzukaufen und die Alliierten damit zu versorgen. Aber McKennas Hoffnungen waren auf Sand gebaut. Als Kitchener im August 1914 Kriegsminister wurde, ging er daran, eine Massenarmee für den Einsatz auf dem europäischen Kontinent aufzubauen. Im Juli 1915 war bereits von siebzig Divisionen die Rede, der zehnfachen Stärke der Armee vom Jahr zuvor. Zwar warb man zunächst Freiwillige an, aber eine so riesige Truppe war nur durch die Wehrpflicht aufrechtzuerhalten. Viele Männer, die McKenna in den Fabriken haben wollte, wurden nun von der Armee gebraucht, und was die restlichen herstellten, wurde für die Ausrüstung dieser Armee verwendet, nicht für die Verbesserung der Außenhandelsbilanz des Landes.

Kitchener selbst hatte angeregt, Großbritannien sollte sich mit der Beteiligung an den Kriegshandlungen bis 1917 zurückhalten. Dann würden die Armeen der Kontinentalmächte sich völlig ineinander verkeilt haben, und Großbritannien fiele das Verdienst zu, den Krieg zu beenden. Zwar waren Ausbildung und Ausrüstung der neuen Armee ein langwieriger Prozess, aber so lange konnten sie in der Praxis nicht zurückgehalten werden. Kurzfristig hatte Russland offensichtlich das größte Menschenpotenzial. Aber wenn die

Russen 1915/16 die Schwerarbeit verrichten sollten, dann brauchten sie und nicht Kitcheners neue Armee die Produkte der britischen Rüstungsindustrie. Der Rückzug der russischen Armeen im Sommer 1915 und die Niederlage bei Gallipoli bestätigten, dass Kitcheners Vorstellung einer freien Wahl ebenso illusorisch war wie die McKennas. Die Russen brauchten nun noch dringender britische Rüstungsgüter, aber auch direkte militärische Unterstützung aus dem Westen, damit die Deutschen abgelenkt wurden.

Außerdem sah sich Joffre in Frankreich mit wachsender politischer Opposition konfrontiert. Als er aus rein militärischen Gründen den als Republikaner bekannten Armeebefehlshaber General Maurice Sarrail ablöste, zog er den Vorwurf der Linken auf sich, die Armee werde politisch kontrolliert. Die Regierung von René Viviani geriet in Gefahr und mit ihr der nationale Zusammenhalt, den die *union sacrée* verkörperte. Eine innenpolitische Krise in Frankreich konnte Großbritannien am allerwenigsten gebrauchen. Sein schlimmster Albtraum war eine Regierung unter Joseph Caillaux, der vielleicht sogar die Einigung mit den Deutschen suchen konnte. Kitchener musste seine Ansicht von Großbritanniens Rolle an der Westfront revidieren. Am 19. August 1915 erklärte er Haig: »Wir müssen ganz energisch handeln und alles tun, um den Franzosen zu helfen, selbst wenn wir dabei schwere Verluste erleiden.«[18] Die britische Strategie war eng an die der Alliierten, besonders Frankreichs, gebunden.

Während die Mittelmächte auseinander drifteten, schlossen die Mitglieder der Entente sich also enger zusammen. Am 29. Juni 1915 warnte Joffre vor der Gefahr, dass die Deutschen sich einen Staat nach dem anderen vornehmen könnten: »Eine kraftvolle gemeinsame Offensive aller alliierten Armeen außer der russischen ist das einzige Mittel, um diese Gefahr zu bannen und den Feind zu schlagen.«[19] An der Westfront anzugreifen sei nicht nur aus strategischen Gründen geboten. In der Defensive, so argumentierte Joffre, »werden unsere Truppen nach und nach ihre physischen und moralischen Qualitäten einbüßen«.[20] Seit Ende Juni hatte er einen Angriff in der Champagne geplant. Dagegen stand der Präsident der Republik, Poincaré, auf der Seite der Fraktion, die keine weiteren Attacken wollte. Die Unterstützung Großbritanniens gab Joffre nun die Möglichkeit, sich über seine politischen Vorgesetzten hinwegzusetzen, um handeln zu können. Operationen in Artois im Mai hatten Franzosen wie Briten überzeugt: Wenn sie nur über genügend Artillerie verfügten und an ausreichend breiter Front angriffen, konnte der Durchbruch gelingen. Der Schlüssel des Ganzen lag da-

Ein hoher französischer Offizier, vermutlich Joffre, verlässt am Ende einer Inspektionstour den Verbindungsgraben. Er trägt einen von einem Artilleristen geliehenen Helm.

rin, dass Unterstützungseinheiten bereitstehen mussten, um den Angriff sofort über die vorderen Linien hinauszutragen und so den Durchbruch in einem Anlauf zu schaffen. Auf einer Breite von fünfunddreißig Kilometern hatten die Franzosen neunhundert schwere Kanonen, über tausend Feldgeschütze und siebenunddreißig Divisionen zusammengezogen. Am Punkt des geplanten Durchbruchs standen neunzehn französischen Divisionen fünf deutsche gegenüber.

Nach fünf Tagen französischer Artillerievorbereitung ließ sich der Befehlshaber der deutschen 3. Armee, Karl von Einem, am 24. September mit Falkenhayn am Telefon verbinden: »Ich sprach ihn einen Augenblick, wobei ich ihm sagen konnte, daß es mir persönlich sehr gut gehe. Diesen Leuten gegenüber muß man immer eine heitere Miene und eine vertrauensvolle Stimmung zeigen, sonst wird man für nervös gehalten, ob mit Recht oder nicht, ist gleichgültig.« Am nächsten Morgen um 11 Uhr sprach Einem noch einmal mit Falkenhayn. Er hatte gerade die Nachricht erhalten, dass die Franzosen bei Souain durchgebrochen waren, und forderte mindestens vier Divisionen Verstärkung an. »Er erwidert mir, daß im Norden die Engländer angreifen und daß Seine Majestät sich darauf verlasse, daß jeder Mann seine Pflicht tue.«[21]

Der britische Angriff war Teil einer zweiten gleichzeitigen Offensive der Alliierten bei Artois, die von den Schlackehalden bei Loos im Norden bis zu der die Gegend beherrschenden Hügelkette von Vimy reichte. Joffre schätzte später, dass an der Front mit einer Gesamtlänge von neunzig Kilometern vierundfünfzig französische und dreizehn britische Divisionen kämpften. Dabei war Falkenhayns und Einems Kaltblütigkeit durchaus gerechtfertigt. Die Deutschen hatten acht bis neun Kilometer hinter der Front eine zweite Linie aufgebaut, die außerhalb der Reichweite der französischen Artillerie und an der Rückseite einer Hügelkette lag, sodass sie nicht eingesehen werden konnte. Die Truppen der Entente mussten mit Verlusten von bis zu einer Viertelmillion Mann für minimale Geländegewinne bezahlen. Angesichts dieses Fehlschlages suchte Joffre eine neue Begründung für seine Angriffsstrategie: »Wir müssen mehr Feinde töten, als sie von unseren Männern töten können.«[22] Das sollte zum gängigen Argument werden, um gescheiterte Durchbrüche zu rechtfertigen. In diesem Fall betrugen die Verluste der Deutschen aber nur 60 000 Mann.

Joffre hielt sich auf seinem Posten. Viviani dagegen stürzte, jedoch nicht wegen der Lage an der Westfront, sondern wegen der Entwicklung auf dem Balkan. Mit einer neuen Regierung unter Aristide Briand war die Gefahr von links abgewendet. Sie hatte sich ohnehin gelegt, als Sarrail den Oberbefehl in Saloniki erhielt. Am Ende sollte die Schlacht bei Loos die britische Kriegführung wesentlich mehr beeinflussen als die Fehlschläge in der Champagne die französische.

Britische und französische Generäle stimmten darin überein, dass der Durchbruch nicht von der ersten Welle der Truppen erreicht werde, die in die Stellungen des Gegners einbrach, sondern von der zweiten, die über die erste hinwegrollen und den Angriff vorwärtstragen würde. Nach traditioneller Vorstellung hatte die Reserve in der Hand des Oberbefehlshabers zu liegen, der entschied, wann sie unter Berücksichtigung der Gesamtlage einzusetzen war. Aber die verzögerte Kommunikation und die Schwierigkeiten der Soldaten, bei dem nassen Wetter über ein zerschossenes Schlachtfeld vorzustürmen – all das sprach dafür, die Kontrolle und damit den Befehl über die Reserve nach unten zu delegieren. Charles Mangin, der am 25. September eine französische Division bei Vimy befehligte, wartete fünfunddreißig Stunden darauf, dass zwei Bataillone nach vorn kamen: »Fünfzehn Tage lang rede ich schon«, schrieb er drei Tage später wütend, »dass die Reserve nahe an die Front heranrücken und denen in die Hand gegeben werden muss, die sie einsetzen – den Divisionskommandeuren.«[23]

Aufseiten der Briten hatte Douglas Haig, der die 1. Armee bei Loos führte, seinen Oberbefehlshaber Sir John French gebeten, ihm vor der Schlacht zwei Divisionen Reserve zur Verfügung zu stellen. French hatte abgelehnt, zum Teil weil er im Unterschied zu Haig nicht daran glaubte, dass der Angriff gelingen werde. Am 25. September gab er die zwei Reservedivisionen um 9.30 Uhr morgens, fünfunddreißig Minuten nach Haigs Anforderung, endlich frei. Aber bei dem herrschenden Chaos und der Entfernung, die sie zu überwinden hatten, konnten sie erst am folgenden Tag in die Kämpfe eingreifen. Haig benutzte diese Episode und seinen Einfluss bei König George V., um Frenchs Abberufung und seine eigene Ernennung zum Oberbefehlshaber zu erreichen.

Für seine neue Verantwortung brachte Haig mehr als die Gunst des Königs und einen Hang zur Intrige mit. Sein presbyterianischer Glaube gab ihm die innere Festigkeit, die ihm entschlossenes und zielbewusstes Handeln ermöglichte. Seine größte Schwierigkeit war die jedes Befehlshabers einer Armee, die so rasch gewachsen war: Gewohnt, kleine Formationen persönlich zu befehligen, wusste er nicht, wie eine Massenarmee zu führen und wie ein großer Stab am besten einzusetzen war. In Frankreich gelang es ihm aber, in seinem Hauptquartier ein Team zusammenzustellen, auf das er sich sehr, manchmal zu sehr verließ. Er nutzte seine Stellung auch, um in London für eine Veränderung der strategischen Orientierung des Krieges zu werben. Die Armee in Frankreich hatte wie das Kabinett zu Hause das Vertrauen zu Kitchener verloren. Sein Scharfblick war nicht ausreichend mit organisatorischen Fähigkeiten gepaart, und bei all seinem Enthusiasmus gab er Frankreich nicht die konsequente Unterstützung, die notwendig gewesen wäre. Unter Kitchener war der Einfluss des erst kurz vor dem Krieg neu gebildeten Generalstabs der Armee immer weiter gesunken. Haig wollte, dass Sir William Robertson, der in der Stabsarbeit große Karriere gemacht hatte, an die Spitze des Generalstabs trat. Robertson hatte in Frankreich als Generalquartiermeister und dann als Stabschef gedient, und »jeder Kubikzentimeter seiner zylindrischen Person zeugt von ungewöhnlichem Charakter und gesundem Menschenverstand«. Der König unterstützte Robertsons Ernennung und stimmte sogar zu, dass dieser nicht dem Kriegsminister, sondern dem *War Council* verantwortlich sein sollte, dem Ausschuss des Kabinetts, der die Strategie festlegte. So wurde Kitchener bereits Anfang Dezember 1915 bei der Formulierung der Politik übergangen, bevor er sechs Monate später auf dem Weg nach Russland mit der *HMS Hampshire* unterging.

Robertson wird zu oft nur als tapferer Verteidiger von Haig und Fürsprecher der Westfront dargestellt. Das war er durchaus, denn er sah es als seine Aufgabe an, dem Oberbefehlshaber der wichtigsten britischen Armee auf dem Hauptkriegsschauplatz zu Lande alle Möglichkeiten für ein wirksames Handeln zu schaffen. Auf keinen Fall aber war er Haigs Marionette. Robertson hatte seine militärische Laufbahn als Soldat begonnen, und er verfügte sichtlich nicht über die verfeinerte Lebensart derer, mit denen er jetzt zu tun hatte: »Arrogant, mit vulgärer Ausdrucksweise, wenn man ihn reizte, und plattfüßig (im direkten und bildhaften Sinne), ein wandelnder Eisschrank – so schlurfte er durch Whitehall.«[24] Zusätzliche Probleme schuf er sich damit, dass er nie sagte, was die Politiker hören wollten, sondern was er nach seinem fachlichen Urteil für richtig hielt. Einen schnellen Sieg konnte er nicht versprechen. Seine Botschaft vom 8. November 1915 atmete Realismus: Eine Niederlage der Mittelmächte »kann nur erreicht werden, wenn es gelingt, deren stärkstes Kettenglied, Deutschland, zu bezwingen oder zu erschöpfen«.[25]

Erschöpfung wurde 1917 zum Schlüsselwort, aber im Dezember 1915 waren sich Robertson wie auch andere Befehlshaber der Entente noch nicht so sicher. Am 27. Dezember 1915 schrieb er an Kitchener: »Nur durch Zermürbung oder den Durchbruch durch die deutschen Linien können wir den Krieg zu unseren Gunsten beenden.«[26] So unentschieden sah Robertson auch Joffres Reaktion auf die Schlacht in der Champagne: Begonnen mit dem Vorsatz, den Durchbruch zu erreichen, wurde sie als »Zermürbungstaktik« interpretiert, als sie scheiterte. Aber diese Zweideutigkeit ließ keine klare Planung zu. Bei Neuve Chapelle witterte Haig die Gelegenheit zum Durchbruch und stellte seine Kavallerie entsprechend ein. General Rawlinson hatte aber von Anfang an ein begrenzteres Ziel im Auge. Er argumentierte, da selbst eine gut vorbereitete und unterstützte Attacke zwar einen Einbruch in die Stellungen des Gegners, aber keinen klaren Durchbruch erreichen konnte, müsse das auch in der Planung berücksichtigt werden. Mit dem Angriff sollte ein Stück aus der Front des Gegners herausgerissen und gehalten werden. Das zwinge diesen zum Gegenangriff, wodurch der taktische Vorteil vom ursprünglichen Verteidiger auf den Angreifer übergehe.

Mit Rawlinsons Methode konnte der Feind sicher zermürbt werden, aber sie enthielt zwei bedeutende Unwägbarkeiten. Erstens überließ sie die Initiative dem Gegner: Er konnte entscheiden, dass er das verlorene Terrain nicht zurückerobern wollte, und so den Angreifer zwingen, Farbe zu bekennen. Rawlinson konnte lediglich garantieren, dass das nicht geschehen würde, wenn der verlorene Boden für den Gegner große Bedeutung hatte. Die Hügelkette von Vimy, die die Umgebung beherrschte, war so ein Beispiel, ebenso der Bergring östlich von Ypern: Die Stadt kontrollierte die Kanalhäfen und damit den Angelpunkt des Nachschubsystems der britischen Expeditionsstreitmacht. Zugleich konnte von dort aus auch der Eisenbahnknotenpunkt Roulers eingesehen werden, das Zentrum des deutschen Transportnetzes hinter der Westfront. Ein Durchbruch bei Vimy oder Ypern hätte große operative Bedeutung gehabt. Daher fanden Zermürbungsschlachten in der Regel dort statt, wo man auch mit Durchbruchskämpfen rechnen musste.

Und darin lag die zweite Unwägbarkeit der Taktik vom »Herausreißen und Halten«. Das war lediglich eine Methode, um den Gegner zu erschöpfen. Die Entscheidung würde erst fallen, wenn diese Taktik sich erledigt hatte und die Alliierten in der Lage waren, die Front in der Tat zu durchbrechen. Bei Neuve Chapelle und bei Loos hatte sich Haig eingeredet, die Erschöpfung des Gegners und der Durchbruch könnten in einer einzigen Schlacht erreicht werden. Weder Rawlinson noch Robertson teilten diese Ansicht.

Entscheidend für Robertsons Einschätzung der Erschöpfung der deutschen Armee waren die Nachrichten, die beim Kriegsministerium in London eingingen. Sie betrafen meist Transportbewegungen durch ganz Europa, die die Verteilung der deutschen Divisionen zwischen Ost und West erkennen ließen. Für Robertson entstand dadurch eine klare Vorstellung von der Schlachtordnung des deutschen Heeres und dessen Reserven. Als klassisch ausgebildeter Stabsoffizier sah er, dass die Deutschen auf »inneren Linien« operierten. Sie hatten die Möglichkeit, ihre Truppen auf kurzen Wegen zu verlegen und so rasch auf verschiedene Gefahren zu reagieren. Die Alliierten dagegen waren um die Mittelmächte herum aufgestellt und mussten auf den »äußeren Linien« größere Entfernungen überwinden. Das geschah oft über See und nahm daher mehr Zeit in Anspruch. Robertson war zwar überzeugt, dass Großbritannien den Hauptbeitrag zum Krieg an der Westfront leisten musste, sah aber auch, dass alle Fronten der Alliierten einander unterstützen konnten, wenn sie zeitlich abgestimmt handelten. Sollten die Mittelmächte in West und Ost, dazu noch in Italien zum selben Zeitpunkt angegriffen werden, dann wäre Deutschland nicht mehr in der Lage, seine Reserven gleichzeitig an allen Fronten und auf kurzen Wegen in die Schlacht zu werfen.

Verdun und die Somme

Genau darauf hatte Joffre im Sommer hingewiesen. Dieser Gedanke bildete die Grundlage der Strategie der Alliierten, die auf einer Konferenz in Chantilly vom 6. bis 8. Dezember 1915 vereinbart wurde. Großbritanniens Vertreter waren dort der damalige Oberbefehlshaber Sir John French und Robertsons Vorgänger Sir Archibald Murray. Mit ihren alliierten Kollegen kamen sie überein, dass »entscheidende Ergebnisse nur erreicht werden können, wenn die Offensiven der alliierten Armeen gleichzeitig vorgetragen werden oder zumindest zu Zeitpunkten, die dicht genug beieinander liegen, um den Gegner an einer Verlegung seiner Reserven von einer Front zur anderen zu hindern«.[27] Das hieß, in Abständen von höchstens einem Monat. Mit solchen korrespondierenden Angriffen wollte man so bald wie möglich beginnen. In der Zwischenzeit sollte der Gegner durch unablässige lokale Attacken zermürbt werden. Die Konferenz von Chantilly legte allerdings weder Zeit noch Ort für die britisch-französische Offensive an der Westfront im Jahre 1916 fest. Aus britischer Sicht war der Frontvorsprung bei Ypern am besten für den Angriff geeignet. Das nicht zuletzt deshalb, weil er den Kanalhäfen und damit den Nachschublinien der britischen Expeditionstruppe am nächsten lag. Aber Großbritannien war der militärische Juniorpartner des Bündnisses. Die Ablösung von French durch Haig versprach eine Verbesserung des beiderseitigen Verhältnisses. Als Letzterer am 14. Februar 1916 mit Joffre zusammentraf, stimmte er bereitwillig zu, die Offensive in der Picardie, an der Nahtstelle der beiden Armeen, über die Somme vorzutragen. Zwar gab es dort nicht so viele Straßen und Eisenbahnen wie in Flandern, aber das wellige Gelände und der Kalkboden versprachen festen Untergrund, was wichtig war, weil man den 1. Juli für den Start der

Ein typischer Vaterlandsverteidiger Frankreichs, der *Poilu* (Bärtige), der auch noch diesen Familiennamen trägt. Sein zerfurchtes Gesicht zeugt davon, dass Reservisten mittleren Alters den Grundstock der französischen Armee bilden. Auf seiner Brust das *Croix de Guerre.*

Offensive ins Auge fasste. Rawlinson, jetzt Befehlshaber der 4. Armee, die auf der britischen Seite den Hauptstoß führen sollte, erklärte die Gegend als »hervorragend geeignet für eine Offensive«.[28] Entscheidend war allerdings, dass die Briten nur eine Hilfsrolle zu spielen hatten. Der Hauptangriff sollte von den neununddreißig Divisionen und 1700 schweren Geschützen geführt werden, die Joffre Ferdinand Foch versprochen hatte, dem Befehlshaber der französischen Truppen, die zur Rechten der Briten aufmarschierten.

Am 21. Februar 1916, eine Woche nach Haigs Begegnung mit Joffre, um 7.12 Uhr morgens gab eine deutsche 38-cm-Kanone das Signal für den Beschuss aus 1220 Rohren an einer Front von zwanzig Kilometern Breite, die sich beiderseits der Maas (französisch: Meuse) nördlich von Verdun erstreckte. Im Bois de Ville, dem Herzstück der französischen Frontlinie, schlugen jede Minute vierzig schwere Granaten ein. Binnen einer Stunde waren alle Telefonleitungen der vorgeschobenen Stellungen zu den Befehlsständen im Hinterland gekappt. Die weittragenden deutschen Kanonen zielten nun auf das System von Befestigungsanlagen, das die Stadt Verdun schützte, seit 1914 Symbol des französischen Widerstandes. Deutsche Feldgeschütze und Mörser belegten währenddessen die Frontlinie weiter mit Feuer. »Die Bäume fallen wie Strohhalme, einzelne Granaten schießen aus dem Rauch hervor, die Erdfontänen bilden einen Nebel von Staub, der uns jede Sicht nimmt«, berichtete G. Champeaux, ein Verbindungsoffizier der Artillerie beim 164. Infanterieregiment, das rechts vom Bois de Ville bei Herbebois lag. »Wir können uns den ganzen Tag nur gebückt bewegen. … Wir müssen unsere Deckung verlassen und in einem großen Krater Schutz suchen. Um uns liegen Verwundete, die sterben, weil wir ihnen nicht einmal Erste Hilfe leisten können.«[29]

Als gegen 16 Uhr die Dämmerung hereinbrach, verließen deutsche Infanteriepatrouillen die Schützengräben, um Schwachstellen in der französischen Verteidigung und noch vorhandene Widerstandsnester auszumachen. In der Nacht setzte die deutsche Artillerie ihren Beschuss im beginnenden Schneefall fort. Am Nachmittag des 22. Februar griffen am Ostufer der Maas entlang der Hälfte des Frontabschnitts, den die Artillerie beschossen hatte, sechs Divisionen an. Wiederum gingen kleine Trupps vor den angreifenden Einheiten her, um festzustellen, wo die Artillerie ihr Werk getan hatte und wo nicht. Wenn sich noch Widerstand zeigte, griffen Sturmtrupps von ausgewählten Infanteristen an, die mit Handgranaten und Flammenwerfern ausgerüstet und dafür ausgebildet waren, gleichzeitig zu feuern und zu stürmen, was während des Grabenkrieges stets getrennt erfolgt war. Dieses Vorgehen hatte Hauptmann Willy Rohr 1915 an der Front entwickelt und auf Falkenhayns Befehl im ganzen Heer etabliert – ein Beispiel dafür, wie der deutsche Befehlshaber Taktik von unten entwickelte. Den Sturmtrupps folgten Reserveeinheiten mit der nötigen Ausrüstung, um das eroberte Terrain sofort zu sichern. Am 25. Februar hatten die 51. und 72. Division der Franzosen, die die Front von Herbebois nach Westen bis zur Maas hielten, bereits über sechzig Prozent Verluste zu beklagen. Ausbleibende Artillerieunterstützung untergrub die Moral der Infanterie. Allein für die Instandsetzung der Telefonverbindungen mussten am 21. Februar hundertfünfzig Kilometer Leitungen verlegt werden. Die fehlende Kommunikation hinderte Infanterie und Artillerie daran, Feuerunterstützung und Munitionsnachschub anzufordern. Am 25. Februar um 15.30 Uhr fiel das Festungswerk Douaumont, das Herzstück des Verteidigungssystems von Verdun, ohne dass ein Schuss abgegeben wurde. Ein Durchbruch der Deutschen schien unmittelbar bevorzustehen.

Am Abend des 21. Februar hatte Konstantin Schmidt von Knobelsdorff, der Stabschef der deutschen 5. Armee, den beiden Angriffskorps befohlen, »so weit wie möglich vorzurücken«.[30] Als Falkenhayn den Angriff befahl, sprach er von »einer Offensive im Raum der Meuse in Richtung auf Verdun«. Und Kronprinz Wilhelm, der Sohn des Kaisers, der die 5. Armee befehligte, bezeichnete es als das Ziel, »die Festung Verdun schnell zu Fall zu bringen«.[31] Das war der für einen Durchbruchsversuch der Deutschen am besten geeignete Frontabschnitt.

Da sie so stark an der Ostfront engagiert waren, fehlten den Deutschen die Reserven für eine Offensive auf breiter Front. Der Vorsprung von Verdun, ein Frontbogen nahe dem deutschen Staatsgebiet, konnte als schmal erachtet werden. 1915 hatten ihn die Franzosen mehr und mehr als Gebiet mit geringer Feindaktivität gesehen, Artillerie aus den Festungswerken abgezogen und Nachrichten von einem bevorstehenden Angriff der Deutschen ignoriert. Die Eisenbahnlinie von Paris zur Stadt lag hinter den Linien der Deutschen, sodass diese besser Nachschub heranschaffen konnten als die Franzosen. Truppen und Munition trafen nachts ein und verschwanden rasch von der Erdoberfläche. Die Deutschen zogen 168 Flugzeuge zusammen, um die Luftüberlegenheit zu erringen. Die französische Aufklärung wurde durch schlechtes Wetter und die kurzen Tage im Januar behindert, was die Chancen der Deutschen erhöhte, den Überraschungseffekt zu

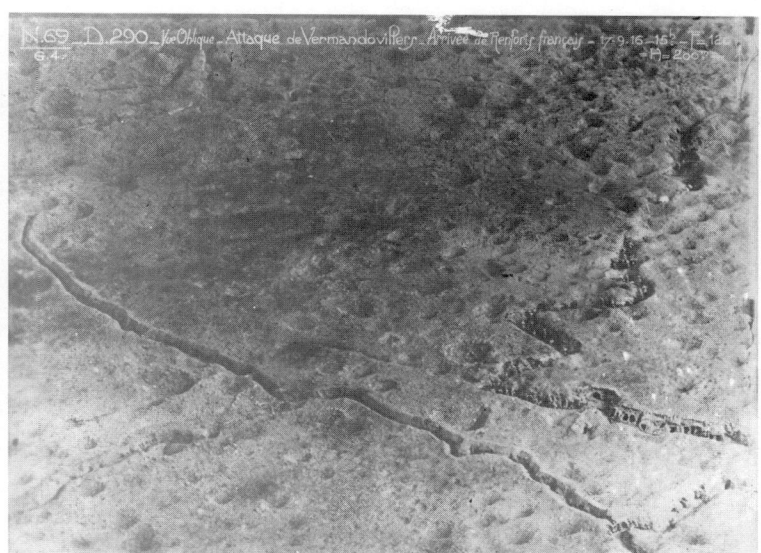

Im Hin und Her der Schlacht bei Verdun suchen die Soldaten immer häufiger in Geschosskratern Schutz und meiden die vom Gegner gut erkundeten Grabensysteme. Rechts unten führen die Franzosen am 17. September 1916 durch einen Verbindungsgraben Verstärkung heran.

nutzen. Wenn die 5. Armee die Höhen über der Maas eroberte, lag die Stadt Verdun in der Reichweite ihrer schweren Artillerie.

Der strategische Rahmen für diese Schlacht war eindeutig. Während des gesamten Jahres 1915 hatte Falkenhayn die Westfront als den entscheidenden Kriegsschauplatz gesehen. Jetzt ging er davon aus, dass die Österreicher ihm gegen ein wesentlich geschwächtes Russland den Rücken freihalten würden, während er Deutschlands Kräfte gegen Frankreich konzentrierte. Dass er ausgerechnet in dem Monat losschlug, als sein Verhältnis zu Conrad von Hötzendorf den Tiefpunkt erreichte, spricht nicht dafür, dass er seinen Entschluss direkt mit seinem Hauptverbündeten abgesprochen hatte. Conrad von Hötzendorf eroberte gerade Montenegro und stellte dann seine Armee auf eine Operation ein, die wesentlich besser in sein Konzept passte: einen Angriff im Trentino gegen Italien. Der Druck auf Russland ließ nach. Auch im Hinblick auf Großbritannien verrechnete sich Falkenhayn. Er sah es als die zentrale Macht der Entente, hoffte aber, dass das deutsche Heer dessen Hauptverbündeten in Europa schlagen werde, während die Marine die britische Wirtschaftskraft im U-Boot-Krieg untergraben sollte. Letzteres gelang jedoch nicht.

Dass Falkenhayns Strategie nicht aufging, lag weitgehend außerhalb seiner Kontrolle. Seine Annahmen indessen hatten durchaus ihre Logik. Daher ist erstaunlich, mit welchen Schritten er sie in die operative Praxis umzusetzen suchte. In seinen Memoiren, die nach dem Krieg erschienen, behauptet er, er habe zu Weihnachten 1915 eine Denkschrift verfasst, nach der er Verdun nicht einnehmen, sondern die französische Armee zur Verteidigung der Stadt zwingen und so ausbluten wollte. Das war eine andere Art von Zermürbung als diejenige, die Rawlinson vorschwebte. Bei Falkenhayn wurde die Erschöpfung des Gegners vom Mittel zum Ziel.

Wenn man sich allerdings die Befehle anschaut, die von der 5. Armee ausgingen, dann ist dort wenig von der Taktik des »Herausreißens und Haltens« zu erkennen, die angeblich angewandt wurde. Der deutschen 5. Armee ging es nicht um begrenzte Ziele und maximale französische Verluste bei minimalen auf deutscher Seite. Stattdessen stürmten die deutschen Truppen vor, so rasch sie konnten. Das Ergebnis war, dass sie am 25. Februar fast ebenso große Verluste zu beklagen hatten wie die Franzosen. Das änderte sich während der gesamten Schlacht kaum. Als die Kämpfe im Dezember endeten, betrugen die Verluste der Deutschen 337 000 Mann, darunter 143 000 Tote, die der Franzosen 377 231 Mann, darunter 162 440 Tote. Falkenhayn selbst begann erst ab Mitte März regelmäßig von Zermürbung zu sprechen, wenn er die Ziele der Schlacht von Verdun erläuterte. Das sollte eine rationale Begründung für das Scheitern des Durchbruchsversuchs sein, aber sie geriet wenig überzeugend. Frankreich hatte an der Westfront Verbündete, Deutschland nicht. Im Unterschied zu Frankreich war Deutschland auch an anderen Fronten stark engagiert. Die absoluten Zahlen mögen auf einen leichten Vorteil für Deutschland hindeuten, die relativen Verluste hingegen nicht. Außerdem führte die Schlacht von Verdun dazu, dass die Franzosen ihre Haltung zum Krieg neu bestimmten und Frankreich und die Dritte Republik nun vollständig miteinander identifizierten. »Sie wissen, dass sie Frankreich retten«, berichtete ein Zensor über Briefe, die Soldaten im Juli von der Front schrieben, »aber auch, dass sie dort vorn dafür sterben werden.«[32]

So vollzog sich vor Verdun der Umschwung von einer Durchbruchs- zu einer Zermürbungsschlacht. Das lag vor allem daran, dass Frankreich entschlossen war, die Stadt nicht aufzugeben. Am 26. Februar 1916 um 0.00 Uhr übernahm der Befehlshaber der französischen 2. Armee, Philippe Pétain, den Frontabschnitt von Verdun. Als Brigadegeneral, der 1914 bereits vor der Pensionierung stand, hatte Pétain die Evolution des Schützengrabenkrieges aus der Sicht des Frontkommandeurs und nicht aus dem Hinterland erlebt. 1915 war er wie Rawlinson zu dem Schluss gekommen, dass es unmöglich sei, »die Stellungen des Gegners nacheinander in einem Anlauf zu nehmen«.[33] In einer Denkschrift, die er nach der Herbstschlacht in der Champagne verfasste, empfahl er begrenzte Offensiven, bei denen nur so weit vorgestürmt werden sollte, wie die Artillerieunterstützung reichte. Material sollte Truppen ersetzen. Erst wenn der Gegner erschöpft war, sollten Durchbruchsoperationen und wieder Bewegungskrieg folgen. Pétains Verteidigung von Verdun war die Konsequenz aus diesen Überlegungen. Permanente Festungswerke aus Stahlbeton waren in den Augen der Feldkommandeure seit dem Fall der belgischen Forts im Jahre 1914 nur noch wenig wert. Aber Pétain machte den inneren Befestigungsring von Verdun zum Rückgrat seiner Verteidigung. Er nannte ihn eine »Sperrfeuerstellung«, deren Artillerie eingesetzt wurde, um die deutschen Angriffsvorbereitungen zu stören.

Am 27. Februar wurden am Westufer der Maas zehn Batterien schwerer Geschütze zusammengezogen, »welche konzentrierten Beschuss durchführten, was in der Tat ein selbstständiges Operieren bedeutete«.[34] Dieser traf die deutschen Truppen in die Flanken, als sie am Ostufer vorrückten. Am 6. März sah sich Falkenhayn daher gezwungen, auch am Westufer anzugreifen, was die Wirkung der französischen Artillerie bestätigte. »Die Infanterie«, schrieb Leutnant Raymond Jubert im Mai, »agiert lediglich als Bannerträger, der die Bereiche markiert, wo unsere Artillerie überlegen ist.«[35] Da die Infanteristen häufig in Gruben und Geschosskratern statt in Schützengräben Deckung suchen mussten, wurden auch sie von der eigenen Artillerie getroffen. Um die Observation des Schlachtfeldes zu verbessern, eroberten die Franzosen die Luftüberlegenheit zurück, indem sie Kampfflugzeuge in ganzen Staffeln einsetzten und damit die deutschen Aufklärungsflieger zurückdrängten. Am Boden sorgten eine während der Kämpfe angelegte Kleinbahn und Lastkraftwagen für den Nachschub an Munition. Im Juni passierten 12 000 solcher Fahrzeuge – eines alle vierzehn Sekunden – die Straße von Bar-le-Duc, »*la voie sacrée*«, den Leidensweg, wie ihn Maurice Barrès im April getauft hatte.

Was die Straße zum Leidensweg machte, war nicht so sehr die schiere Menge an Granaten und Versorgungsgütern, die darüber geschleppt wurden, sondern vielmehr die an Jesus auf dem Kreuzweg gemahnenden ungeheuren menschlichen Leiden, die dort ertragen werden mussten. Am 1. Mai waren bereits vierzig französische Divisionen durch die »Mühle an der Maas« gegangen. Pétain achtete darauf, seine Einheiten möglichst rasch in den Kampf und wieder heraus zu führen, damit die hohen Verluste und der psychische Schock nicht deren Kampfkraft zerstörten. Joffre seinerseits war entschlossen, die Kämpfe bei Verdun in Grenzen zu halten, damit Falkenhayns Aktion seine eigenen Pläne nicht zu sehr beeinträchtigte. Als die Schlacht sich hinzog und auf französischer Seite immer mehr Truppen erforderlich wurden, sollte Joffre bereits die Wahl dieses Befehlshabers bereuen, konnte aber nicht mehr verhindern, dass der französische Beitrag zur Offensive an der Somme reduziert werden musste. Am 26. April planten die Franzosen noch, an einer Front von fünfundzwanzig und nicht vierzig Kilometern Breite mit dreißig und nicht neununddreißig Divisionen, mit 312 und nicht 1700 schweren Geschützen anzugreifen. Als es dann am 1. Juli so weit war, gingen sie an einer Front von fünfzehn Kilometern mit zwölf Divisionen, aber mit 688 schweren Geschützen vor.

Großbritannien, das ursprünglich auf dem Kontinent nur begrenzte Verantwortung hatte übernehmen wollen, sah sich nun plötzlich in der Lage, im Jahre 1916 die Hauptlast der Großoffensive der Entente an der Westfront zu tragen. Das tat es nicht in erster Linie, um den Franzosen bei Verdun Erleichterung zu verschaffen. Diese Aufgabe übernahmen die Russen. Deren Hauptbeitrag zum gemeinsamen Plan der Alliierten hätte eigentlich ein Angriff im Norden bei Wilna sein sollen, aber andere Entwicklungen kamen ihm zuvor. Brussilow, der in Galizien vorstieß, wandte dabei ähnliche Grundsätze an wie im Westen – sorgfältige Vorbereitung, eine breite Front, die aber stets in Reichweite der Artillerie blieb, und einsatzbereite Reserven, um den Anfangserfolg zu nutzen. Binnen zwei Tagen hatten die Russen am 6. Juni bereits der 4. k.u.k. Armee das Rückgrat gebrochen und waren auf einer Front von zwanzig Kilometern Breite fünfundsiebzig Kilometer vorgerückt. In einer Woche nahmen sie 200 000 Gefangene und erbeuteten nur deshalb so wenige Geschütze, weil die Masse der schweren Artillerie der österreichisch-ungarischen Truppen bereits nach Italien verlegt worden war. Conrad von Hötzendorfs Offensive im Trentino, wo er in der zweiten Maihälfte das Asiago-Plateau überrannt hatte, verlor bereits an Schwung. Jetzt musste er sie rasch beenden und mehrere Divisionen wieder nach Nordosten werfen.

Am 15. Juni erklärte Conrad von Hötzendorf Falkenhayn, man stehe vor der schwersten Krise des ganzen Krieges. Falkenhayn war völlig überrascht. Zwar wusste er bereits im Mai, dass die 5. Armee unmöglich einen Durchbruch erreichen konnte, glaubte aber den Angaben der deutschen Aufklärung, die behauptete, die Franzosen hätten bei Verdun schon 800 000 Mann verloren. Zudem bestärkte ihn der Pazifismus der radikalen Sozialisten in Frankreich in seiner Annahme, dieses könnte um einen Separatfrieden nachsuchen. Auch erste Anzeichen von Vorbereitungen der Briten an der Somme schienen die Logik der Schlacht um Verdun zu bestätigen: Sie zwang die Briten offenbar, an einer anderen Stelle der Westfront zu reagieren, was den Deutschen Gelegenheit für einen Gegenschlag geben könnte. Falkenhayn spielte daher auf Zeit, drängte Conrad von Hötzendorf, die Lage durch den Abzug von Truppen aus Italien unter Kontrolle zu bekommen, und wartete darauf, dass Hindenburg ihm deutsche Einheiten vom Nordteil der Ostfront überließ. Trotzdem musste er selbst vier Divisionen von der Westfront abziehen. Zwar brachte er am 23. Juni bei Verdun einen Angriff zustande, aber an zu schmaler Front, sodass die Franzosen zurückschlagen konnten. Am 24. Juni begann die Artillerie der Alliierten mit dem Beschuss an der Somme.

Wenn die Schlacht an der Somme Rawlinsons Logik gefolgt wäre, wie sie im Programm zur Entwicklung der britischen schweren Artillerie zum Ausdruck kam, dann hätte sie nur begrenzte Ziele verfolgt und keinerlei Hoffnung auf einen raschen Durchbruch aufkommen lassen. Das war es, was Rawlinson vorschwebte: Breite und Tiefe der Angriffsfront hatten sich danach zu richten, was die Artillerie zu leisten vermochte. Durch langen und systematischen Beschuss sollten möglichst viele Deutsche getötet und nicht etwa die Infanterie befähigt werden, Gelände zu erobern. Haig dagegen meinte, Verdun habe die Aufgabe des Zermürbungskrieges bereits erfüllt, und die Gelegenheit zum Durchbruch sei gekommen. Er wollte einen Beschuss wie ein Orkan und danach einen raschen Vorstoß tief hinein in die Stellungen des Gegners: »D.H. ist dafür, die Front zu durchbrechen und in der ausbrechenden Panik bis zur dritten Linie vorzustoßen«, schrieb Rawlinson am 1. April in sein Tagebuch.[36] Zu diesem Zweck bildete Haig eine Reservearmee hinter Rawlinsons 4. Armee unter dem Befehl von Hubert Gough, einem Kavalleristen.

Hauptursache für den britischen Fehlschlag am ersten Tag der Schlacht

120-mm- und 155-mm-Kanonen gehören zur Grundausstattung der Franzosen. Im Juli 1916 bringen sie ihnen den Sieg an der Somme, obwohl die französische Armee bis 1917 noch nicht voll modernisiert ist. Hier Artilleristen während der Essenspause.

an der Somme war, dass die Planung einen Kompromiss darstellte. Rawlinson tat zwar, was sein Vorgesetzter von ihm wollte, behielt dabei aber seinen eigenen Kopf. Haig ist daher nicht in erster Linie vorzuwerfen, dass es ein Fehler war, den Durchbruch anzustreben, denn solche Gelegenheiten gab es im Verlauf der Schlacht durchaus. Aber er versäumte es, diese Sicht bei den ihm unterstellten Kommandeuren durchzusetzen.

Als zweite Ursache ist anzuführen, dass die britische Artillerie für eine solche Schlacht noch nicht bereit war. Die 4. Armee hatte 1437 Geschütze dafür zur Verfügung, mehr als die Deutschen vor Verdun zusammengezogen hatten. Das hieß, ein Rohr je siebzehn Meter Frontlinie. Während des vorbereitenden Beschusses feuerte sie über 1,5 Millionen Granaten ab. Aber die Somme-Front war doppelt so lang wie die von Verdun, weil Haig unbedingt Flankenbeschuss vermeiden wollte. Die Wirkung war nur mäßig, vor allem weil die 4. Armee lediglich über 182 schwere Geschütze verfügte.

Schlechtes Wetter sorgte dafür, dass sich der für fünf Tage geplante Beschuss über sieben Tage hinzog, was seine Wirkung weiter abschwächte. Hauptziele waren Stacheldrahtverhaue und Schützengräben, was der deutschen Artillerie die Möglichkeit gab, das Feuer zu erwidern und sogar gegen die angreifende Infanterie zu konzentrieren, als die aus ihren Gräben stürmte. Einige Probleme der britischen Artillerie waren technischer Natur, andere hatten mit Truppenführung und Ausbildung zu tun. Großbritannien improvisierte eine Massenarmee mitten in einem Krieg. Ausbildung und Ausrüstung einer technischen Waffengattung wie der Artillerie benötigen aber mehr Zeit, als es bei der Infanterie der Fall ist. Für die Kanoniere kam die Schlacht an der Somme ein Jahr zu früh.

Den Preis dafür hatte die Infanterie zu zahlen. »Um 7.30 Uhr kletterten wir die Leitern hinauf, krochen durch die Lücken im Stacheldraht, legten uns flach auf den Boden und warteten ab, dass die Reihe zu unseren Seiten sich formierte. Wenn sie bereit war, gingen wir vorwärts, aber nicht im Laufschritt, sondern im normalen Schritttempo, denn bis zu dem Schützengraben, der unser erstes Ziel war, hatten wir achthundert Meter zerwühltes Gelände zu überwinden.« Richard Henry Tawney kämpfte in der 7. Division bei Fricourt. Die meisten Einheiten mussten nicht so große Entfernungen bewältigen. Einige rückten noch vor Mitternacht ins Niemandsland ein und waren bereits in den Schützengräben des Gegners, bevor die deutsche Infanterie aus ihren Unterständen herauskam und ihre Maschinengewehre besetzen konnte. Wie Rawlinson war es auch den Kommandeuren der Korps und Divisionen überlassen, eigene Ideen zu entwickeln. Ein oder zwei wandten die Feuerwalze an, die es der Infanterie erlaubte, knapp hinter den Einschlägen der eigenen Granaten zu gehen, aber das waren bisher noch nicht erprobte Experimente. Am besten ging es im Süden nahe des Flusses voran. Aber Tawney musste feststellen, dass seine Einheit mit der Artillerie nicht Schritt halten konnte, die immer weiter entfernte Ziele beschoss. Er wurde verwundet. »Ich hatte das Gefühl, ich würde von einem schweren Eisenhammer getroffen und dann mit einem Ruck so schmerzhaft gedreht, dass ich mit dem Rücken auf der Erde aufschlug, und meine Beine zuckten, als gehörten sie mir gar nicht mehr.«[37] Tawney überlebte und wurde ein berühmter Historiker. Aber unter den 57 470 britischen Opfern jenes Tages waren 19 240 Tote. Der Vorstoß hatte nirgendwo die gesetzten Ziele erreicht.

So ging es die nächsten zehn Tage weiter. Dann gab Rawlinson seinen Ansatz, der ein Vorrücken im Norden und in der Mitte vorsah, zu Gunsten von

Haigs auf und suchte die Geländegewinne im Süden auszubauen. Insgesamt wurden von einzelnen Korps sechsundvierzig Attacken ohne jegliche Koordinierung vorgetragen. Sie forderten weitere 25 000 Opfer. Am 14. Juli hatte Rawlinson bei Longueval mit einem Nachtangriff nach seinen Grundsätzen Erfolg, aber nun grübelte er darüber nach, ob er nicht eine Gelegenheit für den Durchbruch verpasst hatte.

Die Schlacht an der Somme ging bis Mitte November weiter, wobei die Befehlshaber hinsichtlich ihrer Ziele zwischen Zermürbung und Durchbruch schwankten, je nachdem wie die jüngsten Gefechte endeten oder an wen gerade berichtet wurde. Von Mitte Juli bis Mitte September blieb Haig bei seiner Überzeugung, die Deutschen seien aus dem Gleichgewicht gebracht und stünden kurz vor dem Zusammenbruch. Viele der neunzig Angriffe dieser Zeit waren unbedeutende Aktionen: Schlecht koordiniert, übereilt und an schmalen Frontabschnitten vorgetragen, eroberte man bei Verlusten von 82 000 Mann kaum sieben Quadratkilometer Gelände. Haig erklärte seine Unfähigkeit, einen Durchbruch zu erzielen, jetzt damit, dass sein Ziel stets die Zermürbung des Gegners gewesen sei. Nachdem er seine eigenen Kräfte aufgesplittert hatte, sah er nun für Mitte September eine Großoffensive vor. Er erklärte, diese müsse »so geplant und durchgeführt werden, dass unsere Truppen eine Entscheidung erzwingen können, falls das überhaupt möglich ist«.[38]

Der Angriff bei Flers am 15. September, wo zum ersten Mal Panzer eingesetzt wurden, ließ wie der Nachtangriff von Longueval die Hoffnung auf den Durchbruch für kurze Zeit wieder aufleben. Als dann aber das Wetter schlechter wurde und der Morast jede Bewegung erschwerte, flüchtete man sich erneut in die Losung vom Zermürbungskrieg. Eigentlich hätte die ganze Aktion nun beendet werden müssen. Der Lernprozess, den das Oberkommando der britischen Armee hier durchlief, sollte sich 1918 auszahlen. Aber der Weg dorthin hätte nicht so blutig sein müssen.

Südlich des Flusses hatten die Franzosen anfangs wesentlich mehr Erfolg. Das kam daher, dass sie 688 schwere Geschütze an einer erheblich schmaleren Front einsetzten. Aber sie konnten den Druck nicht aufrechterhalten. Foch war ebenso unschlüssig wie Falkenhayn und Haig, ob er nun den Durchbruch oder die Zermürbung wollte. Wie Letztere probierte er beides. Bereits am 12. Juli war General Fayolle, der die französische 6. Armee quer zur Somme befehligte, zu dem Schluss gekommen: »Diese Schlacht hatte … nie ein Ziel. Von Durchbruch kann keine Rede sein. Wenn aber kein Durch-

Der Kilt ist keine passende Kleidung für den Schützengraben. Durchnässt ist er unangenehm zu tragen und lässt bei Senfgasangriffen zu viel Haut unbedeckt. Die schottischen Regimenter gelten bei den Deutschen als besonders blutrünstig. Hier *Cameron Highlanders* beim Essen im September 1916 in der Gegend von Contalmaison an der Somme.

bruch, wozu dann eine Schlacht?«[39] Binnen sechs Wochen wurden neununddreißig Divisionen durch die Somme-Schlacht geschleust – fast ebenso viele wie in sechs Monaten bei Verdun. Im September berichteten Briefzensoren, die französischen Soldaten hätten hier noch düsterere Vorahnungen als bei Verdun.

Die waren durchaus begründet. Am 19. April 1916 hatte Joffre seiner Enttäuschung über Pétain dadurch Ausdruck gegeben, dass er ihn zum Befehlshaber einer Armeeeinheit beförderte und in Verdun Robert Nivelle an seine Stelle setzte. Der startete im Herbst eine ganze Serie von Gegenangriffen, wobei er die Festungswerke Douaumont und Vaux zurückerobern konnte. Er erkannte, dass ausgeklügelte Methoden kontraproduktiv waren, wenn der Gegner in gerade erst eroberten Stellungen saß. Daher legte er Wert auf Tempo. Auch Fayolle an der Somme handelte gegen Pétains Grundsätze. Er erinnerte die Soldaten der 6. Armee daran, nicht von der Artillerie zu erwarten, dass diese die ganze Arbeit für sie verrichte. Die Infanterie habe nicht einfach Terrain zu besetzen, das vorher durch Beschuss neutralisiert worden sei, sondern sie müsse selbst kämpfen. Am 16. Dezember erhielt die französische Armee den Befehl, tief vorzustoßen, wenn möglich bis zur deutschen Feuerlinie. Sie solle »nicht überrascht sein, wenn der Erfolg leichter sei als erwartet«, hieß es.[40]

Erfahrungen vor Ort, besonders diejenigen an der Somme und bei Verdun, verfestigten sich nach und nach zu einer allgemeinen Doktrin. Einen Monat zuvor hatten sich die Generäle der Alliierten noch einmal in Chantilly getroffen, um ihre Pläne für 1917 abzustimmen. An der großen Strategie von 1916 wollte man nichts ändern: Die Deutschen sollten an allen Fronten gleichzeitig angegriffen werden, damit sie ihre Reserven nicht von einer Front zur anderen werfen konnten. Die Offensive sollte im Februar beginnen, damit nicht das Gleiche passierte wie 1916. Keine Operation sollte später als drei Wochen nach dem geplanten Datum starten. Nach den britisch-französischen Plänen für die Westfront sollte der von den Deutschen besetzte Frontvorsprung zwischen der Aisne im Süden und dem Schlachtfeld an der Somme im Norden begradigt werden.

Diese Pläne bauten darauf, dass die deutsche Armee vor dem Zusammenbruch stand. Zwei Drittel ihrer Frontdivisionen waren durch die Somme-Schlacht gegangen. Die Gesamtverluste der Deutschen sind umstritten. Die Zahlen reichen von 465 000 bis 650 000, je nachdem, ob man die Leichtverwundeten einbezieht. Letztere Zahl ist bedeutsam, wenn man

Deutsche Soldaten mit ihren Wirtsleuten und einem Ortsgeistlichen beim Kaffee in ihrer Unterkunft. Die Szene ist zwar gestellt, aber Bilder wie diese und die blonden Kinder, die bleiben, als die Deutschen sich im Februar 1917 auf die Siegfried-Stellung zurückziehen, sind eine Seite der Besatzung, die die Franzosen stark beunruhigt.

Einsatz und Ergebnis des Zermürbungskrieges betrachten will: Die Verluste der Alliierten betrugen 614 000 Mann, davon 420 000 auf britischer Seite. Aber im Oktober hatten Haig und sein Chef der militärischen Aufklärung, John Charteris, immer wieder betont, dass die Moral der Deutschen, nicht der Briten bald gebrochen werde. Robertson, der Informationen aus anderen Quellen hatte, war nicht überzeugt: Noch im selben Monat erklärte er dem Kabinett, Deutschland kämpfe »mit ungebrochener Kraft«.[41]

Zahlreiche Fakten sprachen dafür, dass er Recht hatte. Ende August überzeugte die Brussilow-Offensive endlich Rumänien, sich auf die Seite der Entente zu schlagen. Ihm ging es dabei um das ungarisch besetzte Transsilvanien und die Bukowina. Über diese böse Überraschung für die Deutschen stürzte Falkenhayn, der sich dann – Ironie der Geschichte – persönlich an die Rumänienfront begab und diese gemeinsam mit Mackensen bis Weihnachten fast vollständig überrannte. Generalstabschef und Erster Generalquartiermeister waren nun Hindenburg und Ludendorff. Am 6. September stattete Ludendorff der Westfront seinen ersten Besuch seit zwei Jahren ab. Der Kontrast zur Ostfront, vor allem was er auf den Schlachtfeldern vor Verdun und besonders an der Somme zu sehen bekam, erschütterte ihn. Aber weder er noch Hindenburg dachten daran aufzugeben – ganz im Gegenteil. Hindenburg erklärte mit viel rhetorischer Emphase, aber wenig Kenntnis der Wirtschaftslage, Deutschland müsse bis Mai 1917 seinen Ausstoß an Granaten verdoppeln sowie den an Maschinengewehren und Geschützen verdreifachen. Im Oktober schufen beide eine neue Aufsichtsbehörde für die Kriegswirtschaft, die allerdings in der Praxis häufig eine Doppelung war und die gleichen Funktionen wie das bereits bestehende preußische Kriegsministerium ausübte. Im Dezember beschloss der Reichstag ein Gesetz, das alle Männer im Alter von siebzehn bis sechzig Jahren zur Arbeit in der Kriegsproduktion verpflichtete.

An der Westfront leiteten Hindenburg und Ludendorff den Bau einer ganzen Reihe von Verteidigungsstellungen ein, von denen die wichtigste die Siegfried-Stellung war, von den Briten Hindenburg-Linie genannt. Indem die Deutschen den Frontvorsprung, dessen Einebnung das Ziel der Offensive der Entente von 1917 sein sollte, selbst zurücknahmen, wurden auf ihrer Seite dreizehn Infanteriedivisionen, fünfzig Batterien schwerer Artillerie und eine vergleichbare Zahl Feldgeschütze frei. Als die Deutschen im Februar 1917 abzogen, ließen sie ein verwüstetes Land zurück, in dem die Brunnen vergiftet waren, kein Dorf und kein Obstbaum mehr stand. Sie gingen davon aus, dass sie eine Ruhepause von acht Wochen vor sich hatten, bevor Briten und Franzosen erneut angreifen konnten. Das traf auch zu. Doch damit nicht genug: Mit ihrem kampflosen Rückzug hatten sie die Alliierten durcheinander gebracht, deren vorgesehenen Angriffe nun ins Leere gestoßen wären. Wer nach Argumenten suchte, um die Zermürbungstaktik an der Somme zu rechtfertigen, fand sie – mit einer gewissen Berechtigung – im Rückzug der Deutschen. Aber dieser brachte zugleich ein tiefer liegendes Problem ans Licht. Zermürbungsschlachten um Gelände, wo sich keine bedeutsamen Ziele befanden, konnten ihren Sinn verlieren, wenn sich der Gegner nicht zum Kampf stellte. Zermürbung und

Durchbruch waren keine Alternativen, sondern zwei Seiten einer Medaille. Exakt aus diesem Grunde erwiesen sich so viele Überlegungen zu diesem Thema als konfus oder vage. Die Schlachten an der Westfront konnten den Gegner zermürben, aber nur dort, wo es für ihn kein Zurückweichen gab.

7

Blockade

Die Nordsee

Großbritannien war der Finanzier und Waffenmeister der Entente, Deutschland die militärische Hauptkraft der Mittelmächte. 1916 galten beide, allerdings in unterschiedlichem Maße, als die zentrale Stütze ihres jeweiligen Bündnisses. Es war ein Grundsatz der Strategie, die Masse auf den entscheidenden Punkt zu konzentrieren. Wer den Krieg gewinnen wollte, musste den anderen ausschalten. So wurde der britisch-deutsche Antagonismus zum Dreh- und Angelpunkt des Krieges. Diese Polarisierung fand ihren verschärften Ausdruck in rivalisierenden Ideologien: hier Liberalismus und Individualismus – da Militarismus und Kollektivismus, hier die Jagd nach dem Mammon – da heroischer Geist. Derart zugespitzte Rhetorik war aber nicht einfach in Strategie umzusetzen. Als der Krieg ausbrach, hatte keine Seite einen fertigen Plan, wie sie gegen die andere vorgehen wollte.

Großbritannien war in der Hauptsache eine Seemacht, Deutschlands Stärke lag auf dem Lande. In einer Hinsicht konnte der geringe Grad an Kampfbereitschaft nicht überraschen. In anderer hingegen schon: Seit zehn Jahren waren die Entwicklungspläne der Seestreitkräfte im Wesentlichen vom Wettrüsten beider Seiten geprägt. Aber diese Rivalität hatte den Konflikt nicht herbeigeführt. Vielmehr hatte die Royal Navy bei Kriegsausbruch kein strategisches Interesse daran, eine Großaktion gegen die deutsche

Kriegsmarine zu starten. Als größte Seemacht der Welt besaß Großbritannien bereits die Überlegenheit auf den Meeren. Es musste verteidigen, was es hatte. »Morgen ist Trafalgar-Tag«, schrieb Vizeadmiral Sir David Beatty am 20. Oktober 1914 an seine Frau. »Die Regierenden haben das vergessen. Beim Gedanken an Nelson ist die Vorstellung, wir könnten in ihrer Hand sein, einfach unerträglich, aber man kann nichts tun als nur abzuwarten.«[1]

Beatty war geradezu die Verkörperung eines Marineoffiziers. 1898 hatte er als Befehlshaber mehrerer Kanonenboote auf dem Nil bei Kitcheners Rückeroberung des Sudan den DSO (*Distinguished Service Order*), einen der höchsten militärischen Orden, erhalten. 1900 war er beim Boxeraufstand in China schwer verwundet worden. Jetzt, erst dreiundvierzig Jahre alt, befehligte er das in Rosyth stationierte Schlachtkreuzergeschwader. Seine steile Karriere verdankte er zum Teil einem Mitkämpfer im Sudanfeldzug, dem nunmehrigen Marineminister Winston Churchill. Beatty war vor dem Krieg Churchills Staatssekretär für die Navy gewesen und hatte 1912 für seinen Vorgesetzten die geografischen Gegebenheiten, die Großbritanniens Kriegführung zur See bestimmen sollten, folgendermaßen umrissen: »Die Britischen Inseln bilden einen riesigen Wellenbrecher vor den deutschen Gewässern, wodurch sie den Weg der Schiffe in die Weltmeere auf zwei Ausgänge beschränken – den einen nach Süden, der schmal ist und daher leicht kontrolliert oder blockiert werden kann, und den anderen nach Norden. Letzterer ist etwa zweihundertfünfzig Kilometer breit und mit den uns zur Verfügung stehenden Kräften leicht zu kontrollieren. Folglich kann die Möglichkeit ausgeschlossen werden, dass gegnerische Kräfte diesen ohne unser Wissen und ohne gestellt zu werden passieren.«[2]

Großbritannien wollte die deutsche Kriegsmarine in der Nordsee blockieren. Die im Geiste von Trafalgar erzogenen britischen Offiziere hofften, dass die Deutschen versuchen würden, die Blockade zu durchbrechen – dass diese also ein Mittel zum Zweck sei und kein Selbstzweck. Das war in dem Sinne richtig, dass Deutschland angreifen musste, wenn es das Kräfteverhältnis zur See verändern wollte. Aber dieses Ziel verfolgte der Kaiser bei Kriegsbeginn nicht. Tirpitz hatte die Hochseeflotte zur Abschreckung aufgebaut. Mit ihr sollte die deutsche *Weltpolitik* unterstützt und Großbritannien davon überzeugt werden, dass es Deutschland – ob als Verbündeten oder als potenziellen Gegner – ernst nehmen müsse. Die Logik, die hinter dieser Auffassung steckte, blieb während des gesamten Krieges unverändert. Für den Kaiser lag der Sinn der Großkampfschiffe der deutschen Flotte da-

Das 3. Schlachtgeschwader der deutschen Hochseeflotte auf See, am 31. Mai 1916 von Scheers Flaggschiff *Friedrich der Große* aus aufgenommen. Die 12-Zoll-Geschütze, ihre Hauptbewaffnung, sind den 13,5-Zoll-Geschützen von Jellicoes Flaggschiff *The Iron Duke* unterlegen.

rin, Deutschland bei den Friedensverhandlungen größeres Gewicht zu verleihen. Im August 1914 besaß Deutschland achtzehn Schlachtschiffe und Schlachtkreuzer, Großbritannien dagegen neunundzwanzig. Wenn die deutsche Hochseeflotte die Herausforderung annahm und eine große Schlacht gegen die britische Grand Fleet begann, um die Blockade zu durchbrechen, dann musste sie verlieren.

Aber untätig herumzusitzen war für deutsche Marineoffiziere so frustrierend wie für Beatty. Das konnte für das langfristige Überleben der Flotte ebenso tödlich sein wie den britischen Schiffskanonen direkt vor die Mündung zu fahren. Anders als das Heer musste die deutsche Kriegsmarine als junge Waffengattung dem neuen Reich ihren Wert erst noch beweisen. Tirpitz hatte beinahe zwei Jahrzehnte im Reichstag dafür gekämpft, die Mittel für die ständige Erweiterung der deutschen Kriegsflotte zu bekommen. Wenn diese Schiffe den Krieg in den sicheren Häfen von Wilhelmshaven und Kiel überstanden und anscheinend zu nichts nutze waren, während das Heer nahezu den ganzen europäischen Kontinent überrannte, würden nach dem Krieg weitere hohe Ausgaben für die Flotte kaum zu rechtfertigen sein. Die Antwort auf das Problem war der *Kleinkrieg* – begrenzte Operationen, um die Überlegenheit der Royal Navy mit Minen, Küstenbatterien und U-Booten allmählich auszuhöhlen. Hatte die Grand Fleet erst ein paar Schlachtschiffe verloren, dann war das Kräfteverhältnis ausgeglichener, und die deutsche Hochseeflotte konnte eine Schlacht riskieren.

Diese Strategie hatte den Haken, dass hier die Waffen der Küstengewässer sprechen sollten. Sie hing davon ab, dass die Briten ihre Schiffe dicht vor der deutschen Küste postierten, eine so genannte *enge Blockade* errichteten. Aber Beattys Denkschrift für Churchill hatte bereits vor dem Krieg gezeigt, dass die Royal Navy ihre Ziele auch anders erreichen konnte. Wenn sie die Nordseeausgänge mit einer so genannten *Fernblockade* sperrte, war den Deutschen der Zugang zu den Weltmeeren und internationalen Handelswegen ebenso verwehrt, und sie brauchte das Risiko von Verlusten durch die deutsche Küstenverteidigung nicht einzugehen. Die Fernblockade, die Großbritannien in der Tat bei Kriegsausbruch verhängte, nahm den Deutschen eine Option, eröffnete ihnen aber eine neue. Die Grand Fleet lag in Scapa Flow auf den Orkney-Inseln vor Anker, von wo aus sie den nördlichen Ausgang aus der Nordsee in den Atlantik versperrte. Zwar gab es auch andernorts kleinere Einheiten, aber der größte Teil der britischen Ostküste war relativ ungeschützt. Deutsche Angriffe auf die britische Küste konnten im Unterschied zu britischen Attacken gegen die deutsche Küste eine Gegenreaktion auslösen und es so der deutschen Marine ermöglichen, sich mit Teilen der Royal Navy Kämpfe zu liefern und diese Stück für Stück zu schwächen.

Am 16. Dezember um 8 Uhr morgens beschossen deutsche Schlachtkreuzer aus Franz von Hippers Aufklärungsgeschwader Hartlepool und Scarborough, wobei über hundert Zivilisten ums Leben kamen. Die britische Presse brandmarkte wieder einmal die Brutalität der »Hunnen«, aber Hauptziel des Angriffs war nicht die Bevölkerung gewesen. Die Deutschen wollten britische Schiffe dazu verleiten, ihnen durch frisch gelegte Minenfelder nachzusetzen. Außerdem lagen Kampfschiffe der deutschen Hochseeflotte in der Nähe auf der Lauer, um dem Aufklärungsgeschwader zu Hilfe zu eilen. Beatty hatte nur eine begrenzte Zahl von Schlachtkreuzern zur Verfügung, seit die *Invincible* und die *Inflexible* in den Südatlantik beor-

Die deutsche Kriegsmarine greift Großbritannien von der See und aus der Luft an. Am 8. September 1915 fordert ein von Heinrich Mathy, dem größten Luftschiffkommandanten des Krieges, gesteuerter Zeppelin im Londoner Stadtteil Aldersgate 22 Opfer und richtet einen Schaden von 500 000 Pfund Sterling an.

Mit Flaggensignalen kann Funkstille überbrückt werden, aber nicht immer sind die Bedingungen so ideal wie hier für den *Yeoman* des Schlachtschiffes *King George V.*

dert worden waren, um dort Spee auszuschalten. Daher hatte man entschieden, die Grand Fleet im Wesentlichen im Hafen zu belassen. So nahmen nur zehn britische Großkampfschiffe die Verfolgung der vierundzwanzig deutschen Einheiten auf. Letztere hatten sich besser geschlagen, als der Flottenkommandeur, Admiral Friedrich von Ingenohl, gewahr wurde: Ihm bot sich hier die einzige Gelegenheit für einen Sieg in einer wichtigen Seeschlacht, die die Deutschen während des ganzen Krieges haben sollten. Aber er wusste nicht, dass die Grand Fleet in Scapa Flow festlag. Erschreckt vom Umfang des britischen Funkverkehrs nahm er Kurs auf die heimische Küste.

Darin lag eine doppelte Ironie. Zum Ersten achteten die Briten viel mehr auf Funkstille als die Deutschen und benutzten lieber Flaggenzeichen, selbst wenn diese bei schlechtem Wetter oder Geschützrauch kaum zu erkennen waren. Dass es zum Zweiten überhaupt zu der Begegnung kam, lag daran, dass die britische Funkaufklärung deutsche Funksprüche abgefangen hatte.

Bereits vier Monate nach Kriegsausbruch besaßen die Briten alle drei Codes der deutschen Kriegsmarine. Australier hatten das Codebuch der

Handelsmarine in die Hand bekommen, das Codebuch der kaiserlichen Kriegsmarine hatten die Russen von einem Kreuzer geborgen, der in der Ostsee gesunken war, und das Buch der Verkehrssignale stammte von einem gesunkenen Zerstörer und war in die Netze eines britischen Trawlers geraten. Überall an der Küste wurden Abhörstationen aufgebaut, sodass man mittels Kreuzpeilung den Standort des sendenden Schiffes bestimmen konnte. Die aufgefangenen Funksprüche wurden von einer neu geschaffenen Abteilung analysiert, die in *Room 40* des Alten Hauses der Admiralität saß. Die Gruppe bestand aus Wissenschaftlern, nicht Seeleuten, und ihr operativer Nutzen war vor allem das Verdienst des Chefs der Seeaufklärung, Reginald Hall. Der hieß überall nur der »Zwinkerer«, weil er ständig mit den Augenlidern klappte, eine Gewohnheit, die seine Tochter wenig glaubhaft auf die schreckliche Verpflegung in der Marineschule zurückführte, die er einst besucht hatte. Aber um Hall rankten sich noch weitere Mythen: Er war ein gefürchteter Vernehmungsoffizier und listenreicher Agentenführer: »Gegen ihn sind alle anderen Geheimdienstleute Amateure«, berichtete der US-amerikanische Botschafter in London Präsident Wilson.[3] Die Arbeit von *Room 40* wurde dadurch erleichtert, dass die Deutschen glaubten, dank Funkverbindung könnten sie ihre numerische Unterlegenheit wettmachen: Sie ermöglichte die Kommunikation in Echtzeit und damit eine rasche Konzentration der Kräfte. Mit ihrer Geschwätzigkeit, die auch nicht nachließ, wenn die Schiffe im Hafen lagen, spielten sie diesen Vorteil ihrem Gegner in die Hände.

Aber auch die Briten machten nicht alles richtig, wie die verpasste Gelegenheit vom 16. Dezember 1914 bewies. Die laufenden Ergebnisse der britischen Marineaufklärung waren negativ. Dadurch ahnte die deutsche Kriegsmarine lange nicht, dass ihre Codes geknackt waren, vom Kapitän der *Königsberg* in Ostafrika im Jahre 1915 einmal abgesehen. Die britische Aufklärung war immer in der Lage, die Flotte vor einem deutschen Angriff zu warnen, und ermöglichte es somit, die britische Ostküste zu verteidigen, selbst wenn die Royal Navy außerhalb der Nordsee lag. Viel schwerer fiel es dieser, Aufklärungsergebnisse und eigene Operationen in Einklang zu bringen, ohne die langfristige Sicherheit zu beeinträchtigen. Die Befehlshaber der Schiffe erhielten immer nur so viel Information, wie der Aufklärungschef für notwendig erachtete. Zum Beispiel war ihnen untersagt, aufgefangene Funksprüche auf See zu entschlüsseln. So konnte es geschehen, dass was sie mit eigenen Augen sahen, den unvollständigen und zunehmend nachhinkenden Informationen aus der Admiralität nicht entsprach. Die Aufklärung schuf für die aufstrebenden Nelsons des Weltkrieges zunächst neue Gelegenheiten, zügelte dann jedoch deren Tatendrang.

Am 23. Januar 1915 warnte *Room 40* Beatty und dessen Schlachtkreuzer, Hippers Aufklärungsgeschwader steche in See. Da das britische Marineministerium vermutete, die Deutschen wollten wieder die Ostküste angreifen, legte es den Schwerpunkt der Gegenmaßnahmen auf deren Verteidigung und nicht darauf, Hipper den Rückzug abzuschneiden. Tatsächlich aber hatte Hipper den Auftrag, die Doggerbank aufzuklären, dort Fischfangschiffe anzugreifen und den Eingang zum Firth of Forth, der größten Bucht an der schottischen Ostküste, zu verminen. Die Schlacht, die dann folgte, war daher eher eine Verfolgung als eine Einkreisung. Um 7.05 Uhr morgens meldete einer von Beattys Zerstörern Feindberührung. Um 8.34 Uhr befahl Beatty seinen Schlachtkreuzern, ihre Geschwindigkeit auf siebenundzwanzig Knoten zu erhöhen, vier Knoten schneller, als Hipper maximal fahren konnte. Sechsundzwanzig Minuten später eröffnete sein Flaggschiff *HMS Lion* das Feuer aus einer Entfernung von etwa achtzehn Kilometern. Der Wind wehte aus Nordost, was laut dem Kapitän dazu führte, dass »der Rauch vom Gegner direkt zu uns herüberzog, was in der Dämmerung eine sehr schlechte Sicht ergab. Aus seinen Kanonen blitzte es ständig, sodass wir nicht erkennen konnten, ob wir ihn getroffen hatten.«[4] Sie hatten getroffen. Das Führungsschiff, die *Seydlitz*, fing Feuer. Aber durch das Fluten ihrer Lagerräume konnte sie sich retten. Schließlich wurde von den vier deutschen Schiffen nur das älteste und schwächste versenkt – die *Blücher*, ein so genanntes »Fünf-Minuten-Schiff« (nach der Zeit, die es sich voraussichtlich in der Schlacht halten konnte). Da Beatty ausschließlich mit Flaggensignalen arbeiten ließ, kamen manche seiner Befehle nicht klar an. Über Funk hätte er die Feuerkraft seiner Schiffe effektiver verteilen können, und er hätte dann vor allem die ganze Operation nicht vorzeitig abgebrochen. Um 10.54 Uhr redete sich Beatty ein, er habe ein Periskop gesichtet. Da er befürchtete, Hipper würde seine Schlachtkreuzer im Schutz einer Kette von U-Booten führen, drehte er lieber ab, als sich deren Torpedos auszusetzen. In *Room 40* wusste man, dass keine U-Boote in der Nähe waren, aber Beatty erfuhr davon nichts.

Das enttäuschende Ergebnis begründete Beatty mit Kommunikationsschwierigkeiten. Dadurch verhinderte er aber eine gründlichere Debatte über die Konstruktionsprobleme des Schlachtkreuzers. *First Sea Lord* Jackie Fisher ist als der Inspirator der *Dreadnought*-Klasse, des Schlachtschiffes mit

Der Verlust der *Blücher* überzeugt die Deutschen, dass Qualität für das Überleben in einer Seeschlacht entscheidend ist. Nach der Schlacht bei der Doggerbank bleibt die deutsche Hochseeflotte über ein Jahr im Hafen, um Bewaffnung und Feuerleitsysteme zu verbessern.

durchgängig großkalibriger Bewaffnung, das erstmals 1905 in Dienst gestellt wurde, in die Geschichte eingegangen. Fishers Lieblingsprojekt war aber nicht das Schlachtschiff, sondern der Schlachtkreuzer. Wie die Deutschen erkannte auch er, dass die *Dreadnoughts* für Torpedos anfällig waren, die von Zerstörern oder besonders U-Booten abgefeuert wurden. Diese Waffen eigneten sich für begrenzte Gewässer wie die zwischen Großbritannien und dem europäischen Festland besonders gut. Seine Meinung, dass leichtere und billigere Schiffe ausreichen, um Großbritannien vor einer Invasion zu schützen, bedeutete nicht, dass er das Großkampfschiff als überflüssig erachtete. Dieses hatte wie Großbritannien selbst eine globale Mission zu erfüllen – die Weltmeere zu beherrschen. Der *Dreadnought* war eine evolutionäre Erfindung, ein Zwischenschritt zum Schlachtkreuzer, der die Geschwindigkeit eines Kreuzers und die Schlagkraft eines Großkampfschiffes in sich vereinigen sollte. Der erste *Dreadnought* war mit 12-Zoll-Kanonen bestückt und konnte eine Geschwindigkeit von einundzwanzig Knoten erreichen. Im Dezember 1914 sicherte sich Fisher die Genehmigung für den Bau von Schlachtkreuzern mit 15-Zoll-Kanonen und einer Höchstgeschwindigkeit von dreißig Knoten. Der Sieg bei den Falkland-Inseln schien Fishers Pläne zu bestätigen. Bei der Jagd nach Tempo hatte er allerdings die Panzerung vernachlässigt, besonders auf Deck, das nun für das Senkfeuer der weittragenden Artillerie angreifbar war. Die Überlebensfähigkeit des Schiffes hing von seiner Geschwindigkeit und der Distanz ab, aus der es feuern konnte, aber die Vervollkommnung dieser beiden Eigenschaften ließ sich nicht mit wirksamem Schießen vereinbaren. Letztere Fähigkeit galt in der Royal Navy besonders viel, ihre Leistungen auf diesem Gebiet waren aber nicht überragend. Vor den Falkland-Inseln landeten die *Invincible* und die *Inflexible* nur alle fünfundsiebzig Minuten einen Treffer pro Kanone. Sie brauchten fünf Stunden und 1174 Granaten, um zwei ihnen unterlegene Schiffe zu versenken. Als sie an der Doggerbank auf einen ebenbürtigeren Gegner stießen (die *Blücher* wollen wir hier beiseite lassen), trafen nur sechs von 1150 schweren Granaten ihr Ziel.[5] Um die Feuergeschwindigkeit weiter zu erhöhen, wurden nun die zur Verwendung vorbereiteten Kordit-Ladungen direkt in den Geschütztürmen gestapelt und die Türen zu den Munitionslagern offen gelassen. Die Sicherheit des Schiffes schien mehr auf raschem Feuer als den eigentlichen Schutzmaßnahmen zu beruhen.

Die Deutschen zogen aus der Schlacht bei der Doggerbank den Schluss, dass der relative technische Vorteil wichtiger sei als die Anzahl der Schiffe. Über ein Jahr lang trauten sie sich überhaupt nicht hervor, aber als sie am 31. Mai 1916 wieder auftauchten, hatten sie Schiffe, deren Haupteigenschaft ihre Überlebensfähigkeit war. Sie besaßen eine stärkere Panzerung, einen verbesserten Brandschutz und lagerten nur eine begrenzte Menge schussbereiter Munition in jedem Geschützturm. In anderer Hinsicht vertiefte sich jedoch die Kluft zwischen der deutschen Kriegsmarine und der Royal Navy. Die deutsche Unterlegenheit hinsichtlich der Zahl der Großkampfschiffe, die im Winter 1914/15 nahezu ausgeglichen war, vergrößerte sich wieder. Die Grand Fleet besaß siebenunddreißig Großkampfschiffe, die deutsche Hochseeflotte nur siebenundzwanzig, und die Zahl der Kanonen auf einer Breitseite der britischen Schiffe war doppelt so hoch wie die der deutschen. Der Verschleiß des deutschen Heeres an Menschen und Material schränkte die Möglichkeiten der Marine, über weitere Ressourcen zu verfügen, immer mehr ein. Die Debatte darüber, wie diese am besten einzusetzen seien, spitzte sich zu. Die Anhänger einer Angriffsstrategie fühlten sich durch die

Erfolge des Heeres im Osten dazu ermutigt, Operationen der Kriegsmarine gegen die Russen in der Ostsee zu fordern. Andere meinten, das U-Boot, nicht das Großkampfschiff, müsse die Hauptwaffe gegen die Briten sein.

Reinhard Scheer, der im Februar 1916 den Befehl über die Hochseeflotte übernahm, war im Unterschied zu allen seinen Vorgängern ein entschlossener, impulsiver Mann. Er gewann den Kaiser für einen aggressiveren Einsatz der Flotte, die nach wie vor mithilfe von Hippers Aufklärungsgeschwader versuchen sollte, Beattys Schlachtkreuzer aus der Reserve zu locken. Diesmal sollten Letztere jedoch sowohl von U-Booten als auch den Schlachtschiffen der Hochseeflotte erwartet werden. Die Deutschen hatten als Letzte mit der Entwicklung von U-Booten begonnen. 1914 besaßen sie erst achtundzwanzig, die Royal Navy dagegen fünfundfünfzig und die französische Marine sogar siebenundsiebzig. Ihr später Start in den Unterwasserkrieg bedeutete jedoch, dass sie aus den Irrtümern der Bahnbrecher lernen und daher in kürzerer Zeit bessere Schiffe bauen konnten. Im September 1914 versenkten deutsche U-Boote vier britische Kreuzer, darunter drei bei einer einzigen Aktion. Der Schock war beträchtlich, aber auf lange Sicht wurden daraus die falschen Lehren gezogen. Wenn Kriegsschiffe auf einfachste Sicherheitsmaßnahmen achteten, etwa einen Zickzackkurs steuerten und stets mit einer bestimmten Geschwindigkeit fuhren, dann waren sie sicher. Ein U-Boot musste vor dem Angriff abtauchen. Das bremste jedoch seine Geschwindigkeit auf etwa zehn Knoten ab, die Hälfte dessen, was ein Schiff normalerweise fuhr. Es konnte also nur dann in Verbindung mit Überwasserschiffen agieren, wenn es bereits in Stellung lag. Außerdem musste es damit rechnen, frontal auf ein Kriegsschiff zu treffen, wenn dieses also das kleinste Ziel bot. Bis zum Kriegsende wurde kein einziger *Dreadnought* von einem U-Boot versenkt. Das konnte Scheer 1916 natürlich nicht wissen, ebenso wenig sein Gegenspieler Sir John Jellicoe, der die Grand Fleet befehligte. Der war ein Kämpfer und auf den geballten Einsatz seiner Flotte bedacht, weil er sich der schweren Verantwortung für die Aufrechterhaltung der Überlegenheit Großbritanniens zur See nur allzu bewusst war. Für ihn stellte jedes deutsche U-Boot eine potenzielle Gefahr dar: »Es ist durchaus im Bereich des Möglichen«, erklärte er am 30. Oktober 1914 im Kriegsministerium, »dass die Hälfte unserer Schlachtflotte durch Unterwasserattacken außer Gefecht gesetzt wird, bevor überhaupt ein Schuss fällt, wenn wir einen einzigen falschen Schritt tun.«[6]

Um dieser Gefahr zu entgehen, schlug Jellicoe vor, sich nicht auf Aktionen in Gewässern einzulassen, die die Deutschen bestimmt hatten, »wie sehr das allen britischen Seeoffizieren und Matrosen auch widerstreben möge«. Am 17. Mai 1916 ließ Scheer neunzehn U-Boote vor dem Firth of Forth Stellung beziehen. Er plante einen Ausfall gegen Sunderland und hoffte, die in Rosyth liegende Schlachtkreuzerflotte werde sich daraufhin in Bewegung setzen. Luftschiffe sollten ihn warnen, falls die Grand Fleet aus Scapa Flow auslief. Aber die Luftschiffe konnten wegen schlechten Wetters nicht aufsteigen, weshalb er es schließlich für zu riskant ansah, sich der britischen Küste zu nähern. Stattdessen ordnete er einen Ausfall nach Norden in Richtung Skagerrak an, der Meerenge zwischen Norwegen und Dänemark vor der Halbinsel Jütland. Dort hielt er den Rückzugsweg für sicherer. Anders als Jellicoe befürchtete, wollte er jetzt nicht U-Boote, sondern Minen gegen die britischen Schiffe einsetzen.

Room 40 informierte Jellicoe bereits am 28. Mai über Scheers Pläne. Am Abend des 30. Mai, über zwei Stunden bevor die Deutschen ihren Stützpunkt im Jadebusen verließen, liefen sowohl die Grand Fleet als auch die Schlachtkreuzerflotte aus, um vor dem Skagerrak in Stellung zu gehen. Aber am nächsten Morgen, gegen 11.10 Uhr Weltzeit, glaubten die Briten Scheer und die Hochseeflotte aufgrund der Missdeutung deutscher Funksprüche und schlechter Verbindung zwischen *Room 40* und dem Operationsstab im Kriegsministerium immer noch in Wilhelmshaven. Die Grand Fleet ließ sich also Zeit, sparte dabei Treibstoff, verlor aber wertvolle Stunden im Hinblick auf das Ausnutzen des Tageslichts. Gegen 14.20 Uhr signalisierte Beatty, er habe Hippers Aufklärungsgeschwader in Sicht. Er schwenkte nach Südsüdost ein, um den Deutschen den Rückzug zu ihrer Basis abzuschneiden. Hipper wandte sich ebenfalls nach Süden, um Beatty vor die Kanonen der Hochseeflotte zu locken. Bei dieser Wettfahrt erwiesen sich die Deutschen als die besseren Schützen. Beattys wichtigste Waffe waren die 15-Zoll-Kanonen der neuesten *Dreadnoughts* des 5. Schlachtgeschwaders, das er bereits im Februar zur Unterstützung der Schlachtkreuzerflotte aus der Grand Fleet herausgelöst hatte. Der *Yeoman* [Verwaltungsunteroffizier – d. Ü.] auf dem Schlachtschiff *Barham* konnte jedoch die Flaggenzeichen nicht lesen, die Beattys Schwenk nach Südsüdost signalisierten. Daher drehte das 5. Schlachtgeschwader zunächst von der Schlachtkreuzerflotte ab, weil es annahm, es gehe nach Nordwest zum Treffen mit der Grand Fleet. Die Schlachtschiffe waren etwas langsamer als die Schlachtkreuzer und blieben zurück. Gegen 16 Uhr hatten sie immer noch keinen Schuss ab-

Schlacht vor dem Skagerrak: Die letzte Aufnahme vom britischen Schlachtkreuzer *Indefatigable*. Eine deutsche Granate schlägt in einen Geschützturm ein, und die Stichflamme erfasst den Munitionsvorrat. Um rasch feuern zu können, hielten die britischen Geschützbesatzungen größere Mengen Granaten im Turm bereit.

gegeben. Da sagte ein *Midshipman* [unterster britischer Seeoffiziersrang – d. Ü.] auf der *Malaya* zu Unterleutnant Caslon: »Schauen Sie sich das an!« Caslon »glaubte zuerst, das letzte Schiff in der Linie hätte alle Kanonen auf einmal abgeschossen, denn er sah eine riesige Flamme. Aber sie wuchs und wuchs, bis sie fast hundert Meter hoch und das ganze Schiff von einer dichten Wolke gelbbraunen Rauches umhüllt war. Die stand einige Minuten lang in der Luft. Als sie sich schließlich auflöste, war von dem Schiff nichts mehr zu sehen.«[7]

Der Schlachtkreuzer *Indefatigable* war dreißig Sekunden nach einem Treffer explodiert. Von der Besatzung – insgesamt 1019 Mann – überlebten nur zwei. Die *Lion*, Beattys Flaggschiff, scherte aus der Formation aus. In einen ihrer Geschütztürme war ein Volltreffer eingeschlagen, der die Kordit-Ladungen in Brand gesetzt hatte. Das Schiff konnte nur gerettet werden, weil man die Luken der Munitionslager rechtzeitig schloss. Nun konnten die beiden deutschen Schlachtkreuzer *Seydlitz* und *Derfflinger* ihr Feuer auf den dritten britischen Schlachtkreuzer, die *Queen Mary*, konzentrieren. Als der mittlere Turm getroffen wurde, detonierten die Sprengstoffladungen, und binnen zwei Minuten war das Schiff gesunken. Daraufhin tat Beatty seinen berühmten Ausspruch: »Mit unseren verdammten Schiffen scheint heute etwas nicht in Ordnung zu sein.«

Das war um 16.24 Uhr. Sechs Minuten später meldeten leichte Kreuzer, die deutsche Hochseeflotte komme in Sicht. Um 16.40 Uhr – die deutschen Schiffe waren noch etwa achtzehn Kilometer entfernt – befahl Beatty der Schlachtkreuzerflotte, abzudrehen. Sein Auftrag war es nicht mehr, Hipper zu schlagen, sondern vielmehr die Hochseeflotte nordwärts in Richtung Grand Fleet zu locken. Das 5. Schlachtgeschwader bildete jetzt die Nachhut und zog über eine halbe Stunde lang das Feuer der deutschen Schlachtschiffe auf sich. Seine Taktik bestand nach Georg von Hase, dem Geschützoffizier auf der *Derfflinger*, darin, »sich so weit wie möglich von uns fernzuhalten, aber … innerhalb der Reichweite ihrer weittragenden Geschütze zu bleiben«. Schlechte Sicht beeinträchtigte die Treffsicherheit, aber »als ein schweres Geschoss unsere Panzerung traf, wankte nach dem schrecklichen Dröhnen der Explosion das ganze Schiff, selbst der Kommandoturm«.[8] Admiral Scheer auf seinem Flaggschiff *Friedrich der Große* konnte noch weniger sehen. Er dachte schon daran, die Verfolgung abzubrechen, weil er fürchtete, in ein Nachtgefecht verwickelt zu werden, in dem seine Schlachtschiffe von den leichteren britischen Kräften angegriffen werden konnten. Da erhielt er um 18.26 Uhr Weltzeit (19.26 Uhr deutscher Zeit) die Nachricht, gefangen genommene Überlebende von einem britischen Zerstörer hätten ausgesagt, über sechzig große gegnerische Kriegsschiffe seien in der Gegend, darunter zwanzig neue Kampfschiffe. Minuten später flammte am Horizont in einem Bogen von über zehn Kilometern Länge Mündungsfeuer auf.

Beatty hatte Jellicoe ungenügend und irreführend informiert. Als sich beide Flotten einander näherten, aber noch außer Sichtweite waren, hatte der Oberbefehlshaber zu entscheiden, wann er die Grand Fleet anweisen sollte, in Gefechtslinie zu gehen, um »im Buchstaben T den Querstrich zu ziehen«. Mit diesem Manöver stellte er die britischen Schlachtschiffe im rechten Winkel zum Kurs der Hochseeflotte auf, wodurch er alle seine Geschütze auf sie abfeuern konnte. Wenn er jedoch das falsche Timing hatte, war Scheer seinerseits in der Lage, den Strich durch das T zu ziehen. Jelli-

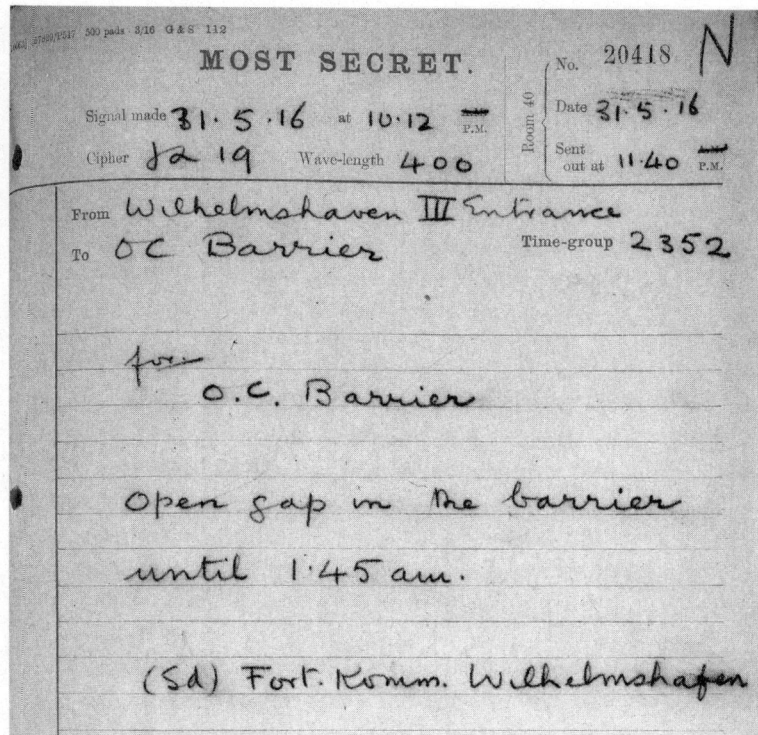

Einer der Funksprüche, den *Room 40* in der Nacht vom 31. Mai zum 1. Juni 1916 auf-
fängt, entschlüsselt, aber nicht an Jellicoe weitergibt. Der Befehl, den Sperrgürtel der
Briten zu durchbrechen, weist darauf hin, dass die deutsche Hochseeflotte die Kampfhandlungen abbrechen und zu ihrer Basis zurückkehren will. (wörtlich: Schlagen Sie
eine Bresche in den Sperrgürtel bis 1.45 Uhr.)

coes Verantwortung auf See unterschied sich sehr von der eines Befehlshabers an Land. Hier gab es keine strenge Trennung von Strategie und Taktik:
Jellicoe sah so viel oder so wenig von der Schlacht wie jeder andere Beteiligte und wusste nur zu gut, dass eine einzige taktische Fehlkalkulation
Großbritannien für den Rest des Krieges die Überlegenheit auf See kosten
konnte.

Um 18.15 Uhr begann er seine Flotte nach Backbord auszurichten, sodass die Deutschen südwestlich vor ihm als Silhouetten gegen den Abend-

himmel standen. Jeder *Dreadnought* eröffnete das Feuer, sobald er das Manöver vollzogen hatte. Aber wegen der schlechten Sicht konnte jeder immer nur drei oder vier feindliche Großkampfschiffe gleichzeitig ausmachen. Um 18.35 Uhr wurde ein dritter Schlachtkreuzer, die *Invincible*, am Turm getroffen, explodierte und brach auseinander. Aber die Lage der Hochseeflotte war verzweifelt: Die Briten waren inzwischen auf knapp über zehn Kilometer herangekommen und konnten nun die Schiffe der deutschen Formation einzeln ins Visier nehmen. Scheer drehte nach Südwest ab. Damit entfernte er sich noch weiter von seiner Basis. Jellicoe konnte im sinkenden Tageslicht immer weniger sehen. Aber es war ein Trost zu wissen, dass er den Deutschen den Rückzug abgeschnitten hatte. Wahrscheinlich entschied sich Scheer deshalb dafür, seine Formation herumzuwerfen und Jellicoes Verband noch einmal anzugreifen. Von 19.15 Uhr an war die gesamte Grand Fleet zwanzig Minuten lang in Aktion. Dann drehte Scheer erneut ab und befahl seinen Zerstörern, ihre Torpedos abzuschießen, um seinen Schiffen Rückendeckung zu geben. Aus Furcht vor weiteren Verlusten ließ Jellicoe die Grand Fleet wieder nach Backbord, das heißt nach Osten, schwenken. Damit löste er sich vom deutschen Gegner. Er wollte jetzt der Gefahr eines Nachtgefechts entgehen, aber die Hochseeflotte weiter nach Westen abdrängen, damit sie sich am nächsten Tag noch einmal zum Kampf stellen musste.

Um 23.30 Uhr erhielt Jellicoe einen Funkspruch von der Admiralität, der eine aufgefangene deutsche Nachricht über Kurs und Geschwindigkeit der Hochseeflotte zwei Stunden zuvor, von 21.15 Uhr, wiedergab, als diese den Befehl zum Abzug erhalten hatte. Aber Jellicoe vertraute dem Operationsstab des Marineministeriums nicht mehr: Bereits zweimal an jenem Tag, am Morgen und dann noch einmal um 21.58 Uhr, hatte dieser Scheer an der falschen Stelle geortet. Überhaupt wurden nur drei der sechzehn Meldungen, die *Room 40* zwischen dem 31. Mai, 21.55 Uhr, und dem 1. Juni, 3 Uhr, entschlüsselte, an Jellicoe weitergegeben. Dadurch fehlte ihm der Zusammenhang, in den die einzelnen Informationen einzuordnen waren. Aber Kommunikationsmängel kamen nicht nur beim Operationsstab vor. Jellicoe wusste, dass Scheer wegen der höheren Geschwindigkeit der britischen Schiffe nicht vor seinem Bug durchschlüpfen konnte. Daher verlief der wahrscheinlichste Fluchtweg achtern durch Horns Riff. Dort aber lagen britische Zerstörer auf der Lauer. Sie wurden dann auch prompt in chaotische Kämpfe verwickelt, die die ganze Nacht anhielten, erstatteten darüber aber keinen Bericht an Jellicoe. Am Morgen war Scheer entschlüpft.

Die deutsche Hochseeflotte verbuchte die Schlacht am Skagerrak als Sieg. Die britische Presse stimmte dem zunächst im Wesentlichen zu. In Scapa Flow herrschte gedrückte Stimmung – eine Mischung von Kampfmüdigkeit und enttäuschten Erwartungen. An der Schlacht von Jütland, wie sie auf britischer Seite hieß, waren 100 000 Mann auf 250 Schiffen zweiundsiebzig Stunden lang beteiligt gewesen. Damit übertraf sie Trafalgar an Umfang bei weitem, allerdings nicht hinsichtlich des Ergebnisses. Die Royal Navy hatte vierzehn Schiffe, darunter drei Schlachtkreuzer, verloren und 6784 Tote und Verwundete zu beklagen. Die Deutschen hatten elf Schiffe eingebüßt, darunter ein Schlachtschiff und einen Schlachtkreuzer. Ihre Verluste betrugen 3058 Mann. Allerdings waren zehn von Scheers Schiffen schwer beschädigt und nur zehn am 2. Juni noch seetüchtig. Jellicoe, der acht Schiffe zur Reparatur ins Dock schicken musste, hätte noch vierundzwanzig Großkampfschiffe einsetzen können.

Ab 4. Juli 1916 waren Seeschlachten für Scheer keine Option mehr. Auch nach Skagerrak blieb die maritime Überlegenheit der Royal Navy unangetastet und Großbritanniens Strategie intakt. »Es ist absolut notwendig«, ermahnte Hauptmann Herbert Richmond sich selbst, »den Krieg als Ganzes zu betrachten und nicht nur auf die deutsche Flotte zu starren. Wir müssen Deutschland aushungern und dadurch handlungsunfähig machen.«[9]

Wirtschaftskrieg

Die Blockade wurde weiter aufrechterhalten. Der Wirtschaftskrieg, nicht die Schlacht, war das Mittel, um die maritime Überlegenheit auszuüben, besonders da es gegen ein Bündnis auf dem Kontinent ging. Aber in den Vorkriegsjahren hatten selbst die eifrigsten Fürsprecher der Blockade Grund, an deren Wirksamkeit zu zweifeln. Sie stieß auf drei Hindernisse. Das erste war die Furcht, Großbritannien selbst könnte durch wirtschaftliche Maßnahmen empfindlicher getroffen werden als Deutschland. 1914 wurden in Großbritannien fast sechzig Prozent aller im Lande verbrauchten Lebensmittel aus Übersee importiert. Deutschland, das seine Landwirtschaft anders als Großbritannien durch Schutzzölle vor ausländischen Konkurrenten abschottete, behauptete, sich selbst mit Lebensmitteln versorgen zu können. In Wirklichkeit mussten etwa fünfundzwanzig Prozent importiert werden. Das zweite Hindernis lag auf rechtlichem Gebiet. 1909 hatte die Deklaration von

London die Rechte neutraler Staaten anerkannt, indem sie Schmuggelgut – Waren, die eine Blockademacht in Kriegszeiten rechtmäßig beschlagnahmen durfte – sehr eng definierte. Lebensmittel für die Zivilbevölkerung gehörten eindeutig nicht dazu. Wäre Großbritannien neutral gewesen, dann hätte die Deklaration von London seinen Interessen als Handelsmacht gedient. Nicht aber, wenn es Krieg führte. Großbritannien hatte sich geweigert, die Deklaration von London zu ratifizieren, aber im eigenen Lager wies man auf das dritte Hindernis hin, das gegen eine Blockade sprach, eines praktischer Art: Deutschland konnte sie einfach umgehen, indem es seine Importe über die neutralen Nachbarstaaten abwickelte.

Der energischste Verfechter des Wirtschaftskrieges in der Regierung war der Sekretär des *Committee of Imperial Defence*, des Reichsverteidigungsausschusses, Maurice Hankey. Er führte 1911 für die britische Vorkriegspolitik den Grundsatz ein, dass bei Kriegsausbruch der Handel mit dem Feind einzustellen sei. 1912 verfasste er das »Kriegsbuch«, das die rechtlichen und finanziellen Schritte zur Durchsetzung des Wirtschaftskrieges umriss. Als der Krieg ausbrach, blieb er bei seiner Haltung. Im Juni 1915 erklärte er dem Premierminister, nun schon als Sekretär des *War Committee*, dass die Blockade kumulativ wirke. »Es handelt sich zwangsläufig um einen langsamen Prozess. Vielleicht müssen Jahre vergehen, bevor eine spürbare Wirkung eintritt. Aber wenn der psychologische Moment kommt und die kumulative Wirkung ihren Höhepunkt erreicht, vielleicht sogar mit schweren Niederlagen des Gegners zusammenfällt, dann kann der Effekt nicht nur materieller Natur, sondern geradezu kriegsentscheidend sein.«[10]

Diese langfristige Orientierung der Blockade löste bei den Soldaten Großbritanniens und den Alliierten, die erbittert kämpften und zuweilen an ihrer eigenen Zukunft zweifelten, Frustration aus. Auch wie sie nach dem Krieg spürbar werde, war aufgrund der Langsamkeit des Prozesses schwer einzuschätzen. Der wirtschaftliche Druck auf Deutschland zeitigte erst in den Jahren 1917/18 maximale Wirkung. Zu dieser Zeit trugen auch andere Faktoren wie die Tatsache, dass der Landkrieg sich hinzog und Deutschlands Reserven zur Neige gingen, zu den Engpässen in der deutschen Wirtschaft und den Entbehrungen bei, die die Bevölkerung der Mittelmächte erdulden musste.

Eine Bewertung dieser Politik war auch deshalb schwierig, weil die Streitkräfte des Gegners noch am wenigsten unter der Blockade litten. Der Fokus des Wirtschaftskrieges lag nicht nur dort, wo man es im Vorkriegsdeutschland erwartet hatte – in der Verweigerung wichtiger Rohstoffe für die Rüstungsproduktion –, sondern auch bei der Lebensmittelversorgung. Da der Staat in Kriegszeiten in erster Linie für die Ernährung seiner direkten Verteidiger – Soldaten und Industriearbeiter – sorgt, litten an den Mängeln vor allem diejenigen, die für den Krieg wertlos waren: die Alten und Schwachen. Die Sterberate unter Epileptikern stieg in Bethel bei Bielefeld von 3,9 Prozent im Jahre 1914 auf 16,3 Prozent im Jahre 1917 an, in allen preußischen Sanatorien zusammengenommen von 9,9 auf 28,1 Prozent.[11] Die offizielle britische Geschichtsschreibung ordnet 772 736 Tote in Deutschland der Blockade während des Krieges zu – eine Zahl, die etwa den Verlusten der britischen Streitkräfte entspricht. 1918 lag die Sterberate unter der deutschen Zivilbevölkerung um 37 Prozent höher als 1913.[12] Zumindest indirekt verletzte die Blockade das Prinzip, die Zivilbevölkerung zu schonen. Dabei waren die Maßnahmen auf See der einfachste und direkteste Teil des ganzen Unternehmens. Mit diplomatischen Mitteln musste erreicht werden, dass dieses Vorgehen international akzeptiert wurde und neutrale Staaten bei seiner Durchsetzung mitwirkten.

Besonders die USA mit dem großen deutschstämmmigen Bevölkerungsanteil im Mittleren Westen und einer lautstarken irischen Einwanderergemeinde erhoben aus gutem Grund Einwände gegen diese Politik Großbritanniens, die überseeischen Märkte zu blockieren. Andererseits fiel es Großbritannien leicht, auf die US-amerikanische Öffentlichkeit Einfluss zu nehmen, gerade im Hinblick auf die englische Sprache und das gemeinsame konstitutionelle Erbe. Über Botschaften und Konsulate verbreitete die Presseabteilung des Außenministeriums die Publikationen des *War Propaganda Bureau* an die Meinungsmacher – Zeitungsredakteure und Politiker. In den Büchern und Pamphleten, die berühmte Autoren wie John Buchan und Sir Arthur Conan Doyle verfassten und Privatverlage auf den Markt brachten, wurde mit subtileren Argumenten geworben. Zudem hatte die britische Navy bei Kriegsausbruch alle großen Unterwasserkabel unter ihre Kontrolle gebracht, sodass die Deutschen mit Orten außerhalb Europas nur über Funk kommunizieren konnten, der leicht abzuhören war. *Room 40* erhielt den von der deutschen Diplomatie benutzten Code im Jahre 1915 und las nun auch diesen Teil der Post. »Zwinkerer« Hall mischte bald auch bei der Aufklärung in den USA mit, deckte Sabotagepläne der Deutschen auf und unterlief deren Propaganda.

In der Schlacht um die ideologische Überlegenheit hatte Großbritannien ein entscheidendes, wenn auch nicht gerade von Idealismus getragenes Argument auf seiner Seite: Die Proteste in den USA gegen die Behinderung des freien Handels verstummten bald angesichts der Profite, die das Land aus den Aufträgen der Alliierten zog. Im Januar 1914 belief sich der gesamte US-amerikanische Export auf eine Summe von 204 Millionen Dollar. Im Juli war die Wirtschaft in eine Rezession geschlittert und der Export auf 154 Millionen gefallen. Bis Dezember war er bereits auf 245 Millionen gestiegen. Ein Jahr später – im Dezember 1915 – erreichte er 359 Millionen und im Dezember 1916 523 Millionen Dollar. US-amerikanische Aktien boomten: Von Dezember 1914 bis Dezember 1915 schnellte der Dow-Jones-Index um achtzig Prozent in die Höhe.[13]

Aber die Mittelmächte waren wie die Entente bereit, für Importgüter hohe Preise zu zahlen. Und wie die Pessimisten der Vorkriegszeit richtig erkannt hatten, konnten die Mittelmächte Waren, die kein Schmuggelgut darstellten, über private Kanäle aus neutralen Staaten einführen. Daraus ergaben sich nicht nur für die USA, sondern auch für die Niederlande, die Schweiz und Skandinavien riesige Profitchancen. Das Londoner *Foreign Office* musste sich also außer mit der Propaganda auch mit Wirtschaftsspionage befassen. Großbritannien übernahm die Verantwortung für die Seeblockade, Frankreich kontrollierte die Landwege. Dafür mussten beide riesige Datensammlungen über den europäischen Handel aus dem Boden stampfen. Frachtbriefe und Ladungsverzeichnisse wurden geprüft. Konsuln erschienen an Ladekais, um den Warenumschlag zu kontrollieren. Captain M. Consett, der während des gesamten Krieges britischer Marineattaché in Skandinavien war, berichtete aus Kopenhagen: »Ölimporte aus New York, die für … bestimmt sind, erreichen Deutschland über die Vermittlung von … wohnhaft in dieser Stadt. Das Öl in Fässern ist mit ›Transit auf Kosten des Käufers‹ ausgezeichnet und für Nykøbing, Göteborg und andere Häfen bestimmt. Die Fässer werden in Lagerhäuser gebracht, wo man Schiffe belädt, die neutrale Häfen ansteuern. Aber Seite an Seite mit ihnen sind Frachter vertäut, die nach Lübeck und in andere deutsche Häfen fahren. Über die Decks der angeblichen Empfänger der Ladung wird diese auf die Frachter gebracht, die nach Deutschland abgehen.«[14]

Mit Informationen wie dieser konnten die Briten Firmen durch wirtschaftlichen Druck dazu bringen, die Blockade zu befolgen, ganz gleich wie ihre Regierungen politisch standen. Kontrolle auf See bedeutete, dass britische Kriegsschiffe den normalen Seehandel unterbrachen, Schiffe stoppten, deren Ladung kontrollierten und sie in Häfen geleiteten, wo sie drei, vier Wochen festgehalten werden konnten. Firmen aus neutralen Staaten sahen sich genötigt, Kartelle zu bilden, die Sendungen empfangen durften. Die Kartelle garantierten, dass die Importe ihrer Mitgliedsfirmen für den Binnenverbrauch und nicht für den Reexport an die Mittelmächte bestimmt waren. Das erste war der *Netherlands Overseas Trust*, gegründet im Dezember 1914. Im Juli 1915 durften 135 von 186 für Holland bestimmten Schiffen frei passieren. Dagegen wurden drei Viertel der Frachter kontrolliert, die Dänemark, Norwegen und Schweden anlaufen wollten.[15] Der *Netherlands Overseas Trust* wurde zum Vorbild für andere. 1915 erreichte man Kooperation durch Zwangsmaßnahmen. Nach Frankreich schränkte auch Großbritannien den Import der an Deutschland grenzenden neutralen Staaten auf das Vorkriegsniveau ein. Schweden musste eine Senkung seiner Kautschukimporte hinnehmen, und der König beschwerte sich, dass er nicht mehr Tennis spielen könne. Mit diesen Maßnahmen war jedoch lediglich das Hochschnellen des Reexports zu verhindern. Die neutralen Staaten konnten aber nicht daran gehindert werden, im eigenen Lande hergestellte Waren zu verkaufen. 1915 stieg der Export von holländischem Käse nach Deutschland im Vergleich zu 1913 auf das Dreifache und der von Schweinefleisch auf das Fünffache an. Schweden lieferte die vierfache Menge an Heringen. 1916 ging die Entente daher dazu über, die Produktion der Neutralen vorsorglich aufzukaufen. Das war besonders wichtig in der Ostsee, dem einzigen Meer, das sie nicht kontrollieren konnte.

Die Bürokratie schoss ins Kraut. In Großbritannien entstand 1916 als Ableger des *Foreign Office* sogar ein *Ministry of Blockade*. Großbritannien und mehr noch Frankreich sahen die Blockade jetzt als ein Mittel, um Deutschland in die Knie zu zwingen und es auch in der Nachkriegszeit von den Außenmärkten fern zu halten. Eine Wirtschaftskonferenz der Alliierten in Paris, deren Agenda vor allem der französische Handelsminister Etienne Clementel bestimmte, reagierte im Juni 1916 auf die scharfe deutsche Konkurrenz der Vorkriegszeit mit dem Vorschlag, die Schlüsselindustrien nach dem Krieg dadurch zu schützen, dass man die dafür notwendigen Rohstoffe der Alliierten ausschließlich Entente-Mitgliedern vorbehielt. Bislang hatte Großbritannien wenigstens den Anschein des freien Handels gewahrt, indem es auch mit Unternehmen in neutralen Staaten Geschäfte machte. Aber der Grundsatz offener Märkte war dort nie als Dogma gesehen worden. »Business as usual« bedeutete nicht, dass sich an der staatlichen Wirtschaftspolitik bei Kriegsausbruch nichts änderte, sondern dass die Geschäfte weitergehen mussten, weil sie für Großbritanniens Kriegswirtschaft wichtig waren. Auch das Eintreten für den Grundsatz des freien Handels im Ausland folgte diesem Prinzip: Mit den Vereinigten Staaten Handel zu treiben war nicht nur von entscheidender Bedeutung für die Kriegsanstrengungen Großbritanniens, sondern mehr noch für die seiner Verbündeten. Während Washington sich neutral verhielt, bestimmten die Marktkräfte, nicht die Regierungspolitik, wie Käufe der Alliierten und die Blockade gehandhabt wurden.

Die deutschen Importe gingen während des Krieges um sechzig Prozent zurück. Noch mehr schrumpfte der Export, und das aus Gründen, die nicht nur mit der Blockade zusammenhingen.[16] Im Krieg mussten die Ressourcen nach den Erfordernissen der Front und nicht der Handelsbilanz verteilt werden. Die Blockade sorgte also dafür, dass Autarkie zu einer Tugend wurde. Das war bei den deutschen Bauern und Lebensmittelherstellern besonders ausgeprägt. Deutschland produzierte genügend Nahrungsgüter, um sich während des Krieges selbst zu versorgen. Bei einer vorgeschriebenen Aufnahme von 2240 Kalorien pro Tag litt die deutsche Bevölkerung erst in den Monaten nach der Missernte von 1916 wirklichen Mangel. Im Februar 1917 sank die Tagesration auf 1000 Kalorien pro Person. Im »Kohlrübenwinter« mussten Rüben Kartoffeln ersetzen. Für die Deutschen waren Kohlrüben Viehfutter. Sie litten in der Tat auch deshalb Hunger, weil sie aus der Vorkriegszeit an abwechslungsreiche Nahrung mit viel Fett und Fleisch gewöhnt waren und mindestens fünfzehn Prozent mehr Kalorien zu sich nahmen als medizinisch notwendig. Dies war nun der Maßstab. Zwar sank nach dem Winter 1916/17 die Kalorienaufnahme nicht mehr unter fünfundneunzig Prozent des Minimums, aber das Angebot war sehr eintönig.[17]

Ein typisches Beispiel war Kaffee. Er hatte vor allem psychologische Bedeutung. Das Kriegsernährungsamt, das 1916 unter der Ägide des preußischen Kriegsministeriums geschaffen wurde, betonte »den bedeutenden Einfluss, den Kaffee und kaffeeähnliche Getränke auf die allgemeine Moral der Bevölkerung haben«. Kaffee galt als »höchst wichtiges Lebensmittel«.[18] Dabei stellte man ihn inzwischen nicht mehr aus Zichorie oder roten Rüben, sondern aus Baumrinde her. Brot war ein weiteres Beispiel. Im Januar 1915 führte man das *K-Brot* ein: Das K stand für das Kartoffelmehl, das dem Teig beigemischt wurde. Aus Propagandagründen taufte man es aber *Kriegs-*

brot. Hinsichtlich des Nährwertes von *K-Brot* gab es keine Abstriche, aber es schmeckte nicht wie das Brot, das die Deutschen gewohnt waren. Auch Wurst wurde mit ähnlicher Kreativität gefertigt und entsprechend verachtet. Sie enthielt nur noch fünf Prozent Fett und sonst vor allem Wasser. Mit Salz und Gemüseblättern suchte man etwas Geschmack zu erzeugen. Bei Kriegsende gab es über achthundert Sorten Wurstersatz und über zehntausend weitere Ersatzlebensmittel.[19] Das Wort »Ersatz« selbst klang immer mehr wie Fälschung. Es war nur ein schwacher Trost, wenn es in diesem Zusammenhang hieß, ein abgemagerter Körper brauche weniger Nahrung. Im Oktober 1916 schrieb Ethel Cooper, eine Australierin, die in Leipzig lebte, drei ihrer deutschen Freundinnen hätten jeweils fast dreizehn Kilo Gewicht verloren. Auch sie selbst wiege »kaum noch vierzig Kilo. ... Die Lebensmittel sind jetzt so wenig nahrhaft, dass man schon eine Stunde nach dem Essen wieder hungrig ist.«[20]

Die Durchschnittswerte sagen allerdings nichts über die tägliche Nahrungsaufnahme des Einzelnen aus. Diese konnte nach Alter, Geschlecht, Beruf, Klasse und Region stark variieren. Sie hing auch von der Jahreszeit und dem Kriegsjahr ab. Viele Deutsche hatten nicht genug zu essen, und was vorhanden war, wurde ungerecht verteilt. Die Lebensmittelknappheit war auch nicht ausschließlich auf die Blockade zurückzuführen. Hausgemachte Probleme kamen hinzu. Von 1890 bis 1913 war der Import von Kunstdünger nach Deutschland auf das Vierfache gestiegen. Die Hektarerträge wuchsen um fünfzig bis sechzig Prozent an. Die Blockade brachte den Import von Salpeter aus Chile fast zum Erliegen. Die Menge des Stickstoffs, der nun in der Landwirtschaft eingesetzt werden konnte, sank um die Hälfte. Fritz Haber hatte ein Verfahren zur synthetischen Herstellung von Stickstoff entwickelt, aber 1914 wurde dieses vor allem in der Sprengstoffproduktion angewandt. Die Mobilmachung entzog der Landwirtschaft viele Pferde und über drei Millionen Landarbeiter, weshalb Naturdünger und Arbeitskräfte fehlten. Von 1913 bis 1918 ging die landwirtschaftlich genutzte Fläche in Deutschland um fünfzehn Prozent zurück. Die Getreideerträge sanken mindestens um dreißig Prozent.[21]

Die deutsche Regierung sah bereits in den ersten Kriegsmonaten, dass die Lebensmittelversorgung zu einem Problem werden könnte. Schon 1914, vier Jahre vor Großbritannien, führte sie daher Kontrollen ein. Aber sie reagierte auf die steigenden Lebensmittelpreise und den sich daraus ergebenden Druck auf die Reallöhne, indem sie die Herstellungs- und nicht die Ver-

Mit der Einrichtung von Gemeinschaftsküchen reagieren die Deutschen auf die Blockade. Die Mittelschicht, meist kleine Angestellte und Beamte, ist von den steigenden Lebensmittelpreisen und ihren Folgen, dem Sinken der Realeinkommen, besonders betroffen. Für sie bedeutet der Krieg vor allem einen Statusverlust.

kaufspreise einfror. Dies hatte aber zur Folge, dass sich die Produzenten vom Markt zurückzogen. Milch galt als wichtiges Grundnahrungsmittel für Kinder, stillende Mütter und Kranke. 1915 stieg der Preis für den Liter von zwölf Pfennigen auf über dreiunddreißig Pfennige – ein Sprung, den die Arbeiterlöhne selbst bei Kriegsende 1918 noch nicht wettgemacht hatten. In Berlin wurde der Preis 1915 auf dreißig Pfennige festgesetzt, aber die Lieferungen in die Städte stiegen davon nicht an, sondern sanken weiter.[22] Wegen der Preiskontrollen gingen die Bauern dazu über, die Milch zu Butter und Käse zu verarbeiten, die nicht staatlich reglementiert waren. Eine Folge dieses punktuellen Vorgehens war das so genannte »Schweinemassaker«, das großes Aufsehen erregte. Anfang 1915 hieß es, die Kartoffelknappheit sei darauf zurückzuführen, dass zu viele Kartoffeln an Schweine verfüttert würden, die man angeblich wichtiger nehme als die Menschen. Also wurden massenweise Schweine geschlachtet, was zunächst zu einem Überangebot an Schweinefleisch, dann aber in der Folge zur Knappheit führte. Nun stiegen nicht nur die Preise für Schweinefleisch an, sondern auch für andere Tierprodukte, auf die sich alle Bauern und Verbraucher warfen. Zugleich hielt die Regierung die Preise für Brot und Kartoffeln künstlich niedrig und zahlte den Bauern mehr Subventionen, damit diese die Produkte, die sie eigentlich als minderwertiges Viehfutter betrachteten und sonst mit Verlust verkauft hätten, auf den Verbrauchermarkt warfen.[23]

Preiskontrollen zeigten jedoch in der Regel wenig Wirkung. Die Inflation, die durch die Notenpresse immer weiter angeheizt wurde, bedeutete, dass man für hohe Geldsummen immer weniger Nahrungsmittel bekam. Im Herbst 1917 wurden Roggen für dreihundertachtzig Prozent, Bohnen für zweihundert Prozent und Butter für neunzig Prozent über dem offiziellen Preis verkauft. Der Schwarzmarkt nahm so überhand, dass für diejenigen, die unmittelbar mit dem Krieg zu tun hatten, die Lebensmittelrationen nur mehr in der Theorie existierten. Selbst die Armee musste sich auf den Schwarzmarkt einlassen, um ihre Soldaten zu verpflegen. Im Jahre 1918 wurde mindestens ein Drittel aller Lebensmittel dort gehandelt. Da nicht mehr das Geld darüber entschied, wer etwas zu essen bekam, wurde Verfügbarkeit über Nahrung zum Kriterium der Klassenzugehörigkeit. Der Staat hatte auf diesem Gebiet keinerlei Autorität mehr; Kleinkriminalität war an der Tagesordnung. »Jeder, der es sich leisten kann, besticht seinen Lebensmittelhändler«, berichtete Ethel Cooper im Dezember 1917. »Wer das nicht will oder kann, bekommt zur Antwort, dass das Fleisch gerade ausverkauft ist. Andere dagegen erhalten das Vierfache von dem, was ihnen zusteht.«[24]

Die Bauern waren überzeugt, alle Stadtbewohner seien lediglich Geschäftemacher. Diesen wiederum aber galten alle Bauern als voll gefressene Spekulanten. Die Städter fuhren aufs Land zu so genannten Hamstertouren – wobei sie die Kontrollen auf den Bahnhöfen umgehen mussten –, »um zu sehen, ob man die Bauern dazu bringen kann, uns etwas zum Essen zu verkaufen«.[25] Wenn ihnen das nicht gelang, stahlen sie, was ihnen in die Hände fiel. So gerieten Stadt und Land zusehends in Gegensatz zueinander. Regionale Unterschiede hatten auch mit der Effizienz der lokalen Verwaltungen zu tun, was die politischen Differenzen im föderativen Deutschland weiter vertiefte. Die Blockade funktionierte also nicht für sich allein, sondern in Wechselwirkung mit den Problemen der deutschen Gesellschaft und der Struktur des deutschen Staatswesens.

Ein deutsches U-Boot befolgt zumindest eine Regel des Kreuzerkrieges: Es taucht auf, um einen Torpedo abzufeuern. Da ein U-Boot nur über wenige dieser Geschosse verfügt, ist Treffsicherheit überlebenswichtig.

U-Boot-Krieg

Es war natürlich leichter, für den Lebensmittelmangel die Blockade der Alliierten verantwortlich zu machen als die eigene Misswirtschaft. Das schrie geradezu nach Vergeltung. Als die deutschen Kreuzer Ende 1914 keine Gefahr mehr darstellten, setzte man alle Hoffnung auf das U-Boot. Vor dem Krieg hatte Jackie Fisher mit seiner Idee, U-Boote gegen Handelsschiffe einzusetzen, bei seinen Kollegen im britischen Marineministerium Empörung ausgelöst. Im Oktober 1914 schlug der Chef der deutschen U-Boot-Flotte, Hermann Bauer, Admiral Ingenohl genau das vor. Dem standen aber technische, zahlenmäßige und rechtliche Hindernisse im Wege. Die U-Boote waren für den Einsatz in Küstengewässern und nicht für weite Fahrten konstruiert. Außerdem besaßen die Deutschen so wenige davon, dass sie wohl kaum ausreichten, um den gewaltigen Umfang des britischen Handels spürbar zu beeinträchtigen. Wirkung konnte eher durch Abschreckung als durch tatsächlichen Schaden erzielt werden. Vor allem Schiffe aus neutralen Staaten wollte man so von britischen Häfen fernhalten. Dem aber standen die rechtlichen Vorschriften des Kreuzerkrieges entgegen. Das Seekriegsrecht schrieb für ein U-Boot vor, dass es sich so zu verhalten habe wie ein konventionelles Kriegsschiff. Mit anderen Worten: Es musste auftauchen, seine Absicht anzeigen, ein Schiff zu versenken, und dann der Mannschaft Zeit geben, das Schiff zu verlassen. Damit setzte es aber seine eigene Sicherheit aufs Spiel.

Als die Briten allerdings am 2. November 1914 im Rahmen der Blockade die Nordsee zum Kriegsgebiet erklärten, gewann Bauers Idee zusehends an Unterstützung. Bethmann Hollweg und das Auswärtige Amt hatten anfangs Bedenken wegen möglicher Reaktionen der Neutralen, aber bald ließen die Agitation der Presse und die Frustration der Marine sie verstummen. Am 4. Februar 1915 verkündete der Kaiser, die Nordsee sei nun Kriegsgebiet und alle Handelsschiffe, auch solche neutraler Staaten, würden ohne Vorwarnung versenkt. Die US-Regierung protestierte unverzüglich auf das Schärfste. Damit schuf sie eine Kluft zwischen den deutschen Politikern, die Amerikas Zorn fürchteten, und der Marine, die entschlossen war, den U-Boot-Krieg so energisch wie möglich zu führen. Die Befehle zur Behandlung neutraler Schiffe wurden immer zweideutiger, was heftige Anschuldigungen der Krieg führenden Seiten gegeneinander auslöste, die im

Am 10. Mai 1915 kommt alles Leben im irischen Queenstown zum Erliegen, als die 130 Mann Besatzung der gesunkenen *Lusitania* in einem Massengrab beigesetzt werden.

Wesentlichen gerechtfertigt waren. Die Briten ließen ihre Schiffe unter neutraler Flagge fahren und rüsteten sie mit Waffen aus. Wenn ein U-Boot-Kapitän sich an das Recht hielt, setzte er sein Schiff einem Angriff aus, vor allem wenn er auf eine der britischen U-Boot-Fallen, die schwer bewaffneten und geschickt getarnten Q-Schiffe, stieß. Im Juli 1916 stand Charles Fryatt, der Kapitän der *Brussels*, eines britischen Handelsschiffes, vor einem deutschen Kriegsgericht, weil er am 28. März 1915 versucht hatte, ein U-Boot zu rammen, obwohl er kein Kriegsschiff befehligte. Fryatt wurde hingerichtet.

Was Propaganda und Diplomatie betraf, so wirkte sich Fryatts »vorsätzliche Ermordung«, wie die *New York Times* es nannte, zugunsten Großbritanniens aus.[26] Noch größeres Aufsehen erregte die Versenkung der *Lusita-*

nia vor der irischen Küste am 7. Mai 1915. Sie war eindeutig britisches Eigentum und transportierte Munition. Es handelte sich jedoch um ein Passagierschiff, und unter den 1201 Passagieren, die bei diesem Zwischenfall ums Leben kamen, waren viele Frauen und Kinder, darunter auch 128 US-amerikanische Bürger. Colonel Edward House, der Bevollmächtigte von Präsident Woodrow Wilson, hatte nur wenige Wochen zuvor mit diesem Schiff den Atlantik überquert und wollte sich gerade zu einem vom US-amerikanischen Botschafter in London gegebenen Abendessen niedersetzen, als die Nachricht eintraf. House telegrafierte dem US-Präsidenten, er möge erklären: »Amerika ist nun am Scheidewege angelangt, wo es sich entschließen muss, ob es für zivilisierte oder unzivilisierte Kriegführung eintreten will. Wir können nicht länger neutrale Zuschauer bleiben. Unser Vorgehen in dieser Krise wird auch über die Rolle entscheiden, die wir bei Friedensschluss spielen werden, und über unseren Einfluss auf die Lösung zugunsten des ewigen Wohles der Menschheit. Wir werden nun gewogen, und unsere Stellung unter den Nationen wird von der Menschheit bestimmt.«[27]

Damit wollte House an Wilsons Idealismus appellieren. Dazu passte dessen eigenes Argument: »Es gibt Situationen, da hat ein Staat so sehr Recht, dass er andere nicht mit Gewalt davon überzeugen muss.«[28] Wilson, Akademiker und Demokrat, dem die Presbyterianer hohe moralische Grundsätze anerzogen hatten, war seit 1913 Präsident. Zunächst scheute er vor dem Krieg zurück. Damit stimmte er mit der Sicht der meisten seiner Mitbürger überein, ging aber weiter, als sein pazifistischer Außenminister William Jennings Bryan zu akzeptieren bereit war. Bryan trat zurück, als Wilson Deutschland eine scharf formulierte Note übermittelte, in der er die Einstellung des U-Boot-Krieges gegen unbewaffnete Handelsschiffe forderte. Das war ein bedeutsamer Schritt: Die Versenkung der *Lusitania* hatte Bryans Nachfolger Robert Lansing davon überzeugt, dass die USA schließlich in den Krieg gegen Deutschland eintreten mussten.

In Deutschland selbst veranlasste dieser Zwischenfall Bethmann Hollweg und die Umgebung des Kaisers, wieder stärker auf die Einhaltung der Regeln für den Kreuzerkrieg zu achten. Kurzfristig versenkten die deutschen U-Boote jedoch noch mehr Handelsschiffe, da sie in aufgetauchtem Zustand ihre Kanonen einsetzen konnten und so Torpedos sparten. Aber am 19. August 1915 zerstörte die Mannschaft des britischen Q-Schiffes *Baralong*, das sich bis zur Eröffnung des Feuers mit der US-amerikanischen Flagge getarnt hatte, die *U 27* und erschoss auf der Stelle ein Enterkommando, das die

Deutschen auf einem gekaperten Handelsschiff zurückgelassen hatten. Die britischen Versuche, die Aktion der *Baralong* mit dem Hinweis auf das Schicksal der *Arabic* zu rechtfertigen, eines Passagierschiffes, das die Deutschen am selben Tag ohne Warnung versenkt hatten, waren ziemlich zweifelhaft, wirkten aber in den USA, da drei Amerikaner an Bord gewesen waren. Im September hatten die Einschränkungen, die der Kaiser den U-Boot-Kapitänen auferlegt hatte, sowie die Spannungen, die jene in der Marine selbst hervorriefen, schließlich bewirkt, dass der Stab der deutschen Kriegsmarine den U-Boot-Krieg aussetzte.

Aber Scheer war nicht bereit, sich mit derartiger Passivität abzufinden. Nach der Schlacht vor dem Skagerrak gewann sein Argument, das U-Boot biete sich als Waffe gegen Großbritannien geradezu an, an Überzeugungskraft. Jetzt erhielt er auch starke Unterstützung seitens des Heeres. Falkenhayn hatte bereits eine ausgedehnte U-Boot-Aktion gegen Großbritannien zur Begleitung seiner Offensive gegen Frankreich bei Verdun vorgeschlagen. Als Hindenburg und Ludendorff ihn ablösten, akzeptierten auch sie, dass man Großbritannien eher mit Wirtschaftskrieg als mit direkter Konfrontation auf den Schlachtfeldern von Frankreich und Flandern beikommen konnte. Allerdings wollten sie abwarten, bis sie genügend Kräfte gesammelt hatten, um mit den Niederlanden und Dänemark abzurechnen, falls ein entfesselter Feldzug diese neutralen Staaten in die Arme der Entente zu treiben drohte. Ende August 1916 war Rumänien durch Brussilows Offensive in Galizien endlich davon überzeugt worden, den Mittelmächten den Krieg zu erklären. Das bedeutete für Deutschland eine neue Front. Im Dezember hatten Mackensen und der kürzlich zurückversetzte Falkenhayn den größten Teil Rumäniens überrannt. Die Oberste Heeresleitung plante, 1917 an der Westfront defensiv zu bleiben, und unterstützte daher eine Denkschrift des Stabschefs der Marine, Henning von Holtzendorff, vom 22. Dezember, der darin behauptete, mit uneingeschränktem U-Boot-Einsatz könne der Krieg bis zum Herbst 1917 gewonnen werden. Wieder einmal war die Strategie der Deutschen aus dem Tritt gekommen. Anfang 1916 hatte es keine Begleitung seitens der Marine für die Aktionen des Heeres gegeben. Anfang 1917 sollte nun die Marine durch ihre Aktionen die Tatenlosigkeit des Heeres teilweise kompensieren.

Bethmann Hollweg machte sich weiterhin große Sorgen über eine mögliche Reaktion der USA. Einerseits schien das unbegründet zu sein. Im Herbst 1916 führte Wilson die Kampagne für seine Wiederwahl zum Präsi-

Am frühen Morgen des 30. Juni 1916 geraten Sprengstoff und Munition, die in Eisenbahnwaggons und auf Lastkähnen bei Cape Black Tom in New Jersey gelagert sind, in Brand. Die Explosionen lassen die Brooklyn Bridge erzittern und in Manhattan Fensterscheiben bersten. Was zunächst wie ein Unfall aussieht, entpuppt sich als das Werk deutscher Saboteure.

denten unter der Losung »Er hat uns aus dem Krieg herausgehalten«. Aber sein Erfolg war vor allem innenpolitischen Faktoren geschuldet. Zwar hatte er nicht so viel getan, wie es Theodore Roosevelt und andere Republikaner gefordert hatten, um die USA auf ein Eingreifen in Europa vorzubereiten, aber auf sein Konto ging die Verabschiedung des *National Defense Act* im Mai 1916, durch den die reguläre Armee verdoppelt und die Nationalgarde aufgestockt wurde, sowie des *Naval Appropriations Act* im Juni, der bis 1925 den Aufbau von US-Seestreitkräften vorsah, die den stärksten in der Welt ebenbürtig sein sollten. Wilson betrieb eine Politik des Internationalismus, gab aber zu, diese könnte erfordern, dass die USA zu den Waffen griffen. Wenn die Deutschen zum uneingeschränkten U-Boot-Krieg übergingen, rückte dieser Schritt näher. Der Kanzler entschloss sich, den zu erwartenden Zorn der USA zu besänftigen, indem er ihnen von sich aus Frieden anbot.

Für Hindenburg und Ludendorff war Frieden nur als »deutscher Frieden« denkbar, als Ergebnis eines überwältigenden Sieges. Die Eroberung Rumäniens erlaubte es Bethmann Hollweg, das Heer zu überzeugen, dass eine deutsche Initiative für Friedensverhandlungen nicht als Schwäche interpretiert werden konnte. Aber die Liste der Kriegsziele des Heeres schränkte den Kanzler so stark ein, dass sein Angebot, als es am 12. Dezember veröffentlicht wurde, keinerlei Bedeutung mehr hatte. Es enthielt keine klaren Bedingungen und war von einem Befehl an die Streitkräfte begleitet, in dem es hieß, Grundlage des Friedens sei ein Sieg Deutschlands. Da Wilson sich bewusst war, dass die Entente diese Initiative der Deutschen ablehnen werde, legte er eine eigene vor. Am 18. Dezember forderte er alle Krieg führenden Mächte auf, ihre Bedingungen zu stellen. Aber die Entente wollte sich keinen Frieden von Amerika vorschreiben lassen, und die Deutschen wünschten keine öffentliche Debatte über ihre Kriegsziele, die das Land zu spalten drohte. Das Scheitern der Friedensinitiativen vom Dezember 1916 war daher nicht die Folge diplomatischer Manöver und Eitelkeiten der Großmächte. Dahinter standen unversöhnliche Widersprüche, die, wären sie in Verhandlungen auf den Tisch gekommen, die Fortsetzung des Krieges und nicht seine Beendigung begründet hätten. Frankreich konnte sich auf nichts einlassen, was nicht die Rückkehr Elsass-Lothringens gewährleistete. Deutschland seinerseits wollte nicht akzeptieren, dass dies keine deutschen Provinzen seien. Großbritannien war in den Krieg gezogen, um Belgiens Souveränität wiederherzustellen. Aber für die deutsche Kriegsmarine war inzwischen der Zugang zu den Kanalhäfen entscheidend für Deutschlands künftige Sicherheit, besonders wenn es zum »Zweiten Punischen Krieg« kam, den in Deutschland viele erwarteten. Der Dezember 1916 war eine Zäsur im Verlauf des Krieges, aber keine, die die reale Möglichkeit seiner baldigen Beendigung eröffnet hätte. Vielmehr bestätigte sie die Gründe, die zu diesem Krieg geführt hatten.

Die Entente manövrierte Wilson mit der Erklärung aus, sie könne keinen Gesprächen auf deutsche Initiative zustimmen. Am 8. Januar 1917 um 19 Uhr bildeten Marine und Heer eine »Einheitsfront« bei einer Audienz beim Kaiser, »der sich etwas unerwartet plötzlich zu der Notwendigkeit des rücksichtslosen U-Boot-Krieges durchgearbeitet hatte und sich sehr entschieden für diesen erklärte, sogar, wenn der Kanzler ihn ablehne. Er stellte sich dabei auf den sehr merkwürdigen Standpunkt, daß der U-Boot-Krieg eine rein militärische Sache sei, die den Kanzler gar nichts anginge.«[29] Bethmann Hollweg war nicht anwesend. Als er von dem Entschluss des Kaisers informiert wurde, akzeptierte er ihn kurzerhand. Zwischen allen Stühlen – den Streitkräften auf der einen Seite und der Öffentlichkeit auf der anderen – blieb ihm keine andere Wahl. Als er Ende des Monats im Reichstag die Entscheidung verkündete, am 1. Februar 1917 mit dem uneingeschränkten U-Boot-Krieg zu beginnen, »war seine Stimme heiser und rau. Offenbar bereitete es ihm Schmerzen, für eine Politik zu werben, der er sich bisher leidenschaftlich widersetzt hatte.«[30]

Kriegseintritt der USA

Auch Wilson war gescheitert. Nun zeigte sich, dass die USA nicht an der Errichtung einer liberalen Weltordnung mitwirken und sich zugleich aus dem Konflikt heraushalten konnten. Am 3. Februar brach Amerika die diplomatischen Beziehungen zu Deutschland ab. Der Grund war die Gefahr für US-amerikanische Handelsschiffe. Aber sechzehn Tage später wusste der US-Botschafter in London bereits von einer möglichen deutschen Drohung gegen die USA zu berichten. 1916 hatte John J. Pershing eine US-amerikanische Militärexpedition nach Mexiko geleitet, um Pancho Villa, einen von den Deutschen unterstützten Rebellen, festzunehmen. Mexikos Empörung über diese Einmischung brachte den Staatssekretär im Auswärtigen Amt, Arthur Zimmermann, darauf, den Mexikanern könnte dies als Gelegenheit suggeriert werden, in Texas einzufallen. Daher signalisierte er dem deutschen Botschafter in Washington, er möge die Idee eines Bündnisses mit Mexiko für den Fall eines Krieges zwischen Deutschland und den USA sondieren. Zimmermann sandte diese Botschaft auf drei verschiedenen Wegen. *Room 40* aber hörte überall mit. Bereits am 17. Januar hatte »Zwinkerer« Hall eine unvollständige Version auf dem Tisch, und am 19. Februar konnte er den US-Botschafter in London voll ins Bild setzen. Wilson brachte Zimmermanns Telegramm so an die Öffentlichkeit, als hätten es die Amerikaner selbst entschlüsselt, um das Geheimnis von *Room 40* zu wahren.

Diese Enthüllung und Zimmermanns Bestätigung überzeugten auch den letzten Amerikaner, dass die USA in den Krieg eingreifen mussten. Aber ungeachtet des Eindrucks, den der genannte Schritt und die Erklärung des uneingeschränkten U-Boot-Krieges durch Deutschland erweckten, war Wilsons Entscheidung für den Krieg weder eine bloße Reaktion noch rein defensiver Natur. Am 2. April 1917 verkündete er in einer Rede an das amerikanische Volk den einmütigen Entschluss des Kabinetts: »Das Recht ist kostbarer als der Frieden. Wir werden für das kämpfen, was uns immer am Herzen lag – für Demokratie, für das Recht derer, die sich dem Staat unterordnen, um ihre eigene Ordnung bestimmen zu können, für die Rechte und Freiheiten kleiner Staaten, für die umfassende Herrschaft des Rechts in einem solchen Konzert freier Völker, das allen Staaten Frieden und Sicherheit bringt und die Welt endlich befreit.«[31]

Wilson glaubte an das, was er sagte, und erweckte damit die großen Ideen zu neuem Leben, für die Großbritannien und Frankreich 1914 angetreten waren, die im Blut und Schmutz der vergangenen Jahre aber viel von ihrem Glanz eingebüßt hatten. Als direkten Beitrag hatte er jedoch bislang wenig zu bieten, wenn man von seinen Maßnahmen des Jahres 1916 absieht, Amerikas militärische Bereitschaft zu verbessern. Die Armee berief hunderttausend Mann ein, von denen ein Drittel der Kavallerie oder der Küstenartillerie angehörten. Pershings Aktion gegen Pancho Villa hatte die Grenzen von Amerikas militärischen Möglichkeiten allen sichtbar demonstriert. Wilson führte sofort die Wehrpflicht ein, weil diese aus seiner Sicht die demokratischste Form des Militärdienstes war. Aber der Aufbau einer Massenarmee hatte zwei kurzfristige Folgen, die gegen die rasche Entsendung einer US-amerikanischen Expeditionsstreitmacht nach Übersee wirken mussten. Erstens wurde damit die bestehende Armee zum Kern einer neuen, und zweitens benötigte Letztere die Produktion der US-amerikanischen Rüstungsfabriken, die bisher den Bedarf Großbritanniens und Frankreichs gedeckt hatten. Als Ludendorff die militärische Bedeutung des Kriegseintritts der USA abschätzig beurteilte, waren das nicht nur leere Worte. Er ging davon aus, dass die Vereinigten Staaten frühestens im Jahre 1919 eine starke Armee auf den europäischen Kriegsschauplatz bringen konnten. Das stimmte mit deren eigenen Berechnungen überein. Und Ludendorff war klar, dass Deutschland den Krieg bis zu diesem Zeitpunkt gewonnen haben musste.

Was Ludendorff nicht bedachte, waren die Folgen für den Wirtschaftskrieg. Sie traten viel schneller ein und waren paradoxerweise weitgehend der Grund für seine Schlussfolgerung, dass der Krieg bis 1919 beendet sein musste.

Am 28. November 1916 hatte der *Federal Reserve Board*, die Institution, die in den USA die Funktion einer Zentralbank erfüllte, an seine Mitgliedsbanken die Warnung ausgegeben, keine ausländischen Schatzwechsel mehr zu kaufen. In diesem Stadium des Krieges gab Großbritannien etwa 250 Millionen Dollar monatlich für sich selbst und im Namen seiner Verbündeten in den USA aus. Damit wurde vor allem der Wechselkurs zwischen dem Pfund Sterling und dem Dollar gestützt, um die Preise US-amerikanischer Waren unter Kontrolle zu halten. Dies bedeutete eine Abhängigkeit von der US-amerikanischen Industrie und dem US-amerikanischen Aktienmarkt, die aus deutscher Sicht den U-Boot-Krieg rechtfertigte, weil sie die Behauptung der USA widerlegte, ein neutraler Staat zu sein. Großbritannien und Frankreich beabsichtigten in den sechs Monaten von Oktober 1916 bis April 1917 1,5 Milliarden Dollar in den USA auszugeben. Fünf Sechstel davon sollten durch Anleihen in New York, mit anderen Worten, durch den Verkauf von Schatzwechseln, finanziert werden. Am 28. November hatte eines der Mitglieder des *Federal Reserve Board*, der deutschstämmige Paul Warburg, zu bedenken gegeben, der durchschnittliche US-amerikanische Investor sei so zu stark von einem Sieg der Entente abhängig. Er war der Meinung, dieses Überengagement müsse zurückgefahren werden. Was dann folgte, kann nur als Crash beschrieben werden: Binnen einer Woche war eine Milliarde Dollar am Aktienmarkt verloren. Am 1. April 1917 hatte Großbritannien seine Konten in den USA um 358 Millionen Dollar überzogen und gab 75 Millionen Dollar wöchentlich aus.[32] So rettete der Kriegseintritt der USA die Entente und möglicherweise auch einige US-amerikanische Spekulanten vor dem Bankrott.

Die Anleihen der Alliierten wurden zu der Peitsche, mit der die USA nun die wirtschaftliche Zusammenarbeit vorantreiben konnten. Das US-amerikanische Schatzamt weigerte sich, den Finanzbedarf der Entente isoliert zu sehen. Es war bestrebt, Verschwendung bei den Bestellungen abzubauen und vor allem die Preisinflation zu beseitigen, die durch die gegenseitige Konkurrenz der Alliierten in ihrer Rolle als Kunden entstand. Im August 1917 wurde ein gemeinsamer Ausschuss für Rüstungskäufe und Finanzierung gebildet. Dessen Befugnisse betrafen auch den Erwerb in neutralen Staaten. Die Entente hatte bereits 1916 ein Getreideamt geschaffen. Nach Amerikas Kriegseintritt wurde dieses Modell auf andere Waren ausgedehnt. 1917/18 waren die Alliierten der stärkste Wirtschaftsblock auf den globalen Warenmärkten. Mit ihren Käufen bildeten sie im Grunde genommen globale Monopole beim Handel mit den wichtigsten Nahrungsgütern.

Im April 1917 treten die USA in den Krieg ein. Hier das Sternenbanner auf einem britischen Panzer bei einer Parade am Flatiron Building in New York.

Dies wurde durch die Blockade noch verstärkt, die den Alliierten das Mittel des Zwangs in die Hand gab. Mit der Teilnahme des bislang größten neutralen Staates am Krieg fielen auch die letzten Schranken. Amerika zeigte viel weniger Hemmungen beim Umgang mit an Deutschland grenzenden neutralen Staaten als Großbritannien. Hatte Holtzendorff gehofft, seine U-Boote würden neutrale Schiffe abschrecken, so schränkten sie in Wirklichkeit den Warenstrom zu Deutschlands neutralen Nachbarn ein und damit auch, was von dort reexportiert werden konnte. Verlust an Schiffstonnage und die Devisenknappheit zwangen die Alliierten zu noch schärferer Kontrolle der Warenkäufe, wodurch die Mittelmächte immer weiter aus den Weltmärkten verdrängt wurden. So zog der deutsche Entschluss zum uneingeschränkten U-Boot-Krieg die wirtschaftliche Schlinge, in der Deutschland steckte, direkt und indirekt immer mehr zu.

Hier war der militärische Beitrag der USA am stärksten zu spüren. Pershing, der den Oberbefehl über die US-amerikanischen Truppen in Europa erhielt, traf erst am 14. Juni in Frankreich ein. Konteradmiral W. S. Sims, der die US-amerikanischen Seestreitkräfte in den europäischen Gewässern befehligte, landete am 9. April 1917, drei Tage nach der offiziellen Kriegserklärung, in Großbritannien. Von London aus richtete er gemeinsam mit dem US-amerikanischen Botschafter folgendes Telegramm an den Präsidenten: »Welche Hilfe die Vereinigten Staaten irgendwann in der Zukunft auf irgendeinem Kriegsschauplatz auch immer leisten mögen, in diesem U-Boot-Gebiet wird diese gegenwärtig um aller Verbündeten willen so sehr gebraucht wie sicher niemals und nirgendwo anders wieder.«[33]

281

8

Revolution

Der Liberalismus infrage gestellt

»Niemand glaubt auch nur für einen Augenblick, dass wir diesen Krieg verlieren«, schrieb Lord Lansdowne am 13. Dezember 1916 in einer Denkschrift für das britische Kabinett. »Aber was für eine Chance haben wir, auf solche Weise und in solcher Zeit zu gewinnen, dass wir unseren Gegner zu Boden werfen und ihm die Bedingungen aufzwingen können, die wir so freimütig erörtern?«[1] Lansdownes Ministerkollegen waren rasch damit zur Hand, ihn als einen müden alten Mann abzutun. Sir William Robertson warf ihn in einen Topf mit »Spinnern, Feiglingen und Philosophen, von denen sich manche nur um die eigene Haut sorgen«.[2]

Nichts von alledem traf auf Lansdowne zu. Während des Burenkrieges war er Kriegsminister gewesen und später ins Außenministerium gewechselt. Wer so sprach wie er, dem fehlte es nicht an Moral und Mut. Mit seiner Meinung stand er auch nicht so allein da, wie seine Kritiker später behaupteten. »Ich bin sehr deprimiert über den Krieg«, bekannte Lloyd George, der neue Kriegsminister, sechs Tage später gegenüber Lord Riddell beim Abendessen. »Vielleicht liegt es daran, dass ich müde bin. So bedrückt habe ich mich noch nie gefühlt. Ich möchte einmal eine Woche allein sein, um in aller Ruhe nachzudenken. Es sieht schlecht aus.«[3]

Dabei war Lloyd George in gewissem Sinne sogar Lansdownes Adressat gewesen: Am 27. September hatte der in einem Interview für einen US-amerikanischen Journalisten jede Andeutung zurückgewiesen, die USA könnten in dem Konflikt vermitteln: »In diesem Stadium kann es keine Einmischung von außen geben. Großbritannien hat nicht darum gebeten, als es noch nicht zum Kampf bereit war. Jetzt, da es bereit ist, wird es erst recht keine Einmischung dulden, bevor nicht der preußischen Militärdespotie das Rückgrat gebrochen ist.«[4]

Lansdowne lehnte Lloyd Georges »Knock-out«-Parole ab. »Natürlich kann es nicht unsere Absicht sein«, hieß es in seiner Denkschrift eher konstatierend als fragend, »bei dieser Haltung zu bleiben, gleichgültig wie lange dieser Krieg dauert und wie sehr er unsere Ressourcen beansprucht. Oder zu erklären, wie M. Briand es etwa zur selben Zeit getan hat, dass auch für uns ›das Wort Frieden ein Sakrileg‹ sei.«[5] Als Konservativer sah er, dass die Gesellschaft und die Werte, für die er stand, im Prozess ihrer Verteidigung selbst zerstört wurden. Jenseits des Kanals fasste Daniel Halévy, ein französischer Intellektueller mittleren Alters, der vor dem Krieg mit Sozialismus und Anarchismus sympathisiert hatte, am 27. Dezember seine Reaktion auf das Scheitern von Präsident Wilsons Friedensinitiative folgendermaßen zusammen: »Europa liegt in den letzten Zügen, und das kann höchstens noch einige Monate dauern.«

Halévys Sorge rührte von seinen professionellen Kontakten her. »Guy Grand kennt die sozialistische Welt. Sorge bereitet ihm der Aufstieg von Alphonse Merrheim, diesem antipatriotischen Radikalen, der wieder die Metallarbeitergewerkschaft anführt, sozusagen den Teil der Arbeiterschaft, die für den Krieg tätig ist. … Gregh, der die Welt der Politik kennt, zweifelt selbst an ihr: Sie gibt auf, sie ist entmutigt.« Als Beamter der *Maison de la Presse*, der Propagandaabteilung des französischen Außenministeriums, wusste Halévy besser als jeder andere, wie Ideen instrumentalisiert wurden, um die Leiden der zurückliegenden zweieinhalb Jahre zu erklären und zu rechtfertigen. Am 6. Februar 1917 sah er sich in dieser Erkenntnis bestärkt: »Ich denke, dass Entmutigung und Erschöpfung des Einzelnen keine große Bedeutung haben, wenn die Sache, die sie verursacht, entweder national oder idealistisch ist, wenn sie Besitz vom Individuum ergreift und es für seine Ziele benutzt, ganz gleich, wie es dabei leidet oder was es selbst will.«

Für Halévy und die Entente insgesamt ergaben sich durch den Kriegseintritt der USA im April 1917 zwei direkte Vorteile. Der erste war wirtschaftlicher Art: »Amerikas Eingreifen bringt kontinuierliche und sichere materielle Hilfe, nützliche Hilfe zur See, schützt uns vor Erschöpfung,

Die Belegschaft der britischen Waffenschmiede Vickers, versammelt für ein Gruppenfoto zum Tag des Waffenstillstandes, dem 11. November 1918. Der Krieg hat Vollbe-
schäftigung gebracht, aber nun müssen viele um ihren Arbeitsplatz bangen.

schiebt sie hinaus, gibt uns mehr Zeit, und diese Zeit kann den Sieg bedeuten.« Nach Halévys Einschätzung war es für diejenigen, die inzwischen am
Sinn des Krieges zweifelten, ein schwacher Trost, dass die Alliierten in einem
Zermürbungskrieg obsiegen könnten. Sie konnten Amerika durchaus negativ sehen, weil es die Tortur verlängerte, statt ihr ein Ende zu bereiten. Amerikas zweiter Beitrag war daher beinahe noch wichtiger als der erste und
hatte wenigstens einen Sinn: »Amerikas Eingreifen bringt einen enormen
Auftrieb – nicht nur in moralischer, sondern auch in ideologischer Hinsicht.
Es ist durch und durch liberal. Es will Abrüstung durch Zusammenarbeit
und Verhandlungen. … Unser Krieg wird nach und nach zu einem Kampf

der Nationalismen, wobei der stärkste und echteste der europäische Nationalismus ist. Dank Wilson ist der Krieg zu einem Kampf der humanitären Zusammenarbeit gegen nationalistischen Absolutismus geworden.«[6]

Wie Lansdowne und Halévy erkannten, bedrohte das Geschäft des Krieges Anfang 1917 die liberalen Werte, für die sich Frankreich und Großbritannien 1914 so vehement eingesetzt hatten. Die Macht des Staates triumphierte über die Rechte des Individuums. Wenn dies auch eine Frage des Naturrechts war, so wirkte es sich doch am unmittelbarsten und realsten auf die Finanzen aus. Das normale System der Haushaltskontrolle trat außer Kraft, als die Krieg führenden Regierungen zum größten Einkäufer von Waren wurden, für die sie mit Geld zahlten, das sie vor allem durch Anleihen und Steuern beschafften – Instrumente, die sie selber kontrollierten. Die moralische Folge war eine Absage an jegliche persönliche Verantwortung. »Er unterschrieb Schecks«, sagte Georges Clemenceau über Lucien Klotz, den letzten Finanzminister Frankreichs während der Kriegszeit, »als ob er Autogramme gäbe.«[7]

In Frankreich war die Armee mit dem Ausnahmezustand, der am 2. August 1914 ausgerufen wurde, befugt, Waren zu beschlagnahmen, die Presse zu zensieren und das Kriegsrecht gegen Zivilisten anzuwenden. Selbst die Polizei wurde unter Militärkontrolle gestellt. Erst am 1. September 1915 erhielten die Zivilbehörden im Lande wieder die Aufsicht über die Polizei, und erst im April 1916 wurden für die Verurteilung von Zivilisten nach Kriegsrecht enge Grenzen gezogen. Im Kampfgebiet in Frontnähe wachte die Armee strikt über ihre Vorrechte. Im ganzen Jahr 1915 wurden Bemühungen vereitelt, sie vom Streitkräfteausschuss der Abgeordnetenkammer inspizieren zu lassen. Als General Joseph-Simon Gallieni, den viele im September 1914 als den Retter von Paris und einige gar als den Retter Frankreichs ansahen, im Oktober zum Kriegsminister ernannt wurde, wurden derartige Anträge eher genehmigt, aber auch nur von Fall zu Fall. Gallieni wollte zwar die Macht Joffres und des Generalstabes einschränken, war aber trotz allem Soldat: »Was das Ministerium betrifft«, schrieb er am 21. Oktober, »so bin ich mehr denn je entschlossen, es nur dann zu akzeptieren, wenn ich vollständig freie Hand habe und vom Parlament unabhängig bin.«[8] Als er wegen seines schlechten Gesundheitszustandes im März 1916 zurücktreten musste, suchte sein Nachfolger, wiederum ein General – Pierre-Auguste Roques –, sich als unabhängiger vom Generalstab darzustellen, als er es in Wirklichkeit war: »Ich will kein Untergebener Joffres, sondern als Minister eher ein Freund Joffres sein.«[9] Bei Verdun blamierte sich der französische Oberbefehlshaber und leistete damit selber den Bemühungen Vorschub, das Militär wieder unter zivile Kontrolle zu stellen. Aber da die Regierungen der Dritten Republik instabil blieben, hing ihr Schicksal zunächst weiterhin davon ab, welchen Erfolg ihre Armeen im Felde hatten.

In Großbritannien erlangte das Militär nie diesen Grad von Selbstständigkeit. Hier maßte sich die Exekutive jedoch Rechte an, die jeder parlamentarischen Kontrolle Hohn sprachen und die Unabhängigkeit der Justiz beeinträchtigten. Der *Defence of the Realm Act*, das Gesetz zur Verteidigung des Königreiches, das am 8. August 1914 beschlossen wurde, sollte zwar ursprünglich die Häfen und Eisenbahnen Großbritanniens vor Sabotage oder Spionage schützen, erlaubte es jedoch, Zivilisten vors Kriegsgericht zu stellen. Sein Geltungsbereich wurde immer weiter ausgedehnt und schloss am Ende die Pressezensur, das Recht auf Beschlagnahme, die Kontrolle des Alkoholhandels (die heutigen britischen Lizenzgesetze stammen aus dem Jahre 1915) und die Lebensmittelverteilung ein. Nach März 1918 konnte eine Frau mit einer Geschlechtskrankheit dafür verhaftet werden, dass sie Verkehr mit ihrem Ehemann hatte, sofern er beim Militär war, selbst wenn die Ansteckung ursprünglich von ihm stammte.

Stück für Stück nahm der Staat sich auch das Recht, in die Wirtschaft einzugreifen. Traditionsbewusste Liberale klagten, dass die Importzölle, die 1915 eingeführt wurden, dem Prinzip des freien Handels, einem Axiom der Liberalen, zuwiderliefen. Kapitalisten sahen die Abgaben auf übermäßige Profite, die mit demselben Haushaltsgesetz eingeführt wurden, als eine Verletzung der Lehre von Adam Smith an. Auch die Mechanismen, mit denen der durch die Kriegswirtschaft aufgeblähte Geldumlauf reduziert werden sollte, trafen nicht nur die eindeutig Reichen. 1914 war die Einkommensteuer noch eine Last lediglich für die reiche Minderheit gewesen. Während des Krieges mussten 2,4 Millionen Arbeiter zum ersten Mal Einkommensteuer zahlen, und 1918/19 stellten sie bereits zwei Drittel aller Steuerzahler. Ebenso bedeutsam: Wer keine Steuern zahlte, war davon aus familiären Gründen befreit. Mit anderen Worten: Jemand musste finanziell nicht schlechter gestellt sein (meist traf das Gegenteil zu), er war aber jetzt dem Ermessen des Staates ausgeliefert. Der wichtigste Schritt zur Ausdehnung der Staatsgewalt in Großbritannien war die Wehrpflicht, die die Koalitionsregierung Asquith im ersten Halbjahr 1916 einführte. »Die Grundlage unserer britischen Freiheit«, erklärte Richard Lambert, ein gegen die Wehrpflicht eingestellter liberaler Parlamentsabgeordneter, »ist der freie Dienst eines freien Volkes. ... Freiwilliger Dienst ist die Wurzel des Liberalismus, so wie die Wehrpflicht die Waffe der Tyrannei ist.«[10]

Zur Halbzeit des Krieges war Lambert eine ziemlich isolierte Figur. Das ist der wesentliche Punkt, wenn man die Ausweitung der Macht des Staates betrachtet. Presse und Öffentlichkeit erregten sich darüber, dass der Staat zu wenig unternahm, nicht darüber, dass er zum Feind der bürgerlichen Freiheiten geworden war. Die Regierung Asquith aber lief eher der öffentlichen Meinung hinterher, als dass sie sie steuerte. Wenn sie handelte, dann mit Zustimmung der Öffentlichkeit. »Zeitweilig, und es ist zu hoffen, nur zeitweilig«, erklärte William Scott, Adam-Smith-Professor für Politische Ökonomie an der Universität Glasgow in einer Vorlesungsreihe in London Anfang 1917, »muss die Freiheit des Individuums in der nationalen Anstrengung aufgehen. Seine wahren, langfristigen Interessen sind mit denen seines Landes verwoben.«[11] Die Erosion der Grundsätze des Liberalismus und der verfassungsmäßigen Ordnung, wie Lambert sie interpretierte, spielte in der Öffentlichkeit keine Rolle. Kurzfristig waren die Menschen bereit, wie die Preußen zu werden, um das Preußentum zu bekämpfen. In Frankreich löste die Debatte über die Ausweitung der Befugnisse des Staates noch weniger Emotionen aus: Im Erbe der Französischen Revolution hatte der Totalitarismus im Namen der Verteidigung des Vaterlandes einen übermächtigen historischen Vorläufer. In beiden Ländern wurde allgemein nach mehr und nicht nach weniger Staat gerufen.

Die Woge dieser Stimmung – der Ruf nach einem kleinen Kriegskabinett, das die Nation strategisch führen sollte – fegte Asquith im Dezember 1916 von seinem Posten. Wahlen hätte es bereits 1915 geben müssen, sie waren lange überfällig. Die allgemeine Wehrpflicht war eingeführt worden, ohne dass die männliche Bevölkerung bereits durchgängig das Wahlrecht genoss. (Großbritannien hatte in der Tat die restriktivste Wahlgesetzgebung aller europäischen Staaten, von Ungarn abgesehen.) Mit der Bildung der Koalitionsregierung im Mai 1915 hatte man die Opposition im Parlament wirksam zum Schweigen gebracht. Als Lloyd George anstelle von Asquith Premierminister wurde, hätte das eine Rückkehr zu den Normen der Demokratie bedeuten können. Er kam vom radikalen Flügel der Liberalen Partei und hatte daher breite Zustimmung für sein Handeln, außerdem konnte er die Illusion des Liberalismus am Leben erhalten. Aber er machte den liberalen Abgeordneten von Anfang an klar, dass »die vorrangige Auf-

18. Boesinghe in Belgien: Französische Front bei Het Sas. Von den meisten Bäumen blieben nur Stümpfe.

19. Im Elsass war es nach den ersten Truppenbewegungen zu Kriegsbeginn relativ ruhig. Hier die Front nahe Hirtzbach bei Belfort, 16. Juni 1917.

20. Unterstand aus Beton bei Chaulnes südlich der Somme, März 1917. Solche befestigten Verteidigungsanlagen boten ein weites Schussfeld und wurden dort errichtet, wo der hohe Grundwasserspiegel das Ausheben von Schützengräben nicht zuließ.

21. Rexpoëde in Nordfrankreich, 6. September 1917: Die Neugier der Soldaten auf Nachrichten wurde nicht nur durch die neuesten Blätter aus Paris gestillt, sondern auch durch oft satirische »Schützengrabenzeitungen«, die die Einheiten selber produzierten.

22. Mademoiselle St. Paul, 1917 in der Nähe von Soissons. Bei Kriegsausbruch waren französische Krankenschwestern nur in Hospitälern im Einsatz, am Ende dienten sie an Verbandsplätzen direkt hinter der Front.

23. Französischer Nationalfeiertag am 14. Juli 1917. Die britischen Regimenter ließen ihre Standarten an diesem Tage im Depot. Diese französische Regimentsflagge ist schon so ramponiert, dass die Beschriftung nicht mehr zu lesen ist.

24. Tirailleurs Sénégalais in St. Ulrich im Elsass, 16. Juni 1917. Der Name dieser Truppe ist irreführend, ihre Soldaten wurden aus ganz Zentralafrika, besonders Französisch-Sudan, rekrutiert.

25. Ein Mitglied eines Arbeitsbataillons aus Französisch-Indochina, 1917 in der Nähe von Soissons.

26. Die Fabrik von Henri Farman in Billancourt, Paris, 6. Juli 1917. Die Luftschlacht der letzten zwei Kriegsjahre wurde nicht nur am Himmel, sondern auch in den Fabriken gewonnen.

27. »Zyklon« war der Spitzname dieses 320-mm-Geschützes (Hogstaede, Belgien, 5. September 1917). Das Eisenbahnnetz entlastete nicht nur die Straßen, sondern erlaubte es auch, Artilleriefeuer rasch an verschiedenen Frontabschnitten zu konzentrieren.

28. Verwundete wurden durch Krankenträger mühselig und langsam vom Schlachtfeld geschafft. Motorisierte Ambulanzen, wie hier in Boesinghe, Belgien (10. September 1917), waren schneller, der Transport war jedoch holprig und schmerzhaft.

29. Ein Poilu während der Mittagsrast, Reims, 1. April 1917.

30. Dank der statischen Natur des Krieges konnte die Bevölkerung selbst nahe der Front relativ sicher leben. Hier spielt ein kleines Mädchen in Reims mit seiner Puppe (1917).

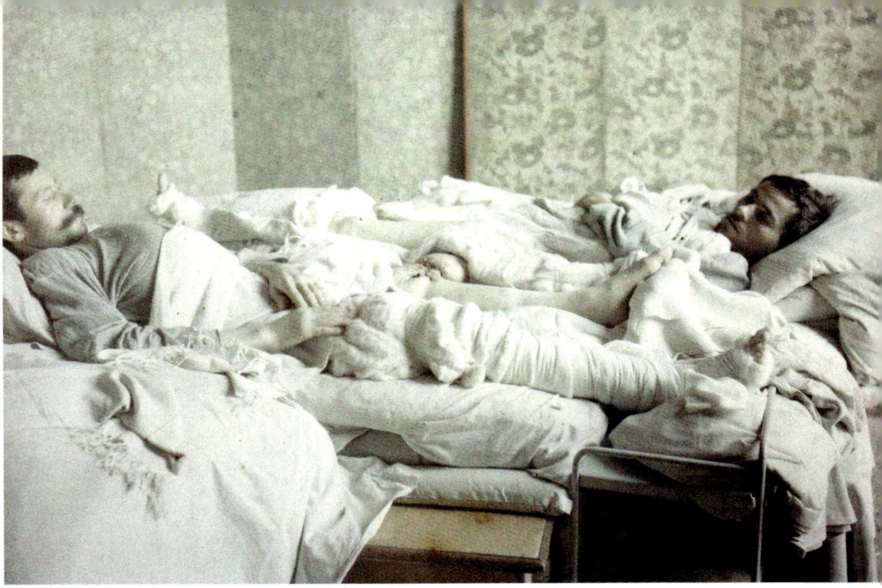

31. Französische Verwundete nach der Operation. Die meisten Verletzungen betrafen Arme und Beine und waren nicht tödlich.

32. Das ausgebrannte Wrack eines britischen Panzers, der von den Deutschen erbeutet und benutzt wurde.

33. Bei Kriegsbeginn wurden die Gefallenen noch in gekennzeichneten Gräbern bestattet. Diese wurden jedoch im Hin und Her der Schlachten oft eingeebnet. Später wurden auf diesen temporären Friedhöfen die Gedenkstätten errichtet, die heute die ehemaligen Frontlinien in Frankreich und Belgien säumen.

34. Paris, 14. Juli 1919: Die illuminierte Seine anlässlich der Doppelfeierlichkeiten zum Sieg und zum Nationalfeiertag.

gabe der Regierung die energische Fortsetzung des Krieges bis zu seinem siegreichen Ende« sei. Darüber schrieb der Konservative und Höfling Lord Esher an Haig: »Wenn er das erreichen will, dann liegt seine einzige Chance auf Erfolg darin, dass er eine Zeit lang so regiert, wie Cromwell es getan hat. Sonst wird der Parlamentarismus (was für ein Wort!) zu dem Netz, in dem jede seiner Bemühungen sich verfängt. Es hat keinen Sinn, einen Staatsstreich durchzuführen, wenn man die Kartätschen nicht schussbereit hat.«[12]

Der neue Premierminister stützte sich auf Leute wie Esher und Haig. Sein Ministerium war von Konservativen beherrscht. Zügel legten ihm eher die Rechten als die Linken an. Der König und die Tory-Presse unterstützten die Generäle trotz des Ausgangs der Schlacht an der Somme. Und Ende 1916 schien Haigs Position sicher zu sein, obwohl die britische Regierung einem einzelnen Militär nie so viele Vollmachten verlieh, wie es die Franzosen bei Joffre getan hatten. Weder die Krone noch die Armee oder die Konservative Partei sahen in dem wortgewaltigen Waliser, einem Nonkonformisten, der den Frauen nachstellte und die Buren in Südafrika im letzten Krieg unterstützt hatte, ihren Wunschkandidaten. Aber sie erkannten schließlich an, dass die Kombination von Energie, Selbstdarstellung und rhetorischen Fähigkeiten ihn zu einem überzeugenderen Premierminister machten, als es der auf Harmonie bedachte Asquith je gewesen war. Der Liberalismus, wie kompromittiert er inzwischen auch war, erwies sich als bemerkenswert flexible ideologische und ökonomische Basis des Krieges.

Revolution in Russland

Einige britische und französische Beobachter redeten sich daher ein, der Liberalismus werde auch in Russland die Energien des Bürgertums freisetzen, die Begabten fördern und das latente Potenzial des Landes zu voller Blüte führen. Nach der Revolution von 1905 stimmte der Zar der Bildung einer Duma zu, eines beratenden Parlaments, das auf der Basis eines ausgeweiteten Wahlrechts zustande gekommen und ursprünglich von den Liberalen beherrscht war. Auf lokaler Ebene entwickelte sich die *Semstwo*, ein Organ der lokalen Selbstverwaltung, zu einem Instrument für Wohlfahrt und die Aufnahme von Fachleuten in den Staatsdienst. 1914 wurde mit Unterstützung des Ministerrates die *Semski Sobor*, eine Ständeversammlung, gegründet, die durch Hilfe für Verwundete und Flüchtlinge die Kriegsanstrengungen unterstützen sollte. Auch auf wirtschaftlichem Gebiet entstand in den Jahren vor dem Ersten Weltkrieg der Eindruck, dass eine Liberalisierung Russland stärken werde. Von 1908 bis 1914 wuchs die Wirtschaft jährlich im Durchschnitt um 8,8 Prozent. 1914 wurde gar ein Zuwachs von 14 Prozent erreicht. Der Verband für Handel und Industrie hoffte während des Krieges eine Partnerschaft zwischen Privatsektor und Regierung zu erreichen, wie es sie in Großbritannien und Frankreich gab. Im Juni 1915 schlug er die Bildung eines Rüstungsindustrie-Ausschusses vor, der zusammen mit den Regionen und Körperschaften wie der Duma und der *Semski Sobor* die volle Mobilisierung der Industrie überwachen sollte. Aber 1916 liefen über den Ausschuss ganze 7,6 Prozent der Aufträge, die die Regierung seit der Gründung des Gremiums in Russland vergeben hatte. Beherrscht von der Petrograder und Moskauer Schwerindustrie, missglückte das Unternehmen – zum Teil wegen Differenzen unter den Industriellen, aber auch aufgrund von Rivalitäten zwischen Duma und Ständeversammlung.

Aber der Krieg war nicht nur eine Chance für den russischen Liberalismus, sondern führte auch zu einer Neubelebung des politischen Konservativismus. Der Zar hatte die Duma nur zähneknirschend akzeptiert, und seinen Ministern war es gar nicht recht, dass ihre Kompetenzen von Körperschaften wie der Ständeversammlung und dem Rüstungsindustrie-Ausschuss unterlaufen wurden. Weder der Krieg noch die Außenpolitik fielen in die Zuständigkeit der Duma, und bald wurde klar, dass sie nach dem Juli 1914 nur noch zu debattieren, aber nichts zu entscheiden hatte. Als die russischen Armeen im Sommer 1915 zurückgedrängt wurden, stimmte der Zar zu, die Duma wieder einzuberufen, die bisher nur kurze Notsitzungen abgehalten hatte. Moderate Intellektuelle, Unternehmer und Fachleute schlossen sich zum Progressiven Block zusammen und forderten im Sinne des Liberalismus »die Bildung einer Einheitsregierung« sowie »entschiedene Veränderungen in den Verwaltungsmethoden«.[13] Pawel Miljukow von der Partei der Konstitutionellen Demokraten (Kadetten) erklärte: »Wir streben jetzt nicht nach der Macht. ... Die Zeit wird kommen, da sie uns von selbst in die Hände fällt. Im Augenblick muss nur ein kluger Bürokrat an der Spitze der Regierung stehen.«[14]

Das konnte nicht im Sinne des Zaren sein. Er sah diesen Block und die ganze Duma nicht als Beförderer der nationalen Einheit, sondern als Bedrohung seiner Macht. Er hielt es für seine Pflicht gegenüber der Dynastie, die Duma im September zu vertagen, so wie er sich bereits veranlasst sah, seinen Onkel, den Großfürsten Nikolai, an die Spitze der Truppen im Kaukasus abzukommandieren und selbst den Oberbefehl über die Armee zu übernehmen. »Gottes Wille wird geschehen«, schrieb er an seine Frau, als er in seinem Hauptquartier eintraf. »Ich bin ganz ruhig. Ein Gefühl wie nach dem heiligen Abendmahl!«[15] Die Überzeugung, seiner Verantwortung gerecht werden zu müssen, machte ihn taub für die Ratschläge anderer. Der britische Botschafter, Sir George Buchanan, wusste nur zu genau, wie kritisch die russische Autokratie in seinem Heimatland und in Frankreich gesehen wurde. Sie strafte den Anspruch der Entente Lügen, für den Liberalismus zu kämpfen. Im September 1915 regte er beim Zaren an, die Koalitionsregierung Asquith in Großbritannien als Vorbild für eine russische Einheitsregierung zu nehmen. Im Februar 1916 drängte er ihn, den Forderungen der Liberalen in einem »Akt huldvoller Dankbarkeit« nachzugeben. Aber der Zar entließ die Minister, die solchen Ideen anhingen, und ging auch zu den neu ernannten auf Distanz, indem er sich als Oberbefehlshaber der Armee in sein Hauptquartier nach Mogiljow begab. Dort flüchtete er sich in eine Fantasiewelt ohne Krieg und Revolutionsgefahr. Er war der Front nicht nahe genug, um die Bindung zu seinen Soldaten zu stärken, aber von Petrograd und Moskau zu weit entfernt, um zu spüren, welche politische Atmosphäre sich dort entwickelte. Letztere Lücke suchte seine Frau zu schließen, die, wie Buchanan berichtete, trotz ihrer englischen Herkunft glaubte, »die Autokratie sei die einzige Regierungsform, die Russland zusammenzuhalten vermöchte«.[16]

Buchanan, der seine Memoiren nach dem Krieg schrieb, räumt ein, dass sie vielleicht Recht hatte. Es war eine Sache, wenn etablierte liberale Staaten für die Dauer eines Kriegs zu autoritären Regierungsmethoden griffen, aber eine ganz andere, wenn ein autoritäres Regime sich liberalisierte, was, wie viele hofften, auch nach dem Friedensschluss anhalten werde. Außerdem hatte es nicht den Anschein, dass die Spannungen, die der Krieg in der russischen Gesellschaft ausgelöst hatte, und die Erwartungen, die damit einhergingen, durch konstitutionelle Reformen noch unter Kontrolle gehalten werden konnten. Die meisten Mitglieder der Duma waren Monarchisten, sie fürchteten die städtischen Massen und deren republikanische Einstellung.

Was sich in Petrograd entwickelte, war kein Liberalismus, um den Krieg wirksamer führen zu können, sondern Sozialismus, um ihn zu beenden. Mit der Rüstungsindustrie war auch die Bevölkerung der Stadt von 1914 bis

1917 um ein Drittel gewachsen. Die Zahl der Beschäftigten in den Metall verarbeitenden Betrieben stieg sogar um 138 Prozent und in den Chemiewerken um 85 Prozent an. Aber die Produktion pro Arbeitskraft sank, obwohl länger gearbeitet wurde. Männliche Facharbeiter wurden durch ungelernte Frauen, Kinder und Kriegsgefangene ersetzt. Der Hunger schwächte ihre Leistung. Es ist bezeichnend, dass die Zahl der in der Lebensmittelindustrie Beschäftigten um 30 Prozent sank. Es kamen einfach nicht mehr genügend Nahrungsmittel in die Hauptstadt. Wegen der Inflation zogen sich die Bauern vom Markt zurück. Entweder horteten sie ihre Produkte oder spekulierten damit. Und was sie verkauften, ging zumeist an die Armee. Russlands unterentwickeltes Eisenbahnnetz konnte kaum die Truppen an der Front ausreichend versorgen. Ein Sonderausschuss für Lebensmittelversorgung der Stadt Petrograd, der im September 1915 eingesetzt wurde, rechnete aus, dass für die Versorgung der Stadt monatlich 12 150 Waggonladungen gebraucht wurden. 1916 wurde diese Menge lediglich im September und Oktober etwas überschritten. Im Dezember 1916 trafen 8654 und im Januar 1917 nur noch 6556 Waggons mit Lebensmitteln in der Stadt ein. Inzwischen musste ein ungelernter Arbeiter 52 Kopeken am Tag für Lebensmittel ausgeben – genau das Doppelte wie im Juli 1914. Im selben Zeitraum stieg der Durchschnittslohn eines Textilarbeiters von 17,60 auf 28,30 Rubel, was ein Absinken der Kaufkraft um 33 Prozent bedeutete. Die Reallöhne erhöhten sich nur für jene, die für den Krieg arbeiteten, so für die Beschäftigten der Metallverarbeitung maximal um 21 Prozent.[17]

Eine Ursache der Transportprobleme war der Mangel an Brennstoff. Manche Lokomotiven wurden noch mit Holz oder Torf gefeuert, was geringere Zugkraft bedeutete. Wegen des Mangels an Arbeitskräften und der sinkenden Arbeitsleistung konnte Russlands Kohleförderung den steigenden Bedarf nicht decken. Da die Kohle aus dem Donez-Becken und dem Ural über riesige Entfernungen zu den Fabriken im Nordwesten Russlands transportiert werden musste, kam beim Endverbraucher wenig an. Hochöfen wurden wegen Kohlemangels stillgelegt. Im Dezember 1916 mussten viele Rüstungsbetriebe für eine Woche oder länger schließen. Durch eisige, unbeleuchtete Straßen schleppten sich die Arbeiter in ihre ungeheizten Elendsquartiere zurück.

Im Januar 1917 berichtete ein Agent der Geheimpolizei: »Kinder hungern im buchstäblichen Sinne des Wortes. Eine Revolution«, so schloss er, »sollte sie stattfinden, wird spontan sein wie eine Hungerrevolte.« Bislang waren Streiks vor allem wegen der sinkenden Reallöhne geführt worden. Aber am 22. Januar 1917 marschierten 150 000 Arbeiter durch Petrograd und Zehntausende durch weitere Städte Russlands. Zwar protestierten die meisten gegen den Hunger, aber eine bedeutsame Minderheit trug Transparente, auf denen soziale Notstände mit politischen Forderungen verbunden wurden: »Nieder mit dem Krieg!« oder »Nieder mit der Autokratie!«[18] Die Sozialrevolutionäre spielten auf Zeit, um die Proteste zu koordinieren. Aber am 8. März gingen Textilarbeiterinnen auf die Straße und forderten Brot. Am Nachmittag schlossen sich ihnen die Metallarbeiter der Rüstungsbetriebe an. Nun wandte sich die Aktion gegen die Regierung und den Krieg. Binnen zwei Tagen standen 200 000 Arbeiter im Streik. Dem französischen Botschafter Maurice Paléologue muss die *Marseillaise* schrill in den Ohren geklungen haben. In Zarskoje Selo schrieb die Zarin einen ihrer zärtlichen Briefe an ihren »teuersten, geliebten Schatz«. Darin beschwor sie ihn, stark zu bleiben, und beschuldigte die Duma: »Das ist eine Bewegung von Störenfrieden. ... Aber es wird alles vorübergehen und sich beruhigen.«[19]

Ihr Gatte verließ sich darauf, dass die Petrograder Garnison die Ordnung in der Stadt wiederherstellen werde. Dafür war sie schließlich da. Aber die Kosaken verbrüderten sich bereits mit den Streikenden. In der Stadt standen fünf reguläre Regimenter, die jedoch einen für die russische Armee hohen Anteil von Stadtbewohnern aufwiesen. Von ihren außerdienstlichen Kontakten kannten sie das Elend der Arbeiterbevölkerung. Am Sonntag, dem 11. März, meuterten Soldaten in der Pawlow-Kaserne. Am nächsten Morgen waren bereits 20 000 Mann auf der Straße. Das Instrument der Zarenherrschaft war nicht in Nikolais Hand zerfallen, denn er selbst gelangte nicht nach Petrograd. Von der Eisenbahn im Stich gelassen, blieb er im Hauptquartier von General Nikolai Russki, dem Befehlshaber der Nordfront, stecken. Der drängte den Zaren, ein parlamentarisches System einzuführen. General Michail Alexejew, der Stabschef, auf dessen Rat der Zar bisher gehört hatte, der aber unmittelbar vor der Revolution krank darniederlag, stimmte Russki zu. Aber inzwischen war die Lage nicht mehr zu kontrollieren. Die Duma hatte ein Provisorisches Komitee gebildet, das den Monarchen zum Abdanken aufforderte. Russki unterstützte das. Vor die Alternative gestellt, zwischen Treue zur Krone und Treue zum Vaterland zu wählen, entschied sich die russische Armee für Letzteres. »Eure Majestät müssen in Betracht ziehen«, hatte Buchanan dem Zaren bei ihrem letzten Gespräch zwei Monate zuvor gesagt, »dass Volk und Armee eins sind.«[20]

Soldaten der Petrograder Garnison posieren für ein Gruppenfoto. Am 14. März erlässt der Sowjet der Arbeiter- und Soldatendeputierten der Stadt seinen Befehl Nr. 1, der alle Armeeeinheiten anweist, nur noch Befehle auszuführen, die den Weisungen des Sowjets nicht zuwiderlaufen.

Den Zaren hatte mit der Duma nie viel verbunden, und er missverstand die Situation immer noch genügend, um die Duma für die Revolution verantwortlich zu machen. Aber beide einigten sich nun darauf, dass der Zar mit seiner Abdankung Russland eine bessere Chance im Krieg verschaffen könnte. Wie stets tat er seine Pflicht.

Die westlichen Verbündeten Russlands mögen die Revolution nicht gerade begrüßt haben, überraschend kam sie nicht. Bereits Ende Januar hatten Vertreter aller drei Mächte – Großbritanniens, Frankreichs und Italiens – mit russischen Vertretern in Petrograd konferiert. In einer Hinsicht war dies ein Höhepunkt der Zusammenarbeit innerhalb der Entente: Man sprach über Strategie, Finanzen und Produktion, wobei man zu dem Schluss kam, dass korrespondierende Angriffe an allen Fronten die beste Politik seien. Aber sowohl die britischen als auch die französischen Militärs reisten mit der

Überzeugung ab, dass die russische Armee nicht in der Lage sein werde, 1917 eine Großoffensive zu starten. Nach der Revolution klammerten sich Optimisten an die Hoffnung, 1918 werde alles gut. Wenn dann »tüchtige Leute« das Heft übernähmen, schrieb der britische Rüstungsminister Christopher Addison am 16. März in sein Tagebuch, »dann wäre das der schwerste Schlag gegen die Deutschen seit Kriegsbeginn«.[21] Inzwischen hatte das Provisorische Komitee in Erwartung von Wahlen zu einer Konstituierenden Versammlung eine Provisorische Regierung eingesetzt. Wer im Westen Russland besser kannte und die Herausforderungen sah, vor denen diese Regierung stand, konnte kaum noch daran glauben, dass der Krieg mit Liberalismus zu gewinnen war.

Die Nivelle-Offensive

»Vergessen Sie nicht«, hatte Paléologue der Provisorischen Regierung in einer Botschaft am 13. März mitgeteilt, »dass die französische Armee zu einer großen Offensive rüstet und dass die russische Armee auf Ehre verpflichtet ist, ihre Rolle weiter zu spielen.«[22] Aber die Russen hatten bereits auf der Petrograder Konferenz vor der Revolution klargestellt, dass sie nicht in der Lage seien, eine Offensive im Westen zu unterstützen. Damit ging der britisch-französische Plan für das Frühjahr 1917 von zwei Seiten her nicht auf. Erstens löste sich mit dem Rückzug der Deutschen auf die Siegfried-Stellung eine operative Voraussetzung in Luft auf: Dem linken Flügel der französischen Offensive an der Aisne kam der Gegner abhanden. Zweitens konnte von einem koordinierten Angriff auf Deutschland in seiner zentralen Position nun auch keine Rede mehr sein.

Die Logik hätte geboten, die ganze Sache abzublasen. Aber die Abdankung des Zaren in Russland fiel mit einer Serie von Regierungskrisen in Frankreich zusammen, deren Ursache zum Teil die Wiederherstellung der zivilen Kontrolle über die Armee war. In einer geschlossenen Sitzung hatte die Abgeordnetenkammer Joffre nicht nur die Misserfolge Frankreichs bei Verdun vorgehalten, sondern auch den Verlust Rumäniens und die Vernachlässigung der Front bei Saloniki. Im Dezember wurde Joffre von dem großsprecherischen Nivelle abgelöst, der überzeugt war, dass er bei breiter Anwendung seiner Taktik der Konterattacken vor Verdun binnen achtundvierzig Stunden an der Westfront einen Durchbruch erreichen könnte. Danach, so behauptete er, »wird das Terrain frei sein und uns gestatten zu marschieren, wohin wir wollen – zur belgischen Küste, in die Hauptstadt, zur Maas oder an den Rhein«.[23] Aber mit Joffres Rücktritt war die Macht vom Oberkommando auf ein Kriegskomitee von Ministern übergegangen, dessen strategischer Hauptberater nicht mehr der Oberbefehlshaber, sondern der Kriegsminister war. Der Eroberer von Marokko, der Royalist Louis Lyautey, den Briand bei der Regierungsumbildung im Dezember mit diesem Posten betraut hatte, mochte weder Nivelle noch die Rechenschaftspflicht vor dem Parlament. Seine Abneigung gegen jegliche Demokratie, die er einmal zu viel öffentlich kundtat, führte zum Sturz Briands.

Am 18. März wirbelte ein ehemaliger Finanzminister, der fünfundsiebzigjährige Alexandre Ribot, die Ministerriege noch einmal kräftig durcheinander und ernannte den Zivilisten und Sozialisten Paul Painlevé zum Kriegsminister. Dessen militärisches Denken war von dem defensiv eingestellten Pétain geprägt, der seinerseits Nivelle nicht überzeugend fand. In einer Reihe von Besprechungen Ende März erklärte Nivelle, seine Sorge sei vor allem, dass die Deutschen nach ihrem Rückzug auf die Siegfried-Stellung mit dieser Taktik fortfahren könnten, bevor er Gelegenheit zum Angriff erhalte. Wenn er ihnen nachsetze, werde er Russland retten. Damit war die strategische Logik gegenüber Dezember auf den Kopf gestellt: Da auch die Italiener nicht zum Angriff bereit waren, rechtfertigte man die Offensive an der Westfront jetzt damit, dass es an den anderen Fronten keine Angriffe geben werde. Die Lage komplizierte sich derart und Painlevé sah sich einem solchen Kreuzfeuer rivalisierender Ratschläge der Militärs gegenüber, dass unter dem Vorsitz des Präsidenten der Republik, Poincaré, eine Besprechung in Compiègne einberufen werden musste. Dort drohte Nivelle mit Rücktritt, wenn es nicht zu der Offensive komme. Die Regierung Ribot saß in der Falle. Sie spürte, dass sie irgendwo angreifen musste, und sei es nur als Reaktion darauf, dass Deutschland den uneingeschränkten U-Boot-Krieg erklärt hatte. Sie war zu schwach, als dass sie Nivelles Rücktritt überlebt hätte. Schließlich hatte er noch keine Schlacht verloren, und das Militär besaß wesentlich mehr Einfluss als die Zivilisten. Außerdem fühlte sich die Regierung an ihre Bündnisverpflichtungen gebunden. Lloyd George, selbst neu im Amt und noch nicht ganz etabliert, war von dem Englisch sprechenden Nivelle so begeistert, dass er erwog, die britische Armee unter französisches Oberkommando zu stellen. Das gelang ihm nicht, aber bei der bevorstehenden Offensive konnte Nivelle über Haig verfügen, der dessen Plan loyal unterstützte.

Feuerleitung bei indirektem Beschuss: Britische Beobachter verfolgen mit Feldstechern und einem Periskop die Einschläge und geben per Telefon Korrekturen durch.

Am 9. April 1917, drei Tage nach dem Treffen von Compiègne, starteten die Briten ihren Angriff bei Arras, am nördlichen Ende des ehemaligen deutschen Frontvorsprungs. Das Ziel der Aktion war klar umrissen: Die deutschen Reserven sollten von der Aisne abgelenkt werden. Gut geplant und ausgeführt, bewies der Angriff, dass der Lernprozess, den die Armee seit 1915 durchlaufen hatte, nun Früchte trug. Auf einer Frontlänge von nur vierundzwanzig Kilometern bestand die Schlacht aus einer Reihe begrenzter, gut inszenierter Vorstöße, die sprungartig aufeinander folgten. Dazwischen lagen Pausen, um die eigenen Reihen wieder zu ordnen. Die Artillerie hatte nun die Ausrüstung und die Erfahrungen, um eine Schlacht zu schlagen, wie sie bereits an der Somme geplant gewesen war. Das sollte für die Erfolge der Alliierten in der noch verbleibenden Kriegszeit bestimmend sein. Etwa 2,7 Millionen Granaten wurden abgefeuert, eine Million mehr als an der Somme, und neunundneunzig Prozent detonierten. Empfindliche Aufschlagzünder sorgten dafür, dass sich die Geschosse nicht in die Erde bohrten, diese aufwühlten und dabei an Wirkung verloren, sondern beim

Aufschlag explodierten und besonders die Stacheldrahtverhaue zerstörten. Die Feuerkraft wurde intelligenter eingesetzt: Mit intensivem Beschuss an anderen Frontabschnitten lenkte man den Feind vom wirklichen Angriffspunkt ab. Durch sorgfältige Aufklärung konnte dann das Feuer auf die Schlüsselbereiche fokussiert werden. 377 der fast 1000 schweren Geschütze waren auf einer Länge von sechs Kilometern gegenüber der Hügelkette von Vimy konzentriert, einer Höhe, die die Ebene bis Douai und den Osten beherrschte. Ihre Einnahme war die Aufgabe des kanadischen Korps, das während der Winterübungen in Zügen und Gruppen den Angriff trainiert, das Gelände studiert und gelernt hatte, mit der Feuerwalze der Artillerie eng zusammenzuwirken. »Ihr müsst nur am Sperrfeuer dranbleiben«, erklärte ihr erfahrener Ausbilder, ein Sergeant, »als ob ihr euch mit dem Fahrrad an einen Bus hängt – immer schön Tempo halten und nichts übereilen.«[24] Über der Erde lieferten Aufklärungsflugzeuge die Fotos, auf denen die Planung beruhte, und erstatteten später Bericht über den Verlauf des Angriffs. Unter der Erde bohrten Pioniere Tunnel in die Kalkfelsen und legten Sprengladungen unmittelbar vor der deutschen Frontlinie.

Die Kanadier stürmten den Kamm um 13.18 Uhr, nachdem sie die deutschen Stellungen in einer Tiefe von 3500 Metern überrannt hatten. Die Einnahme der Hügelkette von Vimy war für sie ein Triumph, gleichsam der nationale Ritterschlag, bei dem sie mehr Glück hatten als die Australier mit ihrer misslungenen Landung bei Gallipoli. Diese Aktion bewies auch, dass man bei einem sorgfältig vorbereiteten Zusammenwirken der Waffengattungen Beschuss und Bewegung erfolgreich miteinander verbinden und damit in die Stellungen des Feindes einbrechen konnte. Von der Artillerieunterstützung abgesehen, war jede kanadische Brigade mit achtzig Maschinengewehren ausgestattet; in jedem Zug gab es eine Abteilung mit Lewis-Maschinengewehren. Der Soldat Donald Fraser, der erst in der letzten Phase des Angriffs zum Einsatz kam, spürte deutlich die Wirkung der Übungen: »Ich hatte überhaupt keine Probleme, mein Ziel ohne die geringste Abweichung zu erreichen.« Im Laufe des Tages »schmolz der Schnee, der als von Windböen gepeitschte Graupelschauer niedergegangen war, bald wieder, wodurch der Boden extrem schlammig und glitschig wurde«.[25] Bei schlechtem Wetter verlor der Angriff in den folgenden Tagen an Tempo. Das lag aber auch daran, dass die Infanterie nicht über die Reichweite der Artillerie hinaus vorpreschen durfte. Bei den Feldgeschützen, die die Stacheldrahthindernisse zerstörten, waren das etwa 2000 Meter. Die Schlacht von Arras erreichte jedoch ihr strategisches Hauptziel: Binnen einer Woche verdoppelten die Deutschen ihre Truppen an diesem Frontabschnitt.

Das half Nivelle am 16. April allerdings auch nicht. Da die Deutschen Artois geräumt hatten, verlagerte sich seine Front nach rechts, und er musste nun aus einer Sackgasse heraus von Nord nach Süd in Richtung der Oise angreifen. Dort verliefen aber nur wenige Straßen und Eisenbahnstrecken. Die Städte am Südufer der Aisne waren zu klein für die Infrastruktur, die sie nun bereithalten sollten. Am Nordufer des Flusses steigen zerklüftete Hänge steil zum Kamm auf, über den der Chemin des Dames verläuft. Die Deutschen saßen hier seit September 1914 in starken, tief gestaffelten Stellungen. Die Hauptfront erstreckte sich auf der rückwärtigen Seite des Kamms. Dahinter war außerhalb der Reichweite der Artillerie bereits eine vierte Befestigungslinie im Bau. Nivelle hatte auf einer Frontlänge von vierzig Kilometern genügend Artillerie zusammengezogen, um alle dreiundzwanzig Meter ein Feldgeschütz und einen Schützengrabenmörser sowie alle einundzwanzig Meter ein schweres Geschütz einsetzen zu können. Die Tiefe der deutschen Stellungen bedeutete jedoch, dass sich die Zahl der Geschütze pro Meter feindlicher Schützengräben halbierte. Die Deutschen wussten genau, was die Franzosen vorhatten. Auf ihrer Seite waren hundert Maschinengewehre pro Kilometer Frontlinie postiert.

Trotz Feindbeschusses, steilen Geländes und abscheulichen Wetters wurde der Infanterie befohlen, mit einem Tempo von zwei Kilometern pro Stunde vorzurücken und nur äußerst kurze Pausen einzulegen. Am Ende des ersten Tages wollte Nivelle acht bis neun Kilometer tief auf feindlichem Gebiet stehen. Da man einen großen Durchbruch erwartete, waren an die Infanterie Rationen für drei Tage ausgegeben worden. Die Männer waren so beladen, dass diejenigen, die außerdem noch leichte Maschinengewehre zu schleppen hatten, am Ende ihre Waffen wegwarfen. Panzer, die die Franzosen bei Berry-au-Bac und Juvincourt zum ersten Mal in großer Zahl einsetzten, waren so voll getankt worden, dass einige Feuer fingen. Andere fuhren der erschöpften Infanterie davon, die sie begleiten sollte. Am Ende des ersten Tages waren siebenundfünfzig der insgesamt hundertzweiunddreißig Panzer zerstört und vierundsechzig von allein liegen geblieben. Trotzdem war Nivelles Offensive kein solches Desaster, wie es später erschien. Am 20. April waren die Franzosen im westlichen Teil der Front sieben Kilometer vorgerückt und hatten 20 000 Gefangene gemacht. Nur sechzehn der zweiundfünfzig bereitstehenden deutschen Divisionen waren noch nicht in

Ruhe und Erholung: Im März 1917 hat Nivelle den Fronturlaub gekürzt und angeordnet, dass jeweils nur fünf Prozent der französischen Truppen Fronturlaub erhalten dürfen. Am 29. Juli nach den Meutereien hebt Pétain diese Norm auf 13 Prozent an, was
einem Frontsoldaten alle vier Monate einen Urlaub von zehn Tagen bringt.

die Schlacht geworfen worden. Aber gemessen an Nivelles erklärten Zielen,
die er überall in der Armee und gegenüber den Alliierten lautstark verkündet hatte, war es ein verheerendes Ergebnis. Die Geländegewinne an den
übrigen Frontabschnitten waren kaum der Rede wert. Binnen einer Woche
mussten die Lazarette, die sich auf 10 000 Verwundete eingestellt hatten, deren 96 000 behandeln. Auf die gesamte Armee bezogen stiegen die Verluste
bis zum 10. Mai auf durchschnittlich zwanzig Prozent an. In den kämpfenden Einheiten dürften sie doppelt so hoch gewesen sein. Eine Division Senegalesen, die bereits an Erfrierungen litten, wurde um sechzig Prozent dezimiert.

»Wir haben beschlossen, nicht mehr anzugreifen. Wir haben auf die äußerste Erschöpfung, auf unser Elend und unser Leiden hingewiesen. Das
Oberkommando wird zweifellos etwas anderes entscheiden.«[26] Ende April
setzten Meutereien ein. Sie häuften sich im Mai und erreichten im Juni ihren
Höhepunkt. Insgesamt waren achtundsechzig Divisionen mit über 40 000
Mann davon betroffen. Vor allem im Frontabschnitt von Soissons bis Reims
betrafen sie Einheiten, die nicht an die Front zurück wollten, weil sie zu
wenig Gelegenheit gehabt hatten, sich zu erholen und neue Kräfte zu sammeln. Man kann sie als Streiks von Soldaten beschreiben, die auf schlechte
Führung, unfähige Offiziere und miserable Dienstbedingungen zurückzuführen waren. Die französische Armee war zwar nach wie vor bereit, das
Vaterland zu verteidigen, aber zu ihren eigenen Bedingungen.

Die Meutereien scheinen eine eng begrenzte Episode gewesen zu sein,
die mit dem Fiasko am Chemin des Dames zusammenhing. Sie müssen aber
in einem zeitlich längeren und sozial breiteren Kontext gesehen werden.
Verdun hatte seinen Tribut gefordert. Bereits in den ersten drei Monaten des
Jahres 1917 hatten die Desertionen zugenommen. Die Nachwirkungen
waren bis ins Jahr 1918 hinein zu spüren. Auf der militärischen Seite der
Gleichung stellen die Folgen der Nivelle-Offensive daher den Höhepunkt
eines Prozesses dar, der bereits 1914 eingesetzt hatte. Aber die französischen
Generäle, die einerseits nur Scheinlösungen für die militärischen Probleme
anboten, waren rasch damit zur Hand, diese dem Pazifismus und der politischen Unsicherheit im Lande zuzuschreiben. Damit stahlen sie sich einerseits selbst aus der Verantwortung, reflektierten aber andererseits eine
grundlegende soziale Tatsache einer Massenarmee in einem großen Krieg –
eine Wahrheit, die der Zar so lange nicht begriffen hatte: Bürger, die für die
Dauer des Krieges zu Soldaten wurden, verloren damit nicht ihre Identität
als Bürger. Wie sehr das zutraf, begriffen viele erst, als sie nach Kriegsende
wieder nach Hause kamen, wenn es ihnen denn vergönnt war.

Im ersten Halbjahr 1917 sank in Frankreich die allgemeine Moral. Im Januar und Mai griffen die Streiks der Textilarbeiter auf die Munitionsfabri-
ken über. Bei aller Sorge Halévys über den Einfluss des Radikalsozialisten
Alphonse Merrheim gingen die meisten Proteste auf die steigenden Lebenshaltungskosten und nicht auf revolutionäre Propaganda zurück. Im Januar 1917 lagen die Lebensmittelpreise in Paris um vierzig Prozent höher
als im Juli 1914. Im Juli waren sie gar um zweiundneunzig Prozent gestiegen. Dabei fielen die Reallöhne um zehn Prozent. Eine Erhebung, die im

Die Erschießung eines Soldaten der 72. französischen Infanteriedivision, heimlich aufgenommen an der Somme im Jahre 1916. Das riesige Aufgebot und besonders das Vorbeidefilieren an dem Toten demonstrieren, dass damit abschreckende Wirkung erzielt werden soll.

Juni 1917 im Auftrag des Innenministeriums durchgeführt worden war, stellte fest, dass die Moral in drei Departements gut, in dreißig relativ gut, in neunundzwanzig leidlich und in acht Departements schlecht war.[27] Es ist bezeichnend, dass in den Regionen mit schlechter Stimmung vor allem das Verhalten von Soldaten während ihres Fronturlaubs als Ursache genannt wurde. Die Pariser Bahnhöfe Gare du Nord und Gare de l'Est, wo die meisten Truppentransporte an die Front abgingen und wohin sie auch zurückkehrten, galten als Schwerpunkt für pazifistische Agitatoren. Hier vermengte sich die Grundstimmung der Frontsoldaten mit derjenigen der Zivilbevölkerung. Pazifistische Ideen hatten dabei nicht die Oberhand, aber die Stimmung war eher defensiv als aggressiv. Joseph Caillaux, der während der Marokkokrise von 1911 Ministerpräsident gewesen war, 1914 den Krieg verurteilt hatte und angeblich über Kontakte zu den Deutschen verfügte, war bereits als möglicher neuer Ministerpräsident im Gespräch. Die Regierung Ribot, gefangen im Widerspruch zwischen den Forderungen der Sozialisten nach einer Verhandlungslösung und gerade veröffentlichten weitergehenden Kriegszielen, die mit dem zaristischen Russland abgestimmt waren, stürzte Ende August. An Ribots Stelle trat mit Painlevé ein Kompromisskandidat, den die Sozialisten allerdings nicht akzeptierten: Die *union sacrée* von 1914 war am Ende.

Am 31. Mai 1917 schrieb der Militärmusiker Poitou seiner Frau, wie er einen Eisenbahnzug voller Soldaten aus dem Urlaub in Paris nach Château Thierry zurückkehren sah: »Die *Poilus* [die »Bärtigen«, wie die Franzosen ihre Frontsoldaten im Ersten Weltkrieg nannten – d. Ü.] sangen die Internationale, riefen ›Nieder mit dem Krieg!‹ und ›Es lebe die Revolution!‹. Ich denke, das sind die Vorboten einer Revolte.«[28] Das waren sie nicht, aber zu jener Zeit konnte das noch niemand ahnen. Sorge bereitete das Ganze viel bedeutenderen Akteuren als Poitou. Am 8. Mai wurde Pétain an Stelle von Nivelle zum Oberbefehlshaber ernannt. Er gab den Forderungen nach mehr Urlaub und Erholung statt. Auch auf die Meutereien reagierte er mit Zurückhaltung: Von den 629 Soldaten, die Kriegsgerichte von Mai bis Oktober 1917 zum Tode verurteilt hatten, wurden nur 43 erschossen.[29] Außerdem führte er ein Programm der politischen Bildung für die Truppen ein, bei dem ihnen die größeren strategischen Zusammenhänge des Krieges und besonders die erwarteten Folgen der Beteiligung der USA erläutert wurden. Mit anderen Worten, Pétain griff zu militärischen und politischen Lösungen. Da er Painlevé nahe stand, gelang es ihm, die strategische Sicht von militärischem Oberkommando und Regierung wieder zusammenzuführen und zu sichern, dass Frankreich zunächst zur Defensive überging.

Die Entente unter Druck

Pétain hatte die Absicht, auf die Amerikaner zu warten. Er drängte die Briten nicht, die Kämpfe wieder aufzunehmen. Dass sie es trotzdem taten, lag wahrlich nicht an der Aktivität der französischen Truppen. Sehr lange Zeit gingen die Briten in ihren Planungen davon aus, wesentlich größere Unterstützung von Frankreich zu erhalten. Douglas Haig, Pétains Partner auf britischer Seite, war nicht bereit, die Offensive abzublasen. Damit traf er sowohl politisch als auch strategisch die richtige Entscheidung. Die französische Stillhaltepolitik an der Westfront im Mai 1917 bedeutete, dass die

Mittelmächte sich zumindest 1918, vielleicht aber auch 1919 ungehindert gegen Russland und Italien wenden konnten. Lloyd George wollte den Italienern Artillerie zur Verfügung stellen, damit sie die Initiative ergriffen, aber Cadorna befürchtete, durch eine Offensive ohne gleichzeitige Schläge an anderen Fronten könnte Italien die Armeen Deutschlands und Österreich-Ungarns auf sich ziehen. Mit der Unterstützung für Nivelle deckte der britische Premier seine Karten auf: Er war bereit, einer Offensive an der Westfront zuzustimmen, vorausgesetzt, nicht Haig hatte den Oberbefehl. Dass er auf das falsche Pferd gesetzt hatte, schadete seinem Ansehen unter den britischen Strategen. Hier hatte sich inzwischen eine unerwartete Allianz zwischen Robertson und Admiral Jellicoe ergeben, der im Dezember vom Oberbefehlshaber der Grand Fleet in das Amt des *First Sea Lord* gewechselt war. Jellicoe war begierig, die deutschen Marinebasen in Ostende und Zeebrügge auszuschalten. Aber war er bereits auf See vorsichtig gewesen, so verfiel er in Whitehall geradezu in Pessimismus. Nicht nur die Bedrohung durch die U-Boote bereitete ihm Sorge, sondern auch die im Ärmelkanal agierenden deutschen Torpedoboote. Er erwartete sogar einen Angriff auf die britische Küste aus dieser Richtung. Am 27. April schrieb er eine Denkschrift, die er dem Kriegskabinett vorlegte: »Wir führen diesen Krieg... als hätten wir immer noch die absolute Überlegenheit auf See. Die haben wir nicht. ... Es wird eine Katastrophe geben, und *unsere jetzige Politik steuert direkt darauf zu.*«[30]

Robertson war beeindruckt, was er auch Haig mitteilte. Für Letzteren bedeutete das, dass er nun in Flandern zur Offensive übergehen musste, dem Bereich, der sich wegen der günstigen Nachschublinien für die britische Expeditionstruppe geradezu anbot. Zweimal – Anfang 1916 und 1917 – war er gezwungen gewesen, seine eigenen Operationspläne der Zusammenarbeit mit den Franzosen unterzuordnen. Die Deutschen hatten diesen wichtigen Frontabschnitt für ein Ablenkungsmanöver bei ihrem Rückzug hinter die Siegfried-Stellung benutzt. Die darauf folgende Auseinandersetzung, die dritte Schlacht von Ypern, die im November beim Dorf Passchendaele im Morast stecken geblieben war, wurde für die Briten zum Symbol für den Ersten Weltkrieg als eines Akts der Verschwendung und Sinnlosigkeit. Aber dahinter hatte eine klare strategische Absicht gestanden. Wäre es den britischen Truppen gelungen, bis Roulers vorzurücken, so hätten sie den wichtigsten Eisenbahnknotenpunkt der Deutschen in der Nordhälfte der Westfront in der Hand gehabt. Mit einer kühnen Marineoperation hätte man die deutschen Stellungen von See aus angreifen und Ostende und Zeebrügge nehmen können.

Die weit reichenden Möglichkeiten, die dieser Plan bot, faszinierten Haig. Damit hätte 1917 der ganze Krieg gewonnen werden können. Auch der Premierminister, dessen Mitwirkung vor allem gebraucht wurde, ließ sich von ihm anstecken. Ein Sieg dieser Dimension hätte innen- und außenpolitisch wahre Wunder bewirkt. Lloyd Georges Position, der als liberaler Premierminister von der Unterstützung der Konservativen abhing, wäre gesichert gewesen. Bei Friedensgesprächen hätte Großbritannien nicht mehr auf die Wünsche der Amerikaner Rücksicht nehmen müssen. Aber seit 1916 hatten Lloyd Georges Kabinettsmitglieder Haigs Ambitionen satt. Sie wollten keine zweite Somme. Und als sie schließlich dem Vorhaben ihren Segen gaben (am 20. Juli, viel später, als sie es hätten tun müssen), gestatteten sie lediglich ein schrittweises Vorgehen, das jederzeit abgebrochen werden konnte, wenn die Ergebnisse nicht den Verlusten entsprachen.

Damit lag die Orientierung nicht auf Durchbruch, sondern auf Zermürbung. »Der beste Plan«, schrieb Robertson an Haig am 20. April, als das Scheitern von Nivelles Durchbruchsversuch bereits offensichtlich war, »ist der Rückgriff auf ein altes Prinzip, das der Zermürbung der Armee des Gegners. Mit anderen Worten: Statt dass man versucht, die Front des Gegners zu durchbrechen, soll seine Armee niedergerungen werden und größere Verluste davontragen als wir selbst.«[31] In dieser Verpackung bot Robertson die Offensive im Mai seinem Kabinett und seinen Verbündeten an. Letztere traten am 4. und 5. Mai in Paris zusammen. Daraus, wie viele Divisionen die Deutschen im Vergleich zu 1916 ablösten, zogen sie den Schluss, dass der Gegner vom 9. April bis zum 27. Mai 1917 etwa 350 000 Mann verloren hatte. Bis zum 9. Juli sollte die Zahl gar auf 450 000 Mann ansteigen.[32] Die Vermutung der Alliierten, auf der deutschen Seite sei eine Krise der Moral ähnlich wie in der französischen Armee ausgebrochen, war nicht unbegründet. Robertson berichtete, worauf man sich einigte: »Jetzt geht es nicht mehr darum, die gegnerische Front zu durchbrechen und weit gehende Ziele anzustreben. Das Ziel ist jetzt, den Widerstand des Gegners niederzuringen, ihn zu zermürben. Wenn das gelingt, soll es maximal ausgenutzt werden. ... Wir sind alle der Meinung, dass das erreicht werden kann, wenn wir unermüdlich mit begrenzten Zielen angreifen und unsere Artillerie voll einsetzen. So hoffen wir, mit einem Minimum an Verlusten zum Erfolg zu kommen.«[33]

Bei Ypern leiden auch die Deutschen. Im Herbst sinkt die Moral nicht nur bei den gefangenen Verwundeten, hier am 20. September 1917 an einem Verbandsplatz bei Zillebeke aufgenommen. Bereits 1916 hat der Stahlhelm die Pickelhaube abgelöst.

Pétain war bei der Begegnung ebenfalls anwesend und unterstützte Robertson. Das operative Konzept der Zermürbung, auf das beide seit Ende
1915 hingearbeitet hatten, war voll ausgereift. Auch Haig nahm teil. In Paris
und London zeigte er sich nun bereit, Lippenbekenntnisse zu Robertsons
Auffassungen abzulegen, weil er im Angesicht der Politiker Einmütigkeit
der Militärs demonstrieren wollte. Aber er glaubte nicht daran. Damit tat
sich zwischen dem Oberbefehlshaber und dem Generalstabschef eine Kluft
auf. Robertson war wie Pétain der Meinung, dass der Krieg 1917 nicht gewonnen werden konnte. In seinem Bild von der Gesamtlage, das sich auf ein
breiteres Spektrum von Aufklärungsquellen als das von Haigs Stab stützte,
wurden positive Faktoren an der Westfront durch andere wieder aufgehoben. Haig sah, was er vor sich hatte, und interpretierte das so positiv, wie es

nur möglich war. Als frommer Presbyterianer hatte er eine innere Sicherheit, die Rückschläge als Herausforderungen nahm – für einen Befehlshaber eine durchaus wünschenswerte Eigenschaft. Er glaubte daran, dass er 1917 den Durchbruch erreichen konnte, und wollte sich nur auf Zermürbungstaktik verlegen, sollte dies nicht gelingen. Durch den Angriff an einem Frontabschnitt wie Ypern, der beiden Seiten so wichtig war, dass sie keinen Durchbruch zulassen konnten, schien er so oder so zum Erfolg kommen zu können.

Die Offensive begann viel versprechend. Am 7. Juni errang die 2. Armee der Briten unter Herbert Plumer, der mit rotem Gesicht, rundlicher Gestalt und weißem Schnurrbart an David Lows Cartoon-Figur *Colonel Blimp* erinnerte, bei Messines einen glänzenden Sieg. Wie im Falle von Vimy war auch hier sorgfältige Vorbereitung, vor allem durch die Artillerie, entscheidend. Exzellente Aufklärung gab ihr die Möglichkeit, den Beschuss auf die gegnerischen Batterien zu konzentrieren. Fast eine halbe Million Kilogramm Sprengstoff waren in Gängen unter die deutschen Positionen ge-

Das kanadische Korps besetzt am 6. November 1917 das Dorf Passchendaele, wo die Briten in der Schlacht von Ypern am weitesten vorgerückt sind.

bracht worden. Um 3.10 Uhr morgens »stiegen neunzehn gigantische Rosen mit glutroten Blättern oder … riesige Pilze … langsam und majestätisch aus der Erde auf und zersprangen dann unter gewaltigem Dröhnen, wobei sie farbenprächtige Flammensäulen, mit Erde und Splittern vermischt, hoch in den Himmel jagten«.[34] So sah ein Beobachter auf deutscher Seite den Widerspruch des industrialisierten Krieges – die Schönheit in all der Zerstörung. Die Verluste auf seiner Seite umfassten auch 6400 Gefangene, die zu betäubt waren, um auf die anstürmende Infanterie zu reagieren.

Der Angriff gelang auch, weil er begrenzt und sorgfältig inszeniert war. Damit hatten die Briten einen Fuß auf dem Ende der Hügelkette, die bogenförmig östlich von Ypern verlief. Das sicherte ihre rechte Flanke, als sie am 31. Juli den Hauptstoß gegen das Plateau von Gheluvelt führten. Hier hatte Hubert Gough das Kommando, ein Kavallerist, der in Haigs Pläne passte, weil er ebenfalls größere Ziele anstrebte. In Wirklichkeit blieb zwischen ihm und Plumer keine Wahl. Als Gough Ende August kaum vorangekommen war, erhielt Plumers Armee den Auftrag, die Hochfläche zu nehmen. Beide Befehlshaber waren entschlossen wie Haig, trotz wachsender Verluste bei minimalen Fortschritten weiterzukämpfen. Ihr Plan vom Vorrücken in Sprüngen nach dem Rhythmus der Artillerie fiel buchstäblich ins Wasser. Im August regnete es fast ununterbrochen. Nebel ließ keine Luftaufklärung zu. Das Trommelfeuer der Geschütze hatte das Drainagesystem des flachen, sorgfältig kultivierten Landes zerstört. Durch den tiefen Schlamm konnte Munition nur noch mit Maultieren herbeigeschafft werden. »Wenn sie von den Brettern in den Morast abrutschten«, erinnert sich E. C. Anstey, »verschwanden sie oft völlig darin. Die Granaten mussten nach dem Eintreffen zuerst vom Schlamm befreit werden, bevor man sie verwenden konnte.«[35] Wurde ein Geschütz abgefeuert, drückte es die Lafette in den weichen Untergrund, was die exakte Ausrichtung und das Wiederaufrichten erschwerte. Damit war rasches Feuern mit Vorhalten nicht möglich.

Als die Kämpfe Mitte November abflauten, betrugen die Verluste der Briten 275 000 Mann, davon 70 000 Tote. »Truppen, die zur Verstärkung anrückten«, berichtet Aubrey Wade, »schlichen mit dem Ausdruck von Menschen an den Geschützen vorbei, die wissen, dass sie in den sicheren Tod gehen. Kein Grußwort fiel; in düsterem Schwiegen vollzogen sie ihren Opfergang.«[36] Im Dezember wurde bei den britischen Truppen eine Zunahme der Fälle von Trunkenheit, Desertion und psychischen Störungen gemeldet.

Die Zahl der Bombenneurosen war geringer als an der Somme – nur etwa ein Prozent –, teilweise deshalb, weil hier eine andere Art der Diagnose angewandt wurde. Auch die Gesamtzahl der Fälle, die vor das Kriegsgericht kamen, stieg nicht wesentlich an, und das, obwohl mehr Truppen eingesetzt waren. Ein Jahresabschlussbericht, der auf der Kontrolle von 17 000 Briefen beruhte, sprach von einer gesunden Moral. Der traditionelle Paternalismus eines stehenden Heeres, der sich in regelmäßigen Ruhe- und Erholungspausen, Verpflegungsgewohnheiten und einem guten Verhältnis zwischen Offizieren und Mannschaften zeigte, wirkte auch auf die Wehrpflichtigen disziplinierend. Die britische Armee rebellierte nicht, zumindest nicht in dem Ausmaß wie die französische.

Die Klagen, die die Zensoren registrierten, waren nicht die von Berufssoldaten, sondern von Eingezogenen – Kriegsmüdigkeit, Sehnsucht nach Frieden oder wenigstens nach Urlaub. Diese Phänomene waren in Front und Hinterland gleichermaßen anzutreffen. 1917 gingen in Großbritannien 5,5 Millionen Arbeitstage verloren. Wie in Frankreich wurde der Höhepunkt im Mai erreicht, als 200 000 Arbeiter streikten. Dabei wurde vor allem gegen die sinkenden Reallöhne protestiert. Die Gefahr, dass die Forderungen politisiert werden könnten, wuchs im Juni, als die *Independent Labour Party* und die *British Socialist Party* sich in Leeds trafen und beschlossen, einen Arbeiter-und-Soldatenrat zu bilden. Dazu kam es nicht, aber die Regierung war alarmiert. Als bezeichnend dafür kann John Buchans »Schocker des Jahres« gelten. Der 1915 aus seiner Feder erschienene *Greenmantle* hatte von einer deutschen Verschwörung gehandelt, den Heiligen Krieg ins Empire zu tragen. 1917 ging es in *Mr. Standfast* um Versuche der Deutschen, die Friedenssehnsucht und Unzufriedenheit der britischen Arbeiter zu nutzen, um eine Revolution im Lande auszulösen. Buchan selbst wurde an die Spitze der Informationsabteilung gestellt, die im Februar 1917 im *Foreign Office* entstand. Dies zeigt, wie wichtig Lloyd George den Kampf der Ideen nahm. Im Juni 1917 wurde vom *National War Aims Committee*, dem Nationalen Ausschuss für Kriegsziele, ein Programm für politische Bildung in Fabriken und Arbeitsstätten aufgelegt. Im Januar 1918 ernannte man schließlich den Kanadier Lord Beaverbrook zum Chef des neu geschaffenen Informationsministeriums.

Ende 1917 waren die britische Armee und das britische Volk hoffnungslos erschöpft. Am 29. November machte Lansdowne seine ein Jahr zuvor im kleinen Kreis geäußerten Vorbehalte im *Daily Telegraph* publik und forderte

Die britischen Truppen wissen selbst für Unterhaltung und Abwechslung zu sorgen. Die Berufssoldaten, aus dem Kolonialdienst gewöhnt, sich mit Laienspiel und Sportwettkämpfen die Zeit zu vertreiben, geben auch Talenten unter den neu Eingezogenen eine Chance. Hier Kanadier bei einer Probe zu *Aschenbrödel.*

einen Verhandlungsfrieden. An der Front musste Haig, der im Frühjahr, als das Wetter besser wurde, zunächst die Schlacht bei Ypern wieder hatte aufnehmen wollen, am 15. November erkennen, dass das unmöglich war. Dies begründete er jedoch nicht mit den Verlusten, die seine eigenen Operationen verursacht hatten, sondern mit den Schritten der Regierung. Diese hatte erst zwei und schließlich fünf Divisionen unter dem Kommando von Plumer als Verstärkung nach Italien geschickt. Auch sechs französische Divisionen waren dorthin abgezogen worden.

Was den Liberalismus im Sinne des Eintretens für bürgerliche Rechte und Freiheiten betraf, so schwankte Italien von den drei Mächten der Entente am stärksten. Zum Ersten wurde die Erweiterung des Wahlrechts im Jahre 1912 davon beeinträchtigt, dass achtunddreißig Prozent der Wahlberechtigten Analphabeten waren. Zum Zweiten erwies sich der sozialistische Extremismus stärker als der moderate Reformismus, und das einzige Gegenmittel schien die Karte des Nationalismus zu sein. Zum Dritten wurde bei Kriegseintritt das Parlament nicht gefragt, obwohl das Land in dieser Frage tief gespalten war. Zum Vierten dominierte weithin die Landwirtschaft, und der Krieg wurde gebraucht, um das Land zu industrialisieren. Schließlich behandelte Generalstabschef Cadorna, als Italien in den Krieg eingetreten war, die Politiker mit einer Verachtung, die jede Alternative zu seinem verfehlten Kurs ausschloss, auf dem er stur beharrte. Als Premier Salandra im Januar 1916 die Bildung eines Kriegsrates vorschlug, wo der Verstand von Generälen und Politikern zusammengeführt werden sollte, erklärte Cadorna, er sei allein dem König Rechenschaft schuldig. Kritik des Kriegsministers im Monat darauf hatte zur Folge, dass er diesen zum Rücktritt zwang. Cadorna glaubte, die Italiener seien wegen ihres Individualismus »moralisch nicht kriegstauglich«. Im Krieg sah er eine Gelegenheit, aus Bauern Italiener zu machen. Das wollte er mit harter Disziplin erreichen. Jeder siebzehnte Sol-

Cadorna spricht zu seinen Truppen eher wie ein Diktator als ein General. Er selbst hat nie an einer Schlacht teilgenommen und in seinen Schriften aus der Vorkriegszeit das Überraschungsmoment höher bewertet als die Feuerkraft.

dat der italienischen Armee erhielt während des Krieges ein Disziplinar-verfahren, und einundsechzig Prozent wurden schuldig gesprochen. Etwa 750 Soldaten wurden erschossen – die höchste Zahl von allen Armeen der am Krieg beteiligten Staaten. Cadorna führte die Praxis der alten Römer wieder ein, jeden zehnten Mann einer Einheit hinzurichten, die im Kampf versagt hatte.

Den vier Schlachten am Isonzo von 1915 folgten fünf weitere 1916 und zwei 1917. Die Österreicher an der italienischen Front hatten den Begriff »Materialschlacht« bereits im September 1915 geprägt, ein ganzes Jahr früher, als er in Deutschland in Gebrauch kam. In der Regel im Verhältnis 1:2 unterlegen und deshalb unfähig, Gelände für Zeitgewinn preiszugeben, be-saßen die Österreicher in dem kroatischen General Svetozar Borojević einen Befehlshaber, der entschlossen war, jeden Fußbreit Boden zurückzuerobern. Das gelang ihm bis zur sechsten Isonzo-Schlacht im August 1916 im We-sentlichen auch. Damit spielte er aber dem Gegner in die Hände, der sich auf Zermürbungstaktik verlegt hatte. Diese wandte Cadorna seit Anfang 1916 konsequent an. Er wusste, dass er die Armee Österreich-Ungarns, die auf drei Fronten verteilt war, schließlich niederringen würde. Als Folge übersah er jedoch Gelegenheiten zum Durchbruch, wenn diese sich boten. Am 10. August 1916 nahmen die Italiener endlich Görz (italienisch: Gori-zia) am Ostufer des Isonzo ein. In der elften Schlacht im August 1917 ge-wann Cadorna die Kontrolle über das Bainsizza-Plateau. In beiden Fällen handelte er ohne Rücksicht auf Verluste, aber mit großer operativer Acht-samkeit. Nach siebenundzwanzig Monaten und elf Schlachten waren die Ita-liener ganze elf Kilometer vorangekommen – ein Drittel des Weges zu ihrem ursprünglich erklärten Ziel Triest.[37]

In der elften Isonzo-Schlacht verloren die Italiener 166 000 Mann, fünf-undzwanzig Prozent mehr als Nivelle an der Aisne. Im August 1917, als die Schlacht tobte, desertierten 5471 Soldaten. Im April waren es nur 2137 gewesen. Im März meuterte die Brigade Ravenna und im Juli die Brigade Catanzaro.[38] Selbst Cadorna musste einsehen, dass seine Armee eine Atem-pause brauchte. Aber er tat wenig, um die Tiefenstaffelung seiner Verteidi-gung zu verbessern. Er behielt alle Geschütze in den vordersten Linien, als wollte er nur abwarten, bis der Winter vorbei war, um die Offensive wieder aufzunehmen. Die Mittelmächte aber hatten keineswegs die Absicht zu war-ten, bis sie der vernichtende Schlag traf. Deutschland verlegte sieben Divi-sionen zur Verstärkung der Österreicher an den oberen Isonzo. Am 24. Oktober gelang der deutschen und österreichischen Infanterie nach kurzem, aber starkem Beschuss der italienischen Batterien der volle Durchbruch. »Je weiter wir in die feindliche Tiefenzone eindringen«, schrieb Leutnant Erwin Rommel, »um so weniger sind ihre Besatzungen auf unser Kommen gefasst, um so leichter wird der Kampf. Anschluss rechts und links kümmert mich nicht. Sechs Kompanien Württemberger Gebirgsschützen können ihre Flanken selber schützen. Sagt doch der Angriffsbefehl: ›Ohne räumliche und zeitliche Begrenzung der Tagesziele ist stetig nach Westen vorzudringen, in dem Bewusstsein, starke Reserven neben und hinter sich zu haben.‹«[39]

Mitte November hatten Deutsche und Österreicher die italienischen Truppen fast hundert Kilometer bis zum Fluss Piave zurückgedrängt. Der Talsohle folgend, rückten sie kraftvoll vor, bis überdehnte Nachschublinien und Konfusion auf der Kommandoebene das Tempo sinken ließen. Die Italiener hatten fast 700 000 Mann verloren, darunter waren jedoch nur 40 000 Tote und Verwundete. 280 000 gingen in Gefangenschaft – viele in ganzen Einheiten. Über 350 000 Mann waren desertiert. Cadorna schrieb diese Niederlage nicht seiner taktischen Inkompetenz, sondern der antimilitaristischen, defätistischen Stimmung in Italien zu. Bereits ein Jahr zuvor hatte Senator Camporeale nach einem Besuch im Süden des Landes berichtet, dass »über die Hälfte des Bodens nicht bebaut ist, Armut, Rebellion und Meuterei Synonyme sind. ... 20 000 bis 30 000 Deserteure ziehen [durch das Land].«[40] Bereits vor der Katastrophe von Caporetto [so nannten die Italiener die Schlacht, bei Deutschen und Österreichern hieß sie »Schlacht bei Karfreit«, nach dem deutschen Namen des Dorfes – d. Ü.] irrten über 100 000 Deserteure im Lande umher. Die Bauern boten ihnen bereitwillig Unterkunft und nutzten sie als Arbeitskräfte. Die Möglichkeit eines militärischen Zusammenbruchs, der zu einer Revolution führte, war sehr real.

Gewalttätige Proteste entwickelten sich besonders in Mailand und erreichten dort im Mai 1917 ihren Höhepunkt. Im August mündeten Revolten in Turin wegen der Brotknappheit in Antikriegsdemonstrationen. Bei der Wiederherstellung der Ordnung tötete die Armee einundvierzig und verletzte über zweihundert Personen. In diesen Auseinandersetzungen spielten Frauen eine besondere Rolle. Bei Kriegsende stellten sie einundzwanzig Prozent der Beschäftigten. 1917 waren vierundsechzig Prozent der Streikenden Frauen – Beweis für ihre Sorge um das tägliche Brot, aber auch für Arbeitersolidarität. Sie entschlossen sich zum Handeln, weil sie leichtere Strafen zu gewärtigen hatten als die Männer, für die militärische Disziplin galt. Dabei verbanden sich alte Praktiken von Bauernprotesten auf dem Lande mit den Aktionen der ersten Generation städtischer Arbeiter in den neuen Industrien. Zwar nahm die Anzahl der einzelnen Streiks 1917 gegenüber 1915 und 1916 ab, aber sie wuchsen an Umfang.

Die revolutionäre Situation steigerte sich allerdings nicht zur Revolution. Dabei spielte das Desaster von Caporetto seine Rolle: Aus dem Angriffswurde ein Verteidigungskrieg. Das Gebot des Nationalismus stärkte auch den Liberalismus. Am 30. Oktober bildete Vittorio Orlando, ein Verfechter der bürgerlichen Freiheiten, eine Koalitionsregierung. Diese nutzte ihr Mandat, um jeglichen Defätismus hart zu unterdrücken. Cadorna, der sich noch weigerte zurückzutreten, als selbst der König ihm das nahe legte, wurde entlassen. An seine Stelle trat Armando Diaz. Er war der Pétain Italiens: Er sorgte sich um seine Männer, verlängerte den Fronturlaub, verbesserte die Verpflegung, überdachte die Taktik und vermied unüberlegte Angriffe. Am 15. Dezember wurde endlich ein Kriegsrat gebildet. Aber auch vor Caporetto hatte man einiges in Angriff genommen. Italien verfügte über genügend Lebensmittel, um sich selbst zu versorgen. Die Lebensmittelkarte wurde – wie in Großbritannien – zum Symbol dafür, dass bei Verteilung und Entbehrungen alle gleich waren. Die *Mobilitazione Industriale*, die militärisch organisierte Behörde zur Führung der Rüstungsindustrie, die bei Kriegsende 903 250 Beschäftigte und 1976 Firmen unter ihrer Kontrolle hatte, wurde im Juli 1917 in ein vollwertiges Ministerium umgewandelt. Sein Chef, General Alfredo Dallolio, war überzeugt, dass man mit besseren Reallöhnen und Arbeitsbedingungen den Radikalismus dämpfen konnte. Er nutzte seine Verfügungsgewalt, um die Macht der Unternehmer zu beschneiden und zugleich die Beschäftigten straff zu organisieren.

Die Befugnisse des Staates wurden also ausgeweitet. Aber wie in Großbritannien und Frankreich sah man das als einen zeitlich befristeten Eingriff, der das Ziel verfolgte, die liberale Verfasstheit des Landes zu schützen, nicht zu beseitigen. Außerdem lag am Ende des Jahres in allen drei Staaten die Regierung fest in den Händen von Politikern, nicht Militärs. In Großbritannien sank nach Passchendaele auch Haigs Stern. Lloyd George hatte nun das politische Gewicht, ihn abzuberufen, wenn er glaubhaften Ersatz fand. Das gelang ihm nicht, aber er erreichte, dass die Chefs von Haigs Aufklärungsdienst und Stab abgelöst wurden. Im Februar 1918 nutzte der Premierminister das anhaltende Zerwürfnis zwischen Haig und Robertson, um Letzteren loszuwerden. Neuer Generalstabschef wurde der General Sir

Nach Caporetto: Italienische Gefangene an einem Sammelpunkt in Udine.

Henry Wilson, ein irischer Unionist, dessen Drang zur Intrige so groß war, dass ihn schon der Anblick eines Politikers in eine Art sexueller Erregung versetzt haben soll. Haig mochte ihn nicht und misstraute ihm.

Im November ließ in Paris die Kluft zwischen Anhängern und dezidierten Gegnern von Friedensoptionen die Regierung Painlevé stürzen. Frankreich sah sich nun zwischen Pazifismus und Krieg bis zur letzten Patrone hin- und hergerissen. Poincaré überwand seine persönliche Aversion und bat den sechsundsiebzigjährigen Georges Clemenceau, einen atheistischen Radikalen und Schrecken jeder Regierung, ein Kabinett zu bilden. Als eine seiner ersten Amtshandlungen ließ der neue Ministerpräsident seinen pazifistischen Rivalen Caillaux wegen Hochverrats ins Gefängnis werfen. Frankreich habe jetzt eine einzige, klare Pflicht, erklärte Clemenceau in seiner ersten Rede vor dem Parlament: »Zum Soldaten zu halten, mit ihm zu leben, zu leiden und zu kämpfen.« Clemenceaus Regierung prägte das Wort vom »totalen Krieg«. Damit war die Mobilisierung aller Ressourcen des

Landes für die Fortsetzung des Krieges gemeint. Das klang eher nach Totalitarismus als nach Demokratie. Zwar kamen der neue Ministerpräsident und die meisten seiner Minister von der Linken, aber im Parlament wurde er vor allem von den Rechten unterstützt. Das brachte die Sozialisten in Rage. Clemenceau regierte weniger über seine Minister als vielmehr über zwei persönliche Kabinette, von denen das eine aus Militärs und das andere aus Zivilisten bestand. Als er am 8. März 1918 von der Nationalversammlung herausgefordert wurde, erklärte er, als Chef einer republikanischen Regierung sei es seine Pflicht, zwei Doktrinen zu verteidigen: »Die erste dieser Doktrinen… ist das Prinzip der Freiheit… Die zweite besteht gegenwärtig darin, dass wir Krieg haben, dass dieser Krieg geführt werden muss, dass wir nur an diesen Krieg denken dürfen, dass wir uns voll darauf einzustellen und ihm alle Regeln unterzuordnen haben. Das werden wir später wieder korrigieren, wenn wir imstande sind, den Sieg für Frankreich zu erringen. … Heute ist es unsere Pflicht, Krieg zu führen und zugleich die Rechte der Bürger zu erhalten. Auf diese Weise sichern wir nicht eine Freiheit, sondern alle Freiheiten. Lassen Sie uns also Krieg führen.«[41]

Hier war Clemenceau anderer Meinung als Lansdowne: Erst wenn der Krieg gewonnen war, konnte dauerhafter Frieden einziehen. Im Winter 1917/18 schienen die meisten *Poilus* seine Meinung zu teilen. »Meine Kriegsziele sind diese:«, schrieb ein Soldat des 272. Infanterieregiments Ende 1917. »Ich kämpfe 1., weil Krieg ist und ich Soldat bin, 2., weil dieser Krieg nicht zu vermeiden war, 3., weil ich kein *Boche* [abfällig für Deutscher – d. Ü.] werden will, 4., weil sie in unserem Lande stehen und wir sie hinauswerfen oder zumindest am weiteren Vormarsch hindern müssen, 5., weil sie für den Schaden zahlen müssen, den sie angerichtet haben.«[42]

Die Bolschewiken ergreifen die Macht

Weder in Frankreich noch in Italien kamen zu Meuterei und Desertion in der Armee Proteste und Ausschreitungen im Hinterland hinzu. Zwar waren dies Armeen eingezogener Bürger, die so rasch wie möglich nach Hause und in ihr bürgerliches Leben zurückkehren wollten, zwar blieb durch Urlaub und Post die Verbindung zwischen Front und Hinterland stets intakt, aber die Probleme und Klagen beider Seiten vermischten sich nicht. In Russland kam es anders.

»Man kann nicht umhin festzustellen, dass in Briefen aus der Armee, vor allem aber an die Armee die Unzufriedenheit über die innenpolitische Situation im Lande wächst.«[43] Dieser Bericht des Militärzensoren von Petrograd stammt vom November 1916. Im März 1917 standen in den nördlichen Provinzen, Petrograd eingeschlossen, Truppen mit insgesamt 850 000 Mann. Unter dem Einfluss linker Sozialrevolutionäre galt ihre Loyalität nicht dem von der Duma eingesetzten Provisorischen Komitee, sondern dem Petrograder Sowjet der Arbeiter-und-Soldatendeputierten. Am 14. März bestätigte der Befehl Nr. 1 des Sowjets diese Sachlage und forderte, in allen Einheiten Komitees gewählter Repräsentanten der Mannschaften zu bilden. In dem Befehl hieß es nicht, dass Offiziere gewählt werden dürften, aber vielfach war das sein Ergebnis. Die Offiziere mussten sich leutselig geben, denn wer das nicht tat, wurde umgebracht oder festgesetzt. »Zwischen uns und ihnen liegt eine unüberwindbare Kluft«, schrieb ein Offizier Ende März. »Gleichgültig, wie sie mit dem Einzelnen umgehen, in ihren Augen sind wir alle Herren. Wenn wir vom Volk sprechen, meinen wir die ganze Nation. Für sie dagegen gehören dazu nur die demokratischen unteren Klassen. Aus ihrer Sicht hat es keine politische, sondern eine soziale Revolution gegeben, die sie gewonnen und wir verloren haben.«[44]

Diese Revolution gelangte über die Eisenbahnstrecken an die Front, nicht umgekehrt. Die Kampfgebiete, die am weitesten entfernt lagen – Rumänien und der Kaukasus –, erreichte sie zuletzt. Zwar hatten die meisten russischen Soldaten den Krieg satt, aber sie wollten nach wie vor ihr Vaterland verteidigen. Im März kam man in höheren Kommandokreisen zu dem Schluss, dass es für die Aufrechterhaltung der Ordnung besser sei, sich nicht gegen die Bildung der Räte zu stellen, sondern sie zu unterstützen, wie man bereits den Sturz des Zaren unterstützt hatte. Damit hoffte man, Armee und Volk zur Fortsetzung des Krieges vereinen zu können. Alexander Kerenski, der zunächst Kriegsminister und später Chef der Provisorischen Regierung war, unterstützte diese Bemühungen. Im Juli startete er eine Offensive, die fehlschlug. Daraufhin ernannte er den jugendlichen Kriegshelden Lew Kornilow zum Oberbefehlshaber mit dem Auftrag, die Disziplin wiederherzustellen. Aber nun fürchtete er die Gefahr einer Konterrevolution mehr als die einer Revolution. Anfang September nahmen die Deutschen Riga ein. Als Kornilow Truppen in Richtung Petrograd führte, um die Stadt zu verteidigen, wurden diese als Vorreiter eines konterrevolutionären Putsches angesehen, die nicht im Auftrag der Provisorischen Regierung handelten. Kerenski forderte den Petrograder Sowjet und dessen Miliz, die Roten Garden unter Leo Trotzki, auf, Kornilow in den Arm zu fallen.

Aber nicht nur innenpolitische Entwicklungen trennten in der Armee Offiziere und Mannschaften voneinander. Kerenski hoffte, der Krieg werde Nation und Revolution verschmelzen, wie es 1792 in Frankreich geschehen war. Aber die Forderung des Allrussischen Sowjetkongresses vom 11. April nach einem Frieden ohne Annexionen und Kontributionen ließ jene, die für die Fortsetzung des Krieges eintraten, als Imperialisten erscheinen. Außerdem versprach der Frieden eine Landreform, das heißt eine Neuaufteilung des Bodens. Die Bauern wollten zu Hause sein, wenn das geschah. Die Zahl der Desertionen stieg nicht unmittelbar an und war zunächst stärker bei den Nachschubeinheiten zu spüren als in den Schützengräben, aber der Auflösungsprozess, verursacht von Problemen an der Front und im Hinterland, hatte eindeutig begonnen.

Die Propaganda des Deutschen Reiches und Österreich-Ungarns suchte die Besorgnis über die Bodenreform auszunutzen. Die russische Armee stand also nicht nur vom Hinterland, sondern auch vom Gegner her unter Druck. Die spontane Waffenruhe von Weihnachten 1914 an der Westfront hatte ihr Gegenstück im Osten. Hier allerdings schwiegen die Waffen zu Ostern, und das jedes Jahr, auch 1917. *Ober-Ost* sah über die Verbrüderungen, die bei solchen Gelegenheiten regelmäßig stattfanden, hinweg. Auch die russischen Revolutionäre unterstützten sie, weil sie hofften, damit die Revolution nach Westen zu tragen. Bislang waren die deutschen Bemühungen, die Revolution für die Kriegführung auszunutzen, nicht besonders erfolgreich gewesen. Die eingesetzten Mittel hatten dem Ziel nicht entsprochen. Waffenschmuggel nach Irland hatte 1916 zu einer Meuterei geführt. Mit der heimlichen Finanzierung von Pazifisten und Sozialisten hatte man 1917 in Frankreich Zwietracht säen können. Aber in keinem Fall war das Volk in Bewegung gekommen, denn die Revolutionäre hatten nur geringen Einfluss. Auch in Russland waren die Bolschewiken nicht die Hauptakteure. Aber 1915 gelang es Alexander Helphand, Deckname »Parvus«, einem deutschen Agenten, der mit seinen Geschäftsverbindungen aufgrund der britischen Seeblockade vom Handel zwischen Dänemark und Deutschland profitierte, das Auswärtige Amt davon zu überzeugen, dass es in Russland einen Massenstreik auslösen könne. Im kaiserlichen Deutschland musste es geradezu paradox und gefährlich erscheinen, sich für den Marxismus einzusetzen, und doch konnte Arthur Zimmermann im März 1917 den Kaiser und

Am 15. Juli 1917 stürzt die Provisorische Regierung in Russland, und die Bolschewiken greifen in Petrograd nach der Macht. Am 17. Juli erreichen die Straßenkämpfe

ihren Höhepunkt. Kerenski tritt an die Spitze der Regierung, und Lenin muss zeitweilig untertauchen.

die Armee dazu bewegen, den Bolschewikenführer Lenin, der damals im Schweizer Exil lebte, heimlich nach Russland zu schmuggeln. Am 16. April 1917 traf Lenin auf dem Finnischen Bahnhof von Petrograd ein. In einem verplombten Zug hatte man ihn durch Deutschland gefahren. Diese revolutionäre Aktion versprach besonderen Nutzen in einer Situation, da es bereits zu spontanen revolutionären Erhebungen gekommen war.

Im November 1917 stürzten die Bolschewiken unter Trotzkis unmittelbarer Führung, aber Lenins strategischer Leitung die Provisorische Regierung und ergriffen in Petrograd die Macht. Der Allrussische Sowjetkongress beschloss ein Programm, das sich von früheren Forderungen wenig unterschied – das Land den Bauern, Brot für die Städte, Arbeiterkontrolle über die Fabriken und völlige Demokratisierung der Armee. Aber bereits am nächsten Tag forderte Lenin einen sofortigen Waffenstillstand. Frieden war der Schlüssel zu Brot und Boden.

Damit änderte sich der Charakter des Krieges grundlegend. Zehn Jahre nach Kriegsende hielt Daniel Halévys Bruder Elie, der bedeutende französische Historiker des modernen Großbritannien, in Oxford seine Rhodes-

Die Deutschen sind überzeugt, dass die russische Armee vor allem wegen der Verbrüderungen – wie hier in Litauen – zusammengebrochen ist. Österreich-Ungarn ist nicht so erfolgreich, als es das Gleiche mit der italienischen Armee versucht.

Vorlesungen. Sein Thema, »Die Weltkrise 1914–1918«, handelte »nicht nur vom Krieg, dem Krieg von 1914, sondern auch von einer Revolution, der Revolution von 1917«.[45] Die Verschmelzung von Krieg und Revolution hatte für die Entente in zweierlei Hinsicht gravierende Folgen. Zum einen auf der militärischen Ebene: Ohne eine aktive Ostfront verlor die Strategie der Alliierten jegliche Bedeutung. Zum ersten Mal seit August 1914 waren die Mittelmächte in der Lage, all ihre Kräfte an der Westfront zusammenzuziehen. Zum anderen auf der politischen Ebene: Hier war es die Vision von einer neuen Weltordnung, die den Liberalismus herausforderte. Die Bolschewiken machten die Geheimverträge der Entente über die Kriegsziele öffentlich. Damit standen Großbritannien, Frankreich und Italien als Mächte am Pranger, die die gleichen annexionistischen Ziele verfolgten wie der deutsche Militarismus, das Monster, zu dessen Vernichtung sie angetreten waren. Ein Ende des Krieges im folgenden Jahr war nur noch bei einem Sieg der Deutschen vorstellbar.

9

Deutschland spielt die letzte Karte

Deutschland zwischen Militarismus und Liberalismus

Am 3. März 1918 unterzeichnete Russland in Brest-Litowsk (heute: Brest, Weißrussland) einen Friedensvertrag mit den Mittelmächten. Im Nordwesten verlor es Polen, Litauen, Kurland, Livland und Estland. Finnland nutzte die Gelegenheit, um sich von Russland loszusagen. Im Süden folgte die Ukraine seinem Beispiel. Im Kaukasus gewannen die Türken ihre Grenzen von 1878 zurück. Insgesamt verlor Russland etwa 2,5 Millionen Quadratkilometer von seinem Staatsgebiet, dazu fast seine gesamte Kohle- und Erdölförderung, drei Viertel seines Eisenerzabbaus und die Hälfte seiner Industrie. 55 Millionen Menschen, etwa ein Drittel seiner Bevölkerung, und ein entsprechender Teil seiner Landwirtschaft waren ebenfalls verloren. Lenin, bei der letzten Zusammenkunft mit den Vertretern der Mittelmächte nicht anwesend, beschrieb das Ergebnis als »einen Abgrund der Unterwerfung, Zerstückelung, Versklavung und Demütigung«. Auf das erste Waffenstillstandsangebot der Bolschewiken waren drei Monate Verhandlungen und neue Kämpfe gefolgt. Lenin wusste, dass weitere Gespräche sinnlos waren. Er hatte keine kampfbereite Armee mehr und musste mit einem Bürgerkrieg fertig werden. Daher war sein Spielraum minimal. Er konnte nur noch hoffen, dass die Ausbreitung der Revolution über Russland hinaus den Friedensvertrag von Brest-Litowsk null und nichtig machte. »Ihr müsst diesen Schandfrieden unterschreiben«, erklärte er vor dem Sowjetkongress, »um

Der größte Teil Rumäniens wird in einem äußerst raschen Feldzug überrannt. Im Norden stoßen die deutschen Truppen durch Transsilvanien vor und haben überall mit schlechtem Wetter zu kämpfen. Im Juli 1917 verteilen deutsche Soldaten Zigaretten an Zigeuner bei der Feldarbeit.

die Weltrevolution zu retten, um... ihren einzigen Brückenkopf zu erhalten – die Republik der Sowjets.«[1]

Zwei Monate später, am 7. Mai 1918, war Rumänien an der Reihe. Im Herbst und Winter 1916 zwar fast vollständig erobert, blieb es, reduziert auf ein Restgebiet in Moldawien, das es nur mit russischer Verstärkung hielt, auch 1917 weiterhin ein Krieg führender Staat. Frankreich hatte eine Militärmission geschickt, und als die russische Armee zerfiel, wurde die rumänische wieder aufgebaut. Im Juli und August 1917 versperrte diese am Fluss Sereth Mackensens Truppen erfolgreich den Weg. Aber der Zusammenbruch des Hauptverbündeten war auch für Rumänien ein tödlicher Schlag. Am 9. Dezember 1917 ersuchte es um einen Waffenstillstand. Die Friedensbedingungen trafen in Form eines Ultimatums am 27. Februar 1918 ein. »Es war eine Katastrophe«, berichtete der Leiter der französischen Mission, Henri Berthelot, in seinem letzten Telegramm nach Paris. »Da Rumänien seine Grenzen, die Dobrudscha, die Reichtümer seines Bodens und seine Armee verloren hat, da es sich zweifellos für lange Zeit auf feindliche Besatzung einstellen muss, was ist da für ein Unterschied zwischen den Bedingungen eines solchen Friedens und jenen, die Rumänien nach einer letzten verheerenden Schlacht erwarten, in der es zumindest seine Ehre gerettet hätte?«[2] Selbst die prodeutschen Konservativen, darunter Premierminister Alexander Marghiloman, der den Vertrag unterschrieb, waren von den Bedingungen erschüttert. Die Vorstellung von einer deutsch kontrollierten Zollunion, die Friedrich Naumann 1915 in seiner Idee von einem *Mitteleuropa* vorweggenommen hatte, fand nun ihre militarisierte Form einer indirekten Annexion. Deutschland selbst eignete sich keine Territorien an. Aber es gab die Walachei an Österreich-Ungarn und die Süddobrudscha an Bulgarien. Da es beide Verbündete zu dominieren gedachte, war das nur ein scheinbares Zugeständnis. Ganz offen zeigte sich die deutsche Vorherrschaft im wirtschaftlichen Bereich. Deutschland pachtete Rumäniens Erdöllagerstätten für neunundneunzig Jahre, nahm das Eisenbahnnetz und die Donauschifffahrt unter Kontrolle, teilte sich Rumäniens landwirtschaftliche Überschüsse mit Österreich-Ungarn und sicherte sich mit der Zollunion das Monopol über den Außenhandel des Landes.

Die Verträge von Brest-Litowsk und Bukarest demonstrierten, was ein deutscher Sieg bedeutete. »Wer glaubt, Deutschland werde sich mit einem Versöhnungsfrieden zufrieden geben«, schrieb ein französischer Artillerist, dem wird die Feigheit der Russen »zeigen, was eine Niederlage an unserer Front bedeuten würde. Es gilt, den deutschen Militarismus für immer zu schlagen, und das muss uns neue Kraft verleihen.«[3] Russland und Rumänien waren nicht die einzigen Verlierer von Brest-Litowsk und Bukarest. Dazu gehörten all jene, die sich in den verschiedenen Lagern für einen Verhandlungsfrieden einsetzten, darunter auch die Liberalen in Deutschland.

Am 19. Juli 1917 hatte der Reichstag eine Resolution angenommen, die einen Frieden ohne Annexionen und Kontributionen forderte. Die Wortwahl sollte an die Rede des Kaisers vom 4. August 1914 erinnern, in der er von einem Verteidigungskrieg, gestützt auf einen *Burgfrieden* im Lande, gesprochen hatte. Von der Freiheit der Meere, der Schaffung internationaler Rechtsorganisationen, von Wirtschaftsfrieden und Verständigung war die Rede. Diese Friedensresolution, das Werk einer Mitte-Links-Koalition von katholischer Zentrumspartei, Fortschrittspartei und Sozialdemokraten, schien zu bestätigen, dass liberale Ideen in Deutschland auf dem Vormarsch waren. In seiner Osterbotschaft hatte der Kaiser für das Kriegsende Verfassungsreformen versprochen. Zwar waren seine Worte vage gewesen, aber er hatte schließlich doch Bethmann Hollwegs Drängen nachgegeben und eingewilligt, dass das preußische Oberhaus reformiert und das Dreiklassenwahlrecht, das im preußischen Abgeordnetenhaus eine konservative Mehrheit garantierte, abgeschafft werden sollte.

Sinn des Ganzen war vor allem eine Isolierung der radikalen und revolutionären Linken. Wie in den anderen Krieg führenden Staaten wuchs auch in Deutschland 1917 die Zahl der Streiks stark an. Es gab 561 Arbeitsniederlegungen. 1915 waren es dagegen nur 137 und 1916 erst 240 gewesen. Wie anderenorts auch wurden sie vor allem mit den sinkenden Reallöhnen und nach dem »Kohlrübenwinter« von 1916/17 mit der Lebensmittelknappheit erklärt. Aber der Einzelne erlebte diese Zeit auf sehr unterschiedliche Weise. In allen Ländern waren die Metallarbeiter und unter ihnen die Frauen entscheidend für die Kriegsproduktion. Sie standen auch im Mittelpunkt der Streiks in der Industrie. Die Löhne der Metallarbeiterinnen in Deutschland stiegen von 1914 bis 1918 um 324 Prozent. Andererseits verloren Beamte und Angestellte mit festen Gehältern, der so genannte Mittelstand, an Ansehen und Einkommen. Nach den Daten eines ihrer Verbände waren die Gehälter von Kriegsausbruch bis Ende 1917 lediglich um 18,2 Prozent gestiegen, während die Lebenshaltungskosten um 185 Prozent in die Höhe schossen.[4] Der kleine Beamte oder Angestellte war daher durch den Krieg ebenso radikalisiert wie der Facharbeiter oder die ungelernte Arbeiterin. Im Januar und Februar 1917 forderten die Streikenden an der Ruhr und in Berlin, angeführt von Metallarbeiterinnen, Lebensmittel oder mehr Lohn, um sich diese kaufen zu können. »Jedes andere Volk auf der Erde würde sich gegen eine Regierung erheben, die es in solches Elend gestürzt hat«, schrieb Ethel Cooper am 11. Februar 1917.[5] Zwei Monate später verlangten Streikende in ihrer Heimatstadt Leipzig bereits politische Veränderungen. Aber sie forderten keine Revolution, sondern Reformen – gleiches und allgemeines Wahlrecht, die Aufhebung der Militärzensur und Frieden ohne Annexionen.

Andernorts in Deutschland wurden bei den April-Streiks keine politischen Forderungen gestellt, zumindest nicht offen. In Berlin demonstrierten am 16. April 1917 rund 200 000 Arbeiter, davon die Hälfte Frauen, einen ganzen Tag lang für Lebensmittel. Der *Vorwärts*, die Zeitung der Sozialde-mokraten, bestritt, dass die Motive politischer Art gewesen seien. Aber diese Aussage war verräterisch. Die Sozialdemokraten hatten 1914 für die Kriegs-kredite gestimmt, weil sie der Meinung waren, wenn sie den Staat in schwe-ren Zeiten unterstützten, werde es nach Kriegsende politische Reformen geben. Für eine Partei, deren Statut immer noch auf Revolution abzielte, konnte eine Reformpolitik allerdings nicht ohne Folgen bleiben. Zwar hatte sie immer noch die stärkste Fraktion im Reichstag, aber ihre Mitgliedschaft ging von über einer Million im Jahre 1914 auf kaum 250 000 im Jahre 1917 zurück. Eine Minderheit, die bereits den *Burgfrieden* vom August 1914 ab-gelehnt hatte, spaltete sich im April 1917 ab und gründete die Unabhängige Sozialdemokratische Partei Deutschlands, die USPD. Die neue Gruppe be-einflusste auch die Forderungen der Streikenden von Leipzig, was zeigte, dass von der USPD noch keine große Gefahr ausging. Sie blickte vor allem zurück auf das Erfurter Programm der deutschen Sozialdemokratie von 1890, nicht nach vorn. Und sie unterstützte nach wie vor einen Verteidi-gungskrieg. Sie hatte jedoch einen harten Kern, den Spartakusbund, an des-sen Spitze Karl Liebknecht und Rosa Luxemburg standen. Letztere hatte bereits 1916 unter dem Kampfnamen »Junius« in der Schweiz eine Bro-schüre veröffentlicht, in der sie die Vorstellung zurückwies, Deutschland führe einen Verteidigungskrieg. Dessen Ziele seien imperialistisch und kapi-talistisch: »Das im August, im September verladene und patriotisch ange-hauchte Kanonenfutter«, hieß es dort, »verwest in Belgien, in den Vogesen, in den Masuren auf Totenäckern, auf denen der Profit mächtig in die Halme schießt.«[6] Die Sozialdemokratie habe die Arbeiterklasse verraten, und nur internationale Klassenaktionen könnten Frieden bringen. Unter dem Ein-druck der Entwicklung in Russland glaubten sie und Liebknecht, ein Mas-senstreik könne die Revolution auslösen.

Für Bethmann Hollweg war die Botschaft klar: Mit politischen Reformen konnte man die Mehrheits-Sozialdemokraten an den Staat binden. Dadurch würden sie ihre Position in den Augen der Arbeiterklasse, die sie repräsen-tieren wollten, wieder stärken, und man konnte die soziale und wirtschaftli-che Notlage von der Idee der Revolution abkoppeln. Wilhelm Groener, der inzwischen an die Spitze des Kriegsamts im preußischen Kriegsministerium berufen worden war, verfolgte parallele und dazu passende Ideen. Er war der Hauptinitiator des Hilfsdienstgesetzes, einer Vereinbarung zwischen Mili-tär, Industrie und Gewerkschaften über den Einsatz der deutschen Arbeitskräfte in der Kriegszeit. Zum ersten Mal erhielten damit Gewerkschaften in Deutschland eine anerkannte Rolle bei der Konfliktbeilegung. Von 1916 bis 1918 stieg die Zahl ihrer Mitglieder, die durch die Einberufungen stark gesunken war, wieder an, so etwa die der Metallarbeitergewerkschaft in Oberschlesien allein 1917 um 154 Prozent.[7] Für viele deutsche Sozialdemokraten war das Hilfsdienstgesetz allerdings kein relevanter Schritt zu mehr Arbeiterrechten, sondern ein weiterer Kompromiss, der die Arbeiter nur schwächen konnte. Es schränkte ihre Möglichkeiten ein, die Arbeitsstelle zu wechseln, während die Unternehmerprofite außerhalb jeder Kontrolle blieben. Groener wünschte sich die Armee als neutrale staatliche Institution, in gewissem Sinne als Verkörperung des korporativistischen Traums von Walther Rathenau, gleichsam ein Amalgam aus dem Besten von Kapitalismus und Kollektivismus. Viele Militärs wollten jedoch die Armee enger an die Interessen der Industriellen binden. Das Kriegsziel, die Eisenerz- und Kohlevorkommen von Belgien und Longwy-Briey in Frankreich für Deutschland zu sichern, war ein Ausdruck dieses Bündnisses. Ein weiterer war im Oktober 1917 die Entlassung von Groener, der versucht hatte, sowohl Löhne als auch Profite zu kontrollieren, da Gewerkschaften und Unternehmer das Hindenburg-Programm für ihren jeweiligen Vorteil zu nutzen suchten.

Die Friedensresolution und die Entstehung eines Mitte-Links-Bündnisses hatten die Rechte parlamentarisch geschwächt, aber ihre außerparlamentarischen Positionen kaum beeinträchtigt. Hier hatte sie in Hindenburg und Ludendorff mächtige Verbündete. Sie, nicht das Mitte-Links-Lager oder Bethmann Hollweg, waren die Nutznießer der politischen Krise, die die Friedensresolution auslöste.

Am 6. Juli 1917 hielt der einflussreiche Politiker der katholischen Zentrumspartei, Matthias Erzberger, in der Debatte über die Kriegskredite für 1918 eine Rede, in der er erklärte, »in den bisherigen Berechnungen über den U-Boot-Krieg« sei »ein Rechnungsfehler vorhanden gewesen«. Man müsse »auf dem Standpunkt des Verteidigungskrieges eine Einigung des deutschen Volkes… erreichen«.[8] Damit leitete Erzberger den Prozess ein, der zur Friedensresolution des Reichstages führte. Sein Opfer wurde aber nicht der Alldeutsche Verband mit seinen annexionistischen Kriegszielen, gegen den er sich vor allem wandte, sondern der Kanzler. Bethmann Hollweg war müde. Er hatte die Politik des uneingeschränkten U-Boot-Krieges durchführen müssen, an die er nicht glaubte, die aber Erzberger und andere zuvor gefordert hatten. Seine persönliche Meinung zähle nicht, erklärte

Bethmann Hollweg, als er sich am 9. Juli zu einer Entgegnung erhob. »Ich bin von der Unzulänglichkeit meiner Leistungen gut genug überzeugt. ... Wenn man das Bestreben hat, in vernünftiger Überlegung seinem Lande zu dienen, dann unterliegt man sehr leicht dem Vorwurf der Schwäche ... Wir haben keine Parteiverhältnisse, die es einem leitenden Staatsmann gestatten, sich an die Spitze einer Linken oder einer Rechten zu stellen.«[9]

Aber genau das war die Aufgabe des Kanzlers, wie der Kaiser sie sah. Bethmann Hollweg reichte einige Tage später seinen Rücktritt ein – nicht weil die Armee das forderte, sondern weil er den Reichstag nicht mehr zu kontrollieren vermochte. Seine Politik der »Diagonale«, wie er sie nannte, war nicht länger zu halten. Das Zentrum und die Linke identifizierten ihn jetzt mit den *Alldeutschen*, für die Rechte und das Militär dagegen war er ein Reformer und Liberaler, der sich zu wenig für einen »deutschen Frieden« einsetzte. Die Stunde der Armee war gekommen, als sie sich in der Lage sah, eine neue, eigene Diagonale aufzubauen. Oberst Max Bauer, ihr heftigster Intrigant, erklärte bei einem Essen mit Erzberger und Gustav Stresemann, dem Fraktionschef der Nationalliberalen, der Kanzler habe seine demokratische Pflicht verletzt, als er es dem Reichstagsausschuss verweigerte, die Probleme mit der Obersten Heeresleitung zu erörtern. Die Vorstellung, Hindenburg und Ludendorff seien die Vertreter des Volkes, war nicht so absurd, wie sie auf den ersten Blick erscheinen mag. Rathenau erklärte Ludendorff, er übe unbewusst eine Diktatur aus, und wenn er an seine wirkliche Machtbasis appelliere, habe er nicht nur die Unterstützung des Parlaments, sondern auch der gesamten Öffentlichkeit.[10] Die aufstrebenden Talente in diesem Krieg, wie Ludendorff und Groener, waren keine Junker, sondern bürgerlicher Herkunft. Zwar stand in Gestalt von Hindenburg ein echter Vertreter des preußischen Adels an ihrer Spitze, aber auch der bezog sein Ansehen aus einem demagogischen Populismus, der auf seinem Sieg bei Tannenberg aufbaute.

Am 12. Juli arrangierte Bauer eine Zusammenkunft ausgewählter Mitglieder der größten Reichstagsfraktionen mit Kronprinz Wilhelm, dem Sohn des Kaisers. Dort wurde Bethmann Hollwegs Schicksal besiegelt. Dieser trat am nächsten Tag zurück. Als der Reichstag am 19. Juli die Friedensresolution offiziell annahm, war der neue Kanzler nicht ein vom Kaiser oder vom Parlament ernannter Mann, sondern Georg Michaelis, ein Favorit des Militärs. Selbst politische Schwergewichte wie Conrad Haussmann von der Fortschrittlichen Volkspartei waren überrascht und äußerten zynisch, man habe einen Staatsmann verloren und einen Funktionär bekommen.[11] Aber Michaelis war der rechte Mann zur rechten Zeit – ein Bürokrat, der populär war, weil er die Reichsgetreidestelle erfolgreich geführt hatte. »Meiner Meinung nach ist das die einzige Behörde, die ihre Verantwortung ohne Fehl und Tadel wahrgenommen hat«, schrieb der Matrose Richard Stumpf. »Er ist Deutschlands erster bürgerlicher Kanzler.«[12] Die Friedensresolution des Reichstages akzeptierte Michaelis mit der Bemerkung, »…wenn ich sie richtig verstanden habe«, die bald zu einem geflügelten Wort zur Charakterisierung seiner Politik werden sollte.

Die Präsenz des Militärischen in Michaelis' Rede war unüberhörbar, aber es blieb wie bisher bei der »schweigenden Diktatur«. Das Militär regierte nicht selbst. Ausgerechnet in der Marine sollte sich bald erweisen, wo die Grenzen des Einflusses des Militärs auf die deutsche Politik lagen. Im August 1917 brachen auf den in Wilhelmshaven vor Anker liegenden Großkampfschiffen Meutereien aus. Dabei ging es zum Teil um hausgemachte Probleme. Das Verhältnis zwischen Offizieren und Mannschaften war schlecht, die Schiffe waren seit der Schlacht vor dem Skagerrak nicht mehr ausgelaufen, die Matrosen der Untätigkeit überdrüssig. Auf den U-Booten, die von den Kämpfen stark beansprucht waren, blieb es dagegen ruhig. Die Matrosen redeten ähnlich wie die Arbeiter, mit denen sie in ihrer Freizeit zusammenkamen, und klagten über Kriegsmüdigkeit und das schlechte Essen. Die Meuterer hatten Kontakt zur USPD hergestellt. Das genügte Admiral Scheer wie bereits Pétain und Cadorna vor ihm, das Ganze als eine von außen inspirierte Verschwörung zu bezeichnen. Zwei der Meuterer wurden nach kurzem Kriegsgericht füsiliert. Michaelis nutzte die Gelegenheit, um die USPD im Reichstag zu geißeln, wodurch er zwischen sie und das Mitte-Links-Bündnis einen Keil zu treiben hoffte. Diese Rechnung ging nicht auf. Der Reichstag stellte sich hinter die USPD, und Michaelis musste zurücktreten. Sein Nachfolger wurde ohne Mitwirkung des Militärs ernannt. Georg von Hertling, Katholik und Ministerpräsident von Bayern, war kein Demokrat, aber Mitglied der Zentrumspartei und sich seiner konstitutionellen Verantwortung bewusst. Er ernannte Friedrich von Payer, den Vorsitzenden der Fortschrittlichen Volkspartei, zu seinem Vizekanzler und den liberal eingestellten Diplomaten Richard von Kühlmann zum Staatssekretär im Auswärtigen Amt. Im Januar 1918 erinnerte er Hindenburg daran, dass dem Generalstab lediglich eine beratende Funktion zukam.[13]

Hertlings Schwierigkeit lag darin, dass er eine Verantwortung übernahm, für deren Durchsetzung ihm die Mittel fehlten. Deutschland befand sich in einem »totalen Krieg«, wie Ludendorff später schrieb, aber es hatte immer noch die Verwaltungsstrukturen eines Kleinstaates aus dem 19. Jahrhundert. Es gab kein Gegenstück zum britischen Rüstungsministerium. Das preußische Kriegsministerium erfüllte einige Aufgaben des Wirtschaftsministeriums des Reiches. Deutschland hatte seine verschiedenen Propagandabehörden nicht zu einem Informationsministerium zusammengefasst. Daher dehnte sich der Generalstab immer mehr aus, um die Lücken zu füllen. Er übernahm Funktionen, für die seine auf die operative Kriegführung orientierten Strukturen und seine Arbeitsweise überhaupt nicht geeignet waren. Im Januar 1918 waren bereits 2,3 Millionen Mann aus dem Kriegsdienst für die Rüstungsproduktion abgestellt. Aber ihren effizienten Einsatz kontrollierte niemand. Bei Daimler, dem Hersteller von Autos und Flugzeugmotoren, waren 1914 pro Maschine 1,8 Arbeitskräfte beschäftigt, 1918 bereits 2,4. Anfang 1917 forderte das Unternehmen eine Erhöhung der Preise für seine Produkte um fünfzig Prozent. Dabei hatte es im Jahr zuvor fünfunddreißig Prozent Dividende ausgezahlt und seine gesamten Produktionsanlagen abgeschrieben.[14] Es gab keine Behörde, die den Gesamtüberblick behielt, ausgleichend in den Wettbewerb eingriff oder darauf achtete, dass die wirtschaftlichen und sozialen Voraussetzungen für die Kriegführung vorhanden waren.

Leidtragender der Amtsanmaßung des Militärs war nicht der Reichstag, sondern der Kaiser. Zunehmend überflüssig geworden, zog er auf langen Wanderungen durch die Wälder, spielte Skat, stritt mit der Kaiserin und klagte über seine Bedeutungslosigkeit. Georg von Müller schrieb am 7. August 1916 in sein Tagebuch: »Empörung über den Kaiser, der sich stundenlang mit dem Bau eines Brunnentempels in Homburg beschäftigt, für den ein Kriegslieferant Geld gestiftet hat«, der »nachmittags eine Landpartie macht nach der Saalburg und Friedrichshof, und der ablehnt, einen Bericht Hindenburgs über die Lage im Osten zu lesen, ›weil er keine Zeit dazu habe‹«, während seine Soldaten in Verdun und an der Somme den Kopf hinhalten mussten.[15]

In den Augen des Volkes wurde immer mehr Hindenburg und nicht der Kaiser zum obersten Kriegsherrn. Diesen Gedanken verbreitete vor allem die Vaterlandspartei, die am 2. September 1917, am Jahrestag des preußischen Sieges über Frankreich bei Sedan 1870, gegründet wurde. Ihre geistigen Väter Wolfgang Kapp (der extreme Kriegsziele vertrat) und Alfred von Tirpitz (jetzt bereits außer Dienst) wollten den »Geist von 1914« wiederbeleben, die Nation zur Geschlossenheit aufrufen, um einen deutschen Sieg zu erringen. Ihre Anhängerschaft war konservativ – Lehrer, Geistliche und der Mittelstand. Ihr rechter Nationalismus mit einem antikapitalistischen Beigeschmack, ihre Ablehnung aller konstitutionellen Reformen und ihr Eroberungsstreben spalteten die Gesellschaft eher, als dass sie sie einten. Aber 1918 zählte sie bereits 1,25 Millionen Mitglieder.

Das Militär unterstützte die Vaterlandspartei durch seine Presseagentur und durch Zensur der Äußerungen ihrer politischen Gegner. Formal durften Soldaten nicht Mitglied politischer Parteien sein. Aber Ludendorff war wohl bewusst, dass sie die kriegsmüde Stimmung in der Heimat durch Post und Urlaub durchaus kannten. Er verschärfte die Postzensur und rief Ende Juli ein Organ für patriotische Bildung ins Leben, um die Truppen daran zu erinnern, wofür sie kämpften. Die französische Aufklärung meldete zwischen Mai und August 1917 Meutereien an der deutschen Westfront. Das mag erklären, weshalb Ludendorff die Unruhen in der französischen Armee nicht ausnutzte. Im September und Oktober sank die Moral auf einen Tiefpunkt. Besonders im Frontabschnitt von Ypern stiegen die Desertionen auf eine Zahl, die erst im August 1918 wieder erreicht werden sollte. »Ein Ende muss es geben«, schrieb Hans Spieß seiner Mutter am 16. August von der Front, denn es »hat der 30jährige [Krieg] auch ein Ende genommen.« Deprimierte Soldaten konnten ihre Verwandten in der Heimat anstecken. In einem »Merkblatt für Urlauber« vom Dezember 1917 hieß es daher: »Fährst du in den Urlaub, so lass den Dreck und die traurigen Gedanken im Graben! … Bringe ihnen [den Stammtischbrüdern in der Heimat] eine frische Prise Frontluft und den Humor der vorderen Linie!«[16]

Im September 1916 ordnete der preußische Kriegsminister an, dass Briefe nur noch auf Deutsch geschrieben werden durften. Wie stets bei Niederlagen oder Ungehorsam waren Angehörige nichtdeutscher Nationalitäten gern benutzte Sündenböcke. Bereits im November 1914 hatte man von polnischen Angehörigen des deutschen Heeres berichtet, die sich den Franzosen mit dem Ruf »Katholiken! Polen! Freunde!« ergeben hatten.[17] 1915 verweigerte man dänischen Soldaten den Urlaub. Um die Bürgerrechte zu erhalten, mussten sie mindestens ein Jahr gedient haben. Am meisten verdächtig waren allerdings Soldaten, die aus Elsass-Lothringen stammten. Ein Drittel aller Befehle im Zusammenhang mit Desertion bezogen sich auf sie – eine Politik, die leicht zur sich selbst erfüllenden Prophezeiung werden

Ein deutsches Feldpostamt an der Westfront im März 1918. Die Post ist wichtig für die Moral und den Zusammenhalt von Front und Hinterland. In der deutschen Armee werden die Zensurvorschriften allerdings erst 1917 verschärft.

konnte.[18] Dominique Richert diente in einer Einheit, die Anfang 1917 von der Ostfront nach Westen verlegt wurde. Dabei erklärte man allen Elsässern (also auch Richert) und Lothringern, sie müssten zurückbleiben und würden anderen Regimentern zugeteilt. Als sie am Morgen des 2. Januar die Kaserne verließen, waren überall in der Marschkolonne Rufe wie »Vive la France!« und »Vive l'Alsace!« zu hören.[19]

Deutschlands Verbündete unter Druck

In der Armee Österreich-Ungarns löste die nationale Frage noch wesentlich größere Emotionen aus. Für die ersten Niederlagen in Serbien 1914 hatte man die Tschechen verantwortlich gemacht. Diesen Vorwurf konnten sie auch durch Tapferkeit an der italienischen Front nicht entkräften. In den rumänischen Einheiten der ungarischen Territorialarmee Honvéd »tat sich zwischen Offizieren und Mannschaften eine Kluft des Hasses auf«, schrieb Octavian Tăslăuanu. »Die ungarischen Offiziere, rasend darüber, dass Rumänien sich nicht für die Donaumonarchie entschieden hatte, ließen ihre Wut an unseren Bauern aus. Sie prügelten sie erbarmungslos und brüsteten sich jeden Abend voreinander, wie sie sie noch bestrafen würden.«[20] Am gespanntesten aber war das Verhältnis zwischen Ungarn und Österreichern. Conrad von Hötzendorf hatte Budapest bereits vor Ausbruch des Krieges vorgeworfen, es wende viel zu wenig für die Armee auf. Daher war er auch besonders aufgebracht, als Ungarn sich 1914 weigerte, die Autorität des Kriegsüberwachungsamtes anzuerkennen. Da in Österreich das Parlament suspendiert war, verlagerten sich offene Debatten und Pressekritik nach Budapest. Der ungarische Premierminister István Tisza hatte allen Grund zur Sorge: Wenn die Russen über die Karpaten kamen, konnte Ungarn leicht zum ersten Opfer der Unfähigkeit der k.u.k. Armee werden. Als Rumänien 1916 den Krieg erklärte, wurde die Kluft noch tiefer. Ungarn machte die Deutsch-Österreicher für diesen Entschluss Rumäniens verantwortlich und fürchtete zu Recht, die Entente könnte Bukarest dafür mit Teilen ungarischen Gebietes belohnen.

Im Mittelpunkt des Streits stand das Lebensmittelproblem. Österreich-Ungarn war vorwiegend ein Agrarland, ohne sich selbst mit Nahrungsgütern versorgen zu können. Die Seeblockade wirkte sich nicht direkt aus, aber durch den Krieg wurde das Reich von seinen zwei wichtigsten Lebensmittelquellen – Russland und Rumänien – abgeschnitten. Russland hatte bereits 1914 – noch als neutraler Staat – ein Embargo verhängt. 1917 war Österreichs Ernte bei Weizen auf siebenundvierzig Prozent des Standes von 1913 gefallen. Bei Roggen waren es nur noch dreiundvierzig Prozent und bei Hafer gar nur neunundzwanzig Prozent. Auch in Ungarn ging die Produktion zurück. Die Gründe waren zumeist die gleichen – der Mangel an Arbeitskräften, Düngemitteln und Pferden machte sich bemerkbar, wenn auch nicht im selben Umfang. Außerdem wirkte sich der Verlust Galiziens aus. Es hatte daher weniger anzubieten. 1912 hatte Ungarn fünfundachtzig Prozent von Österreichs Weizen und Schlachtvieh geliefert. 1914 hatte es jedoch seine Grenzen zu Österreich geschlossen und seine Lebensmittel nicht mehr als gemeinsame Ressourcen betrachtet. Diese wurden nun vorzugsweise nach Deutschland und an die Armee verkauft. 1917 betrugen Österreichs Importe an Getreide und Mehl aus Ungarn noch 2,5 Prozent des Standes von 1913.[21]

Der Mangel an Viehfutter führte zu Fleischknappheit. 1917 zeigte sich das Lebensmittelproblem am drastischsten darin, dass in den Großstädten zwei oder drei fleischlose Tage in der Woche eingeführt wurden. Die Knappheit war nicht so schlimm wie in Deutschland, und in mancher Hinsicht musste Ungarn nun für österreichische Misswirtschaft herhalten. Während des gesamten Krieges erhielt die Doppelmonarchie die Fiktion aufrecht, ihre Währung, die Krone, verliere nicht an Wert, obwohl der Geldumlauf um 1400 Prozent stieg. Die Folge war, dass Geld so rasch wie möglich in Waren umgesetzt wurde, was die Preise in die Höhe trieb. Sie verdoppelten sich Jahr um Jahr, während die Löhne bis 1917 konstant blieben. Bis zum Kriegsende stiegen sie insgesamt nur um 100 Prozent. Das Problem war also weniger die Lebensmittelknappheit als die mangelnde Kaufkraft. Die Hyperinflation trieb die Produzenten zur Flucht aus der Geldwirtschaft, zum Horten von Waren oder zum Tauschhandel. Am schwersten traf es die Bewohner der Städte, die von den Produktionsquellen am weitesten entfernt waren. Ihr Leiden wurde durch die Probleme des Eisenbahnverkehrs noch verstärkt. Wegen schlechter Instandhaltung und Überlastung kamen die Züge nicht bis in die Städte. Während Österreichs Rindviehbestände von 1910 bis 1918 nur um 18,4 Prozent sanken, schrumpften die Milchlieferungen für Wien um 69 Prozent.[22] Es gelang während des gesamten Krieges nicht, die Lebensmittelversorgung in einer Hand zu konzentrieren. Zwar versuchte Österreich-Ungarn Rathenaus Kriegsrohstoffgesellschaften nachzuahmen, die es »Zentralen« nannte, aber diese wurden für Waren und Dienstleistungen eingeführt. Wenn man einen Ochsen schlachten wollte, brauchte man die Genehmigung von fünf Zentralen – für Leder, Fleisch, Knochen, Fett und Beschaffung. Im Februar 1917 wurde ein einheitliches Lebensmittelamt unter General Ottokar Landwehr von Pragenau geschaffen. Aber er hatte keine volle Exekutivgewalt, besonders nicht in Ungarn.

Die Ironie der Geschichte war, dass der Kaiser Landwehr von Pragenau ernannt hatte, um die konstitutionellen Fußangeln der Doppelmonarchie zu umgehen. Franz Joseph starb am 21. November 1916. Sein Großneffe Karl folgte ihm auf dem Thron. Karl war neunundzwanzig Jahre alt »und machte den Eindruck eines sympathischen jungen Herrn, der mit sich selbst noch nichts Rechtes anzufangen wusste und die Rolle eines fünften Rades nicht sonderlich abzuschwächen versuchte«.[23] Trotzdem übernahm er den Oberbefehl über die Streitkräfte und entließ Conrad von Hötzendorf als Gene-

Kaiser Karls junge Familie bricht teilweise mit dem steifen Zeremoniell des Habsburgerhofes, aber der Einfluss seiner französischen Frau Zita auf Karl lässt Gerüchte von Treuebruch und Verrat aufkommen.

ralstabschef. Diesen mochte er aus persönlichen und sachlichen Gründen nicht: Conrad von Hötzendorf hatte sich seinen Vorkriegswunsch erfüllt, Gina von Reininghaus geehelicht und in seinem Hauptquartier untergebracht – für einen so frommen Katholiken, wie der neue Monarch es war, ein schwerer Affront. Karl hoffte die Völker seines Reiches durch Konsens zu mobilisieren, stattdessen verschaffte er ihnen Gelegenheit, ihren Differenzen freien Lauf zu lassen.

Karl wurde zum König von Ungarn gekrönt, weigerte sich jedoch, einen Eid auf die österreichische Verfassung zu leisten. Damit gab er zu verstehen, dass er die so lange aufgeschobenen Reformen in Gang setzen wollte. Liberalisierung war nun die Losung des Tages. Die Pressezensur wurde gelockert, das Eingreifen des Militärs in die Innenpolitik beendet. Einige sahen das eher als Schwäche denn als Fortschritt: Am 21. Oktober 1916 wurde der österreichische Premierminister Karl Stürgkh von Friedrich Adler, dem Sohn des bekannten Sozialistenführers, ermordet. Adler wurde jedoch nie vor ein Gericht gestellt. Stürgkh hatte sich gegen die erneute Einberufung des österreichischen Parlaments gewandt. Durch seinen Tod und Karls Thronbesteigung wurde dies möglich. Im Mai 1917 erklärte Karl, Aufgabe des Parlaments sei die freie nationale und kulturelle Entwicklung gleichermaßen privilegierter Völker.[24] Damit wies er seinem Reich den Weg zum Föderalismus, allerdings unter Bedingungen, unter denen sich politische Veränderungen kaum steuern ließen.

Karls Reformen waren auch eine direkte Herausforderung an Ungarn. Tisza hatte sich kurzzeitig als liberaler Premierminister darstellen können. Auf diesen Bluff wies Michael Graf Károlyi hin, der im Sommer 1916 die Unabhängigkeitspartei gegründet hatte, die sich auf 1848 berief. 1917 standen die alle zehn Jahre stattfindenden Ausgleichsverhandlungen zwischen Österreich und Ungarn an. Károlyis Partei strebte dort nach vollständiger Autonomie. In seinem Programm verband er innenpolitische Reformen – Ausweitung des Wahlrechts und Bodenreform – mit Forderungen nach Untersuchungen innerhalb der Armee und einem Frieden ohne Annexionen und Kontributionen. Damit sicherte sich Károlyi die Unterstützung von Sozialisten und Revolutionären. Am 1. Mai 1917 kam es zu Großdemonstrationen in Budapest. Trotzdem war es Károlyi und nicht Tisza, den Kaiser Karl zu Rate zog. Der Premierminister musste am 23. Mai auf Karls Forderung zurücktreten. Ihm folgte Moritz Esterházy, der erklärte: »Ich wünsche nach demokratischen Grundsätzen zu arbeiten, aber natürlich kann Demokratie in Ungarn nur eine ungarische Demokratie sein.«[25] Als Österreich und Ungarn schließlich im Dezember 1917 einen neuen Ausgleich schlossen, sollte dieser nicht zwanzig Jahre gelten, wie ursprünglich beabsichtigt, sondern nur noch ganze zwei.

Die Entwicklung im Reich der Habsburger bereitete dem deutschen Verbündeten Sorge. Politische Veränderungen setzten Frieden voraus und waren zu Kriegszeiten kaum zu erreichen. Am 3. April statteten Karl und sein Außenminister Ottokar Czernin dem Kaiser einen Besuch ab. Offiziell wollten sie sich über die Erklärung des uneingeschränkten U-Boot-Krieges beschweren, weil ihr deutscher Verbündeter sie in seiner bekannten Selbstherrlichkeit zuvor nicht konsultiert hatte. Der eigentliche Zweck der Visite bestand jedoch darin, den Kaiser zum Frieden zu drängen. Arz von Straussenburg, Conrad von Hötzendorfs Nachfolger als Generalstabschef, warnte seine deutschen Gastgeber, dass das Habsburger-Reich den kommenden Winter nicht überstehen werde. Czernin wurde noch deutlicher: »Ich will Ihnen etwas sagen«, erklärte er Georg von Müller. »Wenn in drei Monaten der Krieg nicht zu Ende geht, dann werden die Völker ihn ohne die Regierungen beenden. Ich kann nicht mit Ihnen wetten, denn wenn das eintritt, können wir die Wette kaum austragen.«[26]

Czernin wollte die deutsche Seite zu der Erkenntnis bringen, dass ein Verhandlungsfrieden besser sei als eine Palastrevolution. Wenn man die wirtschaftlichen und sozialen Probleme einmal beiseite ließ, war Österreich-Ungarns Position, strategisch gesehen, doch sehr zufriedenstellend: Serbien war besiegt, Rumänien in weiten Teilen erobert, und der Sturz des Zaren hatte Russland erheblich zurückgeworfen. Wien hatte keine direkten Konflikte mit Großbritannien oder Frankreich, die sich durchaus damit begnügen konnten, dass Deutschland der Unabhängigkeit Belgiens und der Rückgabe Elsass-Lothringens zustimmte. Aber genau da lag das Problem: Deutschland, besonders Hindenburg und Ludendorff, lehnte alles ab, was nicht in seine Vorstellung von einem »deutschen Frieden« passte. Czernin beteuerte seine Loyalität gegenüber Berlin, aber ein Frieden zu Deutschlands Bedingungen bedeutete, dass sich Österreich-Ungarn auf absehbare Zeit seinem übermächtigen Verbündeten unterordnete. Möglicherweise wusste er nicht, dass sein Monarch bereits Separatverhandlungen mit Großbritannien und Frankreich aufgenommen hatte. Karls Frau Zita war Französin, und ihr Schwager, Prinz Sixtus von Bourbon-Parma, der sich in der belgischen Armee ausgezeichnet hatte, fungierte als Mittelsmann.

Auch im Verhältnis Deutschlands zum Osmanischen Reich stiegen die Spannungen. Die Türkei war für Deutschland von Interesse, weil sie die britischen Positionen im Nahen Osten zu bedrohen und russische Truppen von der Ostfront in den Kaukasus abzulenken vermochte. Bei der Verfolgung des letzteren Kriegsziels verloren die Türken Ostanatolien. Am 15. Februar 1916 eroberten die Russen Erzurum und erreichten am 18. April Trapezunt (heute: Trabzon) an der Schwarzmeerküste. Als die Briten bei Gallipoli und Kut geschlagen waren, konnten die Türken im Sommer 1916 sechsundzwanzig ihrer zweiundfünfzig Divisionen an die Kaukasusfront werfen. Zwar gingen nun die Kampfverluste zurück, die in den ersten beiden Kriegsjahren ihren Höhepunkt erreicht hatten, aber dafür schwächten Desertion und Krankheiten die Truppen. Im September 1916 führte Enver Pascha eine Umstrukturierung der Armee entsprechend ihrer realen Stärke und nicht der Papierform durch: »Im Ganzen wurden die alten Bataillone zu Kompanien, die Regimenter zu Bataillonen, die Divisionen zu Regimentern, die Korps… zu Divisionen.«[27] Trotzdem konnte er Unterstüt-

Die Briten bauen eine Wasserleitung und eine Eisenbahnstrecke von Ägypten durch die Wüste Sinai, werden aber im März 1917 bei Gaza an der Südgrenze Palästinas gestoppt. Im August wird von Pferden gezogene Artillerie bei Shellal (heute: Ein Hashelosha) ins Niemandsland gebracht.

zung versprechen, als er den frisch ernannten Hindenburg besuchte: »Die Entscheidung des ganzen Krieges fällt in Europa«, erklärte er am 11. September 1916, »und für den dortigen Kampf stelle ich alle meine Kräfte zur Verfügung.«[28]

Das war allerdings nicht ganz wörtlich zu nehmen. Vier türkische Divisionen kämpften bereits in Rumänien, und wenn sie erfolgreich waren, konnte das die Position Russlands im Kaukasus schwächen. Aber als Ludendorff mehr forderte, machte sein türkischer Gast Ausflüchte. Dass es den Russen gelungen war, türkische Divisionen weit von den Grenzen des Osmanischen Reiches nach Norden zu locken, öffnete im Süden den Briten den Weg nach Bagdad. Die Stadt fiel am 11. März 1917. Das war auch für Deutschland keine Kleinigkeit. Ludendorff hatte Enver zu Schritten für

Bagdads Verteidigung gedrängt, lange bevor der türkische Kriegsminister die Gefahr erkannte. Auf der Stelle wurde vereinbart, einen deutschen Befehlshaber an diesen Kriegsschauplatz zu entsenden. Die Wahl fiel auf keinen Geringeren als den früheren Generalstabschef Falkenhayn, der sich mit 18 000 Mann deutscher und österreichischer Truppen in Bewegung setzte.

Falkenhayn plante eine Offensive namens *Yilderim* (»Blitzschlag«), um Bagdad zurückzuerobern. Aber als er im Mai im Nahen Osten eintraf, zeigte sich bereits, dass die Briten von Ägypten her in die Wüste Sinai vordrangen und im Herbst in Palästina stehen konnten. In diesem Fall wollten die Türken, die die Stärken und Schwächen ihrer Armee kannten und wussten, welche logistischen Probleme zu bewältigen waren, zur Verteidigung auf einer Frontlinie zwischen Gaza und Beer Sheba übergehen. Falkenhayn fürchtete, die Truppen der Mittelmächte müssten sich nun auf zwei Fronten verteilen und ein Vordringen der Briten nach Palästina könnte seine Nachschublinien im Irak in Gefahr bringen. Er forderte, alle Truppen der beiden Kriegsschauplätze unter seinem Oberbefehl zusammenzuführen. Das bedeutete die Bildung eines deutschen Hauptquartiers, das nicht nur die Türken zur Bedeutungslosigkeit verdammte, sondern auch viel zu weit im Hinterland, in Aleppo, lag. Falkenhayn schlug vor, zunächst auf dem Sinai gegen die Briten vorzugehen und erst danach zur Mesopotamienfront zurückzukehren. Mit seinem arroganten Auftreten verletzte er die Türken und brachte auch jene Deutschen gegen sich auf, die viel länger in der Region gekämpft hatten als er. Für Falkenhayn waren sie bereits »turkifiziert«, sie dagegen meinten, er befehlige »die türkische Armee im Grenzgebiet der Wüste, wie man eine deutsche Armee im zivilisierten Europa führt«.[29]

Falkenhayn war nicht der einzige neue Befehlshaber im Nahen Osten, der seine Ideen aus dem Krieg in Europa bezog. Edmund Allenby, der die britische 3. Armee in der Schlacht von Arras und bei der Eroberung der Vimy-Hügelkette geführt hatte, übernahm im Juni 1917 den Oberbefehl in Ägypten. Als Kavallerist »macht er den Eindruck eines Mannes, bei dem aus Hoffnung rasch der Entschluss reift, alles zu erobern, was er vor sich sieht«.[30] Robertson in London unterstützte den Gedanken, auf der Linie Gaza–Beer Sheba anzugreifen, weil das den Druck von Bagdad nehmen konnte. Er war kein bornierter »Westler«: Mesopotamien, so erklärte Robertson am 1. August 1917, sei keine »Nebensache, denn solange wir uns dort gut halten, sind Indien und Persien mehr oder weniger sicher«.[31] Aus klimatischen Gründen konnte man die Front in Palästina eröffnen, als die

Fronten in Frankreich und Flandern geschlossen werden mussten. Am 27. Oktober begannen die Briten die Schlacht von Gaza mit dem heftigsten Artilleriebeschuss des gesamten Krieges außerhalb Europas. Per Frontkilometer kamen ebenso viele schwere Geschütze zum Einsatz wie in der Schlacht an der Somme. Zudem hatten sie die Luftüberlegenheit, weshalb sie ihr Feuer besser leiten und koordinieren konnten.

Aber während Artillerie und Infanterie die Türken an der Front, im Inland und im Osten festhielten, »ertönte über Meilen hinweg ein leises Trappeln, das immer stärker wurde – das Stampfen von zehntausend Hufen«. Bei diesem Feldzug hatte die Kavallerie eine Rolle zu spielen. »Zwar lachten manche noch, als die ersten Granaten uns entgegenpfiffen, andere rauchten bei dem leichten Galopp. Aber dann mussten wir uns aus aller Kraft im Sattel aufrichten, damit uns die Pferde nicht durchgingen.« Beer Sheba, wichtig für die Wasserversorgung, wurde am 31. Oktober genommen. »Die Männer erleben«, notierte ein begeisterter Kavallerist von den *Australian Light Horse*, »dass der Türke bis zur letzten Patrone kämpft und erst, wenn wir schon über ihm sind, das Gewehr fortwirft und schreiend die Flucht ergreift. Österreichische Artilleristen und deutsche Maschinengewehrbesatzungen dagegen schießen so lange, bis wir sie mit unseren Bajonetten niedermachen.«[32]

Falkenhayn konnte seine Frontlinie nicht halten und musste sich in die Berge nördlich von Jerusalem zurückziehen, wobei er seine rechte Flanke bei Jaffa in Position brachte. Im Februar 1918 wurde er nach Deutschland zurückberufen. Zuvor aber hatte er noch interveniert, um die Wiederansiedlung der Juden zu verhindern. Man verdächtigte sie (zu Recht) der Spionage, aber weder die Deutschen noch Talât, der im Februar 1917 Großwesir des Osmanischen Reiches geworden war, wollten eine Neuauflage des Massakers an den Armeniern.

Allenbys Truppen zogen am 9. Dezember in Jerusalem ein und bereiteten sich auf den zu erwartenden Gegenangriff der Türken vor. Zu seiner Rechten, jenseits des Jordans, stand arabische Unterstützung unter dem Befehl von Feisal, dem Sohn des Emirs Hussein von Mekka. Die Briten waren wie die Deutschen durchaus bereit, die Revolution als Mittel des Krieges einzusetzen. Die Kolonialregierung von Indien hatte im Mesopotamienfeldzug ihre Hoffnungen ursprünglich auf Unterstützung durch die Araber gesetzt. In Wirklichkeit hielten jedoch viele von ihnen den Türken die Treue, während andere eine gewisse Neutralität wahrten, was bedeutete, dass sie einan-

Die Türken stehen in dem Ruf, hartnäckige Verteidiger zu sein. 1916 und 1917 verstärken sie ihre Stellungen bei Gaza.

der misstrauisch beäugten und bereit waren, jede Armee auszurauben. Als die Briten 1915/16 den Tigris aufwärts zogen, lautete die Regel: »Stromauf der Feind, stromab der Freund«.[33] Aber weiter westlich hatte Kitchener bereits im September 1914, bevor der Krieg gegen die Türkei überhaupt begonnen hatte, Kontakt zum Emir Hussein aufgenommen. Großbritannien bot ihm das Kalifat an, was allerdings eher im geistlichen als im weltlichen Sinne gemeint war.

Im Oktober 1915 versprach der britische Hochkommissar in Ägypten, Sir Henry McMahon, den Arabern allerdings auch die Unabhängigkeit. Das *India Office* war entsetzt, denn es wollte den Irak für Großbritannien annektieren. Zudem hatte der Hochkommissar Einspruch gegen französische Interessen in der Region eingelegt, aber sein Angebot an die Araber widersprach einer Vereinbarung, die Mark Sykes im Dezember 1915 mit dem Franzosen François Picot getroffen hatte. Picot, der eine kleine Gruppe vertrat, die für Frankreich ein »Großsyrien« schaffen wollte, handelte auf eigene Faust. Für Sykes hatten die britischen Interessen zwar einen höheren Stellenwert, aber er suchte einen Ausgleich mit dem französischen Einfluss in der Region. Dabei überging er den arabischen Nationalismus. Beide teilten ganz Arabien in zwei Einflusssphären, in denen die Suzeränität allerdings eher indirekten als direkten Charakter haben sollte. Sykes hatte die Nachkriegsregelung im Sinn, McMahon dagegen wollte die Araber zur Beteiligung am Krieg bewegen. Hussein konnte sich bis Juni 1916 nicht entscheiden. Als er sich schließlich doch für die Revolte aussprach, wurde er von den Türken zum Sündenbock für deren Niederlagen erklärt – ganz ähnlich wie Deutschland und Österreich-Ungarn ihnen untertane Nationalitäten benutzt hatten.

Das *Foreign Office* richtete ein *Arab Bureau* ein, das es mit solch illustren Gestalten wie dem Selbstdarsteller T. E. Lawrence (»Lawrence of Arabia«) und der umstrittenen Forscherin Gertrude Bell besetzte. Sie sollten in Kairo zu Hussein und dessen Söhnen Verbindung aufnehmen. Die angemaßte Rolle des *Arab Bureau* sollte darin bestehen, das Sykes-Picot-Abkommen zu unterlaufen und den Plänen des *India Office* ein »effizientes Araberreich« entgegenzustellen. 1918 behauptete Lawrence: »Der Begriff ›Bewegung der Araber‹ wurde in Kairo als gemeinsamer Nenner für all die verschwommene Unzufriedenheit mit der Türkei erfunden.«[34] Die Kampfstärke der arabischen Truppen schwankte stark. Die Schwierigkeit für die Militärs bestand vor allem darin, die Stammeskrieger als einheitliche Kraft zusammenzuhalten, vor allem als der Palästinafeldzug sich immer mehr nach Norden von ihren Stammesgebieten fortbewegte. In Syrien herrschte seit 1915 eine Hungersnot. Die Küstengebiete hatten unter der Blockade der Alliierten zu leiden. Die schlechte türkische Verwaltung, Missernten und Spekulation hatten die Lage weiter verschärft. Bis 1918 soll der Hunger über eine halbe Million Opfer gefordert haben. »Lebensmittel waren die Währung, mit der politische Unterstützung bezahlt wurde.«[35] Als die *Australian Light Horse* auf den Spuren der geschlagenen Türken vorrückten, sahen sie »ganze Horden arabischer Männer, Frauen und Kinder, schwer beladen mit Diebesgut«, das sie aus den Hinterlassenschaften der besiegten osmanischen Armee zusammengeraubt hatten. »Viele dieser arabischen Halsabschneider schleppten Säcke voller türkischer Fladenbrote, die sie aus den noch warmen Öfen gerissen hatten.«[36] Der Erfolg von T. E. Lawrence als Guerillaführer lag gerade darin, dass er Plünderung für Kriegszwecke auszunutzen verstand.

Die Alliierten konnten auch deshalb so rasch vorrücken, weil der osmanische Staatsapparat rasch zerfiel – zumindest in der Südhälfte des Imperiums. Papiergeld besaß in Syrien und Mesopotamien nur noch ein Achtel bis ein Zehntel seines ursprünglichen Wertes, wenn man es überhaupt annahm. Die meisten Araber akzeptierten nur noch Gold, mit dem sich die Briten ihre Unterstützung sicherten. Selbst in Konstantinopel brach die Geldwirtschaft zusammen. Der Brotpreis stieg von 1914 bis 1918 auf das Fünfzigfache. Im Februar 1918 lagen die Lebenshaltungskosten 1970 Prozent über dem Niveau von 1914. Da der Inlandverkehr so unterentwickelt war, hing Konstantinopel selbst in Friedenszeiten von Lebensmittelimporten aus dem Ausland ab. Die Seeblockade verstärkte die Abhängigkeit der Stadt vom Hinterland, aber dort sank die Produktion. Anatolien hatte seine wichtigste Ressource, die menschliche Arbeitskraft, weitgehend verloren. Die Gesamtverluste der Türkei in diesem Krieg betrugen etwa 2,5 Millionen Menschen – über das Dreifache der Verluste Großbritanniens. In manchen Dörfern kamen kaum zehn bis zwanzig Prozent der Männer im wehrfähigen Alter aus dem Krieg zurück. Die landwirtschaftliche Produktion hing weitgehend von der riesigen Zahl der Deserteure ab, insgesamt etwa eine halbe Million, die durch das Land irrten.[37] Die Türkei war bitter enttäuscht, als ihre Alliierten sie von der Verteilung der Kriegsbeute nach der Kapitulation Rumäniens im Mai 1918 ausschlossen.

Der »Brotfrieden«

War der Vertrag von Bukarest Grund für Frustration bei den Türken, so bekamen sie in Brest-Litowsk ihre Chance. Seit dem Sturz des Zaren war es an der Kaukasusfront ruhig geblieben. Am 18. Dezember 1917 wurde in Erzincan ein lokaler Waffenstillstand ausgehandelt. Bei den Verhandlungen in Brest-Litowsk hatte der deutsche Vertreter Richard von Kühlmann großes Interesse daran, den Drang der deutschen Armee nach Osten als Einsatz für nationale Selbstbestimmung auszugeben. Damit war der Mitte-Links-Block im Reichstag zu besänftigen. Der Abzug Russlands aus Anatolien und die Forderung der Türkei nach Herstellung ihrer Grenzen von 1878 passten gut in diese Strategie. Die Unabhängigkeit der baltischen Staaten und Polens dagegen war lediglich ein Feigenblatt für deutsche Vorherrschaft. Am 9. Februar verließ Trotzki die Verhandlungen und zog sich lieber auf die Position »weder Krieg noch Frieden« zurück, als derart demütigende Bedingungen zu akzeptieren. Drei Tage später rückten die Truppen der Mittelmächte über die Waffenstillstandslinie vor. »Die Schweinerei in der russischen Armee ist noch viel größer, als ich angenommen«, schrieb der deutsche Stabschef im Osten, General Max Hoffmann, am 10. Februar 1918 in sein Tagebuch. »Fechten will keiner mehr. Gestern nahm 1 Leutnant mit 6 Mann von uns 600 Kosaken gefangen.«[38] Im Süden zog die türkische Armee am 17. Februar 1918 in Trapezunt und am 12. März in Erzurum ein. Mit der Unterzeichnung des Vertrages am 3. März akzeptierten die Russen, dass Kars, Ardahan und Batum (Batumi) wieder an die Türkei fielen. Außerdem erkannten sie die Unabhängigkeit Transkaukasiens an.

Jetzt aber behaupteten die Türken, sie wollten weiter vorrücken, nicht um den Bolschewismus zu bekämpfen, sondern um Muslime vor Angriffen von Armeniern zu schützen. Im ölreichen Baku gab es Auseinandersetzungen von Muslimen mit Bolschewiken und Christen. Während die türkischen Truppen die Südhälfte des Osmanischen Reiches räumten, sich nach Damaskus und Mosul zurückzogen, kam es im Norden zu einem Wiederaufleben der pantürkischen Bestrebungen, die Enver bereits drei Jahre zuvor nach Sarikamis geführt hatten. »Ihr seht, dass das Schicksal die Türkei von Westen nach Osten führt«, erklärte Vehib, der Befehlshaber im Kaukasus, den Armeniern. »Wir haben den Balkan verlassen und ziehen uns jetzt auch aus Afrika zurück, aber wir müssen weiter nach Osten vorrücken. Dort sind

Deutsche Truppen halten die Ukraine unter Kontrolle, indem sie die wichtigsten Eisenbahnstrecken besetzen.

unser Blut, unsere Religion und unsere Sprache. Sie üben eine unwiderstehliche Anziehungskraft aus. In Baku, in Dagestan, Turkestan und Aserbaidschan leben unsere Brüder.«[39]

Auch Österreich-Ungarn hoffte mit dem Vertrag von Brest-Litowsk seine sinkende Moral noch einmal heben zu können. Czernin war hin- und hergerissen zwischen Kaiser Karls Wunsch nach einem Frieden ohne Annexionen und Ludendorff, der den deutschen Unterhändler Kühlmann unter Druck setzte. Für Wien waren Lebensmittel wichtiger als Gebietsgewinne, weshalb es ihm viel mehr auf eine Regelung mit der Ukraine als auf eine mit Russland ankam. Am 15. Januar erfuhr Czernin vom Gouverneur von Böhmen, die Lebensmittelknappheit drohe katastrofale Ausmaße anzunehmen: »Von Ungarn erhalten wir nur geringe Mengen, von Rumänien noch zehntausend Waggons Mais, es bleibt dann ein Abgang von mindestens dreißigtausend Waggons Getreide, ohne welche wir einfach zugrunde gehen müssen. ... Es wird in wenigen Wochen unsere Kriegsindustrie, unser Bahnverkehr still stehen, die Versorgung der Armee wird unmöglich sein, sie muss zusammenbrechen, und die Katastrophe muss zum Zusammenbruche Österreichs und infolgedessen auch Ungarns führen.«[40]

In Österreich war die Mehlration am Tag zuvor gekürzt worden. Sofort protestierten die Arbeiter des Daimler-Werkes in Wiener Neustadt. Am 17. Januar streikten in Wien bereits 200 000 Arbeiter. Am 19. erhielt Josef Redlich den Bericht, »daß der Streik allgemein geworden ist, daß in Ostrau, Brünn, Prag und in der Steiermark alle Gruben still stehen. ... In Budapest ist Generalstreik, keine Tram verkehrt.«[41] Das ließ Trotzki hoffen, eine Ausbreitung der bolschewistischen Revolution könnte die Verhandlungen von Brest-Litowsk gegenstandslos machen. »In Russland«, verkündete ein österreichisches Plakat, »wird das Land unter das Volk aufgeteilt, Fabriken und Bergwerke gelangen in den Besitz der Allgemeinheit.«[42] Nach sowjetischem Vorbild wurden in den Betrieben Räte gewählt, die darauf bestanden, die Forderungen der Mittelmächte dürften nicht den Friedensschluss mit den Bolschewiken gefährden. Aber die Sozialdemokraten folgten der Menge eher, als sie zu führen. Sie schlossen sich den Demonstrationen an, um bei den Arbeitern nicht alles Vertrauen zu verlieren und um deren Forderungen zu mäßigen. Die Regierung zeigte sich zunächst ebenfalls versöhnlich: Czernin erklärte den Sozialdemokraten, der Frieden mit Russland sei greifbar nahe, und bald träfen Lebensmittel aus Polen und der Ukraine ein. Diesmal hatten die Proteste im Herzen des Reiches begonnen und waren nicht das Werk »unterworfener Nationalitäten«, die dessen Zerfall anstrebten. Als die Marine Anfang Februar bei Cattaro an der Adriaküste meuterte, war um Wien bereits wieder Ruhe eingekehrt.

Die Ukraine lieferte nicht so viel wie erwartet. Die neue Regierung, die *Rada*, die von den Bolschewiken herausgefordert wurde, konnte das Land nicht unter Kontrolle bringen und wurde Ende April von einer Konterrevolution gestürzt. Die Ordnung ruhte nun auf den deutschen und österreichischen Bajonetten. Wilhelm Groener, jetzt Korpskommandeur in Kiew, berichtete am 23. März an Ludendorff: »Der Beamtenapparat ist völlig zerstört, höchst unzuverlässig und zu schneller Arbeit keinesfalls befähigt. Österreich-Ungarn sieht die Lage viel praktischer an; es war mir interessant zu hören, daß die ukrainische Regierung nur ›Mantel‹ sein darf, das Übrige müßten wir selbst machen.«[43]

An der Ostfront standen 1918 insgesamt 1,5 Millionen Soldaten, die in der Regel älter und weniger leistungsfähig waren als die im Westen. Sie verbrauchten selbst einen großen Teil der Lebensmittel, die sie für die Zivilbevölkerung in der Heimat beschaffen sollten. Die Hauptursache jedoch für die Lebensmittelknappheit im Habsburger-Reich, die sich auch in Deutschland auswirkte, war der Transport. Nahrungsgüter für Österreich-Ungarn mussten mit Schiffen über das Schwarze Meer die Donau hinaufgebracht oder durch das kriegszerstörte Galizien geschafft werden. Wenn man Getreide aus der Ukraine nach Deutschland und Truppen an die Front transportieren wollte, die auch nach der Unterzeichnung des Friedens von Brest-Litowsk nicht geschlossen werden konnte, dann bedeutete das eine ungeheure Belastung für das Eisenbahnnetz, das bereits weit über sein normales Maß ausgedehnt war und unter verschlissenen Lokomotiven, völlig unzureichender Instandhaltung und Brennstoffmangel zu leiden hatte. Zwar besetzten die Deutschen Ende April das Donez-Becken, aber dort wurden in der ersten Hälfte des Jahres 1918 ganze fünf Millionen Tonnen Kohle gefördert. Aus Deutschland mussten jeden Monat 80 000 Tonnen Kohle dorthin gebracht werden, nur um die Züge am Laufen zu halten.[44] Alle vier Mittelmächte zusammen importierten 1918 aus der Ukraine lediglich 113 421 Tonnen Lebensmittel. Czernin musste einräumen, »dass die Hoffnungen, die beim Abschlusse des Friedens von Brest-Litowsk allgemein gehegt wurden, auch nicht annähernd in Erfüllung gegangen sind«.[45]

Die Wiener Streiks, die ihre Ziele so leicht erreicht zu haben schienen, spornten die deutschen Arbeiter zu ähnlichen Aktionen an. Am 28. Januar 1918 streikten 100 000 Arbeiter in Berlin, und nur Tage später legten 400 000 Arbeiter in deutschen Großstädten wie Düsseldorf, Kiel, Hamburg und Köln die Arbeit nieder. Nach Schätzungen gingen insgesamt über vier Millionen Menschen auf die Straße. Die Führung lag meist bei radikalen Betriebsräten, die von den offiziellen Gewerkschaften enttäuscht waren. In den meisten Fällen verkündeten sie jedoch noch keine revolutionären Ziele. Wie in Österreich-Ungarn reagierten die Mehrheitssozialdemokraten in Deutschland auf die Aktionen der Arbeiter nur, statt sie anzuführen. In Deutschland war die Antwort des Staates jedoch völlig anders. »Mein alter Freund, General von Kessel«, schrieb die Fürstin von Blücher in ihr Tagebuch, »tut sein Möglichstes, um durch Aufstampfen mit seinem schweren Fuße und Rasseln seiner gepanzerten Faust die trüben Wasser in Berlin in Bewegung zu bringen.«[46] Die Militärs glaubten, dass die Arbeiter den Russen am Verhandlungstisch den Rücken stärkten. Am 31. Januar wurde der Ausnahmezustand verhängt. Man nahm die Streikführer fest und stellte sie vor ein Kriegsgericht. 150 wurden ins Gefängnis geworfen und über

Nach dem Vertrag von Brest-Litowsk erkennt Deutschland nominell die Unabhängigkeit der baltischen Staaten an, sucht sie aber indirekt zu kontrollieren. Der Bürgerkrieg liefert den deutschen Truppen den Anlass, im April 1918 in Finnland einzumarschieren. Hier werden gerade Rotgardisten in Helsinki festgenommen.

50 000 Streikende in Uniform gesteckt. In der Armee trafen sie auf Soldaten, die gerade aus russischer Kriegsgefangenschaft zurückgekehrt waren, oder auf Einheiten, die die Verbrüderungen an der Ostfront miterlebt hatten. Züge, die sie nach Westen brachten, trugen Losungen wie »Kanonenfutter für Flandern«.

Die deutschen Offensiven 1918

Die Soldaten an der Front zeigten wenig Sympathie für jene, die sie Unruhestifter nannten. »Eins haben wir mindestens diesen Berliner Sauhunden zu verdanken, mindestens ein halbes Jahr längeren Krieg«, schrieb einer.[47] Bislang unterschied sich die Moral an der Front noch von der Stimmung in der Heimat. Aber als das Militär jeden Mann einzog, den es bekommen konnte, änderte sich das. Zum ersten Mal seit Februar 1916 plante das Heer eine Großoffensive an der Westfront. Der Erfolg auf dem Schlachtfeld hatte

351

auch ein innenpolitisches Ziel: Wie seinerzeit Tannenberg sollte er dem Militär beim Volk Legitimität verleihen. Viele hohe Offiziere waren der Meinung, dafür sei es zu spät, die deutschen Truppen seien nur noch zu begrenzten Angriffsoperationen in der Lage. General Hoffmann meinte, Deutschland solle einen Verhandlungsfrieden ohne Annexionen anstreben, andere rieten, es solle in Igelstellung gehen und sich auf Verteidigung an verkürzten Fronten beschränken. Aber da Russland zusammengebrochen war, konnte Deutschland vom 1. November 1917 bis zum 21. März 1918 vierundvierzig Divisionen nach Westen werfen.[48] Am 11. November 1917 erklärte Ludendorff bei einer Besprechung der Armeebefehlshaber: »Unsere Gesamtlage fordert, möglichst früh zuzuschlagen, möglichst Ende Februar oder Anfang März, ehe die Amerikaner starke Kräfte in die Waagschale werfen können.«[49]

So weit reichte damals das strategische Denken. 1917 hatte Deutschland seine Hoffnungen auf die U-Boot-Offensive gesetzt. Holtzendorff hatte

Das Mittelmeer wird zum besonders lohnenden Jagdrevier für U-Boote, die sich in der Adria versteckt halten. Das französische Schiff *Sontay*, unterwegs von Marseille nach Saloniki, sinkt am 16. April 1917 binnen fünf Minuten. Von den 425 Passagieren können 380 gerettet werden.

ausgerechnet, wenn Deutschland fünf Monate lang 600 000 Tonnen an britischer Schiffstonnage pro Monat versenken könnte, werde Großbritannien zum Frieden gezwungen sein. Die Marine zog mit: Sie versenkte im April 860 334 Tonnen und übertraf auch im Mai und Juni das gesteckte Ziel. Wenn man bedenkt, dass sie jeweils nur etwa 30 U-Boote gleichzeitig zur Verfügung hatte, war das ein bemerkenswerter Erfolg. Vor dem Krieg hatte man angenommen, dass für eine wirksame Blockade der britischen Inseln 222 U-Boote notwendig seien.[50] Aber als Erzberger im Juli den Kanzler angriff, ging er davon aus, dass die U-Boot-Offensive fehlgeschlagen war. Ursache waren nur zum Teil die britischen Gegenmaßnahmen. Die Royal Navy stellte Frachtschiffe zu Konvois zusammen, wodurch sie ihre Zerstörer am besten einsetzen konnte, die bisher zumeist Schiffe der Grand Fleet eskortiert hatten. Hier begann auch die US-Navy eine Rolle zu spielen. Zerstörer verfügten im Unterschied zu den meisten Handelsschiffen über Funkverbindung. Mit den neuesten von *Room 40* zur Verfügung gestellten Aufklärungsdaten waren sie in der Lage, die Konvois durch U-Boot-freie Gewässer zu führen. Vor allem aber hatte sich Holtzendorff verrechnet. Er war davon ausgegangen, dass sich neutrale Schiffe nicht mehr auf See wagen würden. Das trat nicht ein. Dafür sorgten schon die hohen Frachtsätze und Londons Kontrolle über den Versicherungsmarkt. Aber die Importe, die bisher über die neutralen Nachbarländer zu den Mittelmächten gelangt waren, gingen zurück. Damit stellten sich die Deutschen selber ein Bein: Der U-Boot-Krieg verschärfte noch die Seeblockade der Alliierten.

Zudem war Großbritanniens eigene Lebensmittelversorgung flexibler, als Holtzendorff sich vorgestellt hatte. 1914 importierte das Land vierundsechzig Prozent seiner Lebensmittel. Es verfügte jedoch über ungenutzte Weideflächen, die es jetzt rekultivieren konnte. Damit stieg die Produktion, besonders da auch die Rationierung, als sie schließlich eingeführt werden musste, beim Verkauf und nicht bei der Produktion ansetzte. Von 1914 bis 1918 stiegen die Hektarerträge bei Weizen um vierzig Prozent und blieben bei den meisten anderen Nahrungspflanzen zumindest konstant.[51] Die Importe wurden nun vor allem auf Getreide konzentriert, das im Verhältnis von Gewicht zu Kaloriengehalt effizienter war als Lebendvieh. Die Sterberaten unter den Arbeitern gingen zurück, da die Ernährung gesünder wurde und die Rationierung auch für die unteren Schichten das Existenzminimum sicherte.[52] Als Großbritannien schließlich 1918 zur vollen Rationierung übergehen musste, war die größte Gefahr für seinen Handel bereits vorüber. Der

Das deutsche Oberkommando im Juni 1918 im belgischen Spa. Der Kaiser wird von Hindenburg (links) und Ludendorff (rechts) flankiert.

Nutzen war vor allem psychologischer Natur. Da der Schwarzmarkt sich bislang kaum entwickelt hatte, förderte die Kontrolle des Staates über die Lebensmittelversorgung die Solidarität in der Gesellschaft, statt sie – wie in Deutschland – zu untergraben. »Schaut euch das Brot auf eurem Frühstückstisch gut an und behandelt es, als sei es pures Gold«, erklärte Kennedy Jones, der Generaldirektor der Lebensmittelbehörde *Food Economy*, im Mai 1917 in einer Rede in Edinburgh, »denn das britische Brot wird die Deutschen schlagen.«[53]

Im Juni 1917 bestellte die deutsche Kriegsmarine neue U-Boote für 1919, womit sie eingestand, dass Holtzendorff sich in seinen Annahmen geirrt hatte. Die Gesamtzahl der verfügbaren Schiffe jedoch ging von diesem Zeitpunkt an zurück. Es ist symptomatisch für die Kriegführung durch das Militär, dass für einen verstärkten Bau von Unterwasserschiffen weder Material noch Personal zur Verfügung gestellt wurde. Deutschland hatte nicht die Ressourcen und auch nicht die Planungsinstrumente, um zu Land und zur See gleichzeitig Großaktionen durchzuführen. 1916 war die Bodenoffensive im Westen nicht von Aktionen der U-Boot-Flotte begleitet gewesen. 1917, das Jahr des U-Boot-Krieges, hatte keine Großoffensive in Frankreich erlebt. Und 1918 wirkte sich die Orientierung auf den Landkrieg nachteilig für die Kriegsmarine aus. Im Januar jenes Jahres schrieb Hindenburg dem Kaiser: »Um uns die politische und wirtschaftliche Weltstellung zu sichern, deren wir bedürfen, müssen wir die Westmächte schlagen.«[54] Aber selbst wenn die Deutschen Paris und Calais erreichen sollten, wie einige Optimisten hofften, waren damit weder Großbritannien noch die USA ausgeschaltet. Czernin glaubte, Großbritannien könnte zu Verhandlungen bewegt werden, bevor die US-amerikanische Präsenz sich auswirkte. Damit behielte es die Oberhand in der Weltpolitik. Das aber setzte die Bereitschaft Deutschlands zu einem Kompromiss bei Belgien und Elsass-Lothringen voraus. Dazu waren jedoch weder Hindenburg noch Ludendorff zu bewegen, die gemeinsam mit anderen zunehmend in den Begriffen eines »Zweiten Punischen Krieges« dachten. Wenn im derzeitigen Weltkrieg nicht alle Kriegsziele Deutschlands zu erreichen waren, musste ihm ein weiterer folgen. In diesem Fall war es noch wichtiger, den laufenden Krieg mit Gewinnen zu beenden, die es ermöglichten, den nächsten bis zum siegreichen Ende zu führen.

Die operative Planung war im Winter 1917/18 nicht weniger konfus als die allgemeine Strategie. Wenn das Ziel darin bestand, Frankreich auszuschalten, war Verdun der Frontabschnitt, den man isoliert behandeln konnte. Aber aus der Schlacht von 1916 wusste man, dass die französische Armee dort nicht so ohne weiteres nachgeben würde. Die Briten galten als weniger standhaft und würden nicht alles daransetzen, Boden zu verteidigen, der ihnen nicht gehörte. Daher favorisierte die Heeresgruppe unter Kronprinz Rupprecht von Bayern einen Angriff in Flandern in Richtung Westen, mit dem die Briten im Frontbogen von Ypern abgeschnitten werden sollten. Aber der morastige Boden sprach gegen eine Attacke im zeitigen Frühjahr, sodass man sich zunächst auf Ziele weiter südlich orientierte. Der nun gewählte Abschnitt von Arras nach Süden bis St. Quentin schloss das alte Schlachtfeld an der Somme ein. Dort konnte das verwüstete Gelände den Vormarsch der Deutschen genau an der Stelle bremsen, wo sie den Durchbruch zu erreichen hofften. Zudem musste der Hauptstoß der 2. und der 17. Armee zunächst nach Südwesten gehen, um die Frontausbuchtung von Cambrai zu beseitigen. Mitten im Kampf hatten die Truppen dann nach Nordwesten in Richtung Arras und Vimy zu schwenken. Südlich davon wurden alle Beschränkungen für die Ziele der 18. Armee, die ursprünglich die linke Flanke sichern sollte, aufgehoben. Man ermutigte sie, nach Süden vorzustoßen, wenn sie dazu in der Lage war. Damit drohte die Gefahr, dass der deutsche Vorstoß sich in verschiedene Richtungen aufsplitterte. Deutschland verfügte immer noch über genügend Ressourcen für eine Großoffensive, schien sich aber nun auf eine ganze Reihe unbestimmter Aktionen einzulassen. Kronprinz Rupprecht gefiel das überhaupt nicht. Es war die erste Offensive, die Hindenburg und Ludendorff im Westen starteten, und er glaubte, sie unterschätzten die Schwierigkeiten. Als er am 21. Januar 1918 darauf hinwies, dass der Angriff in keine günstige Operationsrichtung führe, antwortete Ludendorff: »Wir haben uns in Russland auch immer nur ein nahes Ziel gesteckt und dann gesehen, wie wir weiterkommen.« Rupprecht brachte zwei Einwände: Erstens könne taktischer Erfolg kein Selbstzweck sein, sondern müsse sich auf eine operative Grundlage stützen, und zweitens, gegen die Russen zu kämpfen sei nicht das Gleiche wie gegen Briten oder Franzosen.[55]

Rupprechts Einwände wurden beiseite geschoben. Das deutsche Prinzip, den Befehl nach vorn zu verlagern, das auf dem Schlachtfeld angewandt wurde, galt nicht für die höhere Kommandoebene. Ludendorff setzte drei Armeen für die Offensive ein, der er den Namen »Michael« gab. Diese verteilte er auf zwei Heeresgruppen, sodass Entscheidungen die Befehlskette von unten nach oben durchlaufen mussten, nicht umgekehrt. Differenzen konnte nur er klären, dabei war seine konzeptionelle Übersicht eindeutig begrenzt. »Ludendorff ist ein ausgesprochener Willensmensch«, notierte Rupprecht, »aber der Wille allein genügt nicht, wenn ein nüchterner Verstand ihn nicht zügelt.«[56]

Ludendorff war der Meinung, unter den Bedingungen des Schützengrabenkrieges komme es allein auf Taktik an. Erst wenn ein Durchbruch gelinge, sei Strategie gefragt. Eine Reihe von Schlachten im zweiten Halbjahr 1917 – die Eroberung von Riga, der Durchbruch bei Caporetto und der Gegenangriff bei Cambrai – erweckten in der Tat den Anschein, die Deutschen hätten die Rätsel des Grabenkrieges gelöst. Im Januar 1918 gaben sie eine neue Dienstvorschrift mit dem Titel »Der Angriff im Stellungskrieg« heraus. Diese enthielt nicht so neue Gedanken, wie manchmal behauptet wird. Sie stützte sich vor allem auf die Erfahrungen der deutschen Defensivschlachten von 1917 am Chemin des Dames und bei Ypern. Mit einer tief gestaffelten Verteidigung, nur locker besetzten vorderen Linien und den Hauptkräften im Hinterland hatten die Deutschen den angreifenden Feind

Deutsche Infanterie zieht 1918 in ein französisches Dorf ein. Der Offizier rechts rückt seine Kartentasche zurecht und schaut auf seinen Hornisten, den er für Signale im Feld immer noch braucht. Anders als viele deutsche Einheiten verfügt diese über ausreichend Transportmittel.

von seiner eigenen Artillerieunterstützung fortgelockt und damit erreicht, selbst in Verteidigungsschlachten zum Gegenangriff übergehen zu können. Außerdem hatten sie die Befehlsgewalt nach vorn verlegt, um sicherzustellen, dass man auf Geländegewinne des Gegners sofort reagieren und verlorenes Terrain zurückerobern konnte, bevor der Gegner Zeit hatte, sich dort festzusetzen. Aber die Wurzeln der Taktik von 1918 gingen noch weiter zurück – bis ins Jahr 1915 zu den ersten Sturmabteilungen von Willy Rohr. 1918 wurden Sturmtrupps von sieben bis zehn Mann darin trainiert, befestigte Stützpunkte des Gegners zu umgehen und den Schwung des Vormarschs aufrechtzuerhalten, indem man die Schwachstellen herausfand. Nachrückende Einheiten sollten dann den Rest erledigen.

Der zweite Schlüssel zur Verbindung von Feuer und Bewegung war die Artillerie. Hier muss als wichtigster Neuerer auf deutscher Seite Georg Bruchmüller angesehen werden, ein Oberstleutnant, der bereits vor Kriegsausbruch in Ruhestand gegangen und offiziell nicht wieder in den aktiven

Dienst zurückgekehrt war. Am 21. März 1918 dauerte der Beschuss nur fünf Stunden. Er sollte den Gegner vor allem erschrecken und niederhalten, nicht vernichten, vor allem aber das Überraschungsmoment sichern. Das Feuer konzentrierte sich weniger auf die Verteidigungsstellungen der gegnerischen Infanterie als vielmehr auf die Batterien seiner Artillerie. Da man inzwischen Vorkehrungen getroffen hatte, war Gas im Ersten Weltkrieg nicht mehr unbedingt tödlich. Das Aufkommen der Gasgranaten bedeutete aber, dass es an bestimmten Punkten sehr gezielt eingesetzt werden konnte. Bruchmüller ließ Tränengas- zusammen mit Phosgengranaten (Kohlensäurechlorid) abfeuern. Damit zwang er die Geschützbesatzungen des Gegners, ihre Gasmasken abzunehmen, um das Brennen in den Augen zu lindern, wobei sie das Gasgemisch einatmeten.

Der geschickte Einsatz der Artillerie bedeutete, dass die Kämpfe, die wegen der Schützengräben linear ausgerichtet waren, auch in die Tiefe getragen wurden. Wirksame Schläge gegen die feindlichen Batterien gaben der deutschen Infanterie die Möglichkeit, sich zu sammeln, ohne selbst unter Feuer zu geraten. Um 9.40 Uhr morgens kletterten die Sturmtrupps aus ihren Gräben und überquerten das Niemandsland in Gruppen statt Wellen, wobei sie sich dicht bei der rollenden Feuerwalze hielten.

Ludendorffs taktisches Problem war weniger theoretischer als praktischer Natur. Aus seiner Sicht waren die Standards inzwischen so weit abgesunken, dass die Armee kaum besser war als eine Miliz. Im Winter 1917/18 wurden insgesamt sechsundfünfzig Divisionen ausgewählt, um den Angriff zu üben. Dabei ging es weniger um die Fähigkeiten der Einheit, sondern vor allem um die Moral des Einzelnen. Durch den Einsatz neuer Technik auf dem Schlachtfeld, in der so genannten Materialschlacht, war der Soldat erhöhtem Stress ausgesetzt. Um ihn zu motivieren, griffen die Deutschen auf das Prinzip von 1914 zurück: »Die Truppen müssen Schwung haben, wenn ein Angriff gelingen soll.«[57] Die Truppen wurden in mobile, Angriffs- und Schützengrabeneinheiten eingeteilt. Erstere erhielten bessere Verpflegung und sollten die Attacke anführen. Die Stimmung, die Ende Oktober 1917 auf einem Tiefpunkt angelangt war, stieg im Vorfeld der Offensiven an der Westfront wieder an. »Überall wird fieberhaft gearbeitet«, schrieb ein Soldat am 21. März nach Hause, »und das Straßenbild ist ein so belebtes wie in den ersten Kriegsmonaten.«[58] Aber der Enthusiasmus hatte eine Bedingung: Er ging davon aus, dass diese Offensive den Krieg beenden werde. Vorzustürmen schien der kürzeste und schnellste Weg nach Hause zu sein.

Der Hauptschlag längs der Somme traf die britische 5. Armee unter General Sir Hubert Gough. Das war der am schwächsten besetzte Abschnitt der ganzen Frontlinie. Britische Truppen hatten ihn erst eingenommen, als sich die Deutschen ein Jahr zuvor auf die Siegfried-Stellung zurückgezogen hatten. Bis wenige Wochen zuvor war er zum großen Teil in französischer Hand gewesen. Die Verteidigungsstellungen waren markiert, aber noch nicht voll ausgebaut. Haig und Pétain wussten, dass ein Angriff bevorstand, konnten aber nicht erkennen, wo der Gegner den Hauptschlag führen werde. Dass die Deutschen so lange zögerten, gehörte zu dem Täuschungsmanöver, ebenso kleine Vorstöße von Kommandotrupps und Artillerievorbereitung längs der gesamten Front. Aber das größte Überraschungsmoment war taktischer Natur. Die Briten hatten die Wirkung des ersten Ansturms der Deutschen unterschätzt. Denen half außerdem das Wetter. Bodennebel gab den Sturmtrupps die Möglichkeit, zwischen den Maschinengewehrnestern der vordersten Linie der Briten hindurchzustoßen. »Ehrlich, wir konnten einander nicht mehr sehen, so dick waren der Nebel und der Qualm der deutschen Geschütze«, erinnerte sich Corporal Ted Dale. Am ersten Tag verloren die Briten 38 512 Mann, wovon allein 21 000 in Gefangenschaft gerieten. Zu ihnen gehörte auch Gale: »Der Deutsche war rechts und links von uns durchgebrochen. Dann kamen schon die Räumungseinheiten. Einen Frontalangriff versuchten sie gar nicht erst.«[59]

Die ganze Befehlskette wurde von Panik erfasst. Am ersten Tag konnten die Deutschen nicht so viel Gelände erobern, wie sie gehofft hatten. Aber die britischen Korpskommandeure, die nicht genau überblickten, was geschah, zeigten Überreaktionen. »Als die Telegraf- und Telefonverbindung zu den Brigaden zusammenbrach, wurden viele Divisionsstäbe sofort lahmgelegt«, berichtete ein Offizier. »Sie hatten sich so an vorausgeplante Operationen gewöhnt, dass sie nicht imstande waren, in der offenen Feldschlacht die Lage zu bewerten und ohne festes Hauptquartier zu agieren.«[60] Gough löste mit seinen Befehlen Verwirrung darüber aus, ob die zweite Linie gehalten werden sollte oder nicht. Da die Briten sich zurückzogen, konnten die Deutschen am zweiten und dritten Tag noch größere Geländegewinne machen. Am 23. März kam sogar der vorsichtige Prinz Rupprecht zu dem Schluss: »Die Fortschritte unserer Offensive sind derart rasche, daß man ihnen mit der Feder nicht zu folgen vermag.«[61]

Territorial gesehen brachten die Angriffe von Ende März 1918 die größten Gewinne im Westen seit 1914. Sie betrugen fast fünfundsechzig Kilometer, sodass bereits der wichtige Eisenbahnknotenpunkt von Amiens bedroht war. Dort leistete der Gegner den schwächsten Widerstand. Das betraf vor allem den südlichen Frontabschnitt. Der deutsche Vormarsch hatte dort allerdings auch geringeres strategisches Gewicht. Im Norden hielt die britische 3. Armee unter General Sir Julian Byng ihre Stellungen um die entscheidende Vimy-Hügelkette. Wenn die Absicht darin bestand, nach Norden zu schwenken, dann kamen die Deutschen dort nicht weiter. Außerdem vermochten sie selbst den Schwung der ersten Erfolge nicht zu halten. Da es an Pferden mangelte, konnten sie keine Kavallerie einsetzen und hatten Schwierigkeiten, Artillerieverstärkung und Verpflegung nach vorn zu bringen. Die Einheiten in den vordersten Linien wurden nicht abgelöst, sondern sollten den Vormarsch selbst fortsetzen. Die Besten waren bereits gefallen, und wer noch lebte, verlegte sich aufs Räubern und Plündern: »Wir sind bereits in der Ruhezone der Engländer«, schrieb Rudolph Binding, als seine Einheit sich am 27. März Albert näherte. »Ein Land, wo Milch und Honig fließt.«[62]

Die Offensive »Michael« war offiziell am 5. April zu Ende. Aber Ludendorff wollte mehr. Am 9. April schlug er mit »Georgette« in Flandern zu, an einer wesentlich wichtigeren Stelle, wenn sein strategisches Ziel darin bestand, die Briten zu den Kanalhäfen zurückzutreiben. Aus demselben Grund waren die britischen Stellungen hier jedoch besser vorbereitet und der Widerstand hartnäckiger. Als »Georgette« eingestellt wurde, hatte man kaum zwanzig Kilometer gewonnen. Nun schaltete Ludendorff auf die Aisne und die Franzosen um. Das hatte Pétain befürchtet und daher Befehl gegeben, die vorderste Linie auszudünnen und zur tief gestaffelten Verteidigung überzugehen. Aber die Befehlshaber seiner Armeen brachten es nicht über sich, französisches Gebiet mutwillig aufzugeben. So trafen die Deutschen auf brüchige Verteidigungsstellungen, als Operation »Blücher« am 27. Mai 1918 startete. Mehrere unglückselige britische Divisionen, die man von der Nordfront in der Hoffnung auf etwas Erholung an einem ruhigen Abschnitt hierher verlegt hatte, sahen sich plötzlich wieder angreifenden Deutschen gegenüber. Die Offensive am Chemin des Dames überrollte die französische 7. Armee und erreichte Château-Thierry an der Marne. Bis Paris blieben noch knapp hundert Kilometer. Was bisher als begrenzte Offensive gedacht war, um die Franzosen von den Briten zu trennen, erhielt nun eigenes Gewicht. Die Hauptstadt kam unter deutschen Artilleriebeschuss, was unter der Zivilbevölkerung eine Panik auslöste wie 1914. Am

Deutsche Feldartillerie im Einsatz bei der Märzoffensive von 1918.

9. Juni schlug Ludendorff mit der Operation »Gneisenau« zwischen Noyon und Montdidier noch einmal gegen die Franzosen los. Die Gewinne waren gering, und die Franzosen gingen mit US-amerikanischer Unterstützung bei Château-Thierry und Belleau zur Konterattacke über. Mit seiner letzten Offensive in der Champagne stieß Ludendorff am 15. Juli auf französische Einheiten, die sich zäh verteidigten, weshalb die Operation ergebnislos endete.

Mitte Juli 1918 hatte das Deutsche Reich seine größte Ausdehnung erreicht. Im Westen reichte es bis kurz vor Paris, im Osten hielt es die Ukraine besetzt, und im Norden kontrollierte es das Baltikum. Im Kaukasus hatte der Zusammenbruch Russlands den Weg nach Baku geöffnet. In Italien hatte der österreichische Verbündete im Juni an der Piave angegriffen. Manche Zivilisten im Hinterland glaubten bereits, die Armee sei drauf und dran, den Sieg zu erringen, der alle hausgemachten Probleme lösen werde. Aber diesmal wussten die Soldaten, dass sie ihr Pulver verschossen hatten. Für die letzten Offensiven waren so viele Truppen von anderen Fronten abgezogen worden, dass dort jetzt Destabilisierung drohte. Die Attacken hatten große Vorsprünge an der Westfront geschaffen, der Durchbruch war jedoch nicht gelungen. Am 20. März hatte das deutsche Heer im Westen eine Front von 390 Kilometern gehalten. Am 25. Juni 1918 waren es bereits 510 Kilometer. Dabei hatte es 800 000 Mann verloren. Bei den Sturmtruppen waren die Verluste besonders hoch.[63] Im Sommer ereilte die erste Welle der Grippeepidemie, die Europa 1918/19 heimsuchen sollte, die deutschen Truppen an der Westfront. Inzwischen hatte man im Land die Munitionsproduktion gedrosselt, weil aus Mangel an Soldaten an der Front weniger gebraucht wurde. Der deutsche Historiker Gerhard Ritter, der damals als junger Offizier an der Front diente, nannte die Offensiven »eine fürchterliche Enttäuschung: Abermals war das Kriegsende auf unabsehbare Zeit hinausgerückt, abermals eine Unsumme von Blutopfern gebracht, ohne mehr als eine recht unglückliche Frontverlängerung zu bewirken. Was aber beim ersten Aufgebot aller Kräfte und überraschendem Einsatz eines ungeheuren Trommelfeuers nicht gelungen war, wie sollte das in der Wiederholung mit weit schwächeren Kräften, großenteils unter Einsatz abgekämpfter und schwer dezimierter Divisionen gelingen?«[64]

Obwohl an der Westfront bald verzweifelte Kämpfe einsetzten, die jeder nur noch als Deutschlands letzten Atemzug ansah, ließ Ludendorff nicht von seinen napoleonischen Fantasien. Am 21. Mai 1918 schrieb er an Hans von Seeckt, den neuen Stabschef der Kaukasusfront: »Es besteht die Hoffnung, daß es uns noch im Laufe des Jahres gelingt, die Franzosen zu Boden zu ringen. Aber selbst wenn wir in Frankreich siegreich sind, ist es noch keineswegs sicher, daß wir die Engländer zu einem uns annehmbaren Frieden zwingen können. Darauf, daß diese Notwendigkeit an uns herantritt, müssen wir uns schon jetzt vorbereiten.«[65] Noch im Juni und Juli plante er Operationen im Kaukasus und in Mesopotamien. Dort wollte er vor allem türkische Truppen einsetzen, als ob die zu solch grandiosen Aktionen noch fähig und willens waren, für deutsche Ziele statt für ihre eigenen zu kämpfen. Ludendorff hatte jedes Gefühl für die strategische Realität verloren. Die Türken waren nicht mehr gewillt, deutschen Befehlen zu gehorchen. Hindenburg forderte Enver Pascha auf, die 3. osmanische Armee von allen Punkten jenseits der in Brest-Litowsk gezogenen Grenze zurückzuziehen und sich stattdessen auf die Briten in Persien und Mesopotamien zu konzentrieren. Enver lehnte ab. Er wollte nicht nur die muslimischen Völker des Kaukasus unterstützen, sondern auch an das Öl von Baku kommen. Das wollten auch die Deutschen – aber für sich selbst. Halil Pascha, der Befehlshaber der Heeresgruppe im Kaukasus, erklärte Ende Juni: »Erforderlichenfalls werde ich nicht davor zurückschrecken, mit den Deutschen Krieg zu führen.«[66]

Zwischen den Mittelmächten taten sich Risse auf. Die Deutschen hatten im September 1916 ein gemeinsames Oberkommando geschaffen. Auf Vorschlag von Enver Pascha war der deutsche Kaiser zum Oberbefehlshaber ernannt worden, dem der deutsche Generalstab als beratendes Gremium dienen sollte. »Mit anderen Worten«, bemerkte August von Cramon zutreffend, »ein Kriegsrat und kein Oberbefehl.«[67] Damit griffen die Unzulänglichkeiten der deutschen militärischen Organisation nun auch auf das Bündnis als Ganzes über: Das »gemeinsame Oberkommando« war nur für eng begrenzte militärische Angelegenheiten zuständig, was unter den Bedingungen des »totalen Krieges« ganz eindeutig nicht ausreichte.

Enver hatte diesen Vorschlag gemacht, um die Spannungen zwischen Deutschland und Österreich-Ungarn abzubauen. Dies gelang nicht. Österreich-Ungarn sah dieses Bündnis mit Furcht. Als Czernin Gerüchte zu Ohren kamen, Österreich-Ungarn wolle Frieden, suchte er sie zu entkräften, indem er Loyalität zeigte. Aber im April 1918 machten die Franzosen ihr im Jahr zuvor vom Prinzen Sixtus von Bourbon-Parma an Karl I. überbrachtes Friedensangebot publik. Czernin, der sich von Karl hintergangen fühlte, trat zurück. Für die Entente bedeutete dies, dass das Bündnis Österreich-Ungarns mit Deutschland nur bei einer völligen Niederlage zerbrechen werde. In gewissem Sinne traf das zu. Manche Österreicher, die den Zerfall des Reiches herannahen sahen, glaubten, dass nur noch Deutschland es zusammenhalten oder, genauer gesagt, seinen deutschen Teil in ein Großdeutschland integrieren könnte. Die Deutschen nutzten die Gelegenheit, um bei einem Kaisertreffen am 12. Mai die Bande noch enger zu knüpfen. Realistisch gesehen befand sich Österreich-Ungarn allerdings in einer Lage, da nichts mehr zusammenlief. Die Armee war gespalten, weil der Generalstabschef jeden Mann für die Front wollte, während der Kriegsminister sieben Divisionen forderte, um die Ordnung im Land aufrechtzuerhalten. General Landwehr von Pragenau, der die Lebensmittelverteilung in Wien überwachte, ließ auf der Donau ukrainische Getreidetransporte beschlagnahmen, die für Deutschland bestimmt waren. Lebensmittel bedeuteten mehr Ruhe im Land, aber die Deutschen forderten als Ersatz sechs Divisionen für die Westfront. Wien sagte schließlich drei zu. Österreich-Ungarn fühlte sich in der Tat an Deutschland gekettet, aber auch dieses war bereits zu schwach, um ohne seinen Verbündeten überleben zu können.

10

Krieg ohne Ende

Krieg der Bündnisse

Der Erste Weltkrieg war ein Krieg der Bündnisse. Nach Intensität, Ausmaß und Dauer ist er ein Produkt der Allianzen, die ihn führten. Im Jahre 1918 begann die eine, die der Mittelmächte, zu zerfallen. Die andere dagegen, die Entente, erreichte einen Grad der Verschmelzung, der es ihr – wenn auch nicht ohne Probleme – ermöglichte, ein so mächtiges Militär- und Wirtschaftspotenzial zusammenzuführen wie noch nie zuvor in der Weltgeschichte. Der Liberalismus, wie unvollkommen und durch den Kriegsalltag kompromittiert auch immer, bot einen gemeinsamen ideologischen Rahmen. »Was wir in diesem Krieg wollen«, erklärte Woodrow Wilson am 8. Januar 1918 vor dem US-amerikanischen Kongress, »ist nichts Besonderes für uns selbst.«[1]

Wilson gab diesem Ziel in seinen *Vierzehn Punkten* Ausdruck, mit denen er einen »Frieden ohne Sieg« zu erreichen hoffte. Er wollte Russland im Krieg halten, wobei er sich als Kontrapunkt zum Bolschewismus so antiimperialistisch gab, dass in Großbritannien und Frankreich die Alarmglocken läuteten. Freiheit der Meere (Wilsons zweiter Punkt) forderte die britische Vorherrschaft zur See heraus. In seinem fünften Punkt verlangte er die Anerkennung der Rechte der Kolonialvölker. Die konkreten Formulierungen waren allerdings zweideutig und verhandelbar. Die Alliierten reagierten zunächst zurückhaltend: Immerhin enthielten die *Vierzehn Punkte* ihre wichtigsten territorialen Ziele in Europa – den Abzug der Deutschen aus Belgien, die Rückgabe von Elsass-Lothringen an Frankreich sowie eine Grenzregelung zwischen Italien und Österreich-Ungarn entsprechend den Siedlungsgebieten der Nationalitäten. Wilsons Botschaft richtete sich nicht in erster Linie an die Regierungen, sondern an die Völker. Nur drei Tage zuvor hatte Lloyd George vor dem Gewerkschaftskongress in London eine Rede über seine Kriegsziele gehalten, die in ähnlichem Ton abgefasst war. Dort sprach er von offener Diplomatie und einem »demokratischen Frieden«. »Die Zeit des Wiener Kongresses ist lange vorüber. Wir können die Zukunft der europäischen Zivilisation nicht den willkürlichen Entscheidungen einiger Unterhändler überlassen, die die Interessen dieser oder jener Dynastie oder Nation mit Tricks und Überredung durchzusetzen suchen. Eine Regelung für das neue Europa muss auf so viel Vernunft und Gerechtigkeit beruhen, dass wir auf Stabilität hoffen können. Daher sind wir der Meinung, dass Entscheidungen mit Zustimmung der Betroffenen die Grundlage jeder territorialen Regelung in diesem Krieg sein müssen.«[2]

Zwar mag Clemenceau gegenüber einigen Aussagen seiner britischen und US-amerikanischen Partner Vorbehalte gehabt haben, die französische Linke hatte sie nicht. Öffentlich aber unterstützte er Lloyd George. Zudem standen hinter Wilsons am besten bekanntem Punkt 14, der Bildung einer »Allgemeinen Assoziation der Nationen«, auch britische und französische Ideengeber wie Jan Christian Smuts und Lord Robert Cecil. Letzterer hatte Lloyd Georges Rede geschrieben. »Das Programm des Weltfriedens«, erklärte Wilson, »ist unser Programm ... das einzig mögliche Programm.«[3] In den Augen der Völker war damit die Moral aufseiten der Entente.

Amerikas Beitritt zu dieser Allianz – wenn auch eher als selbst ernannter Teilhaber denn als vollwertiger Verbündeter – brachte weitere Staaten in dieses gut gehende Unternehmen. Die Länder Südamerikas traten entweder in den Krieg ein oder brachen die Beziehungen zu Deutschland ab. China erklärte am 14. August 1917 den Mittelmächten den Krieg und bot 300 000 Mann für den Einsatz in Europa an. Auf dem Balkan stellte sich Griechenland am 2. Juli 1917 an die Seite der Entente. Seit September 1915, als Bulgarien sich den Mittelmächten angeschlossen hatte, war kein weiterer Staat mehr diesem Bündnis beigetreten.

1914 hatte die Gesamtbevölkerung der vier Mittelmächte 144 Millionen betragen, die der Hauptmächte der Entente von 1918 (einschließlich ihrer Kolonien) 690 Millionen.[4] Aber Wirtschaftspotenzial und militärische Stärke stimmen nicht immer überein. Die Türkei, eigentlich ein rückständiges Land, hatte Großbritannien bereits zweimal auf dem Schlachtfeld geschlagen. Ihr militärischer Beitrag zum Krieg war insgesamt größer als der der USA. Andererseits musste man die relative Stärke der Entente höher einschätzen als die Summe ihrer Ressourcen. Erstens waren die Hauptakteure gleichrangiger als bei den Mittelmächten. Dabei gab es auch zwischen ihnen große Unterschiede: 1918 besaß Amerika das Geld, aber Frankreich hatte immer noch das größte Landheer und Großbritannien die stärkste Marine. Zweitens begann bei den Alliierten 1915 ein Prozess des Zusammenwachsens, der 1918 bei allen Problemen einen Umfang und Reifegrad erreicht hatte, die das alliierte militärische Oberkommando als Schlussstein des Ganzen und nicht – wie bei den Mittelmächten – erst als das Fundament erscheinen ließen. Drittens trugen die Alliierten an vielen Fronten, besonders an der Hauptfront im Westen, gemeinsam Verantwortung. Deutschland agierte an der Westfront absolut eigenmächtig, erwartete aber von seinen Verbündeten, dass sie an anderen Fronten de facto die Söldner spielten und das Kanonenfutter für deutsche Befehlshaber lieferten, die dieses nach ihren Prioritäten einsetzten. Auch die Entente hatte Fronten, etwa in Italien, wo im Wesentlichen die Armee eines Staates agierte. Das aber war durch dessen nationale Ziele legitimiert.

Dieses Problem hatte die Entente mit Italien immer wieder: Es plante seine Offensiven nach eigenen Gesichtspunkten und nicht, um durch gemeinsames Handeln eine höhere Wirkung in Raum und Zeit zu erzielen. Der Misserfolg von Caporetto Ende 1917 eröffnete die Möglichkeit, Italiens Aktionen mit solchen an anderen Fronten zu koordinieren und den Zusammenschluss der Entente mit der Einrichtung eines Obersten Kriegsrates zu vollenden.

Im Juli 1917 waren Robertson und Foch als Generalstabschefs ihrer Staaten mit den Generälen Cadorna und Pershing zusammengetroffen, Letzterer der Oberbefehlshaber der US-amerikanischen Expeditionsstreitmacht, um angesichts des Zusammenbruchs von Russland ein beschleunigtes US-amerikanisches Engagement in Europa zu erörtern. Dabei hatten sie den Gedanken in die Debatte geworfen, US-amerikanische mit den erfahreneren britischen und französischen Einheiten zu mischen. Pershing hatte jedoch Befehl zu erklären, dass »die Truppen der USA ein separater, eigener Bestandteil der gemeinsamen Streitkräfte sind, deren Identität gewahrt werden muss«. Dabei ging es nicht nur um Nationalstolz oder die Meinung der

US-amerikanischen Öffentlichkeit, sondern auch um Politik: Mit einer selbstständigen Armee behielt Amerika in künftigen Friedensverhandlungen freie Hand. Pershing, Spitzname »Black Jack«, ein unnachgiebiger, dogmatischer Charakter, dazu Abstinenzler, hatte bei einem Brand im Jahre 1915 Frau und drei Töchter verloren. Zwar tröstete er sich in Frankreich mit einer Geliebten, aber seinen Männern war es streng verboten, ins Bordell zu gehen. Den Grundsatz der Selbstständigkeit verfocht er mit ähnlicher Vehemenz. Allerdings gab es da ein Problem: Ihm standen nicht genügend erfahrene Kommandeure und ausgebildete Stabsoffiziere zur Verfügung. Die Briten hatten die Erfahrung gemacht, dass man in relativ kurzer Zeit eine Massenarmee provisorisch aufbauen konnte, aber Haigs Chef der Militäraufklärung konstatierte zu Recht: »Es wird ihnen [den Amerikanern] sehr schwer fallen, selbst in einem Jahr einen funktionierenden Stab zu haben.«[5] Die Militärvertreter der Alliierten kamen daher zu dem Schluss, dass eine bestimmte Form gemeinsamer Organisation erforderlich war, um diesen Prozess voranzutreiben.

Die Regierungschefs Großbritanniens und Frankreichs trafen vom 5. bis 7. November 1917 in Rapallo mit Robertson und Foch zusammen, um ihre Antwort auf Italiens Hilferuf abzustimmen. Dort wurden die Italiener laut Premierminister Vittorio Orlando »wie Lakaien behandelt«.[6] Das Problem war Cadorna, der bei den Gesprächen durch Abwesenheit glänzte und außerdem so aufgebauschte, unexakte Zahlen für die ihm gegenüberstehenden deutschen und österreichisch-ungarischen Truppen lieferte, als wollte er die Zweifel an seiner Kompetenz selbst bestätigen. Von Foch und Robertson wurde gefordert, elf französische und britische Divisionen einer Kommandostruktur zu unterstellen, zu der sie keinerlei Vertrauen hatten. Foch und Pétain bestanden darauf, dass die sechs französischen Divisionen unter französischem Befehl bleiben und im Zusammenwirken mit den Einheiten an der französischen Front eingesetzt werden sollten. Mit anderen Worten: Sie sahen die Frontlinie von der Somme bis zur Piave als eine Einheit.

Die französischen Divisionen in Italien wurden Foch als Generalstabschef, nicht Pétain als dem französischen Oberbefehlshaber unterstellt: Wieder einmal wandte man auf die Militärs das Prinzip »Teile und herrsche« an. Von den in Rapallo Anwesenden war Foch der einzige, dessen Motive für die Bildung eines Obersten Kriegsrates einen Anflug von Altruismus hatten. Aber auch er, an dem seit 1916 der Makel von Joffre und der Somme-

Schlacht haftete, musste an seine Karriere denken. Für seinen Ministerpräsidenten – für einige Tage noch Painlevé – war die Bildung des Obersten Kriegsrates ein Zwischenschritt zur Beförderung Fochs zum Oberbefehlshaber der Alliierten. Aber das konnte er den Briten nicht offen sagen, was nach der Nivelle-Affäre verständlich war. Außerdem sahen Painlevé und Pétain den Hauptvorteil der Bildung eines gemeinsamen Oberkommandos ohnehin darin, dass die Briten der gebeutelten französischen Armee ein weiteres Stück Frontlinie abnahmen. Daher schlugen sie vor, dass Foch als ihr Generalstabschef zugleich der ständige Militärvertreter Frankreichs im Obersten Kriegsrat sein sollte. Das hätte bedeutet, dass auch Robertson auf britischer Seite beide Funktionen übernahm. Das aber war für Lloyd George keinesfalls zu akzeptieren. Er betrachtete dieses Organ als eine Gelegenheit, Haig an die Kandare zu nehmen und zugleich die Achse zwischen ihm und Robertson zu brechen. Lloyd George überzeugte die Franzosen, Foch möge nicht beide Funktionen gleichzeitig ausüben, und bot dann Henry Wilson an, der sich auf einem Posten im Inland langweilte, der militärische Vertreter Großbritanniens im Obersten Kriegsrat zu werden. Wie sein guter Freund Foch empfand auch Wilson das als karrierefördernd, weil er nun Zivilisten als alternative Quelle militärischer Kompetenz von Nutzen sein konnte.

Die Schlüsselfrage, die das neue Gremium zu lösen hatte, war die Bildung einer strategischen Reserve in Erwartung einer Offensive der Deutschen an der Westfront im Jahre 1918. Robertson argumentierte, die britischen Reserven müssten unter seiner Kontrolle bleiben, da er als Stabschef ihr Potenzial genau zu kennen hatte. Haig und Pétain erklärten unisono, sie könnten keine einzige Division für die Reserve hergeben. Robertson trat wegen dieses Streits zurück, und Wilson tat es ihm nach. Nun rückte Rawlinson auf den Posten in Versailles auf. Der unterstützte Haig. Und als die Deutschen am 21. März 1918 zwischen St. Quentin und Arras mit ihrer Offensive losschlugen, war der Oberste Kriegsrat nicht mehr als ein beratendes Gremium ohne eigene Streitkräfte. Damit konnte er General Goughs 5. Armee keine Hilfe sein.

Das blieb allerdings weitgehend folgenlos. Haig und Pétain hatten bereits eine Vereinbarung über gegenseitige Unterstützung geschlossen, die die Franzosen Punkt für Punkt erfüllten. Am 20. Januar hatte Pétain zugesagt, im Falle eines deutschen Angriffs gegen britische Truppen unverzüglich bis zu zwölf Divisionen und, falls erforderlich, sogar die Hälfte der französischen Armee zu Hilfe zu schicken. Am 23. März sagte er vierzehn Divisionen für die Schlacht zu, die am 28. sämtlich im Einsatz waren. Die halbe französische Armee kam in Bewegung. Die Straßen waren von Truppen und Transportfahrzeugen verstopft. Haig unterschätzte immer wieder seine eigenen Erfordernisse und den Umfang der notwendigen französischen Unterstützung. Bevor der erste Schuss fiel, glaubte er, sechs französische Divisionen reichten aus. Am 21. März selbst forderte er gar nur drei an. Am 25. bat er dann um zwanzig Divisionen, hatte aber bereits die Unterstützung von einundzwanzig. Weitere neunzehn waren unterwegs. Pétain formierte unter Fayolles Befehl eine völlig neue Armeeeinheit, um die Front zwischen Somme und Oise zu überbrücken. Zwei Drittel der Front mit einer Gesamtlänge von nahezu sechzig Kilometern wurden von britischen Truppen gehalten, Bestandteilen der 5. Armee, die Haig gegenüber General Byng, dem Befehlshaber der 3. Armee, seinem nördlichen Nachbarn, bereits für zerschlagen erklärt hatte.

Unter normalen Umständen gelassen und kaum zu erschüttern, zeigte Haig nun Anzeichen von Panik. Er musste einer Krise mit Mitteln entgegentreten, die er nicht beherrschte: Sein Stab war über den Winter sehr geschwächt worden. Wilson, sein neuer Sprecher in London, »unser einziger militärischer Falschspieler«, schien entschlossen, die Macht der einzelnen Befehlshaber zu beschneiden. Als Wilson ihn am 25. März in Frankreich aufsuchte, erklärte Haig: »Wenn nicht die ganze französische Armee uns hilft, werden wir geschlagen. … Es wäre besser, zu allen Bedingungen, die möglich sind, Frieden zu schließen.«[7] Haig war überzeugt, dass die größere Gefahr im Norden in Richtung Flandern drohte. Pétain widersprach: Zu Recht nahm er an, dass die größte Bedrohung südlich der Somme lag, wo Kronprinz Wilhelms Heeresgruppe stand. Haigs Wunsch, sich nach Norden zurückzuziehen und dabei die britische 3. Armee für den Flankenschutz zu nutzen, folgte der operativen Logik dessen, was der Gegner hätte tun müssen, nicht, was er tatsächlich tat. Ludendorffs Offensive beruhte auf dessen eigenem taktischen Opportunismus, was Pétain sofort erkannte, weil der die Evolution der Taktik der Deutschen genauer beobachtet hatte als die Briten. Haigs spätere Behauptung, die Franzosen hätten ihn nicht unterstützt und sich zurückgezogen, um Paris zu verteidigen, war das genaue Gegenteil dessen, was wirklich geschah.

Damit soll nicht bestritten werden, dass am 23. März in Kreisen der Entente tiefe Verzweiflung herrschte. Paris wurde beschossen, und es deutete sich an, dass die französische Regierung wie 1914 die Stadt verlassen könnte.

Das alliierte Oberkommando posiert vor der Kamera. Von links nach rechts: Pétain, Haig, Foch und Pershing.

Der australische Korpskommandeur Generalleutnant John Monash, im bürgerlichen Leben Ingenieur, der bereits bei Gallipoli eine Brigade kommandiert hatte, wurde aus dem Urlaub in Südfrankreich geholt und erreichte Doullens am 25. März gegen 15 Uhr: »An diesem Ort machte es den Eindruck, als sei die ganze britische Armee auf der Flucht.«[8] Am nächsten Tag traf der französische Präsident Poincaré in der Stadt ein, um eine Besprechung zu leiten, an der nicht nur die Generalstäbe der britischen und französischen Armee, sondern auch Clemenceau und Lord Milner vom britischen Kriegskabinett teilnahmen. Henry Wilson war ebenfalls anwesend. Nachdem er Haig am Tag zuvor gesprochen hatte, war er mit seinem Freund Ferdinand Foch zusammengetroffen, der die Reserve der Alliierten kommandieren sollte, wenn sie denn existiert hätte. Beide waren überzeugte Fürsprecher eines vereinigten Oberkommandos. Beide wussten, dass dafür nur Foch infrage kam. Daher fiel es ihnen nicht schwer, Clemenceau und Milner, ihre politischen Vorgesetzten bei der Konferenz, davon zu überzeugen, dass dort der Ausweg lag. Haigs angebliche Rolle bei der Ernennung des Generalissimus der Alliierten diente lediglich dazu, vor der Nachwelt sein Gesicht zu wahren.

Einige zweifelten, ob Foch geistig auf der Höhe sei, denn er hatte sich erst kurz zuvor bei einem Autounfall eine schwere Kopfverletzung zugezogen. In Clemenceaus Worten war er bei seinen Ausführungen »nicht gerade sehr nuancenreich«.[9] Außerdem hatte er eine jesuitische Erziehung genossen – in den Augen des strikt säkularen Premierministers alles andere als eine Empfehlung. Aber die Situation erforderte vor allem Willenskraft und Vertrauen in die eigene Stärke. Am 26. März erhielt Foch den Auftrag, die Aktionen der britischen und französischen Armee an der Westfront zu koordinieren. Am 3. April wurden seine Vollmachten in Beauvais dahingehend erweitert, alle Truppen, auch die der USA, »strategisch zu führen«. Von Foch ging die rhetorische Entschlossenheit aus, die Politiker mögen. »Ich werde kämpfen ohne Unterlass«, soll er vor einer Gruppe von Offizieren erklärt haben. »Ich werde vor Amiens kämpfen. Ich werde in Amiens kämpfen. Ich werde hinter Amiens kämpfen. Ich werde pausenlos kämpfen.«[10] Clemenceau selbst hätte es nicht besser sagen können. Die Worte waren ohne Bedeutung, erweckten aber den Eindruck, dass er die Lage unter Kontrolle hatte.

Foch suchte noch am selben Tag Gough auf. »Laut und aufgeregt erklärte er: ›Es darf kein Zurückweichen mehr geben, die Front muss um jeden Preis gehalten werden!‹ Damit verließ er den Raum und begab sich zu seinem Wagen zurück.«[11] Er bot weder Truppen noch andere Unterstützung an. Seine Rolle sah er in der Herstellung der Einheit, nicht in der Planung. Haig grollte, Foch habe »eine Menge Unsinn dahergeredet«. Nicht ohne Grund kritisierte er, Foch handle »planlos und sehr kurzsichtig. Zum Beispiel blickt er nicht nach vorn und versucht gar nicht vorherzusehen, was in einem bestimmten Bereich in einer Woche gebraucht werden könnte, und das zu arrangieren.«[12] Ende März und Anfang April 1918 war Pétain der einzige Befehlshaber der Alliierten, der dieser Anforderung gerecht wurde. Jedoch

Haig wie auch Clemenceau hielten ihn für einen Schwarzseher. Dabei war der französische Oberbefehlshaber fest entschlossen, die Deutschen nicht nur zum Stehen zu bringen und die Lücke zwischen den beiden Armeen der Alliierten zu schließen, sondern zugleich eine Konterattacke nach Nordosten gegen den Frontbogen vorzubereiten, der durch den Vormarsch der Deutschen entstanden war. Diese »Weitsicht« sollte – Ironie des Schicksals – die Kluft zwischen ihm einerseits sowie Haig und Foch andererseits noch vertiefen. Pétain sah den Angriff im größeren Zusammenhang einer mobilen Verteidigung und der Bewahrung von Menschenleben. Für Foch dagegen gab es nur eine einzige Art des Angriffs: »Was nicht rasch erreicht wird, wird überhaupt nicht erreicht. ... Unsere Offensive muss daher schnell und kraftvoll sein.«[13] Er redete noch wie 1914. Das tat übrigens auch Haig. Dieser war zwar Presbyterianer, aber seine innere Sicherheit machte ihn Foch sehr ähnlich. In der zweiten Jahreshälfte sollten die Umstände für ihre Art der Kriegführung immer günstiger werden.

Pétains Glaubwürdigkeit musste am 27. Mai 1918 einen weiteren Schlag hinnehmen. Den Angriff der Deutschen am Chemin des Dames hatte er lange vorhergesagt, nicht aber dessen Umfang. Nun weigerten sich die Untergebenen, seine defensive Taktik anzuwenden, was zur schwersten Niederlage der Franzosen an der Westfront seit 1914 führte. Fünf britische Divisionen waren an diesen Frontabschnitt verlegt worden, um sich nach den Frühjahrsoffensiven zu »erholen«. Zu mehr war Haig nicht bereit gewesen, was die Grenzen des Zusammenwirkens und zugleich von Fochs Möglichkeiten zeigte, die nationalen Befehlshaber seinem Willen unterzuordnen. Am 1. Juni waren die Deutschen gestoppt, und Pétain dachte erneut an Gegenangriff statt schrittweisen Rückzug. Foch lehnte das ab, aber jetzt waren die Franzosen bereit, als die Deutschen am 15. Juli in der Champagne erneut angriffen. Pétains Befehle zu einer tief gestaffelten Verteidigung wurden im Unterschied zum 27. Mai diesmal ausgeführt. Die Franzosen »leisteten keinen frontalen Widerstand«, schrieb der deutsche Offizier Rudolph Binding in sein Tagebuch. »Sie hatten weder Infanterie noch Artillerie in der vordersten Kampfzone. ... Unsere Granaten fielen in leere Schützengräben, unsere Gasgeschosse hüllten verlassene Artilleriestellungen ein, nur in kleinen Bodenfalten lagen verstreut einige Maschinengewehrnester wie Läuse in Kleidersäumen und -falten, die den Angreifern einen heißen Empfang bereiteten. Das Sperrfeuer, das vor ihnen herlaufen und sie hätte schützen sollen, ging irgendwo über den hinteren Stellungen des Gegners nieder, als

sie vorn noch gar nicht auf echten Widerstand gestoßen waren.«[14] Die Deutschen stießen ins Leere. Diesmal war es Foch und weniger Pétain, der die
Gelegenheit für einen erfolgreichen Gegenangriff sah. Kronprinz Wilhelm
von Preußen beschreibt diesen 18. Juli 1918 so: »Ohne Artillerievorbereitung, lediglich der schlagartig einsetzenden Feuerwalze folgend, unterstützt
von zahlreichen tieffliegenden Fliegern und von bisher unbekannten Tank-
massen, trat die feindliche Infanterie – darunter eine Anzahl amerikanischer
Divisionen – um 5.40 vormittags gegen die 9. und 7. Armee zum Sturm
an.«[15] Vorbei war es mit der zweiten Schlacht an der Marne. Der Schlag
trieb die Deutschen von Château-Thierry zurück bis nach Soissons an der
Aisne.

Womit der Sieg erfochten wurde

Inzwischen standen in Frankreich fünfundzwanzig US-amerikanische Divisionen. Als Pershing auf deren selbstständigem Agieren bestand, schien sich
die Erwartung der Deutschen zu bestätigen, die USA würden bis 1919 nicht
wirksam in diesen Krieg eingreifen. Das verzögerte das Eingreifen der USA
zweifellos, aber die Praxis forderte das Ihre. Teile von acht Divisionen
kämpften in der Marne-Schlacht zeitweilig unter französischem Kommando. Etwas beschleunigt wurde der Einsatz der Amerikaner durch die
Entscheidung, sie mit britischen und vor allem französischen Waffen auszu-
rüsten, darunter dem 75-mm-Geschütz und dem leichten Panzer von Renault. Dadurch konnte Schiffsraum gespart werden, der für den Transport
von Truppen benutzt wurde. In den letzten sechs Kriegsmonaten trafen
1,5 Millionen US-amerikanische Soldaten in Europa ein. Als der Waffenstillstand schließlich vereinbart wurde, standen zweiundvierzig US-Divisio-
nen im Feld, von denen neunundzwanzig zum Einsatz gekommen waren.
Binnen achtzehn Monaten war die US-Army von 100 000 auf vier Millionen
Mann angewachsen und hatte über 2 Millionen nach Übersee geschickt. Zu
diesem Zeitpunkt war die US-amerikanische Expeditionsstreitmacht nach
ihrer Stärke den britischen Streitkräften, von denen 1,8 Millionen Mann in
Frankreich standen, und den französischen Truppen selbst, die von ihrem
Höchststand – 2,2 Millionen Mann im Juli 1916 – auf 1,7 Millionen geschrumpft waren, durchaus vergleichbar.

Diese Zahlen und die ungeheuren Anstrengungen, die dahinter standen,

Ausgerüstet durch ihre Verbündeten – von britischen Stahlhelmen bis zu französischen leichten Panzern – rücken US-amerikanische Truppen am 26. September 1918 in Richtung Argonnen vor.

hatten vor allem psychologische Wirkung. Als die britische Armee sich im April 1918 verzweifelt gegen Ludendorffs zweite Offensive zur Wehr setzte, sah Vera Brittain, die damals als Krankenschwester in Étaples diente, eine Kolonne US-amerikanischer Soldaten vorbeimarschieren. Sie sahen aus wie »Tommies im Himmel«. »Ich drängte nach vorn… um zu sehen, wie die Vereinigten Staaten körperlich in den Krieg eintraten – so göttlich, so strahlend, so herrlich unbeschädigt sahen sie im Vergleich zu den erschöpften und entnervten Männern der britischen Armee aus.«[16] Dieses Selbstvertrauen, ja diese Selbstsicherheit beeinflussten die Fähigkeit der US-amerikanischen Truppen, sich auf den Krieg in Europa einzustellen, im Positiven wie Negativen. Sie gebaren einen Mut, der auf Unwissenheit und Naivität fußte und noch nicht durch Alter, Verlust und schlimme Erfahrungen gedämpft war. Aber Pershing konnte nicht akzeptieren, dass die britischen und französischen Truppen mit dem Verlust an Vitalität, die sie 1914 durchaus besessen hatten, an taktischen Erfahrungen gewonnen hatten. Er glaubte,

375

mobile Kriegführung sei der Weg zum Sieg, eine Schlacht müsse im offenen Feld geschlagen werden und gezieltes Gewehrfeuer sei entscheidend für den Sieg. Er wies konkurrierende Meinungen zurück, die darauf bestanden, Technik könne Menschen ersetzen. Eine US-amerikanische Division bestand aus 28 000 Mann und war damit doppelt so groß wie eine der Alliierten, welche in kleinere Einheiten mit weniger Soldaten, aber größerer Feuerkraft eingeteilt war. Den Amerikanern mangelte es an Lastwagen und Geschützen, sie waren schwerfällig im Manöver und noch ungeübt im Zusammenwirken von Infanterie und Artillerie.

Sie besaßen auch nur wenige Panzer. Am 18. Juli griffen die Franzosen mit 375 leichten Renault-Panzern an. Deren Erfinder war Jean-Baptiste Estienne, ein französischer Artillerieoffizier, der zuvor in einer Luftwaffeneinheit gedient hatte, wo er die Möglichkeiten des taktischen Zusammenwirkens verschiedener Waffengattungen kennen gelernt hatte. Der ersten Zugmaschine auf Raupen, die die Voraussetzung für die Geländegängigkeit des Panzers sind, war er 1915 bei der britischen Armee begegnet. Am 28. Dezember 1915 schrieb er einen Brief an Joffre, in dem er die Entwicklung eines Panzers forderte, der eine Kanone trug. Damit sollte dieser der Infanterie direkten Feuerschutz geben können. Wie die Geräte, die die Briten zur gleichen Zeit entwickelten, waren die französischen Panzer schwere Maschinen, mit denen man vor allem über Schützengräben fahren und Stacheldrahtverhaue niederwalzen wollte. Mit ihrem enormen Gewicht, das darauf zurückzuführen war, dass Panzerung vor Mobilität kam, leisteten sie auf den morastigen Schlachtfeldern Frankreichs schlechte Dienste. Wegen des ungünstigen Verhältnisses von Kraft und Gewicht unterlagen ihre mechanischen Teile großem Verschleiß. Die britischen Modelle von 1917 und 1918 wogen bis zu dreißig Tonnen. Die deutschen Typen, die auf britischen Vorbildern beruhten, waren aufgrund ihres exzessiven Gewichts ein glatter Fehlschlag. Die Ausfallrate bei Panzern war im Ersten Weltkrieg sehr hoch. Die meisten fuhren nicht schneller als drei bis sechs Stundenkilometer, was ihren Aktionsradius sehr einschränkte.

Das Argument, die Briten hätten den Überraschungseffekt verspielt, weil sie die Panzer im September 1916 an der Somme verfrüht einsetzten, ist blanker Unsinn. Dies war eine unvollkommene Waffe in der Entwicklung, die die Erprobung auf dem Schlachtfeld dringend nötig hatte. Im Grunde genommen lief die Serienproduktion von Panzern erst an, als der Krieg bereits zu Ende war. Im Dezember 1916 schlug Estienne allerdings eine Entwicklung des Panzers in ganz anderer Richtung vor. Für ihn hatten Leichtigkeit und Manövrierfähigkeit Vorrang gegenüber der Panzerung. Er entwickelte einen Zwei-Mann-Panzer, der ganze fünf Tonnen wog. Anders als die britischen Modelle, die eine rhomboide Form hatten und die Waffen an den Seiten trugen, besaß der Renault einen Turm, in den entweder ein Maschinengewehr oder eine 37-mm-Kanone einmontiert war. Britische Panzer brauchten spezielle Eisenbahnwaggons für den Transport. Das war für den Renault nicht nötig, weshalb er leichter von einem Frontabschnitt zum anderen verlegt werden konnte und die Konzentration der Fahrzeuge für den Angriff weit weniger auffiel. 1918 stellten die Franzosen über dreitausend derartige Fahrzeuge in Dienst. Außerdem wurden in Frankreich etwa achthundert schwere Panzer hergestellt. In Großbritannien produzierte man fünftausend Panzer verschiedener Typen. Die Deutschen fertigten zwanzig Stück des schweren Kampfwagens *A7V*. Die wenigen Panzer, die sie an der Westfront einsetzten, waren zumeist britische Beutestücke.

Am Beispiel des Panzers lassen sich mehrere erstaunliche Erkenntnisse demonstrieren: Die Entente meisterte die Integration von Wissenschaft, Technik und Taktik erfolgreicher als die Deutschen. Taktische Erfahrung im Feld ging unmittelbar in die fabrikmäßige Produktion ein; als Ergebnis dieses ununterbrochenen Kreislaufs wurden ständig neue Produkte entwickelt, Werkzeugmaschinen und Fabriken immer wieder umgestellt und genügend Kriegsmaterial auf das Schlachtfeld gebracht. 1918 zog schließlich die Entente, nicht die Mittelmächte den größeren Vorteil aus der Wechselwirkung von Massenarmee und Massenproduktion. Auf dem Schlachtfeld bestand der Nutzen letzten Endes im besseren Zusammenspiel von Feuerkraft und Bewegung.

Der rasche Anstieg der Zahl der Flugzeuge im Verlaufe des Krieges weist in ähnliche Richtung. Luftkämpfe waren anfangs die Sache Einzelner und brachten ihre eigenen Helden hervor – die Asse, die Presse und Propaganda so liebten. 1917/18 wurden sie zur Massenerscheinung, getragen sowohl von den Leistungen der Industrie als auch vom Geschick und vom Mut der Piloten. In den letzten Kriegsjahren produzierten Großbritannien, Frankreich und die USA zusammen im Monatsdurchschnitt etwa 11 200 Flugzeuge und 14 500 Flugzeugmotoren. In Deutschland waren es in beiden Fällen weniger als 2000. Als Folge erfuhren die Luftstreitkräfte eine Umwälzung. Anfangs nur zur Aufklärung eingesetzt, kämpften in der Mitte des Krieges Jagdflugzeuge bereits um die Lufthoheit über dem Schlachtfeld. Bei Kriegsende warfen Bomber ihre Last über den Frontstellungen ab und unterbrachen Nachschublinien. Selbst Produkte der Rüstungsindustrie, nahmen schwere Bomber nun die Produktionsstätten des Gegners ins Visier. 1917 griffen deutsche schwere Bomber vom Typ *Gotha* Paris und London an. In ihrem Drang nach Vergeltung schufen die Briten am 1. April 1918 die erste Luftwaffe der Welt und griffen mit der *Independent Force* Fabriken, Eisenbahnlinien und Flugplätze an. Diese Strategie setzte Ziele, die über die Möglichkeiten der vorhandenen Flugzeuge hinaus gingen, aber sie wies bereits in eine bestimmte Richtung: »Ich wäre sehr angetan«, erklärte der zuständige Minister Lord Weir dem Stabschef der Luftwaffe, Hugh Trenchard, am 10. September 1918, »wenn Sie in einer deutschen Stadt ein richtig großes Feuer entfachen könnten. An Ihrer Stelle nähme ich die Bombardierung von Bahnhöfen in Städten nicht so genau. Der Deutsche kann kein Blut sehen, und gegen ein paar Bomben, die aus Versehen danebengehen, hätte ich nichts einzuwenden.«[17] In der Praxis waren die Ergebnisse von Bombenangriffen gegen zivile Ziele im Ersten Weltkrieg kaum der Rede wert, aber Luftangriffe auf dem Schlachtfeld spielten eine entscheidende Rolle bei der Abwehr der deutschen Frühjahrsoffensive von 1918 und bei den gemeinsamen Offensiven verschiedener Waffengattungen der Alliierten im Sommer und Herbst jenes Jahres. »Wenn die Bomben fielen, dann gab das ein Geräusch, als ob ein ganzer Theatersaal ein schlechtes Stück auszischte«, schrieb Rudolph Binding, als seine Einheit sich am 30. Juli zur Aisne zurückzog. »Wenn sie explodierten, dann stoben Millionen von Splittern flach über den Boden und forderten Hunderte von Opfern.«[18] Im letzten Kriegsjahr verkörperten Flugzeuge und Panzer die Fähigkeit zu manövrieren und ein Ziel exakt zu beschießen.

Beide waren jedoch für den Sieg nicht entscheidend. Diese Rolle kam der Artillerie zu. Der bedeutendste Einzelfortschritt in der Kriegführung zwischen 1914 und 1918 bestand darin, dass bei der Planung einer Schlacht mit mehreren Waffengattungen jetzt nicht mehr die Leistungsfähigkeit der Infanterie, sondern die der Kanonen im Mittelpunkt stand. Am 20. November 1917 griffen die Briten bei Cambrai mit 378 Panzern an. Die Überraschung war so groß, dass sie auf fast zehn Kilometer Breite bis zu vier Kilometer vorstießen. Die Fürsprecher des Panzers auf britischer Seite, besonders sein lautstärkster Verfechter in der Nachkriegszeit, John Frederick Charles Fuller, der an der Planung dieser Schlacht beteiligt war, nutzten den Erfolg später für die Behauptung, der Einsatz von Panzern als eigenständiger Waffe sei entscheidend gewesen. Das traf nicht zu. Fuller selbst hatte noch im Februar 1917 geschrieben: »Es sei daran erinnert, dass die Feuerwalze in der Regel wirksamer ist als der Panzer. Dieser soll jene auf keinen Fall ersetzen, sondern ergänzen, wenn sie zusammenbricht oder wirkungslos wird.«[19] Im November hatte die *Royal Artillery* die Technik der Zielaufklärung zur Perfektion gebracht. Die Niederfrequenz-Schallwellen nach dem Feuern eines Geschützes wurden aus verschiedenen Richtungen mit Mikrofonen aufgefangen, um durch Kreuzpeilung die Position der feindlichen Batterien zu orten. Anders als Luftbeobachtung oder die visuelle Feststellung von Mündungsfeuer – beides ebenfalls Methoden von großem Wert – konnte die Schallpeilung auch bei schlechter Sicht eingesetzt werden. Dadurch war die Artillerie in der Lage, die Geschütze vor einem Angriff zu richten, ohne zuvor mit dem Beschuss zu beginnen, was in der Vergangenheit den Überraschungseffekt zunichte gemacht hatte. Zudem konnten Panzer die Aufgabe übernehmen, Stacheldrahtverhaue niederzuwalzen und Maschinengewehrnester des Gegners zu zerstören.

Der Erfolg von Cambrai war auf den kurzen Beschuss und den massiven Einsatz von Panzern zurückzuführen. Diese Methoden wandte man 1918 weiter an. Im letzten Kriegsjahr wurde nur noch kurzzeitiger Beschuss eingesetzt, dessen Wirkung aber größer war als die der endlosen Kanonaden von 1916 und Anfang 1917. Die erste, zweite und dritte Verteidigungslinie konnten durch Feuervorhänge, die sich je nach dem Typ der verwendeten Geschosse oder dem Charakter des Ziels nach vorn oder rückwärts bewegten, voneinander isoliert werden. Im Angesicht des Todes, von Versorgung oder Hilfe völlig abgeschnitten, reagierten die Verteidiger völlig unnatürlich: »In absoluter Dunkelheit lagen wir nur da und zitterten vor Anspannung.« Der technisierte Krieg brachte Passivität hervor, stellte Hervey Allen, einer von Pershings Offizieren, fest: »Zuerst ein fernes Stöhnen, das zu einem Brüllen anwächst, dann ein Donnern wie von einem fahrenden Zug, schließlich ein Schlag, der die Erde erschüttert, und ein teuflischer roter Blitz. … Alle kriechen schlotternd umher. … Man kauert sich zusammen, wieder beginnt es von vorn, und man denkt: Wie lange noch, wie lange noch? Man kann nichts machen. Ob man da wieder raus kommt oder nicht, ist der reine Zufall.«[20]

Zielgenaueres Feuer bedeutete weniger Munitionsverschwendung, aber Quantität spielte trotz allem eine Rolle. Es wurden mehr Geschütze eingesetzt, vor allem große Kaliber. 1918 hatte Frankreich mit 5000 Geschützen etwa den gleichen Umfang an Feldartillerie wie 1914, die Zahl der schweren Geschütze war allerdings von 300 auf 5700 angewachsen. Großbritannien stellte 1915 3226 Geschütze her. 1918 waren es bereits 10 680. Die gleiche Zahl von Granaten konnte jetzt also in wesentlich kürzerer Zeit verschossen werden. Ihre Produktion wuchs inzwischen schneller als der Verbrauch. Pétain setzte auf Mobilität, um konzentriertes Feuer zu erreichen. Die Briten aber hatten inzwischen so viele Geschütze zur Verfügung, dass kein Stellungswechsel notwendig war, um lokale Feuerkonzentrationen zu erzielen. So konnten ohne Verzögerung in rascher Folge Angriffe an verschiedenen Frontabschnitten vorgetragen werden. Bei Kriegsende dienten bei der Artillerie siebenunddreißig Prozent der gesamten französischen Armee. Im Mai 1915 waren es nur achtzehn Prozent gewesen. Die *Royal Artillery* hatte eine halbe Million Mann unter Waffen, was ein Viertel der britischen Armee darstellte. Die deutsche Artillerie war Anfang 1918 zahlenmäßig noch größer als die Großbritanniens und Frankreichs zusammengenommen. Im November dagegen war sie nur noch etwa so stark wie die britische. Die Zahl neu ausgelieferter Feldgeschütze sank von 3000 Stück pro Monat im Jahre 1917 auf 2000 im Februar 1918 und 1200 im September desselben Jahres. Im Februar 1917 standen noch 7130 Geschütze auf der deutschen Seite der Front, ein Jahr später lediglich 6172. Das lag vor allem an fehlenden Mannschaften und Zugpferden, weniger an der sinkenden Produktivität, obwohl auch Letztere sich auswirkte: Ab Juli 1918 fiel die Produktion von Granaten auf die Hälfte des Ausstoßes von 1917. In einem Krieg, dessen Opfer zu siebzig Prozent von der Artillerie verursacht wurden, war das eine fatale Schwäche.

Die Siege der Entente

»Der Boche steckt fest«, schrieb Charles Mangin, der Befehlshaber des Gegenangriffs bei Soissons, am 28. Juli 1918 an seine Frau.[21] Auf der deutschen Seite der Front sah man das anders. Kronprinz Wilhelm, der ihm gegenüberstand, registrierte eine Veränderung der gesamten Konstellation. Kronprinz Rupprecht von Bayern, wie er Befehlshaber einer Heeresgruppe, schloss am 20. Juli: »Wir stehen an einem Wendepunkt des Krieges. Was ich erst für den Herbst erwartet, der notgedrungene Übergang zur Defensive, ist bereits jetzt eingetreten, und obendrein sind so ziemlich alle im Frühjahr errungenen Vorteile uns wieder verloren gegangen.« Aber Ludendorff weigerte sich, den Tatsachen ins Auge zu sehen. Er schlug den Rat seiner hohen Feldkommandeure in den Wind, sich zurückzuziehen oder gar Verhandlungen aufzunehmen. Ebenso ignorierte er die Anzeichen dafür, dass die Moral der Truppen sank. »Die schlechte Verpflegung, die großen Verluste und die stark aufgetretene Grippe beeinflussten die Stimmung der Mannschaften der III. Inf. Div. höchst ungünstig«, schrieb Kronprinz Rupprecht am 3. August. Die Postzensoren informierten ihn, dass in den Briefen der Soldaten von der wachsenden Zahl der Amerikaner und von der Luftüberlegenheit der Briten die Rede sei. Relevanter sei aber, dass die Soldaten Frieden für Front und Hinterland forderten. Krieg, so hieß es dort, sei ein Produkt des Kapitalismus. »Zu Hause müssen sie streiken, aber feste, und Revolution machen, dann muß es zum Frieden kommen.«[22]

Auf der Seite der Alliierten hatte noch niemand erkannt, dass der Sieg bis Weihnachten möglich war. In London traf das Kriegskabinett bereits Vorkehrungen für 1919. In Frankreich berief Foch am 24. Juli eine Konferenz aller Befehlshaber der Armee ein. Nach seiner Meinung galt es nun die Initiative zu ergreifen. Die Alliierten waren an der Westfront in jeder Hinsicht auf dem Vormarsch – moralisch, materiell und in Bezug auf die Truppenstärke. Aber selbst er, der sich stets so überschwänglich für die Offensive eingesetzt hatte, schreckte vor dem Entscheidungsschlag noch zurück. Stattdessen fasste er eine Reihe begrenzter Angriffe ins Auge. Damit wollte er die wichtigsten, sternförmig von Paris ausgehenden Eisenbahnstrecken frei räumen, um die entscheidenden Wirtschaftsregionen Frankreichs zurückzuerobern, vor allem aber die Nachschublinien für die nächste Etappe mobilerer Operationen zu sichern. »Diese Bewegungen müssen so rasch ausgeführt werden, dass mehrere Schläge nacheinander auf den Feind niedergehen. Das begrenzt notwendigerweise ihren Umfang. ... Die Aktionen müssen kurz aufeinander folgen, damit dem Feind der Einsatz von Reserven erschwert wird und es ihm unmöglich ist, seine Einheiten rechtzeitig wieder aufzufüllen.«[23] Dies war ein operatives Konzept, das die überlegenen Ressourcen der Entente auf die Erfordernisse des Grabenkrieges einstellte. Mit Angriffen wollte man nicht tiefer in die gegnerischen Stellungen vorstoßen, als die eigene Artillerieunterstützung reichte. Durch rasche Schwenkmanöver wollte Foch den Gegner zuerst in eine Richtung, dann in eine andere lenken. Am wichtigsten aber war, dass Pershing, Pétain und Haig diesem Vorgehen zustimmten. Ersterer sah ein, dass er sich wegen der

Soldaten des *Devonshire Regiment* der 62. britischen Division, die am französischen Frontabschnitt kämpft, nehmen in der Schlacht von Tardenois Ende Juli 1918 im Wald von Reims einen Deutschen gefangen.

geringen Erfahrung seiner Truppen vorsichtig zu bewegen hatte. Die anderen beiden mussten nach den schweren Prüfungen des ersten Halbjahres 1918 mit ihren Kräften sparsam umgehen. Foch selbst war realistischer geworden: Ihm stand nur ein Rumpf von einem Stab zur Verfügung, und er hatte keine andere Wahl, als den Konsens zu suchen. In Raum und Zeit abgestimmte Einzelschläge gaben jeder nationalen Armee die Möglichkeit, selbstständig zu handeln.

Haig hatte den Plan einer begrenzten Offensive bei Amiens ausgearbeitet, mit der er seinen überstürzten Rückzug im März wettmachen wollte. Die deutsche Verteidigung war hier nicht tief gestaffelt. Von Rawlinson organisiert, der wieder die 4. Armee übernommen hatte, und von den Franzosen im Süden unterstützt, erfolgte die Attacke diesmal mit maximaler Feuerkraft und ausgeklügelter Methodik. Jedes Geschütz war für gut zwanzig Meter Schützengraben zuständig. Dank der Luftüberlegenheit der Alliierten (tausendachthundert britische und französische Flugzeuge kamen zum

Einsatz) hatte man fünfundneunzig Prozent der deutschen Batterien im Voraus orten können. An der Somme hatte ein britisches Bataillon aus tausend Mann bestanden, war mit vier leichten Maschinengewehren der Marke Lewis und ein oder zwei leichten Schützengrabenmörsern bewaffnet gewesen. Bei Amiens zählte ein Bataillon nur noch fünfhundert Mann, aber die hatten dreißig Lewis-Geschütze und acht Mörser zu ihrer Verfügung. Wenn sie in der vordersten Linie standen, wurden sie zudem von sechs Panzern begleitet.[24] Am 8. August nahmen insgesamt vierhundert Panzer an dem Angriff teil. Am 9. waren nur noch hundertfünfundvierzig einsatzbereit. Meist scheiterten sie an mechanischen Problemen, aber auch die Deutschen hatten gelernt, die »Panzerangst« zu überwinden, wie Ludendorff es nannte. Massivere Panzerhindernisse verursachten so hohe Verluste, dass von nun an in diesem Krieg nie mehr als hundertfünfzig Panzer gleichzeitig zum Einsatz kamen.

Ludendorff nannte den 8. August den »schwarzen Tag des deutschen Heeres«. Die Verluste auf deutscher Seite betrugen 27 000 Mann, allein 12 000 hatten sich ergeben – ein beispiellos hoher Anteil. Aber die Deutschen kämpften weiter. Bis zur Waffenruhe leisteten sie an der Front erbitterten Widerstand. Probleme von Desertion und Befehlsverweigerung traten häufiger im Hinterland, beim Nachschub und in der Heimat auf. Amiens war für Ludendorff ein Schock. Endlich begriff auch er, worauf andere bereits seit Wochen hingewiesen hatten. Als der Kaiser jedoch am 13. und 14. August seine höchsten politischen und militärischen Führer zu einer Konferenz nach Spa zusammenrief, konnte er sich noch immer nicht zu einer realistischen Einschätzung der militärischen Lage durchringen. Stattdessen gab er der Stimmung im Land die Schuld. In den darauf folgenden sechs Wochen war Ludendorff zwischen unbegründetem Optimismus und der Suche nach Sündenböcken hin- und hergerissen. Ein Psychologe riet ihm, eine Auszeit zu nehmen und beim Erwachen am Morgen deutsche Volkslieder zu singen. Kaiser Wilhelm hielt es nun in Spa für ratsam, einen Vermittler zu suchen, der Friedensverhandlungen anbahnen konnte. Sein Außenstaatssekretär Paul von Hintze wollte dies jedoch von einem weiteren deutschen Sieg abhängig machen und konnte sich nicht dazu entschließen, Deutschlands Ansprüche auf Belgien und Elsass-Lothringen aufzugeben. Eine Woche später erklärte Hintze den deutschen Parteiführern, nach Ansicht der Obersten Heeresleitung »liegt kein Grund vor, am Siege zu zweifeln. Erst wenn wir zweifeln, ob wir siegen, sind wir besiegt.«[25]

Die Österreicher hatten durchaus ihre Zweifel. Karl, der in Begleitung von Graf Burián, Czernins Nachfolger als Außenminister, und Arz von Straußenburg an der Konferenz von Spa teilnahm, erklärte, direkte Verhandlungen seien dringend notwendig. Die Entente war bisher zurückhaltend gewesen, was eine Zerschlagung von Österreich-Ungarn betraf, das in der seinerzeitigen Form zumindest ein Gegengewicht zu Deutschland in Mitteleuropa darstellen konnte. Aber im Januar 1918 hatte US-Präsident Wilson in seinem zehnten Punkt den Völkern Österreich-Ungarns eine »selbstständige« Entwicklung zugestanden. In seinem dreizehnten Punkt war ausdrücklich von einem unabhängigen polnischen Staat die Rede. Was eine künftige Tschechoslowakei betraf, so war er etwas vorsichtiger gewesen, aber im Sommer des Jahres galt auch sie de facto als anerkannt.

Da die Alliierten in ihren Kriegszielen übereinstimmten, konnten sie nun auch ihre Propaganda und ihr Vorgehen in anderen Bereichen koordinieren. Das sagte dem italienischen Oberkommando zu. Im gesamten Jahr 1918 widerstand Armando Diaz der dringenden Forderung des Obersten Kriegsrates nach einer italienischen Offensive. Stattdessen verlegte er sich auf subversive Maßnahmen gegenüber der österreichisch-ungarischen Armee. Ideen kosteten weniger Leben als Kugeln und ließen die seit Caporetto schwache Moral der italienischen Truppen intakt.

Besonders erfolgreich waren die Italiener allerdings nicht: Im Juni 1918 griff Österreich-Ungarn an der Piave an, und der Chef der britischen Militärmission berichtete, dass »die Truppen des Gegners insgesamt… mit großer Entschlossenheit kämpfen«.[26] Der Angriff schlug fehl, aber nicht in erster Linie wegen Desertion oder nationalistischer Stimmungen. Die Männer waren erschöpft, schlecht ausgerüstet und hatten fast nichts zu essen. Den Angriff an der Piave nannten sie die »Brotoffensive«. Der Druck, dem sie ausgesetzt waren, kam eher aus dem eigenen Hinterland als vom Gegner. Wie im deutschen Heer vermengten sich die Probleme in der Heimat immer mehr mit denen an der Front. Die Propaganda der Alliierten gegenüber den unterdrückten Nationalitäten wurde für Streiks und Meutereien verantwortlich gemacht, die ganz andere Ursachen hatten. Im August brach unter den Truppen Österreich-Ungarns in Italien auch noch Malaria aus. Zwei Drittel der Divisionen hatten kaum noch die halbe Sollstärke. Als Hintze Kaiser Karl und dessen Beratern am 3. September erklärte, Ludendorff sage einen endgültigen Erfolg an der Westfront voraus, entschlossen diese sich zum einseitigen Handeln. Am 14. September bat Burián um Gespräche über Friedensbedingungen. Die Alliierten ließen ihn abblitzen. Nun hatte sich Österreich-Ungarn in einem letzten Versuch, die Doppelmonarchie zu retten, endlich entschlossen, das Bündnis mit Deutschland aufzukündigen, aber wie 1914 sahen die führenden Politiker der Entente beide Staaten als unzertrennliche Einheit.

Haig war von dem Ausmaß seines Erfolges bei Amiens überrascht und musste Foch zurückhalten, der die Offensive über die eigenen Möglichkeiten hinaus vorwärtstreiben wollte. Beiden Befehlshabern war allerdings klar, was Haig einem skeptischen Winston Churchill am 21. August mitteilte: »Wir müssen alles tun, um noch diesen Herbst eine Entscheidung herbeizuführen.«[27] Dass die US-amerikanische Armee zu selbstständigem Agieren in der Lage war, bewies sie, als sie vom 12. bis 16. September den Frontbogen bei St. Mihiel südlich von Verdun liquidierte. Das war der Erfolg, auf den Pershing gewartet hatte, um die Moral seiner jungen Armee zu heben. Allerdings hatten die Deutschen zwei Tage zuvor beschlossen, das Gelände nicht um jeden Preis zu halten. Statt jedoch weiter vorzurücken, gruppierten sich die Amerikaner unter beträchtlichen logistischen Schwierigkeiten westlich von Verdun um. Sie wollten die rechte Flanke eines gemeinsamen Angriffs mit den Franzosen bilden, der nach Norden durch die Argonnen verlief. Foch hoffte, damit ins Hinterland der Deutschen vorzustoßen. Am 26. September und während des gesamten Oktobers kämpften sich die französische und die US-amerikanische Armee durch die tief gestaffelte Verteidigung der Deutschen, wobei die rechte Flanke der Amerikaner dem Tal der Maas folgte.

Die Briten griffen am anderen Ende des enormen Frontbogens an, den die Deutschen noch in Frankreich hielten. Die 1. und 3. Armee setzten den Kampf von Rawlinsons 4. Armee fort, weshalb von Ende August bis September ununterbrochen gekämpft werden konnte. Das Terrain hatten sie zwei Jahre zuvor bereits kennen gelernt: »Damals stürmten wir von Südosten in großer Zahl vor und mussten jeden Fußbreit Boden einem Feind abringen, der gar nicht an Rückzug dachte. Jetzt hatten wir eine lange, flexible Front vor uns, konnten im offenen Felde kämpfen und vor allem von der Flanke her angreifen.«[28] Die Deutschen zogen sich auf die Siegfried-Stellung zurück. Diese war ein beträchtliches Hindernis, das allerdings von Ende 1916 stammte. Die Dynamik dieses Krieges und das enorme Tempo des technischen Fortschritts hatten sie bereits überholt. Aus sechs Verteidigungslinien bestehend, bildete sie ein sechs Kilometer tiefes Gelände mit

Betonbefestigungen und Stacheldrahtzäunen. Aber durch den südlichen Teil verlief der Kanal von St. Quentin, weshalb die Befestigungen hier nicht an einem rückwärtigen Geländeabhang, geschützt vor Artilleriebeobachtung, lagen. Außerdem war die ganze Anlage linear ausgerichtet, während neuere Verteidigungsanlagen aus schachbrettartig angeordneten Stützpunkten bestanden, um überlappende Feuerbereiche zu schaffen. Anders als bei Amiens war die Siegfried-Stellung stark befestigt. Im Unterschied zu Cambrai gab es hier auch keine Möglichkeit für Überraschungsangriffe. Die Lösung war ein Trommelfeuer von sechsundfünfzig Stunden, bei dem auf einer Frontlänge von knapp zehn Kilometern 1637 Geschütze zum Einsatz kamen. Das war die doppelte Dichte wie bei der Somme-Schlacht, und der Beschuss galt vor allem den Anlagen, weniger den Verteidigern. In den letzten vierundzwanzig Stunden verschossen die Briten die Rekordzahl von 945 052 Granaten. Die Überquerung des Kanals durch die 46. Division war eine der Meisterleistungen dieses Krieges, begünstigt durch Morgennebel und unter Einsatz einer Feuerwalze, die binnen acht Stunden 126 Granaten pro 500 Meter Schützengraben niedergehen ließ.[29] Die Siegfried-Stellung fiel am 29. September.

Drei Tage lang rannten die Alliierten gegen die gesamte Westfront an. Im Norden der Siegfried-Stellung hatten die kanadischen Einheiten der 1. britischen Armee mit Unterstützung der 3. Armee zu ihrer Rechten den Canal du Nord überquert. Weiter nördlich drängten zwei weitere britische Armeen und zum ersten Mal seit 1914 auch die Belgier nach Flandern hinein. Paul von Hintze, der sich durch Untergebene Ludendorffs über die wirkliche militärische Lage informieren ließ, begriff, dass eine Niederlage an der Front die Revolution im Land auslösen konnte. Um eine solche Entwicklung abzuwenden, schlug er eine »Revolution von oben« vor. Als Voraussetzung für Friedensverhandlungen sollte die deutsche Regierung reformiert, das heißt demokratischer gestaltet werden. Damit wollte er zwei Ziele erreichen – die Monarchie erhalten und die Schmach der Niederlage auf die Linke abwälzen.

Für ein so raffiniertes Manöver brauchte man aber Zeit. Ludendorff machte ihm einen Strich durch die Rechnung. In der Nacht des 28. September gingen ihm die Nerven durch. Er brach zusammen und soll laut Augenzeugen Schaum vor dem Mund gehabt haben. Vor dem Kronrat, der am nächsten Morgen nach Spa einberufen wurde, forderte er einen sofortigen Waffenstillstand auf der Grundlage von Wilsons *Vierzehn Punkten*. Mit

Vormarsch östlich von Arras: Am 9. Oktober 1918 ziehen Kanadier durch eine bren-
nende Straße von Cambrai. Viele Angriffe der letzten hundert Kriegstage werden von
Truppen aus den britischen Dominions angeführt.

dieser Kehrtwende in der Einschätzung der militärischen Lage riss er die
Führung im politischen Prozess an sich. Georg von Hertling, der zu spät
eintraf, um noch Einfluss nehmen zu können, trat als Kanzler zurück. Sein
Nachfolger Max von Baden traf am 1. Oktober um 4 Uhr morgens in Berlin ein, um das Amt zu übernehmen. Sofort stellte er klar, dass er noch eine
Zeit lang durchhalten wolle. Er wandte sich dagegen, dass Ludendorff die
Logik auf den Kopf stellte: »Ein Waffenstillstandsangebot macht jede Friedensinitiative... unmöglich.«[30] Deutschland laufe Gefahr, sich seine langfristigen Verhandlungschancen zu verderben, wenn die Armee darauf be-
stehe, eine kurze Atempause zu erhalten.

Das Hin und Her in Ludendorffs Verhalten war jedoch auf keinen Fall di-
rektes Ergebnis der Lage an der Westfront. »Teilweise tiefe Einbrüche; im
Ganzen hält die Front noch«, schrieb einer seiner Stabsoffiziere am 28. September in sein Tagebuch. »Immerhin glaube ich, daß wir diesmal den An-

sturm noch parieren.«[31] Auslöser der Krise war die Nachricht, dass Bulgarien um einen Waffenstillstand nachgesucht hatte, der ihm auch gewährt wurde. In gewisser Hinsicht endete der Erste Weltkrieg dort, wo er begonnen hatte: auf dem Balkan. Aber die Wirkung von Bulgariens Entschluss macht etwas anderes deutlich: dass nämlich im Ersten Weltkrieg keine Front unabhängig von der anderen existierte.

Bei Saloniki waren beide Seiten seit 1916/17 ineinander verkeilt. Für die französischen und britischen Truppen mag dies ein Nebenschauplatz gewesen sein, wo sie vor allem an Langeweile, den extremen Wetterbedingungen und Krankheiten, besonders an Malaria, litten. In Mazedonien betrugen die britischen Verluste außerhalb der Kämpfe das Zwanzigfache derjenigen an der Front. Aber für die Verbündeten lag hier der Schwerpunkt des dritten Balkankrieges. Die serbische Armee, die über Korfu aus Albanien evakuiert worden war, vertrat nun ihr Volk im Exil, und alle Hoffnung auf ein Großserbien ruhte auf ihr. Links von den Serben bei Valona (albanisch: Vlorë) an der Adriaküste saßen die Italiener, die nach Eroberungen in Dalmatien strebten, was sie zu Rivalen der Serben machte. Zur Rechten der Serben standen die Griechen, die Serbien 1914 nicht unterstützt hatten und im Juni 1917 förmlich in die Entente gezwungen worden waren. König Konstantins pragmatische Neutralität hatte dessen Premierminister Eleftherios Venizelos 1915 unterlaufen. Der argumentierte, ein Beitritt zur Entente könne die Tür zu einem griechischen Großreich aufstoßen. Er erwirkte auch 1916 die Anerkennung einer provisorischen Regierung durch die Entente in Saloniki (Thessaloniki). 1917 verhängten die Briten unter Missachtung der griechischen Neutralität eine Blockade gegen Griechenland, was sich nur schlecht mit ihrer Verteidigung Belgiens vereinbaren ließ. Die Franzosen landeten in Piräus, und Konstantin musste abdanken.

Die gebirgige Front, die der multinationalen Truppe gegenüberlag, war ein natürliches Hindernis, aber auch sehr schwer zu versorgen. Zudem hatten die Bulgaren keinen Grund zum Kämpfen mehr. Mit der Eroberung Serbiens 1915 und Rumäniens 1916 waren ihre Kriegsziele erreicht. Sie kämpften eigentlich nur noch für die Interessen der Deutschen, aber die zeigten sich wenig erkenntlich. In Brest-Litowsk wurde Bulgarien nicht berücksichtigt. Dann hoffte es, im Vertrag von Bukarest mit der Kornkammer Dobrudscha bedacht zu werden. Auch diese Hoffnung erfüllte sich nicht. Der Norden des Landstrichs wurde unter gemeinsame deutsch-österreichisch-bulgarische Verwaltung gestellt. Während die Bulgaren hungerten, kauften die deutschen Truppen das Getreide der Dobrudscha auf, um es nach Deutschland zu transportieren. Der Abzug deutscher Divisionen an die Westfront gab zu Befürchtungen Anlass, die Stellungen der Mittelmächte auf dem Balkan würden gefährlich entblößt. Hindenburg und Ludendorff konnten dem nichts entgegenhalten. Ihnen fehlte es an Truppen, aber sie weigerten sich weiterhin, über die Dobrudscha einen Kompromiss zu schließen. Am 17. September signalisierten sie: »Es muß angenommen werden, daß hier [an der Westfront – d. Ü.] die Entscheidung des ganzen Krieges fällt.«[32]

Aber da waren die Serben bereits fünfzehn Kilometer in die bulgarischen Stellungen eingedrungen und gerade dabei, die deutschen Feldherren Lügen zu strafen. Truppen der Entente unter dem französischen General Louis Franchet d'Esperey, den die Briten nur *Desperate Frankie* – »Tollkühner Franzose« – nannten, griffen am 15. September an. Am 22. September waren die Verhältnisse auf dem Kriegsschauplatz so weit in Bewegung gekommen, dass sich erneut – wie auch auf anderen Kriegsschauplätzen, etwa in Palästina – der militärische Stellenwert der Kavallerie erwies. Eine Brigade von dreitausend französischen Kavalleristen, *Spahis* aus Nordafrika, überwanden nahezu hundert Kilometer auf einem Gelände, das bis auf 1500 Meter über dem Meeresspiegel anstieg, und erreichten am 29. September Skopje. Es war der Tag, als Bulgarien die Friedensbedingungen akzeptierte. Der Befehlshaber der Kavalleristen, General François-Léon Jouinot-Gambetta, beschrieb die Begeisterung der befreiten Menschen: »Die Frauen küssen uns die Hände und weinen vor Freude.« Aber die Vergeltung folgte auf dem Fuße. Bald wurde ihm berichtet, dass jene, die sich gegenüber Deutschen und Bulgaren freundlich gezeigt hatten, nun im türkischen Viertel Zuflucht suchen mussten. Seine Reaktion zeigt, wie gefährlich ein Wechsel der Loyalitäten in der Region sein konnte: »Wir werden sie da bald herausholen.«[33]

Skopje war die südliche Endstation der serbischen Nord-Süd-Eisenbahn. »Ich kann von hier mit 200 000 Mann durch Ungarn und Österreich fahren, meine Truppen in Böhmen konzentrieren, das von den Tschechen gehalten wird, und direkt nach Dresden ziehen«, schrieb Franchet d'Esperey einem Freund am 2. Oktober.[34] Stattdessen erhielt er den Befehl, nach Rumänien zu marschieren und von Süden her Kontakt zu den Russen aufzunehmen. Am 1. November erreichte er die Donau, und die Serben zogen wieder in Belgrad ein. Dieser Sieg hatte die Südfront der Mittelmächte aufgerissen, und ein zentraler Punkt des Kommunikationsnetzes des Bündnisses war ver-

Bei Megiddo hat Allenby eine Überlegenheit von mindestens zwei zu eins. Ein Transport der 5. Kavalleriedivision der Briten überquert die Auja.

loren. Nun hatten sie nicht mehr den so lange genutzten Vorteil, auf »inneren Linien« operieren zu können. Deutschlands Verbindung nach Konstantinopel war unterbrochen, der Weg von Wien in die Ukraine versperrt, und die Hintertür zu den Armeen an der Westfront stand weit offen. Ludendorffs Sorge war trotzdem übertrieben. Der Vormarsch der Alliierten durch das zerstörte Serbien hatte seine logistischen Grenzen erreicht und konnte bis 1919 nicht wieder aufgenommen werden. Das Bündnis, das die Südfront zuallererst aufgebaut hatte, war nicht zu retten.

Als die Hauptkräfte der Entente über die Balkanhalbinsel nach Norden zogen, bog ihr britischer Bestandteil in östlicher Richtung nach Thrakien ab und näherte sich den Dardanellen und Konstantinopel von Land. Während die Armee des Osmanischen Reiches im Kaukasus ihren pantürkischen Träumen nachging, wurde das Reich an den anderen drei Fronten geschlagen. Am 19. September nahm Allenby mit einem klassischen Manöver bei Megiddo seinen Palästinafeldzug wieder auf. Zunächst führte er einen Scheinangriff im Jordantal, nutzte aber dann die Mobilität seiner Kavallerie, um im Schutz seiner überlegenen Luftwaffe mit der ganzen Kraft seiner Truppen nach Westen und längs der Küste durchzubrechen. Am 1. Oktober fiel Damaskus. Faisal forderte es für die Araber, und die Briten ließen ihn gewähren, denn dadurch wurden die Franzosen aus der Gegend verdrängt. In Mesopotamien stürmten die Briten voran, um noch möglichst viel Territorium und Öl zu gewinnen, bevor ein Waffenstillstand sie stoppen konnte. Die türkische 6. Armee konnte im Juli nur noch ganze 3500 Mann einziehen und keine wirksame Gegenwehr mehr bieten. Am 4. November marschierten die Briten in Mosul ein, das nach dem Sykes-Picot-Abkommen in der französischen Einflusssphäre lag. Bereits sechs Tage zuvor hatten sich die Türken auf einem britischen Kriegsschiff in Mudros auf der Ägäisinsel Lemnos ergeben. Ohne Bedingungen zu stellen, hatten sie alle britischen Forderungen akzeptiert.

Franchet d'Esperey interessierte sich weniger für die britisch-französische Rivalität im Nahen Osten als vielmehr für die Aussichten eines Zusammengehens mit den Italienern gegen Österreich-Ungarn. Am 2. Oktober hatte Tullio Marchetti, der beste Offizier der italienischen Militäraufklärung, seinem Oberkommando berichtet, die Doppelmonarchie sei »wie ein Pudding mit einer Kruste aus gerösteten Mandeln, der mit Sahne gefüllt ist. Die Kruste – die Truppen an der Front – ist schwer zu knacken.«[35] Aber die Sahne weichte die Kruste von innen auf. Karl hatte seine Version einer Revolution von oben versucht, indem er am 16. Oktober eine föderale Struktur des Reiches verkündete. Ungarn nahm er aus und überließ damit die Südslawen der Herrschaft der Magyaren. Vier Tage später erklärte Wilson, seine *Vierzehn Punkte* seien für die Zukunft Österreich-Ungarns nicht mehr von Belang, da er der Tschechoslowakei und nun auch Jugoslawien Zusicherungen gemacht habe. Daher wies er Karls Bemühungen um einen Föderalismus zurück und stellte gegenüber den unterdrückten Nationen klar, er, nicht der Kaiser in Wien, werde über ihre Zukunft entscheiden. Zugleich lehnte er es ab, Österreich-Ungarn noch als souveränen Staat zu betrachten, und nahm allein mit Deutschland Verhandlungen auf. Am 23. Oktober schlug Italien, dem wie den anderen Krieg führenden Staaten klar war, dass Gewinne der letzten Kriegswochen die Nachkriegsregelung vor Ort beeinflussen konnten, bei Vittorio Veneto an der Piave zu. Aber auch jetzt hielt die Armee Österreich-Ungarns noch fünf Tage stand. Dann gab sie nach, und die Männer gingen nach Hause. Am 31. Oktober brach in Wien und Budapest die Revolution aus. Österreich sicherte sich am 3. November einen Waffenstillstand. Ungarn gelang das erst am 13. November.

Kaiser Karl dankte nicht offiziell ab. Das tat jedoch Kaiser Wilhelm. Max von Baden mochte ein Aristokrat und des Kaisers Wahl als Kanzler sein, aber er war zugleich auch ein Liberaler. Er hatte bereits eine Regierung gebildet, die von der Mehrheit im Reichstag getragen wurde, und am 5. Oktober deren Programm akzeptiert. Die Alliierten erkannten allerdings diesen Übergang zu einem parlamentarischen Regime nicht an. In seinen Antworten auf das Ersuchen der Deutschen nach einem Waffenstillstand, insbesondere in seinen Noten vom 14. und 23. Oktober, betonte Wilson mit wachsendem

Nachdruck, die Alliierten würden nur mit einem demokratischen Deutschland verhandeln. Die Alliierten stellten gegenüber den Deutschen auch klar, dass deren Versuch, den versöhnlicheren Wilson gegen seine rachsüchtigen europäischen Partner auszuspielen, nicht funktionieren werde. Offenbar waren sich die Alliierten darin einig, den Waffenstillstand nicht als Kampfpause anzusehen, um die Friedensbedingungen auszuhandeln, sondern als Mittel, um den Krieg in der Tat zu einem Ende zu bringen. Das deutsche Militär sollte als Streitmacht und als Faktor der Innenpolitik ausgeschaltet werden. Da regte sich Ludendorffs Entschlossenheit wieder. Er erklärte, Wilsons Note vom 23. Oktober müsse zurückgewiesen und der Krieg wieder aufgenommen werden. Aber die Aussicht auf einen Waffenstillstand hatte paradiesische Erwartungen ausgelöst, von denen weder Armee noch Volk wieder lassen wollten. An der Front »gab es psychologisch kein Zurück mehr«, erinnerte sich ein katholischer Kaplan. »Keine Macht der Welt hätte den durchschnittlichen Frontsoldaten zum Weiterkämpfen bewegen können.«[36] In der Heimat herrschte Resignation vor und nicht offener Widerstand: »Sie agieren fast wie Verbrecher, die in das Haus des Nachbarn ein-

Am 3. November 1918 willigt Österreich-Ungarn in den Waffenstillstand ein: Soldaten an der Trentiner Front gehen in Gefangenschaft.

gebrochen sind und nicht an Verteidigung denken, wenn sie auf frischer Tat ertappt werden. ... Sie fürchten nur, dass der Frieden ihnen noch im letzten Moment wieder entschlüpfen könnte.«[37]

An der Westfront gingen die Gefechte allerdings mit unverminderter Heftigkeit weiter. Die Bewegungskämpfe brachten die Zivilbevölkerung und deren Eigentum in größere Gefahr, als dies bei stabilen Fronten der Fall war. Und die Deutschen raubten und plünderten auch noch auf dem Rückzug. Deutsche U-Boote beschossen nach wie vor neutrale Handelsschiffe. Ende Oktober wollte die Kriegsmarine die Flotte sogar noch einmal zu einer letzten Schlacht auslaufen lassen. Das Wort von der beabsichtigten »Todesfahrt« machte die Runde. Am 3. und 4. November kam es bei der Flotte in Kiel zu Unruhen. Dabei revoltierten die Matrosen nicht gegen ihre Arbeitsbedingungen, sondern forderten konstitutionelle Reformen, Frieden und die Absetzung der kaiserlichen Familie. Die Meuterei griff auf Wilhelmshaven über und verschmolz mit spontanen Erhebungen der Arbeiter, die überall ausbrachen. Am 9. November wurde in Berlin der Generalstreik ausgerufen. Der Reichstag lief Gefahr, die Macht an die Matrosen-, Arbeiter- und (zunehmend) Soldatenräte zu verlieren, die überall wie Pilze aus dem Boden schossen. Die Sozialdemokraten, die die Mehrheit im Parlament stellten, fürchteten die Kontrolle über die Arbeiter an die USPD zu verlieren. Die Spartakisten wollten erreichen, dass sich die Räte auf die nächste Etappe der Revolution vorbereiteten, die bereits begonnen hatte und zur Errichtung eines Sowjet-Systems in Deutschland führen sollte.

Die Armee hielt sich heraus, bis der Kaiser mit ihrer Hilfe seine Autorität in Berlin durchsetzen wollte. Zuletzt musste sie sich der Wahl zwischen Nation und Monarchie stellen, ein Konflikt, der bereits ihr Verhalten während des Krieges wesentlich beeinflusst hatte. Aber der Mann, der am meisten dafür getan hatte, den Kaiser überflüssig zu machen, ging nicht bis zur logischen Konsequenz. Ludendorff war bereits am 26. Oktober zum Rücktritt gezwungen worden. Seinen Posten hatte Groener eingenommen. Am 8. November erhielt der neue Erste Generalquartiermeister neununddreißig Berichte über die Stimmung in der Armee. Nur in einem hieß es noch, die Truppen seien bereit, für Kaiser Wilhelm zu kämpfen. »Das Heer«, so erklärte Groener daraufhin seinem obersten Kriegsherrn, »marschiert unter seinen Generalen allein geordnet nach Hause. ... Gegen die Heimat marschiert es nicht, auch nicht mit Eurer Majestät an der Spitze.«[38]

Sieg ohne Frieden

Das Deutschland, das am 11. November 1918 den Waffenstillstand unterzeichnete, war kein Kaiserreich mehr, sondern eine Republik. Die Propaganda der Entente hatte den Kaiser verteufelt und den deutschen Militarismus gebrandmarkt. Sie hatte zwischen Herrschenden und Beherrschten unterschieden. Aber dem deutschen Volk blieb die Demütigung der Niederlage nicht erspart. Die direkte Folge für die Menschen war die Fortsetzung der Blockade bis zur Unterzeichnung des Friedensvertrages. Ohne Widerstand fürchten zu müssen und mit ungehindertem Zugang zur Ostsee, dem einzigen Meer, das den Deutschen noch geblieben war, konnten die Alliierten den Ring jetzt sogar noch dichter schließen als zu Kriegszeiten. Hunger als Kriegswaffe hat sich im Winter 1918/19 den Menschen in Deutschland und Österreich tiefer ins Gedächtnis gegraben als während der Kriegsjahre.

Den Alliierten aber kam es vielmehr darauf an, den Waffenstillstand zu nutzen, um den militärischen Sieg zu definieren. War der Triumph der Entente das Ergebnis der Zermürbung, der Erschöpfung aller Reserven des Gegners und des Aufreibens seiner Armeen, so folgte ihm ein Kompromissfrieden. Im Herbst 1918 waren die Armeen im Westen noch voll auf den Abnutzungskrieg eingestellt, den sie bis zum Durchbruch führen wollten, wie er an anderen Fronten so spektakulär gelungen war. Als ihnen ein Waffenstillstand angeboten wurde, bevor sie diesen erreicht hatten, standen sie vor einem Dilemma. Wenn der Krieg mitten in der Zermürbungsphase plötzlich endete, konnte ihnen der endgültige Sieg, wie ihn dieser große Konflikt mit all seinen Problemen forderte, noch entgehen. Einige französische Generäle wollten den *Boches* die Prügel verpassen, die sie nach ihrer Meinung verdienten. Sie wollten Deutschland in mehrere Einzelstaaten aufteilen und so dessen Volk bewusst machen, was Invasion und Niederlage bedeuteten, wie sie die Franzosen 1870 und 1914 hatten erleben müssen. Pétain wusste genau, wie er bis 1919 Lothringen zurückgewinnen wollte. Charles Mangin, der Sieger der zweiten Marne-Schlacht, sagte allen, die es hören wollten: »Wir müssen bis ins Herz Deutschlands vorstoßen, sonst werden die Deutschen nie zugeben, dass sie geschlagen sind.«[39]

Aber Mangins britische Kollegen wollten dem nicht zustimmen. Ihr Vormarsch im September und Oktober war so schnell gewesen, dass er ihren Nachschub überforderte. Schließlich befehligten sie eine Armee, deren Ver-

Clemenceau, Wilson und Lloyd George werden nach der Unterzeichnung des Versailler Vertrages von der Menge gefeiert.

sorgung auf eine weniger veränderliche operative Situation eingestellt war. Jetzt kamen sie nicht mehr so schnell voran, und das schlechte Wetter ließ die Wege im Schlamm versinken. Haig ging davon aus, dass die deutsche Armee durchaus in der Lage war, sich auf die deutschen Grenzen zurückzuziehen. Er und Henry Wilson hielten sie nach wie vor für einen achtbaren Gegner. Sie befürchteten, wenn man jetzt den Waffenstillstand ablehnte, könnte der Krieg bis 1919 weitergehen. Nach Haigs vielleicht übermäßig harter Einschätzung war die französische Armee am Ende, und die der USA nach Pershings eigener Aussage erst im Herbst 1919 voll einsatzfähig. »Die Briten allein könnten den Gegner in die Knie zwingen«, kommentierte Haig. »Aber warum noch mehr Briten opfern – und wofür?«[40]

Foch versuchte daher mit dem Waffenstillstand zu erreichen, was die Entente im Jahre 1919 auf dem Schlachtfeld hatte erreichen wollen. Der Kompromiss als logisches Ergebnis der Zermürbung musste zum Sieg umfunktioniert werden. Das deutsche Heer sollte sich auf die Grenzen des Reiches zurückziehen, 5000 Geschütze, 25 000 Maschinengewehre, 3000 Schützengrabenmörser und 1700 Flugzeuge übergeben. Weiterhin bestand er darauf,

395

die Brückenköpfe am Rhein besetzt zu halten – für den Fall, dass erneut Feindseligkeiten ausbrechen sollten. Das Gebiet links des Rheins sollte entmilitarisiert, das rechts des Stromes neutralisiert werden. Die Besatzungstruppen der Alliierten in Deutschland sollten das Recht erhalten zu beschlagnahmen, was sie benötigten. Admiral Beatty und die Briten stellten an die Marine ebenfalls harte Bedingungen. Deutschland hatte sechs Schlachtkreuzer, zehn Schlachtschiffe, acht leichte Kreuzer und fünf Zerstörer, dazu alle seine U-Boote abzutreten. Der Waffenstillstand sollte Deutschland zur Kriegführung unfähig machen.

Am 11. November feierten die meisten Menschen bereits den Frieden. In der allgemeinen Ruhe, die um 11 Uhr vormittags an der Front eintrat, fragten sich manche Soldaten, wie es nun weitergehen werde. Der Krieg war ihr Job, ihr Alltag gewesen, hatte ihnen eine Art Ziel gegeben. Andere jedoch genossen den Sieg in vollen Zügen. Wie bereits in Skopje wurde er uneingeschränkt als Befreiung empfunden. Belgien hatte seine Industriebetriebe und Rohstoffe verloren. 120 000 Arbeiter waren gewaltsam ins Deutsche Reich deportiert worden, an die Stelle der bürgerlichen Freiheiten war das Besatzungsregime getreten. Die Soldaten der belgischen Armee, die im Oktober in Belgien einrückten, befreiten ihr eigenes Volk. Zum ersten Mal nach vier Jahren kamen sie wieder nach Hause: »Niemals ist uns das Leben so teuer gewesen als jetzt, da wir in unsere Heimat zurückkehren«, beschrieb J. G. Gheuens diese Situation später in seinem Roman *Das ungesungene Lied*. »Wir riechen die Ställe; wir wollen… nur noch essen, schlafen und dann weiterstürmen, bis wir zu Hause sind.« Am 22. November zog König Albert in Brüssel ein. Der Jubel war unbeschreiblich: »Niemand wird das je wieder erleben! Auf den Bäumen, auf den Zäunen – überall Menschen!«[41]

Die Belgier fragten nicht danach, was der Sinn dieses Krieges gewesen war. Auch nicht die Bevölkerung des besetzten Frankreich. Der Einzug der Franzosen in Lille am 18. Oktober wurde von einer riesigen Menschenmenge auf der Place de la Concorde gefeiert. In Charleville, wo Hindenburg sein Hauptquartier aufgeschlagen hatte, »ging es uns vor allem um den Sieg der Gerechtigkeit, der Freiheit und der Zivilisation«.[42] Die *Poilus*, die »Bärtigen«, wie die Franzosen ihre Frontsoldaten nannten, wurden mit Glockengeläut, Feuerwerk und Liedern begrüßt. Am größten aber war die Begeisterung, als sie im Elsass und in Lothringen einmarschierten. Dort hatte man nicht vier, sondern vierzig Jahre auf sie warten müssen. »Wir sind gerade in Château-Salins eingezogen! Welch ein Gefühl, welche Freude und

Seligkeit! Weit vor der Stadt begrüßten uns junge Mädchen, die mit Bändern in den Farben Frankreichs geschmückt waren, mit Blumen. Zu unserer großen Überraschung versank die Stadt fast in einem Fahnenmeer. ... Der frühere Bürgermeister, dem inzwischen ein langer weißer Bart gewachsen war, vergoss Tränen der Freude. Veteranen von 1870 streckten uns die Hände entgegen. Ich war so erregt, dass ich kein Wort herausbrachte. Am Nachmittag gab unsere Kapelle ein Konzert. Der alte Bürgermeister bat den Dirigenten um seinen Stab und dirigierte mit Schwung und voller Gefühl die Marseillaise.«[43]

Belgien und Frankreich hatten gelitten. Sie wollten Vergeltung für vergangenes Unrecht und Sicherheit für die Zukunft. Eine Friedenslösung hatte zwei Aufgaben zu erfüllen: Sie musste einen Schlussstrich unter den Ersten Weltkrieg ziehen, und sie musste die Erwartung erfüllen, dass von ihr eine neue Weltordnung ausging. Vor allem mit Woodrow Wilson verbanden die Völker das Letztere; sein Idealismus machte ihn allerdings nicht blind für die Berechtigung des Ersteren. In seinen Augen wie auch in denen vieler Pazifisten und Radikaler hatten die Deutschen den Krieg begonnen und unter Missachtung aller Normen und Konventionen geführt, die bisher die Beziehungen zwischen den Staaten bestimmten. Eine wirksame Friedenslösung musste diese Tatsache berücksichtigen, weil es anders nicht möglich war, etwas Besseres zu schaffen.

Jede der Mittelmächte sollte einen eigenen Friedensvertrag erhalten, und alle hatten Grund, sich ungerecht behandelt zu fühlen, wenn man die Erwartungen bedenkt, die die *Vierzehn Punkte* ausgelöst hatten. Dem Vertrag mit Deutschland kommt wegen seiner späteren Rolle bei der Auslösung des Zweiten Weltkrieges besonderes Gewicht zu. Trotz der Niederlage verstiegen sich die Deutschen noch zu Siegesgefühlen. Ludendorffs Entschlossenheit, 1917 die Front strikt von der defätistischen Stimmung in der Heimat zu trennen, führte direkt zu dem Argument der Nachkriegszeit, das deutsche Heer sei im Felde ungeschlagen geblieben. Es habe an allen Fronten noch tief auf gegnerischem Gebiet gestanden, als es die Waffen niederlegte. Die Front sei weder durchbrochen noch eingeschlossen worden. Von einer Niederlage auf dem Schlachtfeld könne daher keine Rede sein. Die britische Seeblockade und die Behauptung, sie habe die Zivilbevölkerung zum Hungern verurteilt, passten zu dem Argument, die Armee habe von der Revolution zu Hause einen Dolchstoß erlitten. Herbert Sulzbachs Division marschierte am 28. November 1918 durch die Straßen von Bonn, begrüßt von

Britische Truppen ziehen am 17. Oktober 1918 in Lille ein. Damit gehen vier Jahre Besatzung zu Ende.

Der deutsche General, der sich noch am ehesten als unbesiegt betrachten kann: Paul von Lettow-Vorbeck (mit Schlapphut), der sich nur wegen des Waffenstillstandes in Europa ergeben hat, zieht am 2. März 1919 durch das Brandenburger Tor, dekoriert mit dem Orden *Pour le Mérite*.

einer jubelnden Menge, die Fähnchen schwenkte und die Soldaten mit Blumen überschüttete: »Die Heimat hat es scheinbar doch begriffen, daß wir die Nichtbesiegten, die Nichtbesiegbaren sind«, notierte er in seinem Tagebuch.[44] Zwei Wochen später, am 11. Dezember, marschierten die ersten Einheiten über die Straße Unter den Linden in Berlin: »Die Stahlhelme der Leute trugen Lorbeerkränze, jedes Gewehr hatte einen kleinen Blumenstrauß, die Maschinengewehre waren mit grünen Zweigen geschmückt, Kinder mit bunten Fahnen saßen daneben.«[45] Deutschlands neuer Kanzler, der Sozialdemokrat Friedrich Ebert, begrüßte sie mit dem Ausruf: »Kein Feind hat euch überwunden!«[46]

Wer das nicht akzeptieren konnte, suchte sich einen anderen Halt. In den verzweifelten Verteidigungsschlachten von 1916 und 1917 war der deutsche Soldat für Mut und Entschlossenheit verehrt worden. Tapfer zu kämpfen hatte seinen eigenen Wert, sich über die Schrecken des technisierten Krieges zu erheben und das Schlachtfeld zu beherrschen war ein Sieg der Moral an sich. Diese Denkungsart findet man nicht nur in deutschen Kriegerdenkmälern und Kriegserinnerungen verkörpert. Aber in Deutschland fand sie besonderen Widerhall, weil die innere Überzeugung hier den offiziell anerkannten Sieg ersetzen musste. Ernst Jünger, der als Stoßtruppführer den Orden *Pour le Mérite* erhalten hatte, schloss seinen Roman in Tagebuchform, *In Stahlgewittern*, mit den Worten: »In allen Feuern und Flammen gehärtet, konnten wir aus einer Schmiede des Charakters vor unser Leben treten, wie kaum ein anderes Geschlecht.« Diese Überzeugung beherrschte weithin die deutsche Geschichtsschreibung über den Ersten Weltkrieg. Georg Soldan, Herausgeber einer populären, offiziellen Reihe über Kriege, erklärte, er wolle die Schrecken des Krieges nicht verschweigen, sondern glorifizieren, weil er hoffe, dass seine Bücher wie die Bibel in jedes Haus Eingang finden und beim Wiederaufbau des Vaterlandes helfen könnten. Dazu Jünger: »Die Nation war für mich nicht mehr ein leerer, von Symbolen verschleierter Begriff, und wie hätte es auch anders sein können, da ich so viele dafür hatte sterben sehen und selbst dazu geschult war, zu jeder Minute, Tag und Nacht ohne Besinnen das Leben in die Schanze zu schlagen für ihren Bestand?«[47]

Protestkundgebung in Berlin gegen die Bedingungen des Friedensvertrages von Versailles. Das Spruchband fordert die von US-Präsident Wilson in den Waffenstillstandsverhandlungen angebotenen 14 Punkte ein.

Als Ulrich Graf von Brockdorff-Rantzau, dem deutschen Verhandlungsführer auf der Friedenskonferenz, am 7. Mai 1919 der dicke Band mit den Forderungen von Versailles übergeben wurde, konnte man ihm den Schock ansehen. »Damit gibt Deutschland seine Existenz preis«, war seine Reaktion.[48] Deutschland sollte dreizehn Prozent seines Staatsgebietes und zehn Prozent seiner Bevölkerung verlieren. Es sollte Reparationen zahlen, die die Alliierten der Reihe nach immer weiter erhöhten. Die Amerikaner lehnten es ab, die Reparationen in die Regelung der Kriegsschulden mit der Entente einzubeziehen. Briten und Franzosen, die ihren Menschenverlusten irgendwie Ausdruck verleihen wollten, fügten die Renten für die Hinterbliebenen der Kriegsopfer hinzu. Die konkrete Summe sollte sich am Ende als irrelevant herausstellen: Alles in allem zahlte Deutschland weniger als Frankreich nach 1871.

Ausschlaggebend war die Rhetorik, die die Regelung begleitete. Bevor der Friedensvertrag unterzeichnet wurde, trat John Maynard Keynes, ein Mitglied der britischen Delegation, aus Protest gegen die Härte der Bedingungen zurück. Später veröffentlichte er ein höchst erfolgreiches Buch *(The Economic Consequences of the Peace)*, in dem er die wirtschaftlichen Bedingungen des Friedens anprangerte. Dies wurde von liberalen Kritikern aufgegriffen. Auch Artikel 231 des Vertrages wirkte in dieser Richtung. Er stellte Deutschlands Schuld am Krieg fest, jedoch nur, um die Reparationsforderungen zu rechtfertigen. Das benutzten die Deutschen, um die Friedensregelung als Ganzes anzugreifen. Die Alliierten versagten in Versailles in dem Sinne, dass sie nicht die Entschlossenheit aufbrachten, die Bestimmungen des Friedensvertrages durchzusetzen. Ein direkter Zusammenhang zum Ausbruch des Zweiten Weltkrieges zwanzig Jahre später besteht jedoch nicht. Angesichts der enormen Aufgabe, mit der die Sieger sich konfrontiert sahen, beschlossen sie schließlich ein Vertragswerk, das viel mehr versprach, als es in der Praxis zu halten vermochte.

Der einzige Präzedenzfall, auf den sich die Mächte stützen konnten, die 1919 in Paris zusammenkamen, war die Regelung, deren Scheitern sie letzten Endes an diesen Ort gebracht hatte. 1815 war auf dem Wiener Kongress versucht worden, die Ordnung in Europa wiederherzustellen, indem man nach rückwärts schaute. 1919 blickten siebenunddreißig Staaten nach vorn und suchten nach einer Lösung, die nicht nur die Angelegenheiten Europas, sondern der ganzen Welt ordnen sollte. Sie führten in diesen Prozess Begriffe ein, die noch heute die Grundlage der internationalen Beziehungen bilden – das Völkerrecht, die Bedeutung multilateraler Lösungen und die Überzeugung, dass Demokratie die Grundlage jeden Fortschritts sein muss. Ihre Bemühungen waren von zwei Grundkonzepten geprägt, die Wilson mehr schlecht als recht definiert hatte. Das erste war nationale Selbstbestimmung. Wenn man berücksichtigt, dass die Bevölkerung der USA sich vorwiegend aus Immigranten zusammensetzte, war Wilsons Vorbehalt gegen multiethnische Reiche arrogant und naiv. In Europa fanden sich nun etwa 30 Millionen Menschen jenseits der bisherigen Grenzen auf der »falschen« Seite wieder. Sollte das Probleme verursachen, kam sein zweites Konzept ins Spiel – ein Völkerbund, der diese klären sollte.

Ein ehrgeiziges Programm, das im 20. Jahrhundert auf lange Sicht scheiterte. Besonders auf dem Balkan war es schwierig, klare ethnische Grenzen zu ziehen. Italien war gekränkt, dass die Vereinbarung, die seine »alte Diplomatie« als Preis für seinen Kriegseintritt 1915 ausgehandelt hatte, von den Vertretern der »neuen Diplomatie« 1919 nicht berücksichtigt wurde. Seine Frustration sollte zur Missachtung des Völkerbundes im Jahre 1936 führen. In Asien war eine andere Siegermacht, Japan, darüber erbost, dass ihr Artikel zur Rassengleichheit abgelehnt wurde, die Festlegung nämlich, dass die Mitglieder des Völkerbundes gegenseitig ihre Bürger ohne Diskriminierung behandeln sollten. Als Entschädigung sicherte es sich die Anerkennung seiner Ansprüche auf Tsingtau und Schantung, obwohl China Mitglied der Entente war und man gerade das Prinzip der nationalen Selbstbestimmung verkündet hatte. Auch Japan sollte 1937 den Völkerbund ignorieren und das neu gewonnene Territorium als Brückenkopf zur Durchsetzung seiner Hegemoniebestrebungen in Asien benutzen. Im Nahen Osten erhielten die Araber nicht die nationale staatliche Souveränität, auf die man ihnen Hoffnung gemacht hatte. Das Ringen zwischen Frankreich und Großbritannien um Einflusssphären in der Region spitzte sich weiter zu, als Letzteres in der *Balfour-Deklaration* vom November 1917 die zionistische Bewegung anerkannte. Aber die Regelungen in ihrer Gesamtheit waren nicht einfach die Charta eines verdeckten Imperialismus. Das »Mandatssystem«, das außerhalb Europas eingeführt wurde, übertrug den Mandatsmächten sowohl Verantwortung als auch Rechte, stellte aber vor allem klar, dass die Besatzung nur zeitweiligen Charakter haben sollte.

Wie Großbritannien viele Fragen, besonders die von Japan aufgeworfenen, behandelte, war weniger auf die Wünsche Londons als vielmehr auf die seiner Dominions zurückzuführen. So lehnte der australische Premier-

Der Sieg der Alliierten bedeutet für viele nicht Befreiung, sondern Auswanderung. Deutsche ziehen mit ihren Habseligkeiten aus dem Elsass über den Rhein.

minister Billy Hughes, eingedenk der Furcht der weißen Bewohner seines Landes vor der »gelben Gefahr«, Japans Forderung nach Rassengleichheit ab. Der kanadische Premierminister, der zwischen den beiden pazifischen Mächten vermitteln wollte, hatte mit eigenen Unsicherheiten zu kämpfen. Kanada, so erklärte Robert Borden, sei »ein Staat und auch wieder keiner«.[49] Die Kanadier, die bei der Vimy-Hügelkette gekämpft hatten, konnten so viel Zurückhaltung wohl kaum begreifen. Durch diesen Krieg war Kanada erst zur Nation geworden wie auch Australien, Neuseeland oder Südafrika. Diese Entwicklungen mussten durch die Friedensregelung Bestätigung finden. In Europa selbst hatten Polen, die Tschechoslowakei, Ungarn, Jugoslawien, Finnland und Litauen bereits die Unabhängigkeit und eine gewisse Eigenstaatlichkeit erreicht, bevor Woodrow Wilson überhaupt auf dem Kontinent gelandet war. Die Herausforderung, der er sich nun gegenübersah, war eine andere als die in seinen Reden beschworene. In Mittel- und Osteuropa hatte der Krieg vieles verändert, und wer Veränderungen wollte, kämpfte weiter dafür. Allein dass die USA sich zum Eingreifen entschlossen hatten, bestätigte dies. Der Krieg zeigte Wirkung.

Aus all diesen Gründen ist der Erste Weltkrieg nicht so eindeutig am 11. November 1918 zu Ende gegangen, wie es der in vielen Ländern begangene Tag des Waffenstillstandes vermuten lässt. »Ein Jahr und drei Tage später«, schrieb Henry Wilson an Lord Esher, »toben zwanzig bis dreißig Kriege in verschiedenen Teilen der Welt.«[50] In Russland entbrannte ein Bürgerkrieg um die Ergebnisse seiner Revolution, in den die Alliierten sich einmischten. Das bedeutete auch Krieg in und um Polen. Im Süden griff der türkische Kriegsheld Mustafa Kemal mit Unterstützung der Bolschewiken die Griechen und Briten an, um den türkischen Staat neu zu begründen. Das Beispiel, das Europa gab, wirkte ansteckend. Am 27. Februar 1919 schrieb der französische Pazifist Romain Rolland an den Sozialisten Jean-Richard Bloch von einem jungen japanischen Freund, der zwei Jahre lang den Krieg in Europa und Amerika beobachtet hatte und gerade nach Hause zurückgekehrt war. »Am meisten hat mich überrascht«, so erklärte der Japaner, »dass es unter euch Leute gibt, die *wirklich* an den Idealismus glauben, den sie verkünden. Wir Japaner meinten bisher, dass Idealismus für die Europäer ein Mittel der Politik sei. Das werfen wir ihnen nicht vor, denn wir handeln jetzt genauso.«[51]

Die Idee vom Zweck dieses Krieges verbreitete sich nicht nur auf andere Kontinente, sondern wurde auch an nachfolgende Generationen weitergegeben. Kinder, die in seinem Schatten aufgewachsen waren, erlebten, wie er in ihren Unterricht, in ihre Lektüre und ihre Spiele eindrang: Auch sie wollten ihr Vaterland verteidigen, wie ihre Eltern es getan hatten. Anna Eisenmenger, eine Wiener Großmutter, hatte drei Söhne und eine Tochter. Ein Sohn fiel im Krieg, der zweite verlor das Augenlicht und der dritte den Verstand: Er brachte den Ehemann seiner Schwester um. Eines Tages im März 1920 kam Anna dazu, wie ihr Enkel mit einem Schulfreund spielte. Die beiden »trugen Soldatenmützen... die sie aus Zeitungspapier gefaltet hatten. Mit Feuerhaken bewaffnet, hockten sie hinter Sesseln ›im Schützengraben‹. Wolfi war ein ›Österreicher‹, sein Freund ein ›Franzose‹. Sie schossen aufeinander. Wolfi... spielte Krieg.«[52]

Die Väter schilderten den Jungen ihre Kriegserlebnisse in den schillerndsten Farben und schienen gar zu bedauern, dass der Krieg vorüber war. Daher kommen solche Bücher wie die Abenteuer von *Biggles*, die der Pilot W. E. Johns verfasste, oder von *Bulldog Drummond*. H. C. McNeile, der Autor des Letzteren, schrieb unter dem Pseudonym »Sapper«, womit er andeuten wollte, dass er im Krieg in einer Pioniereinheit gekämpft hatte. »Der Geist der Kameradschaft, der Gemeinschaft war der Zement, die Krönung des Ganzen«, schrieb er im Vorwort zu einer Sammlung seiner Kriegsgeschichten: »Das war kein Albtraum, sondern ein Traum, den man noch heute gern erleben würde.«[53]

In den Kriegserinnerungen und der Kriegsliteratur, die nach wie vor die Erinnerung in Westeuropa beherrschen, war nicht unbedingt davon die Rede, dass dieser Krieg vergeblich und nutzlos gewesen sei, wie es heute oft heißt. Das größte Denkmal in Deutschland, das 1927 bei Tannenberg eingeweiht wurde, erzählte von einem Sieg. Für viele Kriegsveteranen in den Ländern der Entente war der Waffenstillstandstag Anlass, um sich zu versammeln und miteinander zu trinken, zu feiern und zu gedenken. Witwen und Mütter, die nichts anderes empfinden konnten als Trauer, wurden beschimpft. Der Krieg kostete über zehn Millionen Soldaten das Leben. Doppelt so viele trugen Verletzungen davon. Manche wurden an Körper oder Geist so verstümmelt, dass sie arbeitsunfähig waren und kein erfülltes Leben mehr führen konnten. Die Zahl der zivilen Opfer konnte nie genau festgestellt werden – zum Teil deshalb, weil viele nicht an Kugeln oder Granaten starben, sondern an den Folgen des Krieges wie Hunger und Krankheiten. In der Nachkriegszeit dachte bald keiner mehr an sie. Weltweit wurden über zwanzig Millionen Menschen von der Grippeepidemie dahingerafft, die sich

Juli 1918: Bei Reims gefallene französische Soldaten werden vor ihrer Bestattung iden-
tifiziert. Die Suche nach Vermissten hält bis heute an.

1918/19 von Asien über Europa bis nach Amerika ausbreitete. Die Toten dagegen wurden nicht vergessen, denn ein Zweck des Trauerns ist die Erinnerung. »Täglich trifft man traurige Frauen mit verhärmten Gesichtern und
müden Bewegungen, die man nicht nach Ehemann oder Sohn zu fragen
wagt«, schrieb Beatrice Webb am 17. November 1918 in ihr Tagebuch.[54]

Wer seine Lieben betrauerte, musste in diesem Verlust einen Sinn finden.
Als die Briten allen, die in diesem Krieg gekämpft hatten, die Siegesmedaille
verliehen, fanden sie eine Antwort auf diese Frage: »Für die Zivilisation«,
steht darauf. Das war das Thema, das die Ideen von 1914 mit dem Ergebnis
des Krieges verband. Es fand überall im Britischen Empire und in Frankreich Widerhall. In Deutschland gab die Stadt Hamburg Ernst Barlach den
Auftrag, ein Denkmal für ihre 40 000 im Kampf gefallenen »Söhne« zu ent-
werfen. Die Stele hat auf einer Seite ein auf Kriegerdenkmälern weit ver-
breitetes Motiv, die Mutter mit dem Kind, an die trauernde Madonna erin-

nernd. Fünf Jahre später, 1936, setzte das 76. Infanterieregiment Barlachs Denkmal ein eigenes entgegen. Es steht in der Nähe des Gedenksteins für die Hamburger Toten von 1870 und soll eine Brücke aus der Vergangenheit in die Zukunft schlagen. Auf dem rechteckigen Block heißt es: »Deutschland muss leben, auch wenn wir sterben müssen.«

Zu dieser Zeit war bei den Alliierten die Erinnerung an den Sieg bereits verblasst. »Am Tag des Waffenstillstandes werden keine Saufgelage mehr veranstaltet. Zwei Minuten Schweigen genügen«, bemerkte Ian Hay ironisch. Die Trophäen, die die Gedenkstätten geschmückt hatten – eroberte Kanonen und Mörser, die den Sieg symbolisierten, waren verschwunden und nur die nackten Steine geblieben. In Vergessenheit geraten war auch die Idee, dass der Krieg einem Ziel gedient hatte. 1926 schrieb der Korporal John Jackson, der von 1915 bis 1918 an der Westfront gekämpft hatte, seine Memoiren. »Denken wir immer daran«, heißt es im Vorwort, dass, hätte Großbritannien nicht eingegriffen, »die deutsche ›Kultur‹ über uns alle gekommen wäre. Nur wer sie in den von deutschen Truppen besetzten Teilen Frankreichs und in Belgien erlebt hat, kann begreifen, welche Demütigung das für uns gewesen wäre.«[55] Solche Mahnungen stießen zunehmend auf taube Ohren. 1927, ein Jahr später, gedachten die *Cameron Highlanders* der Toten ihres Regiments mit der Einweihung des *Scottish National War Memorial* im Schloss von Edinburgh – das Beispiel einer weiteren Nation, deren Identität in diesem Krieg geprägt wurde. Im Museumsführer hat Ian Hay seiner Sorge darüber Ausdruck verliehen, wie sich die Haltung zu diesem Krieg seit 1918 verändert hat. »Krieg ist etwas Monströses, Unaussprechliches geworden«, bekannte er. Damit werde man ihm aber nicht gerecht, beharrte er. »Die Reaktionen und Gefühle, die wir gegenüber der jüngsten Geschichte zeigen, sind zu flüchtig, um von dauerhaftem Wert zu sein. Wir müssen es der Zeit überlassen, sie zu verfestigen.«[56]

1929 veröffentlichte Erich Maria Remarque seinen Roman *Im Westen nichts Neues*, der den flauen Markt der Kriegsliteratur mit einem Schlag belebte. Ein Jahr später war das Buch bereits in achtundzwanzig Sprachen übersetzt, waren fast vier Millionen Exemplare verkauft und ein preisgekrönter Film gedreht. Dabei handelt er weniger vom Krieg selbst als von den Problemen einer Generation, die sich nicht in die Nachkriegsgesellschaft integrieren konnte. Die Botschaft des Buches sind die zerstörten Illusionen, ein Thema, das oft in Büchern wiederkehrt, die Ian Hay die »Kriegsromane neuen Stils« nannte. In den Zwanzigerjahren gab es viele Interpretationen des Krieges, bald jedoch schälte sich eine Richtung als dominierend heraus. Dadurch entstand eine Barriere zwischen unserem Verständnis des Krieges und denen, die an seinen Fronten gekämpft hatten. Selbst die Überlebenden sahen ihn nun anders als damals, als sie in den Schützengräben gelegen hatten. Die inzwischen verstrichene Zeit brachte Arroganz und – schlimmer noch – Fehlinterpretationen hervor. Viele der Ideologien, die den Krieg zu erklären suchten, waren mit späteren Deutungen überfrachtet.

Der Zweite Weltkrieg hat schlagend bewiesen, dass der Erste Weltkrieg nicht das Ende aller Kriege war. Aber er ermöglichte der Nachwelt zweierlei: Man konnte die Autoren feiern, die den Krieg von 1914 bis 1918 schmähten, dabei aber auch jene verurteilen, die für Beschwichtigungspolitik, die logische Folge dieser Haltung, eintraten. Kriegsliteratur und Beschwichtigungspolitik bezogen ihren Reiz aus demselben Liberalismus, der die Ideale der Friedensmächte von Versailles gespeist hatte. Dass der Liberalismus in der Zwischenkriegszeit im Großen und Ganzen gescheitert ist, verdankt sich weitgehend seiner grundsätzlichen Anständigkeit. Seine Verfechter waren nicht entschlossen genug, ihn durchzusetzen, wozu sie zwischen 1914 und 1917 durchaus imstande waren. Und er konnte auch nicht in der Innenpolitik der Staaten obsiegen, die von demokratischen Normen abwichen.

So klar und eindeutig stellten sich die Fragen damals allerdings nicht. Ein Grund, weshalb Adolf Hitler 1933 beim deutschen Volk solchen Anklang fand, ist darin zu suchen, dass viele Deutsche ernsthaft glaubten, Deutschland sei 1919 Unrecht getan worden. Aber das allein erklärt nicht den Zweiten Weltkrieg. Hitler gelang es, einige Themen der Mobilisierung des deutschen Volkes für den Ersten Weltkrieg wieder aufzunehmen – den Gedanken des *Burgfriedens* von 1914, das heißt den Appell, die nationale Einheit über Parteilichkeit zu stellen, *Ober-Osts* alte Vorstellung, Deutschland habe im Osten eine Mission zu erfüllen, aber auch die Erwartung, ein »Zweiter Punischer Krieg« sei notwendig, um die Ziele des Ersten zu erreichen. Vor allem das Versagen des Kaisers als oberster Kriegsherr gab zu dem Glauben Anlass, ein echter Führer hätte Deutschland zum Sieg geführt. 1918 hatten die Deutschen allerdings auch gelernt, was ein moderner Krieg bedeutete. Als 1939 der Krieg ausbrach, jubelten sie nicht mehr auf den Straßen. Der Zweite Weltkrieg ist ohne Kenntnis des Ersten nicht zu erklären. Zugleich war er nicht die unvermeidliche Folge der Absichten der Friedensstifter von Versailles.

Der Erste Weltkrieg zerstörte die Großreiche Deutschlands, Russlands, Österreich-Ungarns und der Türkei. Er löste die russische Revolution aus und legte das Fundament für die Sowjetunion. Er zwang die USA gegen ihren Willen auf die Weltbühne und führte zu einer Neubelebung des Liberalismus. Am Rande Europas brachte er eine zeitweilige, aber keineswegs dauerhafte Lösung für die Ambitionen der Balkanvölker. Außerhalb Europas legte er den Samen für den Nahostkonflikt. Kurz gesagt, er formte nicht nur Europa, sondern auch die Welt des 20. Jahrhunderts. Er war eindeutig kein Krieg ohne Zweck und Ziel.

Anmerkungen

Kapitel 1

1 *Reichspost*, Wien, 17. 1. 1911, S. 4.
2 Geiss, Imanuel: *Juli 1914*. München 1965, S. 39.
3 Stanojević, Stanoje, zit. nach Williamson, Samuel, und Russel Van Wyk: *July 1914*. Boston 2003, S. 20.
4 Conrad von Hötzendorf, Franz: *Private Aufzeichnungen*. Hg. Kurt Peball. Wien 1977, S. 148.
5 Zit. nach Ritter, Gerhard: *Staatskunst und Kriegshandwerk*. 4 Bde., München 1973, Bd. 2, S. 284.
6 Conrad von Hötzendorf, Gina: *Mein Leben mit Conrad von Hötzendorf. Sein geistiges Vermächtnis*. Leipzig 1935, S. 114.
7 Williamson und Van Wyk, a.a.O., S. 102.
8 Fay, Sidney: *The Origins of the World War*. 2 Bde., New York 1934, Bd. 2, S. 141.
9 Geiss, a.a.O., S. 53 f.
10 Wilson, Keith (Hg.): *The Rasp of War: The Letters of H. A. Gwynne to the Countess Bathurst*. London 1988, S. 15.
11 Williamson und Van Wyk, a.a.O., S. 123.
12 Mihajlović, Slavka: *Oblaci nad gradom 1914–1918*. Belgrad 1955.
13 Redlich, Josef: *Schicksalsjahre Österreichs 1908–1919. Das politische Tagebuch Josef Redlichs*. Hg. Fritz Fellner. 2 Bde., Graz 1953, Bd. 1, S. 240.
14 Geiss, a.a.O., S. 288 f.

15 Conrad von Hötzendorf, Feldmarschall: *Aus meiner Dienstzeit. 1906–1918.* Wien, Leipzig und München 1923, Bd. 4, S. 155 f.

16 Jerabék, Rudolf: *Potiorek: General im Schatten von Sarajewo.* Graz 1991, S. 93.

17 Reiss, Rodolphe Archibald: *Wie die Österreicher und Ungaren in Serbien Krieg führten. Beobachtungen eines Augenzeugen.* Lausanne 1915, S. 49.

18 Jerabék, a. a. O., S. 165.

19 Schindler, John R.:»Disaster on the Drina: The Austro-Hungarian Army in Serbia, 1914«. In: *War in History,* 9, 2002, S. 187.

20 Brussilow, Aleksej A.: *Meine Erinnerungen.* Berlin 1988, S. 122.

21 Rauchensteiner, Manfred: *Der Tod des Doppeladlers. Österreich-Ungarn und der Erste Weltkrieg.* Graz 1993, S. 136.

Kapitel 2

1 Mommsen, Wolfgang: *Max Weber und die deutsche Politik 1890–1920.* Tübingen 1974, S. 74.

2 Lloyd George, David: *War Memoirs.* 2 Bde., London o. J., Bd. 1, S. 26.

3 Joll, James: *Second International.* London 1975, S. 168.

4 Röhl, John:»An der Schwelle zum Weltkrieg: Eine Dokumentation über den ›Kriegsrat‹ vom 8. Dezember 1912«. In: *Militärgeschichtliche Mitteilungen,* 1, 1977, Nr. 21, S. 100.

5 Moltke, Helmuth von: *Erinnerungen, Briefe, Dokumente 1877–1916.* Stuttgart 1922, S. 308.

6 Schlieffen, Graf Alfred von: *Gesammelte Schriften.* Bd. 1, Berlin 1913, S. 15.

7 Ritter, Gerhard: *Der Schlieffen-Plan. Kritik eines Mythos.* München 1956, S. 180.

8 Zit. nach Schröder, Wilhelm (Hg.): *Das persönliche Regiment. Reden und sonstige öffentliche Äußerungen Wilhelms II.* München 1907, S. 12 f.

9 Horn, John, und Alan Kramer: *German Atrocities 1914: A History of Denial.* London 2001, S. 145 f.

10 Bédier, Joseph: *Les Crimes allemands d'après des témoignages allemands.* Paris 1915, S. 12.

11 Röhm, Ernst: *Die Geschichte eines Hochverräters.* München 1933, S. 33. Zit. nach Michalka, Wolfgang (Hg.): *Der Erste Weltkrieg.* München 1994, S. 252.

12 Herbert, Aubrey: *Mons, Anzac and Kut.* London 1930, S. 45.

13 Rocolle, Pierre: *L'hécatombe des généraux.* Paris 1980, *S. 98.*

14 Dr. Antoine: *Au village pendant la guerre.* Paris 1924, S. 25.

15 Pedroncini, Guy: *Les Mutineries de 1917.* Paris 1967, S. 23.

16 Vgl. Naveh, Shimon: *In pursuit of military excellence*. London 1997, S. 76.

17 Spears, E. L.: *Liaison 1914*. London 1930, S. 417.

18 Barbusse, Henri: *Das Feuer: Tagebuch einer Korporalschaft*. Berlin 1973, S. 210 f.

19 »Correspondance entre Romain Rolland et Jean-Richard Bloch 1914–1919«, in: *La Revue Europe*, 95 und 103, 1953–54, S. 4 f.

20 Rolland, Romain: *Au-dessus de la mêlée*. Paris 1915, S. 39–42.

21 Zit. nach Lübbe, Hermann: *Politische Philosophie in Deutschland*. Basel und Stuttgart 1963, S. 188.

22 Zit. nach Woebcken, Anna (Hg.): *Im Westen. Briefe eines deutschen Frontsoldaten*. Oldenburg 1929, S. 23.

23 Zit. nach Labayle, Eric (Hg.): *Carnets de guerre d'Alexis Callies (1914–1918)*. Château-Thierry 1999, S. 185.

Kapitel 3

1 Page, Melvin: *The Chiwaya War*. Boulder, CO, 2000, S. 101.

2 Seestern [Ferdinand Grautoff]: *1906: Der Zusammenbruch der alten Welt*. Leipzig 1905, S. III.

3 Zit. nach Howard, Michael: *The Lessons of History*. Oxford 1991, S. 84 f.

4 Dickinson, Frederick R.: *War and National Reinvention: Japan and the Great War; 1914–1919*. Cambridge, MA, 1999, S. 35.

5 So die Worte von Giichi Tanaka, ebenda, S. 51.

6 Neulen, Hans Werner: *Feldgrau in Jerusalem. Das Levantekorps des kaiserlichen Deutschland*. München 1991, S. 113.

7 Gordon, Andrew: *The Rules of the Game*. London 1996, S. 391.

8 Hough, Richard: *The Great War at Sea*. Oxford 1986, S. 96.

9 Pochhammer, Hans: *Graf Spees letzte Fahrt. Erinnerungen an das Kreuzergeschwader*. Berlin 1918, S. 220.

10 Page, a. a. O., S. 32.

11 Deppe, Ludwig: *Mit Lettow-Vorbeck durch Afrika*. Berlin 1919, S. 393.

12 Meinertzhagen, Richard: *Army diary*. Edinburgh 1960, S. 82.

13 Ebenda, S. 166.

14 Lunn, Joe: *Memoirs of the Maelstrom: a Senegalese oral history of the First World War*. Portsmouth, NH, 1999, S. 137.

Kapitel 4

1 Zit. nach Lewis, Geoffrey: »The Ottoman Proclamation of Jihad in 1914«. In: *Arabic and Islamic Garland: Historical, Educational and Literary Papers Presented to Abdul-Latif Tibawi*. London 1977, S. 164.

2 Gehrke, Ulrich: *Persien in der deutschen Orientpolitik während des Ersten Weltkrieges*. 2 Bde., Stuttgart 1960, Bd. 1, S. 1

3 Mühlmann, Carl: *Deutschland und die Türkei 1913–1914*. Berlin 1929, S. 39.

4 Mühlmann, Carl: *Oberste Heeresleitung und Balkan im Weltkrieg 1914–1918*. Berlin 1942, S. 22 f.

5 Morgenthau, Henry: *Ambassador Morgenthau's Story*. New York 1919, S. 32.

6 Sheffy, Yigal: *British Military Intelligence in the Palestine Campaign 1914–1918*. London 1998, S. 61.

7 Kopp, Georg: *Das Teufelsschiff und seine kleine Schwester: Erlebnisse des »Goeben«-Funkers Georg Kopp*. Leipzig 1940, S. 55 f.

8 Jäschke, Gotthard: »Der Turanismus der Jungtürken. Zur osmanischen Außenpolitik im Weltkriege«. In: *Die Welt des Islams*, 22, 1941, S. 5.

9 Guse, Felix: *Die Kaukasusfront im Weltkrieg*. Leipzig 1940, S. 7.

10 Chaliand, Gérard; Yves Ternon: *Le Génocide des Arméniens*. Brüssel 1984, S. 47.

11 Ebenda, S. 54.

12 Gilbert, Martin: *Winston S. Churchill 1874–1965*. 8 Bde., Begleitbände. London 1971–1988, Bd. 3, Anlage I, S. 361.

13 Gooch, John: *The Plans of War: The General Staff and British Military Strategy, c. 1900–1916*. London 1974, S. 259.

14 James, Robert Rhodes: *Gallipoli*. Basingstoke 1989, S. 4.

15 Groener, Wilhelm: *Lebenserinnerungen*. Göttingen 1957, S. 224.

16 Morgenthau, a. a. O., S. 210.

17 Fewster, Kevin (Hg.): *Gallipoli Correspondent*. Sydney 1983, S. 70.

18 Philips, Jock, Nicholas Boyack, und E. P. Malone (Hg.): *The Great Adventure: New Zealand Soldiers Describe the First World War*. Wellington 1988, S. 37.

19 Travers, Tim: *Gallipoli 1915*. Stroud 2001, S. 199.

20 Giraudoux, Jean: *Carnet des Dardanelles*. Paris 1969, S. 97.

21 Travers, a. a. O., S. 229.

22 Fewster, a. a. O., S. 153.

23 Omissi, David (Hg.): *Indian Voices of the Great War: Soldiers' Letters, 1914–1918*. Basingstoke 1999, S. 160.

24 Mühlmann, Carl: *Das deutsch-türkische Waffenbündnis im Welkriege*. Leipzig 1940, S. 71.

25 Goltz, Colmar von der: *Denkwürdigkeiten*. Berlin 1932, S. 421 f.
26 Buchan, John: *Greenmantle*. London 1917, S. 16.

Kapitel 5

 1 Steffen, Gustav: *Weltkrieg und Imperialismus*. Jena 1915, S. 49 ff.
 2 Littauer, Vladimir: *Russian Hussar*. London 1965, S. 138 und 150.
 3 Nowak, Karl Friedrich (Hg.): *Die Aufzeichnungen des Generalmajors Max Hoff-mann*. 2 Bde., Berlin 1929, Bd. 1, S. 52.
 4 Verhey, Jeffrey: *Der »Geist von 1914« und die Erfindung der Volksgemeinschaft*. Hamburg 2000, S. 158.
 5 Reichsarchiv Potsdam (Hg.): *Der Weltkrieg 1914 bis 1918*. 14 Bde., 1925, Bd. 2, S. 324.
 6 Showalter, Dennis: *Tannenberg*. Hamden, CT., 1991, S. 143.
 7 Nowak, a. a. O., Bd. 2, S. 29.
 8 Ebenda, Bd. 1, S. 53.
 9 Knox, Alfred: *With the Russian Army, 1914–1917*. 2 Bde., London 1921, Bd. 1, S. 68.
10 Brief von Hauptmann Geisler, 1. 9. 1914. In: Förster, Wolfgang, und Helmut Greiner (Hg.): *Wir Kämpfer im Weltkrieg*. Berlin 1929, S. 109 f.
11 Lobanov-Rostovsky, Prince A.: *The Grinding Mill: Reminiscences of War and Re-volution in Russia, 1913–1920*. New York 1935, S. 22.
12 Förster, Wolfgang (Hg.): *Mackensen. Briefe und Aufzeichnungen*. Leipzig 1938, S. 73 f.
13 Afflerbach, Holger: *Falkenhayn: Politisches Denken und Handeln im Kaiserreich*. München 1994, S. 217.
14 Stone, Norman: *The Eastern Front 1914–1917*. London 1975, S. 178.
15 Tagebuch des Hauptmanns von Loebell. In: Förster, a. a. O., S. 168 f.
16 Lobanov-Rostovksy, a. a. O., S. 20.
17 Buchanan, George: *My Mission to Russia and Other Diplomatic Memories*. 2 Bde., London 1923, Bd. 1, S. 215.
18 Knox, a. a. O., Bd. 1, S. 349.
19 Brusilov, a. a. O., S. 157.
20 Lobanov-Rostovsky, a. a. O., S. 160.
21 Gatrell, Peter: *A Whole Empire Walking: Refugees in Russia during World War I*. Bloomington, IN, 1999, S. 15.
22 Ebenda, S. 16.

23 Liulevicius, Vejas Gabriel: *Kriegsland im Osten*. Hamburg 2002, S. 239.

24 Ebenda, S. 97.

25 Vgl. Stone, a.a.O., S. 210.

26 Stevenson, David: *The First World War and International Politics*. Oxford 1988, S. 51.

27 Schindler, John R.: *Isonzo: The Forgotten Sacrifice of the Great War*. Westport, CT, 2001, S. 18.

28 Zit. nach Herwig, Holger: *The First World War: Germany and Austria-Hungary 1914–1918*. London 1997, S. 151.

29 Bellachioma, Fernanda (Übers.): *Letters and Drawings of Enzo Valentino, Conte di Laviano, Italian Volunteer and Soldier*. London 1917, S. 78; siehe auch S. 157–168.

30 Fryer, C. E. J.: *The Destruction of Serbia in 1915*. New York 1997, S. 149, 159.

31 Glenny, Misha: *The Balkans*. Harmondsworth 1999, S. 331.

32 French, David: *British Strategy and War Aims 1914–16*. London 1986, S. 141.

33 Leon, George: *Greece and the Great Powers 1914–1917*. Thessaloniki 1974, S. 282.

Kapitel 6

1 Murray, Alexander: »Remembrance«. In: *Oxford Magazine*, 208, 2002, S. 10.

2 Bernier, Jean: *La Percée*. Paris 1920. Zit. nach Blunden, Edmund (Hg.): *Great Short Stories of the War*. London 1933, S. 311.

3 Arnoux, Alexandre : *Le Cabaret*. Paris 1919, S. 127.

4 Edmonds [Carrington], Charles: *A Subaltern's War*. London 1930, S. 23

5 Coppard, George: *With a Machine Gun to Cambrai*. London 1969, S. 24–25.

6 Dunn J. C.: *The War the Infantry Knew, 1914–1919*. London 1987, Erstveröffentlichung 1938, S. 192 und 195–196.

7 Hardach, Gerd: *Der Erste Weltkrieg: 1914 – 1918*. München 1973, S. 89.

8 Marder, Arthur J.: *Fear God and Dread Nought: The Correspondence of Admiral of the Fleet Lord Fisher of Kilverstone*. 3 Bde., London 1952–59, Bd. 3, S. 238.

9 Ferry, Abel: *Les carnets secrets (1914–1918)*. Paris 1957, S. 88.

10 Nach einer Beschreibung von Königin Marie von Rumänien, zit. in: Torrey, Glenn: *Henri Mathias Berthelot*. Iaşi 2001, S. 191.

11 Darrow, Margaret H.: *French Women and the First World War*. Oxford 2000, S. 185.

12 Vgl. Daniel, Ute: *Arbeiterfrauen in der Kriegsgesellschaft*. Göttingen 1989, S. 48f.

13 Woollacott, Angela: *On Her Their Lives Depend: Munitions Workers in the Great War.* Berkeley, CA, 1994, S. 82.

14 Blake, Robert (Hg.): *The Private Papers of Douglas Haig.* London 1952, S. 93.

15 Fayolle, Maréchal: *Carnets secrets de la Grande Guerre.* Hg. Henri Contamine. Paris 1963, S. 169.

16 Schlieffen, Alfred von: *Gesammelte Schriften.* Bd. 1, Berlin 1913, S. 15 f.

17 Falls, Cyril: »Contact With Troops: Commanders and Staffs in the First World War«. In: *Army Quarterly,* 88, Nr. 2, 1964, S. 179.

18 French, David: »The Meaning of Attrition«. In: *English Historical Review,* 103, 1988, S. 395.

19 Daille, M.: *Joffre et la guerre d'usure 1915–1916.* Paris 1936, S. 170.

20 Miquel, Pierre: *Les Poilus.* Paris 2000, S. 228.

21 Einem, Karl von: *Ein Armeeführer erlebt den Weltkrieg.* Leipzig 1938, S. 150 f.

22 Miquel, a. a. O., S. 229.

23 Mangin, Charles: *Lettres de guerre 1914–1918.* Paris 1950, S. 59.

24 Spears, E. L.: *Prelude to Victory.* London 1939, S. 33.

25 Woodward, David: *Lloyd George and the Generals.* Newark 1983, S. 77.

26 French, a. a. O., S. 398.

27 Daille, a. a. O., S. 256.

28 Greenhalgh, Elizabeth: »Why the British Were on the Somme in 1916«. In: *War in History,* 6, 1999, S. 156.

29 Péricard, Jacques: *Verdun. Histoire des combats qui sont livrés de 1914 á 1918 sur les deux rives de la Meuse.* Paris 1934, S. 80.

30 Werth, German: *Verdun: Die Schlacht und der Mythos.* Bergisch Gladbach 1979, S. 72.

31 Horne, Alistair: *Des Ruhmes Lohn: Verdun 1916.* Minden 1965, S. 65.

32 Ousby, Jan: *The Road to Verdun: France, Nationalism and the First World War.* London 2002, S. 195.

33 Ryan, Stephen: *Pétain the Soldier,* Cranbury, NJ, 1969, S. 74.

34 Pétain, Phillipe: *Verdun.* London 1936, S. 100–101.

35 Ousby, a. a. O., S. 206.

36 De Groot, Gerard: *Douglas Haig, 1861–1928.* London 1988, S. 238.

37 Chapman, Guy: *Vain Glory.* London 1937, S. 320.

38 Travers, Tim: *The Killing Ground: The British Army, the Western Front and the Emergence of Modern Warfare 1900–1918.* London 1987, S. 178.

39 Fayolle, a. a. O., S. 167.

40 Lucas, P.: *L'Evolution des idées tactiques en France et en Allemagne pendant la guerre de 1914–1918.* Paris 1924, S. 158.

41 Woodward, David: »Britain in a Continental War: The Civil-Military Debate over the Strategical Direction of the Great War of 1914–1918«. In: *Albion*, 12, 1980, S. 37–65.

Kapitel 7

1 Ranft, B. McL.: *The Beatty Papers*. 2 Bde., Aldershot 1989–1992, Bd. 1, S. 145–146.

2 Ebenda, S. 36–37.

3 Beesley, Patrick: *Room 40: British Naval Intelligence 1914–1918*. London 1982, S. 36–37.

4 Ranft, a.a.O., S. 211.

5 Sumida, Jon: *In Defence of Naval Supremacy: Finance, Technology and British Naval Policy, 1889–1914*. Boston, MA, 1989, S. 297–299.

6 Patterson, A. Temple: *The Jellicoe Papers*, 2 Bde., London 1966–1968, Bd. 1, S. 76.

7 Gordon, Andrew: *The Rules of the Game: Jutland and British Naval Command*. London 1996, S. 112.

8 Tarrant, V. E.: *Jutland: The German Perspective*. London 1995, S. 107.

9 Bennett, Geoffrey: *Naval Battles of the First World War*. London 1968, S. 256.

10 Hankey, Lord: *The Supreme Command 1914–1918*. 2 Bde., London 1961, Bd. 2, S. 858.

11 Roerkohl, Anne: *Hungerblockade und Heimatfront. Die kommunale Lebensmittelversorgung in Westfalen während des Ersten Weltkrieges*. Stuttgart 1991, S. 306.

12 Bell, A. C.: *A History of the Blockade of Germany*. London 1937, S. 672.

13 Gilbert, Charles: *American Financing of World War I*. Westport 1970, S. 33 ff.

14 Consett, M. W. W. P.: *The Triumph of Unarmed Forces (1914–1918)*. London 1923, S. 184.

15 Bell, a.a.O., S. 250f.

16 Vgl. Hardach, a.a.O., S. 42.

17 Offer, Avner: *The First World War: An Agrarian Interpretation*. Oxford 1989, S. 33 und 45–53.

18 Davis, Belinda J.: *Home Fires Burning: Food, Politics and Everyday Life in World War I Berlin*. Chapel Hill, NC, 2000, S. 205 f.

19 Vgl. Roerkohl, a.a.O., S. 211–227.

20 Cooper, Caroline Ethel: *Behind the Lines: One Woman's War 1914–1918*. Hg. Decie Denholm. London 1982, S. 165.

21 Lee, Joe: »Administrators and Agriculture: Aspects of German Agricultural Policy in the First World War«. In: Winter, J. M. (Hg.): *War and Economic Development*. Cambridge 1975, S. 231–234.

22 Davis, a. a. O., S. 162.

23 Vgl. Roerkohl, a. a. O., S. 33.

24 Cooper, a. a. O., S. 233.

25 Ebenda, S. 270.

26 Halpern, Paul: *A Naval History of World War I.* London 1994, S. 296.

27 Seymour, Charles: *Die vertraulichen Dokumente des Obersten House.* 2 Bde., Stuttgart, Berlin und Leipzig 1932, Bd. 1, S. 72.

28 Knock, Thomas J.: *To End All Wars: Woodrow Wilson and the Quest for a New World Order.* New York 1992, S. 60.

29 Görlitz, Walter (Hg.): *Regierte der Kaiser? Kriegstagebücher, Aufzeichnungen und Briefe des Chefs des Marine-Kabinetts Admiral Georg Alexander von Müller 1914–1918.* Göttingen 1959, S. 247.

30 Hanssen, Hans Peter: *Diary of a Dying Empire.* Port Washington, NY, 1973, S. 161.

31 Chambers, John Whiteclay (Hg.): *The Eagle and the Dove: The American Peace Movement and the United States Foreign Policy 1900–1922.* Syracuse, NY, 1991, S. 113 f.

32 Burk, Kathleen: *Britain, America and the Sinews of War 1914–1918.* Boston 1985, S. 80–95.

33 Sims, William S.: *The Victory at Sea.* London 1920, S. 39.

Kapitel 8

1 Millman, Brock: *Pessimism and British War Policy 1916–1918.* London 2001, S. 30.

2 Woodward, David (Hg.): *The Military Correspondence of Field-Marshal Sir William Robertson.* London 1989, S. 320.

3 *Lord Riddell's War Diary 1914–1918.* London 1933, S. 220.

4 Brinkerhoff Gilbert, Bentley: *David Lloyd George: A Political Life: The Organizer of Victory 1912–16.* London 1992, S. 369.

5 Ebenda, S. 375–376.

6 Halévy, Daniel: *L'Europe brisée.* Paris 1998, S. 237 f.

7 Duroselle, Jean-Baptiste: *La Grande Guerre des Français.* Paris 1994, S. 157.

8 Gallieni, Gaëtan (Hg.): *Les Carnets de Gallieni.* Paris 1932, S. 205.

9 King, Jere Clemens: *Generals and Politicians*. Berkeley, CA, 1951, S. 108.

10 Lambert, Richard: *The Parliamentary History of Conscription in Great Britain*. London 1917, S. IV.

11 Scott, William Robert: *Economic Problems of Peace after War*. Cambridge 1917, S. 12 f.

12 Brinkerhoff Gilbert, a.a.O., S. 419 und 424.

13 Pearson, Raymond: *The Russian Moderates and the Crisis of Tsarism 1914–1917*. London 1977, S. 51.

14 Lieven, Dominic: *Nicholas II*. London 1993, S. 211.

15 Furmann, Joseph (Hg.): *The Complete Wartime Correspondence of Tsar Nicholas II and the Empress Alexandra*. Westport, CT, 1999, S. 181.

16 Buchanan, George: *Meine Mission in Russland*, Berlin 1926, S. 140 und 151.

17 McKean, Robert: *St Petersburg between the Revolutions*. New Haven, CT, 1990, S. 327 und 336–345.

18 Lincoln, W. Bruce: *Passage through Armageddon: The Russians in War and Revolution 1914–1918*. New York 1986, S. 315 und 318.

19 Furmann, a.a.O., S. 692.

20 Buchanan, a.a.O., S. 48.

21 Neilson, Keith: *Strategy and Supply: The Anglo-Russian Alliance 1914–1917*. London 1984, S. 251 f.

22 Paléologue, Maurice: *Am Zarenhof während des Weltkrieges: Tagebücher und Betrachtungen*. München 1925, S. 391.

23 Pedroncini, Guy: »Les Rapports du gouvernement et du haut commandement en France en 1917«. In: *Revue d'histoire moderne et contemporaine*, 15, 1968, S. 128.

24 Wilson, Trevor: *The Myriad Faces of War*. Cambridge 1986, S. 453.

25 Roy, Reginald H. (Hg.): *The Journal of Private Fraser*. Victoria, BC, 1985, S. 261 und 263.

26 Nobécourt, R. G.: *Les Fantassins du Chemin des Dames*. Paris 1965, S. 220.

27 Becker, Jean-Jacques: *The Great War and the French People*. Leamington Spa 1985, S. 226–235.

28 Lemarchand, Lionel: *Lettres censurées des tranchées 1917*. Paris 2001, S. 144.

29 Pedroncini, Guy: *Les Mutineries de 1917*. Paris 1967, S. 194 und 211 f.

30 Patterson, A. Temple: *The Jellicoe Papers*. 2 Bde., London 1966–1968, Bd. 2, S. 161, kursiv im Original.

31 Woodward, a.a.O., S. 179.

32 Général Palat [Lehautcourt, Pierre]: *La Grande Guerre sur le front occidental*. 14 Bde., Paris 1917–1929, Bd. 12, S. 400 f.

33 Woodward, David: *Lloyd George and the Generals*. Newark, NJ, 1983, S. 163 f.

34 Terraine, John: *The Road to Passchendaele*. London 1977, S. 119.

35 Prior, Robin, und Trevor Wilson: *Passchendaele: The Untold Story*. New Haven, CT, 1996, S. 160.

36 Ebenda, S. 196.

37 Schindler, John R.: *Isonzo: The Forgotten Sacrifice of the Great War*. Westport, CT, 2001, S. 242.

38 Gooch, John: »Morale and Discipline in the Italian Army«. In: Cecil, Hugh, und Peter Liddle (Hg.): *Facing Armageddon*, London 1996, S. 441.

39 Rommel, Erwin: *Infanterie greift an. Erlebnis und Erfahrung*. Potsdam 1941, S. 271.

40 Tomassini, Luigi: »The Home Front in Italy«. In: Cecil und Liddle, a.a.O., S. 586. Die nachfolgenden Angaben siehe auch Procacci, Giovanna: »Popular Protest and Labour Conflict in Italy 1915–18«. In: *Social History*, 14, 1989, S. 31–58.

41 Clemenceau, Georges: *Discours de guerre*. Paris 1968, S. 166 f.; siehe auch S. 131.

42 Nicot, Jean: *Les Poilus ont la parole: lettres du front: 1917–1918*. Brüssel 1998, S. 261.

43 Davidian, Irina: »The Russian Soldier's Morale from the Evidence of Tsarist Military Censorship«. In: Cecil und Liddle, a.a.O., S. 432.

44 Wildman, Allan K.: *The End of the Russian Imperial Army: The Old Army and the Soldiers' Revolt (March-April 1917)*. Princeton, NJ, 1980, S. 245.

45 Halévy, Elie: *The World Crisis of 1914–1918*. Oxford 1930, S. 5.

Kapitel 9

1 Zit. nach Lincoln, W. Bruce: *Passage through Armageddon: The Russians in War and Revolution 1914–1918*. New York 1986, S. 502 f.

2 Grandhomme, Jean-Noël, Michel Roucaud und Thierry Sarmant (Hg.): *La Roumanie dans la Grande Guerre et l'effondrement de l'armée russe*. Paris 2000, S. 415 und 423.

3 Nicot, a.a.O., S. 333.

4 Kocka, Jürgen: *Klassengesellschaft im Krieg: Deutsche Sozialgeschichte 1914–1918*. Göttingen 1978, S. 14 f. und 72 ff.

5 Cooper, a.a.O., S. 182.

6 Luxemburg, Rosa: *Politische Schriften*. 2 Bde., Frankfurt und Wien 1966, Bd. 2, S. 20.

7 Feldman, Gerald D.: *Armee, Industrie und Arbeiterschaft in Deutschland 1914–1918*. Berlin 1985, S. 287.

8 Vgl. *Der Hauptausschuss des Deutschen Reichstages, 1915–1918*. Bd. 3, 118 bis 190. Sitzung 1917. Düsseldorf 1981, S. 1527 ff.

9 Ebenda, S. 1583 und 1594.

10 Vgl. Afflerbach, Holger: »Wilhelm II as Supreme Warlord in the First World War«. In: *War in History*, 5, 1998, S. 445.

11 Vgl. Hanssen, a. a. O., S. 231.

12 Horn, Daniel (Hg.): *The Private War of Seaman Stumpf*. London 1969, S. 345.

13 Kitchen, Martin: *The Silent Dictatorship: The Politics of the High Command under Hindenburg and Ludendorff 1916–1918*. London 1976, S. 170 f.

14 Bellon, Bernard P.: *Mercedes in Peace and War: German Automobile Workers*. New York 1990, S. 89–92 und 102–112.

15 Zit. nach Görlitz, a. a. O., S. 209.

16 Ulrich, Bernd, und Benjamin Ziemann (Hg.): *Frontalltag im Ersten Weltkrieg*. Frankfurt/Main 1994, S. 184 und 131.

17 Christophe, Paul (Hg.): *Les Carnets du Cardinal Alfred Baudrillart*. Paris 1994, S. 94.

18 Vgl. Jahr, Christoph: *Gewöhnliche Soldaten*. Göttingen 1998, S. 283.

19 Richert, Dominique: *Beste Gelegenheit zum Sterben: Meine Erlebnisse im Kriege 1914–1918*. München 1989, S. 224.

20 Tăslăuanu, Octavian: *With the Austrian Army in Galicia*. London 1918, S. 193.

21 März, Eduard: *Österreichische Bankenpolitik in der Zeit der großen Wende 1913–1923*. München 1981, S. 24 f. und 172 f.

22 Winkler, Wilhelm: *Die Einkommensverschiebungen in Österreich während des Weltkrieges*. Wien 1930, S. 47 f.

23 Cramon, August von: *Unser Österreich-Ungarischer Bundesgenosse im Weltkriege*. Berlin 1920, S. 89.

24 Vgl. May, Arthur: *The Passing of the Habsburg Monarchy*. Philadelphia, PA, 1966, S. 642.

25 Ebenda, S. 687.

26 Zit. nach Görlitz, a. a. O., S. 270.

27 Guse, Felix: *Die Kaukasusfront im Weltkrieg bis zum Frieden von Brest*. Leipzig 1940, S. 93.

28 Mühlmann, Carl: *Das deutsch-türkische Waffenbündnis im Weltkrieg*. Leipzig 1940, S. 120.

29 Kress von Kressenstein, zit. nach Wallach, Jehuda: *Anatomie einer Militärhilfe*. Düsseldorf 1976, S. 220.

30 Meinertzhagen, Richard: *Army Diary 1899–1926*. Edinburgh 1960, S. 219.

31 French, David: *The Strategy of the Lloyd George Coalition*. Oxford 1995, S. 133.

32 Idriess, Ion: *The Desert Column*. Sydney 1982, S. 248 und 261.

33 Busch, Briton C.: *Britain, India and the Arabs*. Berkeley, CA, 1971, S. 52.

34 Kedourie, Elie: *England and the Middle East*. London 1956, S. 103.

35 Schatkowski Schilcher, L.: »The Famine of 1915–1918 in Greater Syria«. In: Spagnolo, John (Hg.): *Problems of the Modern Middle East in Historical Perspective*. Reading 1992, S. 248.

36 Idriess, a.a.O., S. 271–272.

37 Emin, Ahmed: *Turkey in the World War*. New Haven, CT, 1930, S. 144–151 und 253.

38 Nowak, a.a.O., S. 186.

39 Hovannissian, Richard G.: *Armenia on the Road to Independence 1918*. Berkeley, CA, 1967, S. 195.

40 Czernin, Ottokar: *Im Weltkriege*. Berlin 1919, S. 322 f.

41 Redlich, a.a.O., Bd. 2, S. 256.

42 Plaschka, Richard, Horst Haselsteiner und Arnold Suppan: *Innere Front: Militärassistenz, Widerstand und Umsturz in der Donaumonarchie 1918*. 2 Bde., Wien und München 1974, Bd. 1, S. 60.

43 Groener-Geyer, Dorothea: *General Groener*. Frankfurt/Main 1955, S. 81.

44 Kitchen, a.a.O., S. 234–235.

45 Czernin, a.a.O., S. 344 f.

46 Blücher von Wahlstatt, Fürstin Evelyn: *Tagebuch*. München 1924, S. 213.

47 Ziemann, Benjamin: »Enttäuschte Erwartung und kollektive Erschöpfung. Die deutschen Soldaten an der Westfront 1918 auf dem Weg zur Revolution«. In: Duppler, Jörg, und Gerhard P. Gross (Hg.): *Kriegsende 1918*. München 1999, S. 170.

48 Vgl. Fong, Giordan: »The Movement of German Divisions to the Western Front, Winter 1917–1918«. In: *War in History*, 7, 2000, S. 225–235.

49 Zit. nach: *Der Weltkrieg 1914 bis 1918: Die militärischen Operationen zu Lande*. Bearbeitet im Reichsarchiv. Bd. 14, Berlin 1944, S. 53 f.

50 Herwig, Holger: *The First World War: Germany and Austria-Hungary 1914–1918*. London 1997, S. 319.

51 Vgl. Dewey, P. E.: *British Agriculture in the First World War*. London 1989, S. 244.

52 Vgl. Winter, J. M.: *The Great War and the British People*. Basingstoke 1985, S. 104–124.

53 Haste, Cate: *Keep the Home Fires Burning: Propaganda in the First World War*. London 1977, S. 43.

54 Reichsarchiv (Hg.): *Der Weltkrieg 1914 bis 1918: die militärischen Operationen zu Lande*. Bd. 14: *Die Kriegführung an der Westfront im Jahre 1918*. Berlin 1944, S. 15.

55 Rupprecht von Bayern, Kronprinz: *Mein Kriegstagebuch*. 3 Bde., Berlin 1929, Bd. 2, S. 322.

56 Ebenda, S. 320.

57 Lutz, R. H. (Hg.): *Documents of the German Revolution: Fall of the German Empire*. 2 Bde., Stanford, CA, 1932, Bd. 1, S. 642–643.

58 Ulrich und Ziemann, a.a.O., S. 197.

59 Macdonald, Lyn: *To the Last Man: Spring 1918*. London 1998, S. 92f.

60 Travers, Tim: *How the War Was Won*. London 1992, S. 55.

61 Kronprinz Rupprecht von Bayern, a.a.O., Bd. 2, S. 351.

62 Binding, Rudolph: *A Fatalist at War*. London 1929, S. 208.

63 Vgl. Deist, Wilhelm: »The Military Collapse of the German Empire: The Reality behind the Stab-in the-back Myth«. In: *War in History*, 3, 1996, S. 199 und 203.

64 Ritter, Gerhard: *Staatskunst und Kriegshandwerk*. Bd. 4, München 1968, S. 286f.

65 Mühlmann, a.a.O., S. 197.

66 Ebenda, S. 211.

67 Cramon, a.a.O., S. 72.

Kapitel 10

1 Chambers, John Whiteclay (Hg.): *The Eagle and the Dove: The American Peace Movement and United States Foreign Policy 1900–1922*. Syracuse, NY, 1991, S. 131.

2 Lloyd George, David: *War Memoirs*. 2 Bde., London 1938, Bd. 2, S. 1513.

3 Chambers, a.a.O., S. 131.

4 Ferguson, Niall: *Der falsche Krieg: Der erste Weltkrieg des 20. Jahrhunderts*. Stuttgart 1999, S. 248f.

5 Trask, David. *The AEF and Coalition Warmaking 1917–1918*. Kansas 1993, S. 12 und 16–17.

6 Morselli, Mario: *Caporetto 1917: Victory or Defeat?* London 2001, S. 111.

7 Høiback, Harald: *Command and Control in Military Crisis*. London 2003, S. 20 und 44.

8 Cutlack, F. M. (Hg.): *War Letters of General Monash*. Sydney 1935, S. 223.

9 Clemenceau, Georges: *Grandeurs et misères d'une victoire*. Paris 1930, S. 20.

10 Ebenda, S. 22.

11 Gough, Hubert: *The March Retreat*. London 1934, S. 154f.

12 Blake, Robert (Hg.): *The Private Papers of Douglas Haig*. London 1952, S. 303.

13 Pedroncini, Guy: *Pétain: général-en-chef*. Paris 1974, S. 360.

14 Binding, Rudolph: *A Fatalist at War*. London 1929, S. 234.

15 Wilhelm von Preußen, Kronprinz: *Meine Erinnerungen aus Deutschlands Heldenkampf*. Berlin 1923, S. 338.

16 Brittain, Vera: *Testament of Youth: An Autobiographical Study of the Years 1900–1925*. London 1978, S. 420f.

17 Morrow, John: *The Great War in the Air*. Shrewsbury 1993, S. 322. Zur Produktion von 1918 siehe auch Spaight, J. M.: *The Beginnings of Organised Air Power*. London 1927, S. 293.

18 Binding, a.a.O., S. 239.

19 Harris, J. P.: *Men, Ideas and Tanks*. Manchester 1995, S. 89.

20 Hallas, James H. (Hg.): *Doughboy War: The American Expeditionary Force in World War I*. Boulder, CO, 2000, S. 174.

21 Mangin, Charles: *Lettres de guerre 1914–1918*. Paris 1950, S. 284.

22 Rupprecht von Bayern, Kronprinz, a.a.O., Bd. 2, S. 424f. und 430.

23 *Memoirs of Marshal Foch*. London 1931, S. 427f.

24 Prior, Robin, und Trevor Wilson: *Command on the Western Front*. Oxford 1992, S. 311.

25 Ritter, a.a.O., Bd. 4, S. 405.

26 Cornwall, Mark: *The Undermining of Austria-Hungary: the battle for hearts and minds*. Basingstoke 2000, S. 305.

27 Blake, a.a.O., S. 324.

28 Dunn, J. C.: *The War the Infantry Knew, 1914–1919*. London 1987, 1. Auflage 1938, S. 516.

29 Prior und Wilson, a.a.O., S. 373f.

30 Max von Baden: *Erinnerungen und Dokumente*. Stuttgart 1968, S. 324.

31 Tagebuch von Heinrich-Gottfried Vietinghoff, 28. September 1918. Bundesarchiv/Militärarchiv, N574/2.

32 Mühlmann, Carl: *Oberste Heeresleitung und Balkan im Weltkrieg 1914–1918*, Berlin 1942, S. 230.

33 Jouinot-Gambetta, Général François-Léon: *Uskub*. Paris 1920, S. 89.

34 Palmer, Alan: *The Gardeners of Salonika*. New York 1965, S. 229.

35 Cornwall, a.a.O., S. 421.

36 Lutz, R. H.: *The Causes of the German Collapse in 1918*. Stanford, CA, 1934, S. 268.

37 Hanssen, Hans-Peter: *Diary of a Dying Empire*, 8. Oktober 1918. Port Washington, NY, 1973, S. 332 f.

38 *Neue Preußische Zeitung*, Berlin, 27. Juli 1919, S. 1.

39 Weintraub, Stanley: *A Stillness Heard Around the World*. Oxford 1987, S. 175.

40 Blake, a. a. O., S. 333.

41 Derez, Mark: »Belgium: A Soldier's Tale«. In: Cecil, Hugh, und Peter Little (Hg.): *At the Eleventh Hour*. Barnsley 1998, S. 109 und 131.

42 Domelier, Henri: *Au GQG allemand*. Paris 1919, S. 370.

43 Nicot, Jean: *Les Poilus ont la Parole: lettres du front: 1917–1918*. Brüssel 1998, S. 353 f.

44 Sulzbach, Herbert: *Zwischen zwei Mauern. Fünfzig Monate Westfront*. Berg am See 1986, S 284 f.

45 Blücher von Wahlstatt, Evelyn, a. a. O., S. 335.

46 Ebert, Friedrich: *Schriften, Aufzeichnungen, Reden*. 2 Bde., Dresden 1926, Bd. 2, S. 127.

47 Jünger, Ernst: *In Stahlgewittern. Aus dem Tagebuch eines Stoßtruppführers*. Berlin 1924, S. 281.

48 McMillan, Margaret: *Peacemakers: The Paris Conference of 1919 and Its Attempt To End War*. London 2001, S. 475.

49 Ebenda, S. 52.

50 Jeffery, Keith: *Military Correspondence of Field Marshall Sir Henry Wilson*. London 1985, S. 133.

51 »Correspondence entre Romain Rolland et Jean-Richard Bloch«. In: *La Revue Europe*, 95–103, 1953–1954, S. 84.

52 Eisenmenger, Anna: *Blockade: The Diary of An Austrian Middle-Class Woman*. London 1932, S. 265.

53 *Sapper's War Stories*. London o. J., S. 10.

54 Cole, Margaret (Hg.): *Beatrice Webb's Diaries*. London 1952, S. 137.

55 Jackson, John: Unveröffentlichte Erinnerungen, zitiert mit Erlaubnis seiner Familie.

56 Hay, Ian [John Beith]: *Their Name Liveth*. London 1931, S. 2, 152 und 154.

Personenregister

Kursiv gesetzte Zahlen beziehen sich auf die Bildlegenden (Seitenzahl), kursiv gesetzte Zahlen in Klammern auf die Bildlegenden in den Farbbildteilen (Nummer des Fotos).

Sachregister

Kursiv gesetzte Zahlen beziehen sich auf die Bildlegenden (Seitenzahl), kursiv gesetzte Zahlen in Klammern auf die Bildlegenden in den Farbbildteilen (Nummer des Fotos). Namen von Zeitungen, Zeitschriften, Schiffen sowie fremdsprachliche Namen von Institutionen, Gesetzen etc. sind kursiv gesetzt.

Bildnachweis

Vignetten Kapitelanfang (Seitenzahlen):
Corbis: 55 l, 163 m, 163 r, 325 m, 365 m; Historial de la Grande Guerre, Peronne: 201 m; Hulton Getty: 127 m; IWM: 19 li (Q81794), 55 r (Q49104), 93 li (Q 115007), 93 m (Q18593), 93 r (Q5104), 127 li (Q45339), 163 li (Q23855), 201 li (Q49296), 201 r (Q70773), 245 li (LC56), 283 mi (IWM Q5977), 283 r (Q 8381), 325 li (Q29953), 325 r (Q23964), 365 li (Q11086); Landesarchiv Berlin: 245 m; NARA: 245 r; Österreichisches Staatsarchiv/Kriegsarchiv: 19 m, 19 r; Roger Viollet: 365 r; Royal Army Museum Brussels: 55 m; SV Bild: 127 r; St. Petersburg Central Archive for Film and Photographic Documents: 283 li

Bilder im laufenden Text (Seitenzahlen):
AKG: 24, 56, 119, 270, 322, 408; Australian War Memorial: 102; Bibliothek für Zeitgeschichte, Stuttgart: 247; Branger/Roger Viollet: 144; Syndics of Cambridge University Library: 285; Corbis: 36, 68, 186, 194, 351, 395; Collection Destemberg: 302 o, u, 303; Deutsches Marinemuseum: 138; ECPAD: 82, 216/217; Heeresgeschichtliches Museum, Wien: 316, 392; Historial de la Grande Guerre, Peronne: 78, 211, 222, 236, 357; Hoover Institution Archives: 183, 191; Hulton Getty: 51, 117, 140, 344; IWM: 21 (Q81794), 91 (Q 49104), 101 (Q115007), 105 (Q18593), 107 (Q20896), 111 (Q45777), 123 (Q15679), 125 (Q5104), 128 (Q 45339), 133 (Q88248), 135 (Q85953), 148/149 (Q13400A), 151 (HU51402), 164 (Q81539), 173 (Q23855), 181 (Q86551), 192 (Q115126), 197 (Q52339). 204 (Q6420), 206 (Q49296), 219 (Q53003), 239 (Q4133), 241 (Q70773) 249 (LC56), 250 (Q19538), 253 (Q22687), 257 (Q64302), 297 (Q 5095), 307 (Q5977), 308 (CO2250), 311 (Q8381), 312 (Q25741), 326 (HU91048), 335 (Q29953), 338 (Q52803), 341 (Q50855), 348 (Q55047), 352 (Q14972), 354 (Q23964), 361 (Q56489), 375 (Q72560), 382 (Q11086), 387 (Q3379),390 (Q12971), 398/399 (Q9580), 401 (Q110888); Koloniales Bildarchiv in der Universitätsbibliothek Frankfurt am Main: 400; Landesarchiv Berlin: 268; L'Illustration: 29, 320/321, 371; Memorial de Verdun: 231; NARA: 259, 272, 275; Österreichisches Staatsarchiv/Kriegsarchiv: 27, 45, 49, 53; Photo12.com/Hachede: 228; Robert Hunt Picture Library: 41, 167; Royal Army Museum Brussels: 75, 86, 202; St. Petersburg Central Archive for Film and Photographic Documents: 294; Stichting tot Beheer van Huis Doorn: 65, 88/89; SV Bild: 160; Ullstein: 77, 179; USHMM/Photo Archives/Jewish Historical Institute (ZIH): 184; Roger Viollet: 80, 300, 404/405; Wallstein Verlag, Göttingen/Deutsches Literaturarchiv: 143; Archiv Zentner, München: 280

Farbbildteil (Bildnummern):
Archives photographiques, Centre des Monuments Nationaux Paris: 16, 18, 19, 20, 21, 22, 24, 25, 27, 28, 29, 30; Collection Gervais-Courtellemont-Cinémathèque Robert-Lynen de la Ville de Paris: 3, 14; ECPAD France: 4, 5, 6, 9, 10, 11, 13, 15, 17, 31; Imperial War Museum: 7 (COL38); Photo12.com/Société Francaise de Photographie: 1, 2, 8, 23, 26, 32, 33, 34; Royal Air Force Museum: 12

Die Rechteinhaber der s/w-Photos auf den Seiten 46, 95, 121, konnten nicht ermittelt werden. Der Verlag bittet Personen oder Institutionen, welche die Rechte an diesen Fotos haben, sich zwecks angemessener Vergütung zu melden.